SETI – die Suche nach dem Außerirdischen

Mit Beiträgen von Stephen W. Hawking,
Ulrich Walter, Arthur C. Clarke, Douglas Preston u. a.

Herausgegeben von Tobias Daniel Wabbel

SETI – die Suche nach dem Außerirdischen

mit Beiträgen von
Stephen W. Hawking, Ulrich Walter,
Arthur C. Clarke, Douglas Preston u. a.

Herausgegeben von Tobias Daniel Wabbel

Die Deutsche Bibliothek – CIP-Einheitsaufnahme

Wabbel, Tobias Daniel (Hrsg):
SETI – die Suche nach dem Außerirdischen. Mit Beiträgen von Stephen W. Hawking, Ulrich Walter, Arthur C. Clarke, Douglas Preston u. a. / Tobias Daniel Wabbel (Hrsg.). – [Übers. Andrea Schröder]. – München: beustverlag, 2002.
(ToBe)
ISBN 3-89530-080-2

1. Auflage 2002

Copyright © 2002
beustverlag, Fraunhoferstr. 13, 80469 München
www.beustverlag.de
Alle Rechte vorbehalten. Reproduktionen, Speicherung in Datenverarbeitungsanlagen, Wiedergabe auf elektronischen, fotomechanischen oder ähnlichen Wegen, Funk und Vortrag – auch auszugsweise – nur mit Genehmigung des Copyrightinhabers.

ÜBERSETZUNG: Andrea Schröder, Essen
LEKTORAT: Jürgen Bolz, Friedberg
LAYOUTDESIGN, SATZ UND PRODUKTION: SatzDesign Yvonne Heizinger, München
UMSCHLAGDESIGN: Julianna Previcz, München
TITELABBILDUNG: GettyImages
DRUCK: Freiburger Graphische Betriebe, Freiburg

ISBN 3-89530-080-2

Printed in Germany

Für Emile und Gitta Chmiel
und meinen Bruder Erasmus

Inhalt

Vorwort 8

Die Wahrscheinlichkeit von außerirdischen Intelligenzen 12

Joseph Silk:
Wie wahrscheinlich ist außerirdisches intelligentes Leben? 13

Lawrence Krauss:
Zahlenspiele mit Außerirdischen 26

John D. Barrow:
Das Leben im Universum: groß, klein und komplex 37

Stephen W. Hawking:
Leben im Universum 53

Die Suche nach außerirdischen Intelligenzen 66

Tobias Daniel Wabbel:
Der Geist des Radios 67

Antony Hewish:
Eine Begegnung der außerirdischen Art 80

Timothy Ferris:
Interstellare Raumfahrt: Sind Sternenreisen möglich? 86

Der Kontakt mit außerirdischen Intelligenzen 94

Albert A. Harrison und Joel T. Johnson:
Leben mit Außerirdischen 95

Jack McDevitt:
Kryptisch 117

Allen M. Steele:
»Und nun das Thema des Tages ...« 137

Ben Bova:
»Antwortet, bitte antwortet!« 151

Valeria Ascheri und Paolo Musso:
Kosmische Missionare? 170

Tobias Daniel Wabbel:
Der Tod einer Termite 185

Ulrich Walter:
Willkommen auf der Erde …? 209

Richard F. Haines:
Der Kontakt mit Außerirdischen – vorher und nachher 214

Allen Tough:
Hundert Jahre nach dem Erstkontakt 239

Wo sind sie? **248**

F. David Peat:
Außerirdische Variationen 249

Brian W. Aldiss:
Der bewohnte Ort 269

Arthur C. Clarke:
Warum SETI? 280

Steve Alten:
Hinter dem Regenbogen 282

Douglas Preston:
Tief im Wald 291

Danksagung **292**
Die Autoren **293**

Vorwort

Die Angst vor Spinnen ist eine unheimliche Zivilisationskrankheit. Sie ist noch weiter verbreitet als die Angst vor Schlangen oder Seuchen. Auf die Frage, was er am meisten in seinem Leben fürchte, gestand selbst der unumstrittene Meister des Horrors, Stephen King, in einem Interview: »Spinnen kann ich nicht ertragen! Unmöglich – schon gar nicht diese großen, haarigen, die wie ein pelziger Baseball mit Beinen aussehen, sich in Bananenstauden verstecken und darauf warten, einen anzufallen ...« (Stephen King, *Angst pur*, München: Heyne 1990) Steven Spielberg produzierte sogar einen erfolgreichen Hollywoodfilm über die Furcht vor den achtbeinigen Zeitgenossen, die in der Psychologie als *Arachnophobie* bezeichnet wird. Ich muss gestehen, dass ich, wie Stephen King, unter dieser krankhaften Angst leide. Ich wohne in einem Waldgebiet und bin jeden Sommer gezwungen, in einer Art apokalyptischem Endkampf mit Tageszeitungen oder was auch immer ich gerade griffbereit habe, eine Invasion von großen, dunklen Wolfsspinnen abzuwehren.

Mehr noch als die Angst vor Schlangen ist die Angst vor Spinnen ein Synonym für die Angst vor allem Fremdartigen und Unbekannten. Ja, ich behaupte, dass Spinnen die fremdartigsten und unheimlichsten Lebewesen sind, die die Natur jemals hervorgebracht hat.

»Die älteste und stärkste Gefühlsregung, die die Menschheit kennt, ist die Angst; und die älteste und stärkste Art von Angst ist die Angst vor dem Unbekannten.« Diese Feststellung des amerikanischen Schriftstellers H. P. Lovecraft aus seinem berühmten Essay *Supernatural Horror in Literature* (dt: *Unheimlicher Horror. Das übernatürliche Grauen in der Literatur*, Frankfurt: Ullstein 1987) beschreibt eindrücklich die urzeitliche Angst der Menschen vor den Gefahren jenseits des Höhlenfeuers, um das sie vor Millionen Jahren als zitternde Australopithecinen in der afrikanischen Savanne kauerten.

Gibt es eine Erklärung dafür, dass manche Menschen wie ein Reh im Scheinwerferlicht erstarren, nahezu gelähmt sind, Schreikrämpfe bekommen, leichenblass werden oder in Tränen ausbrechen, wenn sie eine Spinne sehen?

Vorwort

Vor Millionen Jahren muss diese *Urangst* in uns geweckt worden sein, als eine riesige Spinne über die Hand von »Lucy«, dem Prototyp des Urmenschen, kroch. Damals erwachte das Bewusstsein, das uns noch heute befiehlt: »Hässlich! Gefährlich! Töten!« Die Formel ist einfach: Alles Abstoßende erscheint uns bedrohlich. Alles Bedrohliche erzeugt Angst. Der Reflex, der sich vor Urzeiten bei der ersten bewussten Begegnung des Menschen mit einer großen Spinnenart einstellte, war der Automatismus des Tötens.

Ich muss zugeben, dass auch ich die Spinnen töte, die mir zu Hause über den Weg laufen. Je größer die Spinne, desto stärker ist mein Impuls, das Tier vom Erdboden zu tilgen, damit es nachts nicht über mein Kopfkissen krabbelt. Mein Verhalten ist so primitiv wie das der ersten Urmenschen. Aber ich schäme mich nicht dafür. Ich betrachte es als Schutzmechanismus.

Die *dunkelste Nische*, die wir kennen, ist das schwarze, kalte Universum. Deshalb fragt so mancher SETI-Kritiker, ob es überhaupt sinnvoll ist, in den Tiefen des Alls nach Radiosignalen von außerirdischen Intelligenzen zu suchen – wo wir doch noch nicht einmal wissen, ob sie existieren und wie sie aussehen. Fürchten wir uns nicht gerade deshalb vor den Außerirdischen? Haben wir nicht Vorturteile? Und was geschieht hier auf der Erde, wenn wir durch unsere SETI-Forschungen entdecken, dass eine außerirdische Zivilisation uns technisch und gesellschaftlich um eine Millionen Jahre überlegen ist und ihre Bewohner unter Umständen riesigen Vogelspinnen gleichen? Würde solch eine Entdeckung nicht unsere grässlichsten Albträume bestätigen? Bei dem Gedanken sträuben sich mir als SETI-Befürworter die Nackenhaare. Aber dennoch ist diese Annahme nicht von der Hand zu weisen. Wir müssen uns wohl an den Gedanken gewöhnen, dass außerirdisches Leben noch fremdartiger auf uns wirkt als die bizarrste Spinnenart.

Und wenn wir es jemals aufspüren sollten: Werden wir es bekämpfen – auch wenn es uns freundlich gesinnt ist? Wir könnten es zumindest versuchen. Doch wir würden heftig Prügel beziehen. Eine Spezies, die uns um Jahrmillionen voraus ist, würde uns wohl kompromisslos zertreten, so wie wir unseren harmlosen Hausspinnen den Garaus machen. Ich denke da an den Film *Alien – Das unheimliche Wesen aus einer fremden Welt*, in dem ein spinnenartiges Monster auf grausame Weise die Besatzung des Raumfrachters *Norstromo* dezimiert und am Ende nur noch Commander Ellen Ripley, gespielt von Sigourney Weaver, das Biest besiegen kann, indem sie es in den kalten Weltraum katapultiert. Der Horror dieses Films hat so manchem Zuschauer die Haare zu Berge stehen lassen, denn hier wurde mit der Urangst vor Spinnen gespielt. Ich denke da auch an Romane wie Greg Bears *Schmiede Gottes*, in dem roboterhafte Außerirdische die Erde regelrecht in Stücke reißen.

Draufhauen: ja oder nein?

Die Antwort erfolgt frei nach Greg Bear: Wir hätten nicht »die Chance eines Eiswürfels in der Hölle«. Da wir nicht wissen, ob außerirdisches Leben existiert und wie es aussieht, wissen wir auch nicht, was uns bei einem Kontakt erwartet. Der menschlichen Phantasie sind dadurch keine Grenzen gesetzt: Nur allzu oft verleihen wir ETs menschenähnliche Züge. Doch vielleicht haben sie wirklich acht Arme oder acht Beine, sind ausgesprochene Liebhaber eines guten Tropfens und laden uns zu einem Umtrunk in ein Restaurant am Rande der Galaxis ein. Vielleicht können sie sich in uns heute unvorstellbare Lebensformen verwandeln. Wissen Sie, wer Ihr schrulliger Nachbar ist, der nie grüßt und von dessen Grundstück nachts diese unheimlichen Schreie herüberdringen?

Wir sind hier – auf Erden. Das ist eine phantastische Tatsache. Und da es uns gibt, ist anderswo im Universum ebenso intelligentes Leben vorstellbar. Wie bizarr und abstoßend oder schön es auch immer auf uns wirken mag, die Entdeckung einer außerirdischen Intelligenz wird das größte Ereignis der Menschheitsgeschichte sein. Und eines ist jetzt schon gewiss: Wenn sie tatsächlich acht Arme haben, werden sie uns durchaus überlegen sein: Sie können acht Biergläser gleichzeitig stemmen! Und das macht sie wieder sympathisch ...

SETI – die Suche nach dem Außerirdischen wendet sich an jene phantasievollen Leser, die nachts zu den Sternen aufschauen und sich fragen, ob wir die einzigen mehr oder weniger vernunftbegabten Lebewesen in diesem Kosmos sind. Ich möchte die Vorstellungskraft der Lesers beflügeln und habe deshalb *science facts* mit *science fiction* verknüpft. Denn die Dramatik des Erstkontakts wird am eindrucksvollsten in fiktiven Kurzgeschichten deutlich. Jack McDevitt, F. David Peat, Steve Alten, Richard F. Haines, Ben Bova und ich selbst in *Der Tod einer*

Termite haben versucht, diesen epochalen Moment literarisch und essayistisch einzufangen. Auf der anderen Seite steuern renommierte Wissenschaftler wie Ulrich Walter, Stephen W. Hawking, John D. Barrow, der Nobelpreisträger Antony Hewish, Joseph Silk und andere aus den unterschiedlichsten Blickwinkeln und Wissensgebieten die notwendigen Fakten bei – zum Teil mit jener gesunden Portion Skepsis, die den seriösen Wissenschaftler auszeichnet. Das Ergebnis ist ein einzigartiges Kaleidoskop von wissenschaftlichen Modellen und Spekulationen sowie persönlichen Befürchtungen, Wünschen und Erwartungen; eine Anthologie über die technisch-praktischen Aspekte der Suche nach den Wundern des Universums, die zugleich eine Suche nach dem Urgrund unseres Daseins ist; eine Geschichte über das Streben des Menschen nach Erkenntnis und Wissen.

Ich hoffe, zwischen den Beiträgen bleibt Lichtjahre großer Raum für nächtelange Gespräche bei einem guten Glas pangalaktischem Donnergurgler – um die Furcht herunterzuspülen, die alle Autoren dieses Buches eint: eine höllische Angst vor Spinnen ...

Tobias Daniel Wabbel

Die Wahrscheinlichkeit von außerirdischen Intelligenzen

Die Entstehung des Lebens auf der Erde
mit dem Zufall zu erklären, heißt,
von der Explosion einer Druckerei das
Zustandekommen eines Lexikons zu erwarten.
Edwin G. Conklin, Biologe (1863–1952)

Wie wahrscheinlich ist außerirdisches intelligentes Leben?

Joseph Silk

Die Wahrscheinlichkeit, außerirdisches Leben zu finden, ist extrem gering. Darüber sind sich die meisten Exobiologen einig, auch wenn sie sonst nur selten in ihren Auffassungen übereinstimmen. Die Wahrscheinlichkeit, dass es überhaupt intelligentes außerirdisches Leben gibt, ist zwangsläufig noch geringer. Man hat versucht, diese Aussagen in Zahlen zu fassen. Das wohlmeinendste Szenario besagt, dass lediglich ein Planet unter tausend rudimentäre Spuren von Leben aufweisen könnte. Für die Suche nach Spuren außerirdischen Lebens werden Unsummen ausgegeben. Doch eine überwältigende und entscheidende Tatsache hindert uns daran, definitive Schlussfolgerungen über die Verbreitung von Leben ziehen zu können: die Tatsache, dass wir nichts über den Ursprung des Lebens wissen.

Giordano Bruno behauptete, dass es im Universum von außerirdischen Spezies nur so wimmele. Er wurde für seine Ansichten verbrannt. Der Astrophysiker Frank Tipler vertrat die verlockende These, wenn es irgendwo in unserer Galaxis einen Planeten gäbe, der eine intelligente Zivilisation beherbergt, dann würden die unausweichlichen Folgen ihres Daeins zu ihrer Entdeckung führen. Sein Argument: In den Milliarden von Jahren, die zur Verfügung gestanden hätten, um während der Lebensdauer der Milchstraße technologische Reife zu entwickeln, hätte diese Zivilisation die Techniken zur Aussendung sich selbst reproduzierender Robotsonden zwecks Erforschung unserer Galaxis entwickelt. Diese Sonden wären mit Sicherheit auf die Erde und das Sonnensystem gestoßen und hätten dann für uns sichtbare Spuren hinterlassen.

Tiplers Auffassung basierte auf der Prämisse, dass es in unserer Galaxis ungefähr einhundert Milliarden sonnenähnliche Sterne gibt, von denen jeder wahrscheinlich ein Planetensystem hat, das dem unseren ähnelt. Und tatsächlich haben Astronomen die ersten Schritte zur

Entdeckung solcher Planeten unternommen, obwohl die moderne Technologie bis jetzt nur zur Entdeckung massereicher, Jupiter-ähnlicher Körper geführt hat. Diese sind mit Sicherheit zu unwirtlich, als dass sich dort Leben entwickeln könnte. Diese massereichen Planeten stellen jedoch angesichts der hohen Anzahl planetarischer Körper, die zweifellos um ferne Sterne kreisen, nur die Spitze des Eisbergs dar. Tipler argumentierte, dass die Entwicklung von Leben im Laufe von Milliarden von Jahren, die dafür zur Verfügung standen, ein wahrscheinliches Ereignis sei.

Das muss jedoch nicht der Fall sein. Tatsächlich reichen die Schätzungen über die Wahrscheinlichkeit von Leben, das sich auf biologische Fakten zurückführen lässt, von »unendlich gering« bis hin zu »völlig unbedeutend«, zumindest im Verhältnis zur Anzahl der Planeten in unserer Galaxis. Frank Drake versuchte diesen Unsicherheitsfaktor zu umgehen, indem er eine Gleichung entwickelte, die mit dazu beigetragen hat, dass die Suche nach außerirdischen Intelligenzen (SETI) fortgesetzt wurde. Drakes Gleichung funktioniert folgendermaßen: Man multipliziere die Zahl sonnenähnlicher Sterne in unserer Galaxis – ungefähr einhundert Milliarden – mit der Anzahl erdähnlicher Planeten pro Stern (wahrscheinlich 1, vielleicht auch nur 0,1, wenn lediglich ein Kandidatenstern von zehn einen solchen Planeten hat). Dieses Ergebnis multipliziere man mit der Wahrscheinlichkeit, dass auf einem dieser Planeten Leben entstanden ist. Jetzt taucht erstmalig ein großes Fragezeichen in der ganzen Gleichung auf. Optimisten würden sagen, dass sich unter den dafür notwendigen Voraussetzungen, als da sind: Wasser, Schlamm und ein mildes Klima, zwangsläufig Leben aus diesem Urstoff entwickelt. Bleiben wir einmal optimistisch und behaupten, dass ein Prozent dieser erdähnlichen Planeten Leben hervorbringen könnte, und berücksichtigen wir darüber hinaus die Tatsache, dass die Evolution zwangsläufig, oder nehmen wir an: zumindest in zehn Prozent der Zeit, intelligentes Leben hervorbringt, und stellen wir weiterhin in Rechnung, dass die realistische Chance, dass dieses Leben die verschiedenen Krisen überlebt hätte, die sich zwangsläufig innerhalb der zehn Milliarden Lebensjahre der Milchstraße ereignet haben würden, bei etwa einem Prozent liegt. Dann bleiben einhunderttausend außerirdische Zivilisationen in der Galaxis, die alle im Vergleich zu den Be-

Wie wahrscheinlich ist außerirdisches intelligentes Leben?

wohnern des Planeten Erde weit fortgeschritten sind. Die nächste dieser Zivilisationen ist bloße einhundert Lichtjahre entfernt.

Wenn unsere Rechnung stimmt, müsste es doch den Versuch wert sein, eine Abhörtechnologie zu entwickeln, mit deren Hilfe wir uns in den elektronischen Verkehr unseres nächsten außersolaren Nachbarn einschalten könnten. Dieses Ziel dient als Grundlage mehrerer laufender Experimente, die das Auffangen solcher Signale zum Ziel haben. Wenn elektronische Signale einmal ausgesandt wurden, verbreiten sie sich endlos im Raum. Man könnte die Erde nur aus einer Entfernung von bis zu ein paar Dutzend Lichtjahren entdecken, weil es erst seit siebzig Jahren Radiosender gibt. Eine außerirdische Zivilisation mit einem auf Grund ihrer galaktischen Geschichte typischen Vorsprung vor der Erde könnte jedoch wahrnehmbare Millionen von Lichtjahren entfernt sein. Sie aufzuspüren setzt voraus, dass wir Zugang zu ausreichend empfindlichen Radioteleskopen haben.

Die Regierung [der USA, Anm. d. Ü.] hat die SETI-Suche nicht gerade begünstigt, was die Ausstattung betrifft. Zwei der zurzeit in den USA laufenden großen Experimente werden von privaten Stiftern finanziert. Der Filmproduzent Steven Spielberg und der Mitbegründer von Microsoft, Paul Allen, haben unabhängig voneinander die Entwicklung von Radioempfängern mit Millionen von Kanälen gesponsert. Diese Geräte sind entscheidende Zutaten für die Entdeckung schwacher Radiosignale und deren Aufschlüsselung nach wie auch immer gearteten Anzeichen intelligenten Ursprungs. Hinter diesen Bemühungen steckt der Traum, dass jede erfolgreiche Entdeckung immense Auswirkungen auf die Menschheit hätte, selbst wenn die Erfolgschancen dieser Bemühungen gering sind.

Leider haben die Schätzungen über die Anzahl intelligenter Zivilisationen wenig Substanz. Der Grund dafür ist ganz einfach. Einer der Faktoren in Drakes Gleichung ist die Wahrscheinlichkeit von Leben. Diese Wahrscheinlichkeit ist nicht nur unbekannt; darüber hinaus reichen die besten Schätzungen der Biologen von »unendlich gering« bis hin zu einer Zahl, die noch weit niedriger als eins von einhundert Milliarden ist. Da das optimistischste Ergebnis der auf biologischen Erkenntnissen basierenden Schätzungen eine derart geringe Zahl ergibt, dürfte man wohl kaum damit rechnen, dass sich auf den hundert Milliarden von Planeten der Galaxis auch nur eine einzige Lebensform entwickelt hat!

Solche Schätzungen basieren auf der zufälligen Molekülanordnung, die in ihrer Entwicklung spontan primitive Proteine und DNA-Stränge hervorbringt. In der Natur gibt es viele Beispiele, die zeigen, dass man mit einem gewissen Grad an Eigenorganisation die Unwahrscheinlichkeit, dass sich unter zufälligen Umständen spontane Entwicklungen ergeben, überwinden kann. Wettermuster zeigen, wie minimale Veränderungen der Feuchtigkeit oder des Luftdrucks dramatische Veränderungen auslösen können. Man stößt für gewöhnlich auf kritische Phänomene, wenn geringfügige Störungen große Auswirkungen haben, zum Beispiel, wenn Flüssigturbulenzen oder Supraleitfähigkeit eintreten. Die Exobiologen hoffen, dass solche Phänomene die Wahrscheinlichkeit erhöhen, mit der Leben auftritt.

In Ermangelung von Fakten gibt es für derartige Erwartungen jedoch nur wenig Nährboden, abgesehen von der einen unbestreitbaren Tatsache, dass sich auf diesem Planeten einst Leben entwickelt hat. Die einzige vernünftige Schlussfolgerung lautet, dass die Wahrscheinlichkeit, Leben könne sich entwickeln, unendlich gering war – und zwar bei weitem zu gering, um die begründete Hoffnung zu stützen, in unserer Galaxis könne man auf eine außerirdische Zivilisation treffen. Aber diese Wahrscheinlichkeit war nicht ganz gleich Null, sonst wären wir nicht hier.

Sind wir im Stande, die Ressourcen anderer Galaxien anzuzapfen? Es gibt um die zehn Milliarden Galaxien im übersehbaren Universum. Wenn wir, auf welche Weise auch immer, die Problematik des Reisens durch den intergalaktischen Raum überwinden könnten, wären uns ungefähr eine Trilliarde [10^{21}, Anm. d. Ü.] erdähnlicher Planeten zugänglich. Doch wenn die Chancen, Leben hervorzubringen, so unendlich gering sind, wie es unser Wissen um die Natur vermuten lässt, dann würde selbst eine Milliarde Billionen Planeten keine Garantie für die Entstehung einer Lebensform darstellen.

Es gibt einen Hoffnungsstrahl, der die Suche nach außerirdischen Signalen weniger aussichtslos machen könnte. Jüngste Erkenntnisse der

Wie wahrscheinlich ist außerirdisches intelligentes Leben?

Astronomie legen den Schluss nahe, dass die Suche nach der Existenz außerirdischen Lebens nicht völlig vergeblich sein könnte. Die Beweise haben sich gehäuft, dass das Universum unendlich ist. Wäre das wahr, müsste es eine unendliche Anzahl von Planeten geben. In diesem Fall müsste sich zwangsläufig irgendwo Leben entwickelt haben, egal wie unwahrscheinlich es ist. Darüber hinaus könnte man logischerweise damit rechnen, dass es dort Lebensformen gibt, die unserer eigenen Intelligenz und Technologie weit überlegen sind.

Verschiedene Entwicklungen haben die Kosmologen davon überzeugt, dass das Universum unendlich ist. Einstein sagt in seiner Gravitationstheorie eindeutig voraus, dass das Universum unendlich ist, wenn die Anziehung durch die Schwerkraft nicht ausreicht, um der 1929 von Hubble entdeckten Expansion entgegenzuwirken. Seitdem haben die Astronomen nach Beweisen dafür gesucht, dass ausreichend Materie vorhanden ist, um das Universum zu »schließen«. Häufig bezogen sie ihre Motivation aus dem vielen Kosmologen eigenen Widerwillen, die Vorstellung eines unendlichen Universums zu akzeptieren.

Noch bizarrer ist die Vorstellung, dass das All gekrümmt ist. Dort, wo Schwerkraft eine Rolle spielt, ist das Weltall geometrisch gesehen gekrümmt. Dies steht in offensichtlichem Widerspruch zu den Euklidischen Axiomen, die wir in der Schule lernen. Die Schwerkraft ist für die Krümmung des Alls verantwortlich. In der Nähe von schwarzen Löchern weist das All eine extreme Krümmung auf. Allgemeiner gesagt: Wäre das All wie die Oberfläche einer Kugel positiv gekrümmt, dann wäre das Volumen des Universums genauso begrenzt wie das der Kugel. Es gibt drei, und zwar nur genau drei Möglichkeiten, wie ein homogenes und isotropes dreidimensionales Weltall gekrümmt sein kann: sphärisch, planar oder hyperbolisch. Die beiden letztgenannten Alternativen beschreiben unendliche Räume, und wir ziehen den Schluss, dass das Universum mangels ausreichender Materie, um den Raum positiv zu krümmen, unendlich sein muss. Astronomische Beobachtungen zeigen direkt, dass das Weltall wahrscheinlich eben wie eine Fläche ist – wovon die Euklidische Geometrie ausgehen würde –, und dass es daher unendlich ist. Die Annahme, dass das Weltall negativ gekrümmt ist wie eine sattelförmige Oberfläche, scheint angesichts der Probleme bei der Durchführung schlüssiger Beobachtungen ebenfalls recht plausibel zu sein.

Mittels astronomischer Messungen ist man im Stande, die dunkle Materie im Universum zu »wiegen«. Selbst wenn die Menge an dunkler Materie beträchtlich wäre, die zwar Schwerkraft, aber kein Licht hervorbringt, würde sie nicht ausreichen, um die Annahme eines in sich geschlossenen Universums zu rechtfertigen. Ein endliches Universum muss sich verlangsamen und schließlich kollabieren. Die Dichte der Materie reicht indes nicht aus, um genug Schwerkraft zu liefern, damit das Universum kollabieren könnte. Daher ist das Universum »offen« und wird sich ewig weiter ausdehnen.

Man könnte natürlich immer davon ausgehen, dass es eine mysteriöse Vakuumenergie gibt, die räumlich einheitlich und daher schwer zu beobachten ist. Einstein schlug 1917 zum ersten Mal eine solche Form dunkler Energie als so genannte kosmologische Konstante vor. Diese war so aufgebaut, dass sie der Schwerkraft entgegenwirkt und abstoßend wirkt, obwohl die Gesetze der Physik genauso gut eine anziehende kosmologische Konstante erlauben. Nachdem Einstein von Hubbles Entdeckung der Expansion des Weltalls hörte, gab er zu, dass dieser Vorschlag einer der größten Fehler seines Lebens gewesen sei. Denn die Ausdehnung wirkt der Schwerkraft entgegen, und es war nicht notwendig, eine mysteriöse Antigravitation ins Spiel zu bringen.

Einmal in die Welt gesetzt, verschwinden theoretische Ideen niemals wieder völlig in der Versenkung. Es ist bemerkenswert, dass astronomische Messungen sieben Jahrzehnte später beinahe einer Rehabilitierung Einsteins gleichkamen. Explodierende Sterne oder Supernovae sieht man auf weite Entfernung. Eine Supernova überstrahlt auf ihrem Höhepunkt sogar eine gesamte Galaxie. Supernovae scheinen angesichts der Explosionsstärke, die bei jeder Art von Supernova bemerkenswert ähnlich ist, beinahe perfekte Bomben zu sein. Die Entdeckung einer sehr weit entfernten Supernova liefert eine solide Grundlage für Entfernungsbestimmungen. Auf Grund der Lichtreisezeit von Milliarden Jahren sehen wir eine entfernte Supernova so, wie sie in der Vergangenheit war, als das Universum noch jung war. Hubbles Gesetz misst die Ausdehnung des Weltalls an Hand der Rotverschiebung der Charakteristika im Spektrum der Gastgalaxie; und er zieht den Schluss, dass sich die Rotverschiebung proportional zur Entfernung verhält. Das wird bei einer gleichmäßigen Ausdehnungsgeschwindigkeit erwartet. Doch jede Abweichung von der einheitlichen Geschwindigkeit bei zunehmender Entfernung bestimmt die Beschleunigung oder Verlangsamung. Wenn man die Distanz zu den fernen Galaxien, die mit Supernovae gemessen werden, mit den Entfernungen vergleicht, die man durch Hubbles Gesetz bestimmt hat, ermöglicht dies dem Astronom den direkten Schluss, ob sich die Expansionsgeschwindigkeit mit der Zeit verändert. Das Ergebnis der Entfernungsbestimmung mit Supernovae überraschte die Astronomen: Das Universum scheint sich zu beschleunigen.

Die letzte Erkenntnis, die für ein unendliches Universum spricht, ergibt sich aus einer Beobachtung, bei der man ganz einfach auf einer Frequenz, auf der das ferne Universum dominiert, den gesamten Himmel betrachtet. Dies ist der Mikrowellenhimmel, denn auf Mikrowellenfrequenzen ist die Galaxis zwar ziemlich trüb, aber der ganze Himmel glüht. Diese Strahlung ist das fossile Glühen, ein Überbleibsel des Urknalls. Seine bemerkenswerte Einheitlichkeit und perfekte »Farbe«, die Farbe eines idealen Strahlers oder eines Schwarzen Körpers bei 3 Grad über dem absoluten Nullpunkt, bestätigen, dass sein Ursprung in einer frühen heißen und dichten Phase des Universums liegt. Nur ein extrem heißes Feuer kann eine derartig perfekte Strahlung hervorgebracht haben.

Die Reststrahlung wurde 1964 entdeckt, doch es dauerte mehr als 25 Jahre, bevor man durch ein Experiment, den COBE-Satelliten, extrem geringe Unterschiede in der Himmelstemperatur entdeckte. Das frühe Universum war dicht und lichtundurchlässig. Als es sich ausdehnte und abkühlte, wurde es weniger als eine Million Jahre nach dem Urknall durchsichtig. Dabei wurden Temperaturabweichungen erzeugt. Die Temperatur reagiert auf inhomogene Dichte: Dies ist die Saat für jede spätere größere Struktur. Wenn wir geringe Temperaturabweichungen am Himmel beobachten, untersuchen wir das Saatgut dieser Struktur.

Die Temperaturschwankungen sollten am stärksten in einem sehr speziellen Winkelmaß von einem Grad oder einem Sonnendurchmesser auftreten. Dies ist eine natürliche Skala, die von den physikalischen Gegebenheiten des frühen Universums geprägt ist. Sie stimmt mit der Maximalentfernung überein, die die Störungen erreichten, bevor das Universum transparent wurde. Es ist eine natürliche Skala, die am Himmel geschrieben steht. Falls der Weltraum negativ gekrümmt ist, verschiebt sich der Höhepunkt der Temperaturschwankungen auf kleinere Skalen, weil die entsprechende Geometrie des Weltalls wie eine konkave Linse funktioniert.

Aktuelle Beobachtungen liefern keinen Beweis dafür, dass das Weltall gekrümmt ist. Die direkten Beobachtungsreihen zur Krümmung reichen allein noch nicht aus, um die Skeptiker zu überzeugen, doch die Beobachtungssituation verbessert sich rapide. Wenn man die Beweise, die auf dem Mangel an Materie und Beschleunigung sowie dem Fehlen von Anzeichen für eine Raumkrümmung basieren, jedoch nicht einzeln, sondern gemeinsam betrachtet, zeigt sich, dass das Universum fast mit Sicherheit unendlich ist – oder zumindest, dass es sich fortgesetzt ausdehnen wird.

Die neue Kosmologie der Inflation, die vor rund 20 Jahren entstanden ist, entwickelte ein schlagkräftiges theoretisches Argument, das einen Nachtrag zur Urknall-Debatte der 1930er-Jahre darstellt. Die Inflation – die für Kosmologen eine zwingende Logik besitzt, weil sie erfolgreich verschiedene Eigenschaften des beobachteten Universums erklärt – sieht vor, dass die Geometrie des Universums sich nicht merklich von der planaren Euklidischen Geometrie unterscheidet. Die Inflation sieht gattungsmäßig ein Universum vor, das praktisch unendlich ist. Die Vorstellung sieht so aus, dass das Universum während einer frühen Phase eine Periode exponenzieller Ausdehnung durchlaufen hat, in der die Materie ihre Eigenschaften veränderte, während sie von einem sehr hohen Temperaturniveau aus abkühlte. Diese beschleunigte Ausdehnung führt zu einem Universum, das lokal der Euklidischen Geometrie zu entsprechen scheint, ebenso wie eine riesige kugelförmige Oberfläche geometrisch gesehen punktuell eben ist. Beobachtungspraxis und Theorie haben sich verbündet, um die Ansicht von einem unendlichen Universum zu vertreten.

Wie wahrscheinlich ist außerirdisches intelligentes Leben?

Das bedeutet, dass sich die Chance auf eine technologisch fortgeschrittene Zivilisation um ein Vielfaches erhöht. Gleichzeitig ist uns jedoch ein Großteil des Universums nicht zugänglich. Ein von uns oder von jeder anderen Spezies ausgesandtes Radiosignal könnte seit dem Urknall, von dem wir wissen, dass er sich vor fünfzehn Milliarden Jahren ereignet hat, maximal ungefähr fünfzehn Milliarden Lichtjahre weit gereist sein. Doch das Universum ist weit größer, und es ist sehr wahrscheinlich, dass fortgeschrittene kosmische Gruppen Tausende oder Millionen oder sogar Milliarden Lichtjahre entfernt sind. Nur bei derart großen Entfernungen ist es wahrscheinlich, dass es angesichts der niedrigen Chancen für Leben genug Planeten gibt, von denen zumindest einer mit ziemlicher Gewissheit Leben hervorgebracht hat. Dies erscheint vielleicht ziemlich unbedeutend, wenn das ganze Universum noch nicht lange genug existiert, als dass Signale von diesen fremden Zivilisationen bis zu uns gedrungen sein könnten. Genauso gut könnten sie nicht existieren.

Es scheint, als würde jede Möglichkeit der Interaktion den Gesetzen der Physik widersprechen. Das ist jedoch nicht der Fall. Physiker können im Prinzip Raum und Zeit überwinden. Es muss nicht notwendigerweise Grenzen geben. Innerhalb des Gefüges des Weltalls sieht die Quantentheorie die Existenz virtueller Teilchen vor – beziehungsweise Teilchen, die nicht in dem Sinne existieren, wie gewöhnliche Teilchen existieren. Paare von virtuellen Teilchen tauchen so schnell auf und verschwinden dann wieder, dass die Gesetze der Physik, wonach zum Beispiel Materie und Energie nicht aus dem Nichts geschaffen werden können, davon unberührt bleiben.

Nun kann man sich in der Regel durchaus eine Situation vorstellen, bei der man die Begrenzungen von Raum und Zeit überwindet. Dies geschieht mit einem hypothetischen Beobachter, der in ein schwarzes Loch eindringt, in dem eine zentrale Singularität liegt. Die Singularität ist allen schwarzen Löchern gemeinsam, und durch sie wird den Gesetzen der Physik getrotzt. Sie ist jedoch für gewöhnlich geschützt: Wenn man ihr zu nahe kommt, gibt es kein Entrinnen. Keine Information kann nach draußen an die Welt dringen. Einsteins Theorie verbietet die Existenz nackter Singularitäten [Singularitäten, die nicht von einem Horizont umgeben sind, der sie für das äußere Universum unsichtbar macht, Anm. d. Ü.].

Eine bei Möchtegern-Raumfahrern beliebte besondere Variante der nackten Singularität ist das Wurmloch. Ein Wurmloch bietet über die Singularität einen Kanal zu einem anderen Ort in Raum und Zeit. Einsteins Theorie lässt zu, dass man aus einem schwarzen Loch herauskommt: Dies ist unter dem Begriff »weißes Loch« bekannt. Wenn man also jemals ein Wurmloch finden könnte, hätte man eine Möglichkeit, in der Zeit zurückzureisen. Auf Grund der möglicherweise auftretenden widersprüchlichen Phänomene verbietet die klassische Physik die Existenz solcher Wurmlöcher. Stellen Sie sich nur vor, jemand reise in der Zeit zurück und brächte die eigene Mutter um!

Durch die Quantentheorie haben sich unsere Ansichten über Wurmlöcher verändert. Was folgt, sind Spekulationen, weil noch keine Theorie über Quantengravitation begründet worden ist, doch es sind plausible Spekulationen, die uns die Quantentheorie aufdrängt. Die Heisenberg'sche Unschärferelation lässt die Existenz von Wurmlöchern zu, solange sie sich durch Auslöschung schnell genug selbst zerstören.

Der schwierigste Schritt besteht darin, ein Wurmloch einzufangen. Mit ausreichender Stärke kann man im Prinzip ein virtuelles Paar Wurmlöcher auseinander brechen und eines davon einfangen. Das ist das gleiche Prinzip, nach dem schwarze Löcher strahlen, wo die intensive Schwerkraft nahe dem schwarzen Loch virtuelle Teilchenpaare effektiv voneinander trennen kann. Einmal getrennt, kann eines der Teilchen in die Unendlichkeit davonfliegen und so Energie aus einem schwarzen Loch saugen. Sobald ein Wurmloch zur Verfügung steht, hat man eine Zeitmaschine. Das Muttermord-Paradoxon wird vermieden, weil der Eintritt ins Wurmloch und der Austritt aus dem weißen Loch eine beträchtliche Quantenunschärfe hervorruft. Man würde seine Mutter niemals finden. Muttermord solcher Art ist demnach hochgradig unwahrscheinlich.

Ein Wurmloch bietet auch die Möglichkeit, unmittelbar durch den Raum zu reisen. Unser potenzieller Reisender holt sich ein Wurmloch, springt dessen Schlund hinunter und taucht an irgendeinem fernen Raum-Zeit-Schauplatz wieder auf. Wir können uns nicht vorstellen, wie die Bahn kontrolliert werden könnte, aber das ist sicherlich nur ein Problem fortgeschrittener Technologie. Die Technologie, die erforderlich ist, um ein Wurmloch so lang festzuhalten, dass man es in der Raumzeit als Verbindung benutzen kann, sollte dem Reisenden auch ermöglichen, eine hinreichend starke Kapsel zu entwickeln, die ihm eine sichere Reise garantiert.

Das für so ein Unterfangen notwendige Technologieniveau ist uns noch unverständlich, doch uns standen erst drei Jahrhunderte Tensorrechnung zur Verfügung, um unsere mathematischen Fähigkeiten zu verfeinern, und weniger als fünfzig Jahre, in denen Computer entwickelt wurden. Man kann sich nicht einmal ansatzweise vorstellen, welches Technologieniveau eine Zivilisation erreichen könnte, die eine Milliarde Jahre lang auf hohem Niveau Berechnungen durchgeführt hat. Alles, was die Gesetze der Physik erlauben, sollte möglich sein. Die Manipulation virtueller Wurmlöcher könnte die Grenzen dessen sprengen, was technologisch durchführbar ist; sie scheint mir jedoch eine weit attraktivere und bereicherndere Beschäftigung zu sein als beispielsweise die Genmanipulation, zu der eine fortgeschrittene Spezies durchaus im Stande ist. Der stärkste Instinkt des Menschen ist der Entdeckerdrang, sowohl was den Weltraum als auch die Vermehrung des Wissens betrifft. Man kann sich keinen machtvolleren Zweck der Forschung vorstellen, als das Gewebe von Raum und Zeit auseinander zu reißen.

Die Existenz einer solchen reisenden Spezies hätte bemerkenswerte Begleiteffekte. Denn die Erde wäre nicht länger vor einem außerirdischen Kontakt abgeschirmt. Sobald die Erkundung von Raumzeit mit einem Wurmloch durchführbar ist, kann man sich leicht vorstellen, dass »sich selbst reproduzierende Sonden« entwickelt werden. Man könnte diese Reproduktion sowohl in die Zukunft als auch in die Vergangenheit lenken. Indem man in die weit entfernte Zukunft geht, werden sämtliche Teile des Universums zugänglich, einschließlich derer, die jetzt außerhalb unseres Horizonts liegen, und indem man in die Vergangenheit geht, könnten die Sonden die Evolution überwachen oder stimulieren. Wurmlochreisen sind ihrem Wesen nach unmittelbar. Es gibt keine Begrenzung in Raum oder Zeit. Sobald die

Wurmlochtechnologie verfügbar ist, sind Teile des unendlichen Universums zugänglich; und sie würden mit Sicherheit von einer einzelnen Spezies erforscht werden, die ihren Ursprung an einem bestimmten Punkt in Raum und Zeit hat. Unmittelbare Selbstrekonstruktion bedeutet, dass eine einzelne Spezies über unendliche Erkundungsmöglichkeiten verfügt.

Es spielt kaum eine Rolle, dass das gegenwärtig beobachtete Universum endlich sein könnte. Nehmen wir an, es stellt sich sogar heraus, dass das Weltall sphärisch gekrümmt ist; und nehmen wir einmal an, das Universum ist endlich. Die Beobachtung der Beschleunigung zeigt, dass es sich für immer ausdehnen wird. In der fernen Zukunft hätte man dann eine endliche Anzahl von Planeten, doch praktisch eine unendliche Zeit, in der sich Leben entwickeln könnte. Planeten überleben, bis die Protonen zerfallen – ab jetzt noch mindestens 10^{32} Jahre lang.

Für gewöhnlich werden diese Planeten unserer Erde, die einen Stern vom Typ G umkreist, nicht ähneln. Auch wenn die Anzahl der gegenwärtig existierenden planetarischen Schauplätze begrenzt ist, tauchen auf einer so ungeheuer großen Zeitskala viele Möglichkeiten zur Bildung neuer Planeten auf, während sich Sterne und Galaxien entwickeln. Ihre Umgebungen werden exotisch sein: Die Evolution der Zukunft wird sich beispielsweise größtenteils in den dichten galaktischen Kernen vollziehen. In diesen Gebieten schreitet die dynamische Evolution zurzeit schnell voran, und man weiß, dass schwarze Löcher die ultimative Energiequelle liefern. Kerne von Galaxien werden das Universum noch unzählige Äonen lang beleuchten. Planeten gibt es in hoch entwickelten Umgebungen, beispielsweise um Neutronensterne herum. Solange es schwarze Löcher gibt, kann man sich eine Energiequelle vorstellen, die dafür sorgt, dass Planeten warm sind und dafür bereit, Leben hervorzubringen. Genügend Zeit vorausgesetzt, ist sogar auf einer begrenzten Zahl von Plätzen die Existenz von Leben wahrscheinlich. Wenn sich solches Leben entwickelt, wird es Äonen dauern, bis das fortgeschrittene Technologieniveau erreicht ist, das Zeitreisen ermöglicht – aber es stehen ja unzählige Äonen zur Verfügung. Unter Ausnutzung von Wurmlöchern könnte man in die Vergangenheit reisen und insbesondere auch zu nahe gelegenen Planeten in die gegenwärtige Epoche.

Wie wahrscheinlich ist außerirdisches intelligentes Leben?

Es muss kein Paradox darin liegen, dass man im Sonnensystem keine Anzeichen für außerirdische Artefakte gefunden hat. Man kann sich leicht vorstellen, dass die überlegene Zivilisation, die eine Wurmlochtechnologie entwickelt hat, auch so hoch entwickelt ist, dass sie sämtliche Spuren ihrer Reise verbergen kann. Doch vielleicht hat sie ja sogar eine Spur hinterlassen, und zwar den Funken, der das Leben auf Erden entzündet hat. Es könnte sich um ein kontrolliertes Experiment mit erfolgreichem Ergebnis handeln. Vielleicht gab es viele andere, die scheiterten oder auch erfolgreich waren. Wenn die Möglichkeit besteht, dass Leben von außen initiiert wird, dann sind wir wieder bei unserem anfänglichen Dilemma. Wir können nicht berechnen, wie wahrscheinlich die Existenz einer nahe gelegenen fortgeschrittenen Zivilisation ist, denn die Spielregeln sind unbekannt. Wir müssen suchen.

Zahlenspiele mit Außerirdischen

Lawrence Krauss

Er wird nicht von einer, sondern von unzähligen Sonnen verehrt; nicht von einer einzigen Erde, einer einzigen Welt, sondern von Tausend Tausend, ich sage: einer Unendlichkeit von Welten.

Giordano Bruno

Giordano Bruno wurde vor 400 Jahren auf dem Scheiterhaufen verbrannt, auch, weil er darauf bestanden hatte, dass die Erde nur eine von vielen bewohnten Welten sei. Zum Glück besitzen Philosophen und Filmautoren heute viel mehr Freiheit, ihrer Phantasie freien Lauf zu lassen. Es hat mich schon immer beeindruckt, wie Hollywood außerirdische Wesen gestaltet. Dennoch: Wenn es eine Sache gibt, bei der Science-Fiction-Autoren vermutlich weit daneben liegen, dann ist es ihre Beschreibung der möglichen Vielfalt und Vielzahl des Lebens im Universum. Selbst wenn man das alles einbezieht – das Silikonwesen Horta, den insektenartigen Harada und die Cyberkreatur Borg, Wooky, die Sandwürmer, Yoda und Jabba the Hut, den kleinen E.T. und die schleimigen Biester aus *Independence Day* und den *Alien*-Filmen sowie alle Kreaturen aus *Men in Black* –, kratzt man dennoch kaum an der Oberfläche dessen, was möglich ist.

Man bedenke Folgendes: Bei auf DNA-Strukturen basierenden, sich reproduzierenden Lebensformen gibt es vier verschiedene genetische »Buchstaben«. Ungefähr 1000 dieser Buchstaben bilden in verschiedenen Kombinationen ein Gen; man hat also 10^{600} mögliche Varianten. Selbst wenn die Natur über die ganze Erdgeschichte hinweg, wie auch immer, einmal pro Sekunde in jeder Zelle auf Erden eine neue Genkombination produzieren würde, würde die Gesamtzahl so geschaffener Kombinationen nur ungefähr 10^{47} betragen.

Nun mögen viele der Buchstaben in einem Gen irrelevant sein, aber trotzdem: Wenn 99,9999999999999999999999999999 Prozent aller möglichen Genkombinationen zu Abfallgenen führen, wäre die Gesamtzahl verschiedener Lebensformen, die auf diese Weise auf der Erde hätten entstehen können, im Verhältnis zur Anzahl lebensfähiger Möglichkeiten immer noch kleiner als ein Atom verglichen mit der Gesamtzahl von Atomen im Universum. Und das ist nur die DNA. Wir haben keine Ahnung, ob noch andere sich reproduzierende organische oder anorganische Kombinationen existieren könnten – in diesem Fall wäre die obige Schätzung der möglichen Lebensvielfalt im Universum um ein Vielfaches zu niedrig.

Nicht nur, dass die Möglichkeiten praktisch endlos sind; die Entdeckungen der letzten Jahre haben uns auch veranlasst, unsere Schätzungen hinsichtlich der Wahrscheinlichkeit, mit der sich anderswo in unserer Galaxis Leben entwickelt, nach oben zu korrigieren. Wenn man ein Jahr zum »Jahr des Außerirdischen« ausrufen wollte, wäre das vergangene einer der heißesten Kandidaten. Jeder indirekte Beweis, über den wir verfügen, deutet heute mehr denn je darauf hin, dass »Leben« allgegenwärtig ist. Einst hatten wir keinerlei Erkenntnisse darüber, wie die Bausteine des Lebens sich auf Erden gebildet haben könnten; nun haben wir eine Vielfalt konkurrierender und fesselnder Theorien. Und darüber hinaus ist an allen möglichen falschen Orten Leben entdeckt worden. Nichts ist für einen Wissenschaftler spannender, als wenn die Dinge sich *nicht* so entwickeln wie erwartet und er unter einem Schwall neuer Daten zu ertrinken droht.

Man sollte betonen, dass nicht alles möglich ist. Trotz der großen potenziellen Vielfalt möglichen außerirdischen Lebens sind die Autoren von *Raumschiff Enterprise*, *Akte X* und den *Alien*-Filmen (sowie einige angeblich von UFOs Entführte und ihre Psychiater) dummerweise manchmal über das Ziel hinausgeschossen. Ein Beispiel hierfür ist die Neigung der Filmautoren, eine erfolgreiche Paarung zwischen unterschiedlichen Spezies darzustellen (ich rede hier nicht von Kopulation zwischen unterschiedlichen Spezies, die hier und da auf der Erde und mit völliger Unbekümmertheit auf der *Enterprise* vorkommt; es gibt die berühmte Szene zwischen Captain Kirk und Queen Deela, die in den sechziger Jahren dem Auge der Zensur entgangen ist; dann die Liebesaffäre zwischen Dr. Beverly Crusher und Botschafter Odan; dazu die Tändeleien des virilen Commander William Riker mit ungefähr jeder Außerirdischen, die einen Rock trägt). Unter allen nicht physikalischen Gesichtspunkten scheint dieser Aspekt hinsichtlich der Verhältnisse auf dem *Raumschiff Enterprise* bei den Lesern meines letzten Buchs die meiste Verachtung hervorgerufen zu haben – obwohl ich den Verdacht hege, dass die menschlich-außerirdischen Hybriden in *Akte X* bei den Zuschauern weniger Zorn auslösen. Unter Biologen und einigen Farmern auf der Erde ist es wohlbekannt, dass aus der Kopulation zwischen unterschiedlichen Spezies selten lebensfähiger Nachwuchs hervorgeht. Der genetische Code ist, obwohl anscheinend unendlich formbar, auch ziemlich empfindlich. Genauso gut könnte man versuchen, ein Macintosh-Programm auf einem Windows-95-System laufen zu lassen! Selbst Spezies, deren genetische Zusammensetzung bemerkenswert ähnlich ist, sind vom Standpunkt der Fortpflanzung her biologisch nicht kompatibel; und in den seltenen Fällen, in denen ihr Nachwuchs lebensfähig ist – zum Beispiel Maultiere – können sie sich selbst grundsätzlich nicht fortpflanzen.

Dies gilt nun für Spezies, die seit vermutlich Millionen von Jahren auf demselben Planet koexistieren, auf eine Reihe ähnlicher evolutionärer Zwänge reagiert haben und über Genome verfügen, die sich nicht deutlich voneinander unterscheiden. Versuchen sie sich einmal eine Kreuzung zweier Spezies, die sich auf verschiedenen Planeten entwickelt haben, vorzustellen! Selbst wenn die grundlegende Chemie dieselbe wäre (was nicht unbedingt wahrscheinlich ist), ist es extrem schwer vorstellbar, dass das Produkt der Paarung, sagen wir, eines Vulkaniers und eines menschlichen Wesens, irgendetwas Lebensfähiges wie Mr. Spock wäre – ebenso wenig, wie aus der Paarung eines Menschen und eines Schimpansen wahrscheinlich Nachwuchs hervorgehen würde (durch diese Reihenfolge will ich keine Entsprechung zu der Vulkanier-Mensch-Analogie herstellen).

Die faszinierenden neuen Entdeckungen der vergangenen Jahre haben auf jeden Fall unsere Einstellung zur Wahrscheinlichkeit von Leben im Kosmos verändert. Vorher war die Existenz von Planeten außerhalb unseres eigenen Sonnensystems pure Spekulation, und wir dachten, dass der Bereich der Bedingungen, unter denen sich Leben bilden und überleben könnte, weit enger abgesteckt wäre. Jetzt wissen wir es besser. Zu keinem Zeitpunkt im vergangenen Jahrhundert hatten wir mehr Grund zum Optimismus, was die Möglichkeit angeht, in Zukunft außerirdisches Leben, vielleicht sogar intelligentes außerirdisches Leben, zu entdecken.

Seit mehr als 30 Jahren wird die übliche Schätzung für die Wahrscheinlichkeit der Existenz außerirdischer Zivilisationen in der so genannten Drake-Gleichung dargestellt. Sie ist nach dem Astronomen Frank Drake, der sie entwickelte, benannt. In dieser Gleichung wird die Anzahl intelligenter Zivilisationen in der Galaxis als Produkt der Anzahl der Sterne in der Galaxis mit mehreren verschiedenen Wahrscheinlichkeiten, die in Bruchteilen ausgedrückt werden, berechnet: Der Bruchteil der Sterne, die wahrscheinlich Planetensysteme haben; der Bruchteil derer, die wahrscheinlich erdähnliche Planeten haben; der Bruchteil der Sterne, die wahrscheinlich lange genug stabil bleiben, damit sich Leben entwickeln kann; der Bruchteil der Lebensformen, die sich vermutlich so entwickeln, dass sie intelligent werden usw. ... In gewissem Sinne fasst diese Gleichung unsere Unwissenheit in Parameter, da jede der in sie eingehenden fundamentalen Wahrscheinlichkeiten diskussionswürdig ist. So haben verschiedene Gruppen von Menschen die Anzahl intelligenter Zivilisationen in unserer Galaxis zwischen eins und mehreren Millionen geschätzt. Doch mit der Zeit und mit wachsendem Wissen haben sich verlässlichere Schätzungen für zumindest einige dieser Faktoren entwickelt.

Dennoch hatte ich schon immer das Gefühl, dass dieser Ansatz ein Problem in sich birgt, und ich habe kürzlich mit Frank Drake selbst darüber diskutiert. Der Punkt ist: Viele der einzelnen Wahrscheinlichkeiten, deren Produkt in die Gleichung eingeht, sind äußerst gering; und ihr Produkt ist noch geringer. So kommt man von vielleicht 400 Milliarden Sternen in unserer Galaxis auf vielleicht nur eine Hand voll intelligenter Zivilisationen. Und wenn die Wahrscheinlichkeiten so niedrig werden, sind sie manchmal schwer zu schätzen. Die Statistik sehr seltener Ereignisse ist eine hohe Kunst, und die naive Anwendung der Wahrscheinlichkeitsrechnung ist vielleicht nicht der beste Weg, sich diesem Thema zu nähern.

Zunächst einmal wird das Ergebnis eine sehr kleine Zahl sein, wenn man eine Wahrscheinlichkeit betrachtet, die sich aus dem Produkt vieler einzelner unterschiedlicher Wahrscheinlichkeiten ergibt, weil jede einzelne Wahrscheinlichkeit, die in das Produkt eingeht, geringer als 1 ist; und das Produkt vieler Zahlen, die kleiner als 1 sind, ist immer sehr klein. Beispielsweise ist die Wahrscheinlichkeit, dass irgendein bestimmtes Ereignis in Ihrem Leben stattfindet, wenn man es so betrachtet, beinahe gleich Null. Die Wahrscheinlichkeit, dass ich heute Morgen um 7.30 Uhr in Genf aufgewacht bin, erfordert zunächst, dass ich Urlaub von meinem Heimatinstitut habe, was wiederum erfordert, dass ich überhaupt bei diesem Institut bin, was erfordert, dass ich die Physik zu meinem Beruf gemacht habe usw. ... Unmittelbarer betrachtet, erforderte mein Aufwachen um 7.30 Uhr wahrscheinlich, dass es vor meinem Fenster einen kleinen Teich gibt, in dem eine bestimmte Kaulquappe zum Frosch geworden ist und um 7.29 Uhr quakt usw. ... Obwohl alle diese Wahrscheinlichkeiten (und noch eine Vielzahl weiterer, die man gar nicht alle erwähnen kann) gering waren und zu der winzig geringen Wahrscheinlichkeit führten, dass ich genau das tun würde, was ich tatsächlich getan habe, habe ich es dennoch tatsächlich getan. Ereignisse mit geringer Wahrscheinlichkeit geschehen stets und ständig. Denn wenn man es so betrachtet, haben alle Ereignisse nur eine geringe Wahrscheinlichkeit.

Übrigens ist dies ein Grund, warum wir vorsichtig sein müssen, wenn uns jemand etwas erzählt wie: »Letzte Nacht habe ich geträumt, dass meine Frau nach mir rief, während sie die Treppe herunterfiel und sich das Bein brach. Und eine Woche später stolperte sie und hat sich verletzt – ist das nicht erstaunlich? Die Wahrscheinlichkeit, dass mein Traum wahr werden würde, ist so gering, dass hier irgendetwas Merkwürdiges am Werk gewesen sein muss.« Nun, diese Auffassung widerlegte der berühmte Physiker Richard Feynman auf eine interessante Art und Weise. Manchmal rief er aus:»Du glaubst nicht, was mir heute passiert ist!« Wenn man den Köder schluckte, sagte er: »Absolut nichts Besonderes!« Der Punkt ist, dass wir dazu neigen, uns an herausragende Ereignisse zu erinnern und die anderen zu vergessen. Ein erstaunlicher Zufall ist auf jeden Fall erstaunlich, aber vielleicht nicht *so* erstaunlich, wie wir meinen.

In diesem Zusammenhang muss man sich noch mit einem weiteren Problem auseinander setzen. Wenn man die Wahrscheinlichkeit betrachtet, ob viele separate Ereignisse geschehen, muss man auch erwägen, ob diese miteinander in Verbindung stehen oder nicht – das heißt, ob sie wahrhaft unabhängig sind oder nicht. Stehen sie miteinander in Verbindung, wird die einfache Multiplikation der einzelnen Wahrscheinlichkeiten nicht die korrekte Schätzung ergeben. In diesem Fall ist die endgültige Wahrscheinlichkeit vielleicht viel höher als vorhergesagt. Beispielsweise mag die Wahrscheinlichkeit, dass ich zu einem vorgegebenen Zeitpunkt einen Fluch ausstoße, gering sein (obwohl sie bestimmt nicht gleich Null ist). Die Wahrscheinlichkeit, dass

Zahlenspiele mit Außerirdischen

ich mir zu einem vorgegebenen Zeitpunkt meinen Musikantenknochen [Knochenhöcker neben dem Ellbogenhöcker, Anm. d. Ü.] stoße, ist ebenfalls gering. Die Wahrscheinlichkeit, dass ich mir den Musikantenknochen stoße und dann einen Fluch ausstoße, ist aber nicht gleich dem Produkt beider Wahrscheinlichkeiten, denn die Wahrscheinlichkeit, zu einem vorgegebenen Zeitpunkt zu fluchen, steht in Verbindung mit der Wahrscheinlichkeit, sich zu einem vorgegebenen Zeitpunkt wehzutun. Ebenso mag die Wahrscheinlichkeit, dass ein Planet Meteoriten- und Kometeneinschläge lange genug überleben könnte, so dass sich intelligentes Leben entwickeln kann, gering sein. Und die Wahrscheinlichkeit, dass ein Sonnensystem einen Planeten von der Größe des Jupiter in seinem äußeren Bereich aufweist, ist vielleicht ebenfalls gering. Aber diese beiden Faktoren sind nicht unabhängig voneinander: Wir glauben, dass die Gravitationswirkung des Jupiter eine wichtige Rolle dabei spielt, viele potenziell tödliche Objekte von der Erdbahn abzulenken.

Der moderne Ausdruck für diese Vorstellung lautet »bedingte Wahrscheinlichkeit«: Seine Verfechter sagen, dass wir uns nicht mit »absoluten Wahrscheinlichkeiten« beschäftigen sollten, die für die Realität häufig irrelevant sind, sondern mit »bedingten Wahrscheinlichkeiten« – der Möglichkeit, dass ein Ereignis eintritt, wenn eine Reihe vorheriger Bedingungen gegeben ist. Wir wissen jedoch nicht immer, welche Wahrscheinlichkeiten andere Wahrscheinlichkeiten bedingen. Daher kann es kompliziert werden, wenn man außerhalb kontrollierter Experimente im Labor versucht, die exakte Wahrscheinlichkeit zu berechnen, mit der eine bestimmte komplexe Ereigniskette ablaufen wird.

Um dieses Problem zu umgehen, bedient man sich der teils nicht intuitiven, aber extrem wichtigen Vorstellung, wonach ein Ereignis mit geringer absoluter Wahrscheinlichkeit dennoch häufiger eintreten kann als jede mögliche Alternative. Wie ich bereits erwähnt habe, gibt es für jedes Ereignis auf der Welt eine verschwindend geringe Wahrscheinlichkeit, wenn man alle abhängigen Faktoren berücksichtigt. Deshalb ist nicht die absolute Wahrscheinlichkeit entscheidend, sondern die relative. Welche Beobachtungsreihe ist angesichts einer Vielzahl von Ergebnissen wahrscheinlicher als andere? Wenn eine Reihe möglicher Ereignisse unaufbereitet eine Wahrscheinlichkeit von 1:1 000 000 hat – na ja, das klingt sehr niedrig. Aber wenn die Wahrscheinlichkeit bei allen anderen Millionen Gruppen von Ereignissen näher an 1:1 000 000 000 liegt, dann ist es tausend Mal wahrscheinlicher, dass die erste Gruppe von Ereignissen bei einem einzigen Versuch eintritt als dass jede andere Gruppe von Ereignissen beobachtet werden kann.

Wenn so viele mögliche Ergebnisse beteiligt sind, ist es natürlich nicht eine bestimmte Gruppe von Ereignissen, die für den Verlauf der Arbeit wichtig wird, sondern es ist wichtig, ob die beobachtete Gruppe nahe an derjenigen mit der größten Wahrscheinlichkeit liegt. Ein Beispiel zur Verdeutlichung: Sagen wir, ich werfe mehrmals eine Münze und zähle, wie oft Kopf bzw. Zahl fällt. Wir alle wissen intuitiv, dass sich mit größter Wahrscheinlichkeit Kopf und Zahl die Waage halten werden. Dennoch erwarten wir nicht, dass die Anzahl für Kopf *immer* gleich der Anzahl für Zahl ist. Wenn ich die Münze zehnmal werfe, erhalte ich vielleicht sechsmal Kopf und viermal Zahl – oder umgekehrt. Mit einer wachsenden Anzahl von Würfen hingegen steigt die Anzahl der möglichen Gruppen von Ereignissen ständig, und daher nimmt die Wahrscheinlichkeit eines jeden bestimmten Resultats (zum Beispiel 499-mal Kopf und 501-mal Zahl bei 1000 Würfen) immer mehr ab, weil es zunehmend mehr Ergebnisse gibt, die auftreten können. Doch trotz der Tatsache, dass die absolute Wahrscheinlichkeit einer bestimmten Kombination sinkt, wird die relative Wahrscheinlichkeit immer höher, dass man ziemlich nahe an ein Ergebnis von 50:50 Prozent herankommt. Bei einer Million Würfe ist die Wahrscheinlichkeit, um nur 10 Prozent von diesem Mittelwert abzuweichen, tausendmal geringer als die Wahrscheinlichkeit, innerhalb eines Bereichs von einem Prozent außerhalb des 50:50-Verhältnisses zu liegen! Und das, obwohl die Wahrscheinlichkeit, genau 500 000-mal Kopf und 500 000-mal Zahl zu erhalten – was das wahrscheinlichste Ergebnis ist – weniger als 1:1 000 beträgt!

Wenn ich die Münze eine Million Mal werfe, kann ich jedes bestimmte mögliche Ergebnis für Kopf und Zahl aufschreiben. Es ist sehr einfach, die Wahrscheinlichkeit für dieses spezifische Resultat (zum Beispiel KKZKZZZKZKZ...) zu berechnen, denn es gibt nur eine Möglichkeit, dass es sich genau so ereignet. Da beispielsweise bei jedem Wurf die Wahrscheinlichkeit für Kopf 0,5 (das heißt 50 Prozent) beträgt, ist die Wahrscheinlichkeit, genau die betreffende Folge

zu erhalten $(0,5) \times (0,5) \times (0,5) \ldots = (0,5)^{1\,000\,000}$ – ich muss nicht eigens betonen, das das Ergebnis eine sehr kleine Zahl ist!
Da nun jede bestimmte Folge – selbst wenn sich die Zahl eine Million Mal wiederholt – genau die gleiche Wahrscheinlichkeit hat wie jede andere bestimmte Folge, stellt sich die Frage, warum wir nie damit rechnen, am Ende der eine Million Würfe eine Million Mal Zahl zu erhalten? Nun, weil es viele verschiedene Möglichkeiten gibt, eine Folge von Ks und Zs aufzuschreiben, die aus 500 000 Ks und 500 000 Zs besteht, aber es gibt nur eine – und *genau* eine – Möglichkeit, eine Folge aus einer Million Zs aufzuschreiben. So einfach ist das.

Mit der Technik der maximalen Wahrscheinlichkeit findet man in diesem Fall die Eigenschaften jener Folgen heraus, die am wahrscheinlichsten vorkommen werden, indem man relative Wahrscheinlichkeiten vergleicht, ohne sich um absolute Wahrscheinlichkeiten zu scheren, und auch erkennt, dass eine bestimmte Folge extrem selten sein kann. In diesem Fall würde uns die Methode sagen, dass eine Folge mit einem Ergebnis nahe an 500 000-mal Kopf weit wahrscheinlicher als irgendeine andere ist. Daher werden wir viel wahrscheinlicher eine der möglichen Folgen, die zu diesem Ergebnis führt, beobachten können als irgendeine andere, obwohl die Wahrscheinlichkeit, dass eine ganz bestimmte Folge vorkommt, extrem gering ist.

Und was hat das alles jetzt mit der Möglichkeit außerirdischen Lebens im Universum zu tun? Nun, hier könnte es wichtig sein, nicht die absolute Wahrscheinlichkeit zu untersuchen, mit der eine bestimmte Folge von Ereignissen intelligentes Leben hervorbringt, sondern eher die relative Wahrscheinlichkeit, dass eine solche Folge auftritt, mit der Wahrscheinlichkeit zu vergleichen, dass eine Folge auftritt, die *kein* Leben zur Folge hat. Wichtig ist die relative Wahrscheinlichkeit. Wenn wir im vergangenen Jahrzehnt irgendetwas erkannt haben, dann ist es die Tatsache, dass Leben widerstandsfähiger ist als wir geglaubt hatten. Ich bin jetzt eher gewillt anzunehmen, dass es unwahrscheinlich ist, dass sich *kein* Leben entwickelt, wenn man organisches Material mit etwas Wärme, etwas Licht und etwas Wasser zusammenbringt – selbst wenn die Wahrscheinlichkeit, dass es durch eine bestimmte Folge von Ereignissen entsteht, gering ist. Anstatt zu erwägen, wie hoch die Wahrscheinlichkeit ist, dass auf einem anderen Planeten erdähnliche Bedingungen herrschen, wäre es angemessener, der Frage nachzugehen, wie hoch die Wahrscheinlichkeit ist, dass organische Materie auf einem gegebenen Planeten innerhalb mehrerer Milliarden Jahre *keine* sich *irgendwie* reproduzierenden Systeme bilden wird?

Ich wiederhole, dass ich keine Antwort auf diese Frage habe; und ich betone, dass die Antwort außerhalb meiner Fachkenntnis liegt. Aber mir scheint, dass es wie in dem oben beschriebenen Beispiel mit den Münzen viel mehr Wege zur Entwicklung von Lebensformen geben könnte als Wege, die sicherstellen, dass ein gegebenes Sonnensystem lebensfrei bliebe.

Wer in diesen Kategorien denkt, schießt vielleicht weit über das Ziel hinaus, wenn er sich auf die bemerkenswert glücklichen und besonderen Umstände konzentriert, die zur Entwicklung intelligenten Lebens auf der Erde geführt haben. Wenn die Wahrscheinlichkeit, dass sich in einem System irgendeine Art von Leben entwickelt, größer ist als die Chance, sicherzustellen, dass überhaupt kein Leben entsteht, dann haben wir – egal, wie hoch die Wahrscheinlichkeit, dass eine bestimmte Folge von Ereignissen Leben zur Folge hat, auch sein mag – mehr oder weniger die Garantie, dass sich in den meisten Fällen irgendeine derartige Folge ereignen wird.

Ich sage nicht, dass die Drake-Gleichung, so wie sie ist, Fehler aufweist – das tut sie nicht – und auch nicht, dass sie aus gedanklichen Gründen durch die Krauss-Gleichung ersetzt werden sollte, auch wenn das gut klänge. Wenn wir alle abhängigen Faktoren kennen würden, die zu irgendeiner Art von Leben führen, wären wir im Stande, die Wahrscheinlichkeiten exakt zu berechnen und so die Anzahl intelligenter Zivilisationen genau zu bestimmen. Und vielleicht sind wir eines Tages dazu in der Lage, da die Evolutionsbiologie sich mit Riesenschritten entwickelt. Doch bevor wir dieses Wissen haben, vermittelt uns der Vergleich relativer Wahrscheinlichkeiten unter Umständen bessere Einsichten.

Schließlich gibt es noch einen ganz wichtigen Faktor, der den Schluss nahe legt, dass es woanders möglich oder sogar alltäglich ist, dass Leben – sogar intelligentes Leben – entsteht. Es ist die Tatsache, dass wir existieren. Diese unzweifelhafte Tatsache beweist, dass sich bei mindestens einer Kombination von Umständen, von der wir wissen, dass sie in der Galaxis vorkommt, intelligentes Leben bilden kann. Darüber hinaus lehrt uns die Naturgeschichte auf der Erde nicht nur, dass das Leben extrem widerstandsfähig ist und sogar ein massenhaftes Sterben übersteht, sondern auch, dass es eine Vielzahl evolutionärer Pfade gibt, die zu verschiedenen komplexen Organismen führen. Einschränkend sollte man allerdings anmerken, dass die Naturgeschichte uns zwar lehrt, dass sich das Leben auf der Erde relativ schnell entwickelt hat, es aber dennoch fast 4 Milliarden Jahre dauerte, bis sich *intelligentes* Leben entwickelte – und selbst das geschah nur durch eine Reihe historischer Zufälle. Das könnte bedeuten, dass Leben an sich zwar nichts Außergewöhnliches ist, Intelligenz jedoch schon. Andererseits könnte man genauso gut argumentieren, dass sich aus vielen verschiedenen historischen Pfaden intelligentes Leben ergeben haben könnte, und unser Pfad könnte nur einer von vielen sein. Nur: Das ist schwer zu beurteilen, solange man nur ein Beispiel hat!

Generell vermute ich, dass es merkwürdig wäre, wenn Leben in der Galaxie *nicht* allgegenwärtig wäre, da unsere Sonne ein ziemlich gewöhnlicher Stern ist und ihr Ort in der Galaxis keine bemerkenswerten Eigenheiten aufweist, und da die Natur sich so häufig wiederholt, wie es die Gesetze der Physik und Chemie erlauben. Ich denke, es ist nur eine Frage der Zeit – wenn auch vielleicht auf einer kosmischen Zeitskala – und keine Frage des Prinzips, bis wir unsere galaktischen Cousins entdecken. Ich gehe sogar noch weiter und sage, dass ich damit rechne, dass wir in diesem Jahrhundert mikroskopische Lebensformen irgendwo in unserem Sonnensystem finden werden (ich lasse die Frage offen, ob sich dann herausstellen wird, dass sie einen gemeinsamen Ursprung mit dem Leben auf der Erde haben). Die Entdeckung außerirdischer Intelligenz liegt jedoch zweifellos viel weiter in der Zukunft; ganz einfach, weil es nahezu unmöglich ist, eine Hin- und Rückreise zu anderen Sternen zu unternehmen, und weil mangels abgestimmter Kommunikationsformen die Verständigung über die unendlichen Tiefen des Weltraums schwierig ist.

Betrachten Sie es einmal so: Selbst ohne Schiffe, mit denen man über den Atlantik oder Pazifik reisen kann, ist es möglich, Botschaften – oder zumindest Grüße – an Zivilisationen am anderen Ende der Welt zu schicken. Eine Flaschenpost zum Beispiel wurde schon Tausende von Meilen vom Ursprungsort entdeckt. Doch ungefähr genauso lange, wie es dauerte, bis sich die europäische Zivilisation so weit entwickelte, dass transatlantisches Reisen möglich wurde, hatte man keinerlei Informationen über die Zivilisationen der Neuen Welt.

Wir wissen noch nicht, ob die Abwesenheit von Kommunikation impliziert, dass da draußen niemand ist, mit dem man kommunizieren kann. Wie schon Carl Sagan gesagt hat: »Die Abwesenheit eines Beweises ist kein Beweis für die Nichtexistenz eines Phänomens.« Für den Moment sollten wir mit dem Horchen fortfahren. Statistische Argumente können nie so gut wie eindeutige Daten sein. Dennoch glaube ich, diese Argumente legen den Schluss nahe, dass sich die Suche nach außerirdischem Leben lohnt.

Das Leben im Universum: groß, klein und komplex

John D. Barrow

Das gastfreundliche Universum

Eine der seltsamen Eigenschaften des Universums ist es, uns eine Umgebung zu bieten, die oberflächlich betrachtet für die Evolution von Leben extrem feindselig ist. Der Schein kann jedoch trügen. Wir wissen, dass das Universum sich ausdehnt, und die Konsequenz seines hohen Alters ist seine unvorstellbare Größe. Jedes Universum, das Bausteine der Komplexität enthält, muss alt genug sein, um Sterne und Elemente hervorgebracht zu haben, auf denen chemische Komplexität basiert. Hierfür sind schwerere Elemente erforderlich als Wasserstoff und Helium, die sich innerhalb der ersten drei Minuten nach dem Urknall bildeten. Daraus entstanden dann die schwereren Elemente wie Kohlenstoff durch Kernprozesse. Wenn Sterne sterben, werden diese Elemente in den Weltraum zerstreut und finden schließlich ihren Weg zu Planeten und Menschen. Dieser Prozess nuklearer Alchemie ist langsam und langwierig. Er dauert Milliarden Jahre. Also muss ein Universum, das »Betrachter« hat, Milliarden Jahre alt und daher Milliarden Lichtjahre groß sein. Das sind die notwendigen Bedingungen, unter denen Leben möglich ist. Weitere Konsequenzen folgen.

Die riesige Größe eines bewohnbaren Universums gewährleistet, dass es eine sehr niedrige Durchschnittsdichte hat, und so sind Galaxien und Sterne weit verstreut. Außenposten des Lebens sind also wahrscheinlich durch riesige astronomische Entfernungen voneinander getrennt, was sicherstellt, dass ihre Entwicklung isoliert von anderen Außenposten des Lebens abläuft, zumindest bis das technische Wissen sehr weit vorangeschritten ist. Die große Ausdehnung sorgt auch dafür, dass das Universum sehr kalt ist. Das wiederum bedeutet, dass der nächtliche Himmel dunkel erscheint. Die Energiedichte im Universum ist zu gering, um es zu erhellen. Also sind Universen, die die notwendigen Bedingungen für Leben erfüllen, groß und alt, dunkel und kalt.

Wenn wir die Expansion des Universums genauer betrachten, stellen wir fest, dass sie geschickt ausbalanciert ist. Das Universum kommt mit seiner Ausdehnung sehr nah an eine kritische Grenze. Diese trennt Universen, die sich schnell genug ausdehnen, um den Sog der Schwerkraft zu überwinden und immer weiter zu expandieren, von jenen Universen, die schließlich in einen Zustand globaler Kontraktion zurückkehren und zu einem endlichen Zeitpunkt in der Zukunft auf einen verheerenden *big crunch* zusteuern. Wir sind dieser kritischen Grenze in der Tat so nahe, dass wir bei unseren Beobachtungen keine sichere Aussage machen können, wie die langfristigen Voraussagen aussehen. Genau diese Nähe der Expansion zur kritischen Grenze ist jedoch das große Mysterium: A priori scheint es sehr unwahrscheinlich, dass sie durch Zufall entsteht. Wieder gibt es einen anthropischen Aspekt: Universen, die sich zu schnell ausdehnen, sind nicht im Stande, Material zu Galaxien und Sternen umzuwandeln. Also können die für komplexes Leben notwendigen Bausteine nicht geschaffen werden. Im Gegensatz dazu kollabieren Universen, die sich zu langsam ausdehnen, bevor die Sterne Zeit haben, sich zu vermehren. Nur ein Universum, das nah an der kritischen Grenze liegt, kann lange genug existieren und sich behutsam genug ausdehnen, damit Sterne und Planeten sich vermehren können. Es ist kein Zufall, dass wir jetzt, Milliarden von Jahren nach dem offensichtlichen Beginn der Expansion des Universums, leben und uns in einem Stadium der Expansion befinden, das nahe an der kritischen Grenze liegt.

Unser Platz im Universum

Unsere Größe ist das Resultat der Balance zwischen konkurrierenden Kräften der Natur: den elektromagnetischen Kräften, die die Stärke zwischenmolekularer Bindungen bestimmen, und der Schwerkraft. Diese beiden natürlichen Kräfte bestimmen die Größe von Planeten, die groß genug sind, um eine gasförmige Atmosphäre zu besitzen, und doch klein genug sind, so dass Festkörper auf ihrer Oberfläche existieren können, ohne durch das Gravitationsfeld auf der Oberfläche zu Teilchen zermalmt zu werden. Sie gewährleisten, dass komplexe lebendige Dinge wie wir selbst um vieles größer als einzelne Moleküle und um vieles kleiner als Berge und Planeten sind. Unsere Größe bestimmt auch, wie stark wir sind. Wir stellen fest, dass wir stark genug sind, molekulare Bindungen mit Steinen zu brechen, die so klein sind, dass wir sie heben können, und wir sind groß genug, um das Feuer zu nutzen (es gibt eine kleinste mögliche Flamme, die in der Luft brennt – Ameisen können das Feuer nicht nutzen). Wären wir bedeutend kleiner (und damit auch schwächer), wären wir nicht in der Lage, diese Dinge zu tun, und der Weg zur technologischen Entwicklung wäre uns möglicherweise versperrt.[1]

Unsere physische Größe bestimmt daher die Möglichkeiten und Dimensionen, innerhalb derer wir die Natur zu unserem eigenen Vorteil manipulieren und umstrukturieren können. Wenn wir diesen Einflussbereich ausweiten wollen, müssen wir uns künstlicher Mittel bedienen. Es ist dieses Streben nach Erweiterung unserer Fähigkeit, die Natur in einem übermenschlichen wie unmenschlichen Ausmaß zu verstehen und zu manipulieren, das das Bedürfnis nach technischem Fortschritt und einer groben Möglichkeit, ihn zu messen, hervorruft.

Zivilisationstypen – Makromanipulatoren

In den Sechzigern war die Idee neu, nach Formen außerirdischer Intelligenz (ETI) zu suchen, und den Protagonisten standen viele neue Formen astronomischer Beobachtung zur Verfügung. Der russische Astrophysiker Nicolai Kardeshev[2] schlug vor, dass wir fortgeschrittene ETIs je nach ihren technologischen Fähigkeiten als Typ I, Typ II oder Typ III klassifizieren. Diese Zivilisationstypen unterscheiden sich je nach ihrer Fähigkeit zur Kontrolle und Manipulation ihrer Umgebung wie folgt:

- Zivilisationen des Typs I sind in der Lage, Planeten umzustrukturieren und ihre planetarische Umgebung zu verändern. Sie können das vorhandene Energieäquivalent irdischer Zivilisationen zu Kommunikationszwecken nutzen.

- Zivilisationen des Typs II sind in der Lage, Sonnensysteme umzustrukturieren. Sie können das vorhandene Energieäquivalent der Sonne zu interstellaren Kommunikationszwecken nutzen.

- Zivilisationen des Typs III sind in der Lage, Galaxien umzustrukturieren. Sie können unter Verwendung uns bekannter Gesetze über das gesamte sichtbare Universum Signale aussenden. Sie können das vorhandene Energieäquivalent der Milchstraßengalaxie zu interstellaren Kommunikationszwecken nutzen.

Der Anreiz für diese Klassifizierung bestand darin, abzuschätzen, wie viel überschüssige Wärme durch Aktivitäten in diesem Rahmen freigesetzt würde. Dann ließe sich entscheiden, ob dies von einem Astronomen auszumachen wäre, und man könnte festlegen, ob eine sehr weit entfernte Zivilisation des Typs III leichter zu sehen ist als eine nahe gelegene des Typs I.

Wir erkennen, dass wir in diesem Schema sicherlich eine Zivilisation des Typs I sind. Wir haben die Topographie der Erdoberfläche auf vielerlei Art verändert, Bauwerke errichtet und dem Meer Land abgewonnen. Wir haben das Verhalten der Erdatmosphäre verändert, indem wir unnatürliche Gase und Fluorkohlenwasserstoffe produziert haben. Unsere industriellen Aktivitäten haben vermutlich die Erdtemperatur verändert. Wir haben die Fähigkeit entwickelt, sowohl gewollt als auch ungewollt größere Veränderungen auf der Erde vorzunehmen – trotz der Tatsache, dass die Erforschung und Nutzung der inneren Strukturen unseres Planeten vergleichsweise bescheiden ist. Bis jetzt beläuft sie sich auf wenig mehr als die Förderung fossiler Brennstoffe und Minerale. Wir sind beinahe eine Zivilisation des Typs II auf niedrigem Niveau. Wir könnten die Evolution auf einigen der inneren Planeten verändern; zum Beispiel indem wir auf der Venus primitive Lebensformen anpflanzten, und wir könnten sich annähernde Asteroide und Kometen von ihrer Umlaufbahn ablenken, wenn sie sich im äußeren Teil des Sonnensystems befinden. Wir müssen vielleicht wirklich Star-Wars-Techniken einsetzen, um uns in Zukunft vor einem katastrophalen Einschlag zu schützen. In jüngster Vergangenheit war es ein paar Mal alarmierend knapp. Eine voll entwickelte Zivilisation des Typs II könnte sich damit befassen, die chemische Zusammensetzung ihres Nachbarsterns zu verändern (vielleicht durch ein Umlenken eines Kometen auf diesen Stern oder eine Veränderung seiner natürlichen Schwingungen), um die eigene Biosphäre zu verändern.

Zivilisationen des Typs III sind der Stoff, aus dem Science-Fiction-Stories gemacht sind, und es fällt uns wegen der riesigen Zeiträume, die Signale brauchen, um diese Dimensionen zu durchwandern, schwer, uns die Manipulation von Materie über solch enorme Dimensionen hinweg vorzustellen (vielleicht, indem man die Funktion kosmischer Strahlung – der größten im Universum bekannten kohärenten Struktur – beeinflusst). Um eine derartige Vorausschau als vorteilhaft anzusehen, müsste eine Zivilisation alle möglichen lokalen Probleme vollständig unter Kontrolle haben und sehr lange (sogar unendliche) Lebensspannen besitzen. Man könnte sich vorstellen, dass das Konzept einer individuellen Lebensspanne irrelevant werden könnte. Mit Hilfe ultraentwickelter Computertechnologie, die es schafft, das vollständige »Back-up« eines Bewusstseins herzustellen, könnten Individuen den »Tod« im üblichen Sinn überwinden. Man könnte sich verschiedene Computer vorstellen, die darum wetteifern, eine möglichst vollständige Regeneration anzubieten, bei der man nahezu nichts an Erfahrung einbüßt und zugleich einige unerwünschte Attribute oder schlechte Erinnerungen abgibt!

In den letzten Jahren stellte man Vermutungen über die ferne Zukunft des Universums an, in denen über noch fortgeschrittenere Stadien als den Typ III spekuliert wurde. Im Allgemeinen könnten wir uns vorstellen, dass die Zivilisationen vom Typ IV, V, VI usw. im Stande sein könnten, die Strukturen im Universum in immer größerem Ausmaß zu manipulieren und Gruppen von Galaxien, Galaxiehaufen oder Galaxiesuperhaufen zu umfassen. Letzten Endes könnten wir uns eine Zivilisation vom Typ Ω vorstellen, die das gesamte Universum (und sogar andere Universen) manipulieren könnte. Interessanterweise wurde in beträchtlichem Ausmaß detailliert darüber spekuliert, was eine Zivilisation vom Typ Ω im Prinzip vollbringen könnte und wie sie es anstellen würde.

Zivilisationstypen – Mikromanipulatoren

Unsere Erweiterung von Kardeshevs Klassifizierung der Zivilisationstypen basiert auf deren Fähigkeit, die Welt um sich herum in großem Stil zu manipulieren.[3] Dies ist die am schwersten durchzuführende Manipulation. Sie erfordert riesige Energieressourcen und ist sehr schwer rückgängig zu machen, wenn es falsch läuft. In der Praxis hat es sich als viel effektiver herausgestellt, unsere Fähigkeit zur Manipulation der Welt auf die kleineren und nicht auf die größeren

Dimensionen zu erweitern. Dementsprechend könnten wir unsere Klassifizierung der technologischen Zivilisation nach unten erweitern; zum Typ -I, Typ -II usw. – je nach ihren Fähigkeiten, immer kleinere Gebilde zu kontrollieren. Diese Zivilisationen könnte man wie folgt unterteilen:

- Zivilisationen des Typs -I sind in der Lage, Objekte der gleichen Ebene zu manipulieren, Bauwerke zu errichten, Bergbau und Tischlerei zu betreiben sowie Festkörper zu zerstören.

- Zivilisationen des Typs -II sind in der Lage, Gene zu manipulieren und die Entwicklung lebendiger Strukturen zu verändern, Teile ihrer selbst zu transplantieren oder zu ersetzen.

- Zivilisationen des Typs -III sind in der Lage, Moleküle und molekulare Bindungen zu manipulieren und neues Material zu erschaffen.

- Zivilisationen des Typs -IV sind in der Lage, einzelne Atome zu manipulieren und Nanotechnologien zu erschaffen.

- Zivilisationen des Typs -V sind in der Lage, den Atomkern und die Nukleonen, aus denen er besteht, zu manipulieren.

- Zivilisationen des Typs -VI sind in der Lage, die elementarsten Teilchen der Materie zu manipulieren (Quarks und Leptonen).

Und dies alles gipfelt in Zivilisationen des Typs -Ω, die in der Lage sind, die Struktur von Raum und Zeit zu manipulieren.

Und wieder können wir versuchen, unseren Platz in dieser Qualifikation technischer Fähigkeiten zu bestimmen. Wir waren lange eine Zivilisation des Typs -I, und die moderne Genetik hat uns zum Typ -II gemacht. Das *Human-Genome-Project* ist ein internationales Projekt zur Dekodierung der menschlichen genetischen Informationen mit der Absicht, Ursachen verschiedener menschlicher Eigenschaften und Krankheiten zu identifizieren. Es markiert den Aufstieg der Biologie in die Liga der »großen Wissenschaften«.

Es ist offensichtlich, dass wir auch Fähigkeiten des Typs -III besitzen und routinemäßig Material mit bestimmten Eigenschaften und Antibiotika mit speziellen therapeutischen Eigenschaften entwerfen. Wir haben gerade erst die Bereiche des Typs -IV betreten: Seit kurzem besitzen wir die Fähigkeit, einzelne Atome zu bewegen und Oberflächen auf dem Niveau einzelner Atome zu entwickeln. Das ist die Grundlage unseres Strebens nach der Entwicklung von Nanotechnologie. Schon lange träumen Wissenschaftler davon, mikroskopisch kleine Maschinen auf molekularer Ebene zu konstruieren – Motoren, Ventile, Sensoren und Computer. Diese könnten in größere Strukturen implantiert werden, wo sie ihre lebenswichtige Funktion unsichtbar ausüben würden, zum Beispiel das Herz eines Herzpatienten zu überwachen oder lebenswichtige Arterien frei von Verstopfung zu halten. Einige Geräte dieser Art gibt es bereits. Sie werden in den kommenden Jahren vermutlich eine immer wichtigere Rolle im täglichen Leben spielen.

Wir mühen uns ab, unseren Status als Zivilisation des Typs -V zu halten. Wir können Atomkraft und subatomare Teilchen kontrolliert einsetzen, um dauerhaft Energie zu gewinnen. Doch es ist uns nicht gelungen, die Nebenprodukte dieser Vorgänge sicher und zuverlässig zu kontrollieren. Trotz langer und teurer Forschung haben wir es nicht geschafft, durch Kernfusionsreaktionen lebensfähige Quellen kontrollierter Energie herzustellen. Obwohl dies eine sicherere und sauberere Energiequelle als die Kernspaltung ist, tauchen bei der Eindämmung und Kontrolle des Plasmas der miteinander reagierenden Stoffe immense Probleme auf. Bis jetzt ist ein kontrollierter Kraftausstoß nur für sehr kurze Zeit möglich und weit teurer als konventionelle Energiequellen. Es ist jedoch wahrscheinlich, dass diese Probleme eines Tages gelöst werden und diese Art der Energiegewinnung die sinkenden Vorräte an fossilen Brennstoffen zu ersetzen vermag. Ein weiterer jüngster Erfolg der Art Typ -V war die bewusste Schaffung eines Kerns aus Antimaterie (Antiwasserstoff) bei CERN in Genf. Wenn Antimaterie billig produziert werden könnte, wäre sie durch den Prozess der Materie-Antimaterie-Paarvernichtung eine perfekte und saubere Energiequelle (dies wird dem *Enterprise*-Publikum vielleicht bekannt sein).

Wir sind noch keine Zivilisation vom Typ -VI. Wir können durch hochenergetische Kollisionen zwischen Protonen und Elektronen und durch andere hochenergetische physikalische Teilchenprozesse Elementarteilchen herstellen, doch wir befinden uns in dem Stadium, Trümmer dieser Ereignisse zu beobachten, um unser Wissen über die Elementarteilchen selbst zu erweitern und zu festigen: zu verstehen, wie viele es von ihnen gibt, sowie ihre Masse und Lebensspanne, ihre charakteristischen Eigenschaften und den Umfang ihrer gegenseitigen Wechselwirkung einzugrenzen. Zurzeit sind wir noch nicht in der Lage, diese Teilchen zu konstruieren, um komplexe Verbindungen mit bestimmten Eigenschaften zu erschaffen. Wir wissen bisher noch nicht, ob solche Komplexe außerhalb der bekannten Verbindungen (Kernbausteine und Mesonen) existieren können. Vielleicht ist es möglich, eine Kombination aus Elementarteilchen mit speziellen Eigenschaften herzustellen.

Die ultimativen technologischen Errungenschaften, die eine Zivilisation des Typs -Ω zur Schau stellen könnte, würden die Fähigkeit umfassen, Raum und Zeit nach Belieben zu manipulieren. Zurzeit können wir (theoretisch) einige der Überlegungen verstehen, wie dies geschehen könnte, doch die Bedingungen, die zur Durchführung solcher Änderungen nötig wären, liegen weit außerhalb unserer technologischen Möglichkeiten. Einstein lehrte uns, dass bewegte Uhren und Uhren, die sich in starken Gravitationsfeldern befinden, nachgehen. Wir können dies in hochenergetischen Physikexperimenten und bei Beobachtungen im Sonnensystem und darüber hinaus beobachten. Wir sind jedoch nicht in der Lage, die Umstände zu schaffen, unter denen diese Effekte von technologischem Nutzen wären. Ein klassisches, den Lesern von Science-Fiction-Geschichten vertrautes Beispiel ist die Möglichkeit, innerhalb kurzer Zeit zu einem Sternensystem zu reisen, das Lichtjahre entfernt ist, indem man sich annähernd mit Lichtgeschwindigkeit bewegt. Wir sind uns auch bewusst, dass es merkwürdige Konfigurationen von Masse und Energie geben könnte, die Zeitreisen ermöglichen würden, oder lokale »Wurmloch«-Verbindungen, um in Bereiche des Universums vorzustoßen, die nach den Begriffen der Lichtreisezeit ungeheuer weit entfernt erscheinen. Angesichts solcher Möglichkeiten ist die Situation besonders merkwürdig. Wir haben eine Theorie der Schwerkraft, die allgemeine Relativitätstheorie, die in jedem getesteten Bereich mit phantastischer Genauigkeit funktioniert. Wir sind uns auch einiger ihrer Grenzen bewusst, d.h. wir wissen, dass sie in besonderen, sehr extremen Umständen (die anzutreffen oder zu erschaffen wir nicht Gefahr laufen) versagen muss. Diese Theorie erlaubt Dinge wie Zeitreisen. Doch den vollen Katalog an Einschränkungen, die wir den Voraussagen dieser Theorie auferlegen müssten, um jene herauszufiltern, die mit all den anderen Eigenschaften unseres Universums kompatibel sind, kennen wir nicht. Selbst wenn wir das schafften, müssten wir uns fragen, wie wahrscheinlich es ist, dass etwas geschieht. Zeitreisen sind vielleicht im Prinzip möglich und stellen keine Verletzung der Naturgesetze dar, und dennoch mögen sie (wegen der erforderlichen besonderen Umstände) eine zu geringe Wahrscheinlichkeit haben, als dass man sie jemals in der Praxis erleben könnte. Levitation [das freie Schweben eines Körpers im Raum, Anm. d. Ü.] zum Beispiel lässt sich mit den bekannten physikalischen Gesetzen in dem Sinne vereinbaren, dass ich vom Boden abhebe, wenn alle Moleküle in meinem Körper plötzlich zur gleichen Zeit nach oben driften. Die Chance besteht, dass diese ungewöhnliche Situation eintritt, doch diese Chance ist so gering (viel niedriger als einmal während der gesamten Existenz des Universums), dass wir sicher sein können, dass jeder Bericht darüber viel wahrscheinlicher falsch als richtig ist.

Zivilisationstypen – komplexe Manipulatoren

Wir sollten neben den Bereichen des sehr Großen und des sehr Kleinen eine dritte Richtung manipulativer Leistung betrachten: den Bereich wachsender Komplexität. Komplexe Dinge unterscheiden sich durch die Anzahl der Unterkomponenten, aus denen sie bestehen, und die Art, wie diese verbunden sind. Lebende Systeme sowie Gesellschaften, Ökonomien, Wettersysteme und große Computer sind klassische Beispiele dafür. Keines dieser Systeme kann man verstehen, indem man einfach lernt, woraus es besteht. Wir müssen wissen, wie die Komponenten miteinander verbunden sind. So werden sie zu dem, was sie sind. Wenn die Anzahl dieser Verbindungen wächst, steigt auch das Potenzial für komplexes Verhalten sprunghaft an.

Der Schweizer Physiker Daniel Spreng hat die gegenseitige Abhängigkeit von Energie, Zeit und Information in einem Dreiecksschema dargestellt[4]. Jeweils zwei dieser drei Eigenschaften (Energie E, Zeit t und Information I) lassen sich beliebig gegen die beiden anderen austauschen. Jeder Punkt im Dreieck repräsentiert eine bestimmte Mischung der drei Zutaten, die zur Erfüllung einer vorgegebenen Aufgabe erforderlich ist. Nahe den Ecken des Dreiecks finden wir drei unterschiedliche Situationen vor: Bei $E = 0$ haben wir den nachdenklichen Philosophen, der sehr viel Zeit und eine Unmenge Informationen braucht, um eine gestellte Aufgabe zu lösen; der primitive menschliche Vorfahr wohnt vielleicht in der Nähe von I = 0 und braucht viel Zeit und Energie, wenn er etwas tut, denn ihm fehlen Informationen, wie man Arbeit spart; und drittens liegt in der Nähe von t = 0 die Welt der modernen und zukünftigen technologischen Gesellschaft, in der viel Energie und Information eingesetzt werden, um Dinge sehr schnell zu erledigen – die Welt der Concorde und des Internets. Wenn wir uns von einem Punkt im Dreieck zum anderen bewegen, sehen wir, was wir tun müssen, um Energie zu erhalten. Wenn wir viel Zeit haben, brauchen wir wenige Informationen, weil wir uns eine willkürliche Trial-and-Error-Suche leisten können. Ist Zeit jedoch teuer, dann müssen wir wissen, wie Dinge am schnellsten getan werden können, und dazu brauchen wir viele Informationen. Alvin Weinberg hat argumentiert[5], dies bedeute, dass die Zeit wahrscheinlich unsere wichtigste Ressource werden würde. Der Wert von Energie und Information bestehe letztlich darin, dass sie uns mehr Freiheit gäben, unsere Zeit einzuteilen. Die Beschleunigung kreativer Aktivität, die wir in der Zukunft erwarten können, wird uns auf diesen dritten Weg führen, durch den Verbrauch von Energie und die Nutzung von Informationen in immer höherem Maße Zeit zu sparen.

Das Studium komplexer Systeme hat uns auch gelehrt, dass sie sich recht häufig durch eine Folge unregelmäßiger Sprünge entwickeln und sich immer mehr einem Zustand annähern, der »kritisch« und in höchstem Maße unberechenbar ist. Das klassische Paradigma für diese Art komplexen, sich selbst organisierenden Verhaltens wird durch das Beispiel des Sandhaufens geliefert, das Per Bak[6] als Erster untersucht hat.

Einige kosmologische Spekulationen

Das Leben muss Planeten und Sterne überwinden:
Die langfristige Vorhersage für ewig expandierende und kollabierende Universen (und ebenso für expandierende oder sich zusammenziehende inflationäre Mini-Universen) bedeutet, dass das Leben nicht bis in die unbegrenzte Zukunft überleben kann, es sei denn, es löst sich von der Begrenzung auf planetarische Oberflächen und der Basis jedweder atomarer Chemie. Es muss diese Formen überwinden und sich elementarer Formen der Informationsverarbeitung und

-speicherung bedienen. Meine Kollegen Frank Tipler und Freeman Dyson haben gemeinsam mit mir darüber spekuliert, wie das durchgeführt werden könnte. Dabei haben wir mit Hilfe von Elementarteilchenzuständen oder Elektronen-Spins binäre Informationen gespeichert.

Kann Informationsverarbeitung von ewiger Dauer sein?

Frank Tipler und ich haben gezeigt[7], dass Informationsverarbeitung unbegrenzt in die Zukunft fortbestehen kann und es beim Ausmaß der Koordination keine Hindernisse gibt, wenn das Universum eine bestimmte Gesamtstruktur aufweist; wenn es offen oder flach ist. Interessanterweise haben wir ebenfalls entdeckt, dass Informationsverarbeitung nicht auf unbegrenzte Dauer in die Zukunft hinein fortbestehen kann, wenn das Universum eine positive kosmologische Konstante besitzt (wie es jüngste Beobachtungen nahe legen), so dass es sich beschleunigt und in Zukunft noch weiter beschleunigen wird: Nur eine begrenzte Menge an Information kann in die ferne Zukunft hinein verarbeitet werden.[8] »Leben« muss in solch einem Universum aussterben.

Wird das Leben klein oder groß?

Wir haben Möglichkeiten aufgezeigt, wie wir Zivilisationen anhand ihrer Fähigkeit, wachsende Stadien der Komplexität zu erschaffen oder zu nutzen, kategorisieren können. Dieses Streben beinhaltet einige sehr spezifische Aspekte; beispielsweise die Entwicklung von noch größeren Computern mit noch höherer Verarbeitungsgeschwindigkeit. Diese Entwicklung sehen wir auf zwei Stufen voranschreiten. Zum einen werden einzelne Maschinen durch Optimierung der internen Netzwerkverbindungen leistungsfähiger; zum anderen wächst auch die kollektive Leistung durch Vernetzung verschiedener Computer. Das Internet ist die bekannteste Manifestierung dieser Ausweitung, doch wir können sämtliche nicht lokalen Systeme zur Verbreitung und zum Wiederauffinden von Informationen – wie das internationale Telefonsystem – als Beispiel allgemeiner Art betrachten. Aus einem minimalistischen Blickwinkel ist es möglich, alle technologischen Entwicklungen nach der Informationsmenge, die benötigt wird, um das Gebilde vollständig zu spezifizieren, und der Geschwindigkeit, mit der Informationen verändert werden müssen, damit sich das System ändert, zu klassifizieren. Auf diese Art erkennen wir, dass ein Thermometer einfacher gestaltet ist (d.h. es benötigt weniger Informationen zur vollständigen Spezifizierung) als ein Personal-Computer. Die Fähigkeit einer Zivilisation, die Speicherung und Verarbeitung von Information zu steigern, besitzt mindestens zwei sehr unterschiedliche Aspekte: Einerseits muss die Fähigkeit vorhanden sein, mit Dingen umzugehen, die groß und kompliziert werden; doch auf der anderen Seite herrscht der Druck, den Informationsspeicher auf immer kleinerem Raum unterzubringen. Diese Speicherkomprimierung findet im Rahmen der Hardware statt, und so ist das Streben nach nanotechnologischem Fortschritt eng damit verknüpft. Der Druck auf die natürlichen Ressourcen und die Forderung nach Effizienz und Umweltschutz wird die Technologie in die großen unerforschten Bereiche der Nanowelt führen – und dabei möglicherweise zu noch kleineren Lösungen vorstoßen. Vielleicht sind die fortgeschrittensten Lebensformen im Universum so klein, dass sie von unseren astronomischen Messinstrumenten nicht entdeckt werden können. Vielleicht sind sie näher, als wir glauben?!

Kontakt – ist da draußen jemand?
Bei der Entwicklung effizienter Methoden zur Informationsverarbeitung geht der Trend zur Verbindung vieler kleiner Computer. Wir haben einen Blick in das Konstruktionshandbuch für unser eigenes Gehirn geworfen, um in einem Adaptionsprozess die Bedeutung eines neuronalen Netzwerks und die Entwicklung von Algorithmen zu begreifen. Auf einer kosmischen Zeitskala erfordert die weitere Entwicklung von Intelligenz möglicherweise weiter gehende Verbindungen über astronomische Distanzen. Diese Verbindungen müssen letzten Endes von außerirdischen Intelligenzformen hergestellt werden.

Einige Astronomen haben viele Jahre lang nach Signalen von Außerirdischen gesucht. Es wurden keine gefunden. Warum? Wenn fortschrittliche Außerirdische existieren – wo sind sie? Womöglich kann es langlebige technologische Zivilisationen überhaupt nicht geben. Vielleicht sind ihre Quellen erschöpft, bevor sie über die Technologie verfügen, ihren Planeten zu verlassen – ihnen gehen die Nahrungsmittel aus, sie werden von Seuchen oder Umweltkatastrophen dahingerafft, die durch ihren technologischen Fortschritt hervorgerufen werden. Oder vielleicht führt die Entdeckung der natürlichen

Kernkraft unausweichlich zur Selbstzerstörung im Nuklearkrieg. Es ist ein ernüchternder Gedanke, dass die Menschheit in der Vergangenheit von einigen dieser technischen Entwicklungen hätte ausgelöscht werden können (und ihren Möglichkeiten in der Zukunft erliegen könnte). Wir haben gerade einige der positiven Aspekte eines planetarischen Kometen- oder Asteroideneinschlags angesprochen. Doch es gibt eine feine Grenze zwischen Stimulierung und Vernichtung. Vielleicht existieren langlebige technologische Zivilisationen deshalb nicht, weil es sicher ist, dass sich langfristig ein solcher katastrophaler Einschlag ereignet. Um diesem Schicksal zu entgehen, müsste die Zivilisation einen so hohen Entwicklungsstand erreicht haben, dass sie ihren Planeten vor Einschlägen schützen oder von einer einfachen, planetengestützten Lebensform zu einer anderen wechseln könnte.

Die Probleme haben Spekulationen ausgelöst, denen zufolge die meisten langlebigen Zivilisationen zwangsläufig einen nicht technologischen Charakter annehmen. Diese Selbstverleugnung würde sie jedoch der Mittel berauben, sich vor Asteroideneinschlägen zu schützen.

Weitere interessante Spekulationen beruhen auf psychologischen Überlegungen. Vielleicht rufen uns die Außerirdischen nicht, weil sie kein Interesse daran haben, mit uns zu reden – wir scheinen ihnen nicht interessant genug zu sein. Wenn sich in der Galaxis Millionen von Zivilisationen drängeln, darunter wir als eine von vielen durchschnittlichen Kulturen, dann werden wir vielleicht nur mit eben jenem Interesse behandelt, das wir selbst einer neu entdeckten Insektenart entgegenbringen. Andererseits werden wir vielleicht ignoriert, weil wir möglicherweise zu interessant sind. Wenn wir etwas Besonderes sind, dann lässt man uns vielleicht eine ungestörte Entwicklung fortsetzen, damit wir wichtige wissenschaftliche Daten über eine einzigartige evolutionäre Entwicklung liefern: Wir werden praktisch behandelt wie eine geschützte Art in einem Naturschutzgebiet.

Oder aber wir hören nichts, weil wir zu primitiv sind. Vielleicht entspricht der außerirdische Dialog der Mitgliedschaft in einem Elite-Club. Nehmen wir einmal an, dass außerirdische Kommunikation sich einer Technologie bedient, die weit fortschrittlicher ist als die unsere. Sie tut dies, weil es sowohl technisch effektiv als auch exklusiv ist. So bleibt die Zahl der Mitglieder begrenzt – und zwar auf diejenigen, die eine technologische Schwelle überschritten haben, die von ihnen verlangt, dass sie die großen Probleme ethischer Verantwortung, die alle fortgeschrittenen Zivilisationen bedrohen, nämlich Aggression, Krankheit, ökologische Katastrophen, gemeistert haben. Es wäre für alle Mitglieder verheerend, wenn einer technologischen Zivilisation, die diesen Test nicht bestanden hat, der Eintritt in den Club der Kommunikatoren gewährt würde.

Futurologie des rechten und des linken Flügels: Konkurrenzdenken oder Teamgeist?
Einige Futurologen sehen das technologische Zeitalter als eine Epoche, die letzten Endes von intellektuellen Wesen überwunden werden wird, die gelernt haben, ihren Drang nach Expansion ihres Territoriums und Manipulation der Natur zu unterdrücken. Sie werden ein Team sein und keine Konkurrenten. Nur indem sie den technologischen Fortschritt aufhalten, können sie innerhalb der Grenzen ihres Planetensystems leben und eine Art Gleichgewicht mit ihrer Umwelt beibehalten. Es wird häufig vorhergesagt, dass diese fortschrittlichen Wesen altruistische und ethische Prinzipien besitzen müssten. Diese werden als notwendige Bedingungen angesehen, damit eine ultra-langlebige Zivilisation andauern kann. Dieses Szenario ist gut mit der Erwartung vereinbar, dass als Konsequenz einer ultra-fortschrittlichen Technologie die individuelle Lebensspanne enorm, wenn nicht gar unendlich, verlängert würde. Dies würde die Evolution der Diversität verlangsamen und zu einer Art faustischen Form selbst auferlegten Gleichgewichts ohne Fortschritt führen. Diese Ansicht ist weit verbreitet – sowohl unter den Fans außerirdischer Intelligenz als auch unter jenen, die aktiv an der Suche danach beteiligt sind. Das ist nicht überraschend. Da der größtmögliche Lohn einer solchen Suche in einem Kontakt mit extrem fortgeschrittenen intelligenten Lebensformen bestehen würde, ist es wichtig, davon überzeugt zu sein, dass ihre Absichten uns gegenüber absolut ehrenhaft wären. Biologen haben einigen Grund zu der Annahme, dass Altruismus eine Strategie ist, die unter allgemeinen Umständen optimal ist, und altruistisches Verhalten kann eine Folge der Selektion sein, ohne dass es nötig wäre, solcherart Verhalten durch die Übernahme eines ethischen Ehrenkodex' zu erzwingen. Wenn man anderer Meinung ist, wäre unsere beste Strategie die Ent-

wicklung wirksamer künstlicher Nebelwände, um die Beweise für unsere Existenz zu verstecken, statt sie über das interstellare Radiospektrum zu verbreiten.

Der Astronom Michael Papagiannis glaubt, dass die Zivilisationen, denen »es gelingt, ihre angeborene Neigung zu stetigem materiellem Wachstum zu überwinden und durch nicht materielle Ziele zu ersetzen, diejenigen sein werden, die die Krise überleben. Infolgedessen wird die gesamte Galaxis innerhalb kosmisch gesehen kurzer Zeit von gefestigten, moralisch und geistig hoch stehenden Zivilisationen bevölkert werden«.[9]

Der alternative »rechte Flügel« ist der Ansicht, dass das Überleben für langlebige Zivilisationen immer schwerer wird, denn sie müssten sich mehrfach von Kriegskatastrophen oder Kometen- und Asteroideneinschlägen auf ihrem Planeten erholen. Ihre Zukunft wird vom Wettkampf der Computer beherrscht.[10]

Diese möglichen Szenarien ähneln dem Endstadium biologischer Wettbewerbe, geprägt entweder durch einen erbarmungslosen »Konkurrenzkampf« oder durch eine »evolutionär stabile Strategie« (das ist ein Gleichgewicht, bei dem jeder Konkurrent, der von dieser Strategie abweichen würde, schlechte Karten besäße).

Hoch entwickelte Intelligenz
führt zu unvorhersehbaren Nebenprodukten
Irgendwie rechnet man damit, dass die Nebenprodukte der Intelligenz umso breiter gefächert, nicht linearer und unvorhersehbarer sein werden, je weiter fortgeschritten sie ist. Wenn wir die Aspekte des menschlichen Bewusstseins beurteilen, die wir besonders wertvoll finden, scheinen sie sehr häufig Nebenprodukte einer Fähigkeit zu sein, die sich aus Gründen des bloßen Überlebens oder der Fruchtbarkeit entwickelt hat. Unsere hoch entwickelten künstlerischen Fähigkeiten, die Liebe zur Musik und die abstrakte Wissenschaft sind alles Beispiele solcher hoch entwickelten Nebenprodukte. Wenn wir über menschliche Intelligenz sprechen, denken wir häufig genau an diese Fähigkeiten, doch sie wurden im Evolutionsprozess nicht direkt selektiert. Dieser Umstand ist es, der die Zukunft lebendiger Wesen so unberechenbar macht. Man kann in der Tat aufzeigen, dass ihr Verhalten nicht nur schwierig vorherzusagen, sondern prinzipiell unvorhersehbar ist.[11]

Anmerkungen

[1] *Barrow, John D.*: The Artful Universe. Oxford University Press 1995
[2] *Kardeshev, Nicolai*: Soviet Astronomy 8, 217 (1964)
[3] *Barrow, John D.*: Impossibility. The Limits of Science and the Science of Limits. Oxford University Press 1998.
[4] *Spreng, Daniel*: On time, information, and energy conservation. ORAU/IEA-78-22 (R). Inst. for Energy Analysis, Oak Ridge Assoc. Universities, Oak Ridge. Tennessee, (Dez. 1978). Siehe auch *Barrow, John D.*: Impossibility. The Limits of Science and the Science of Limits, a. a. O.
[5] *Weinberg, Alvin*: On the Relation Between Information and Energy Systems: a family of Maxwell's Demons, Script des Vortrags vor der National Conference of the Association of Computing Machinery in Nashville am 27. Oktober 1980, in: Maxwell's Demon, H. Leff and A. Rex, Princeton University Press, New Jersey (1990), S. 116
[6] *Bak, Per*: How Nature Works. Oxford University Press 1997
[7] *Barrow, John D.; Tipler, Frank J.*: The Anthropic Cosmological Principle. Oxford University Press 1986
[8] ebenda
[9] *Papagiannis, M. D.*: Quart. Jl. Roy. astr. Soc., 25, 309 (1984)
[10] *Moravec, H.*: Mind Children: the future of robot and human intelligence. Harvard University Press, Cambridge 1988; *Stapleton, O.*: Starmaker. Dover, New York 1968
[11] *Popper K.*: Brit. J. Phil Sci. 1, 117 & 173 (1950); *Mackay, D.*: The Clockwork Image. IVP, London 1974, S. 110 ff.; *Barrow, John D.*: Impossibility, a. a. O., S. 232-237

Leben im Universum

Stephen W. Hawking

Ich möchte ein wenig über die Entwicklung von Leben im Universum, insbesondere die Entwicklung von intelligentem Leben, spekulieren. Hierbei werde ich das Menschengeschlecht mit einbeziehen, obwohl ein Großteil seines Verhaltens im Verlauf der Geschichte ganz schön dumm und nicht auf das Überleben der Spezies ausgerichtet war. Zwei Fragen, die ich behandeln werde, sind: Wie hoch ist die Wahrscheinlichkeit, dass an einem anderen Ort im Universum Leben existiert? Und: Wie könnte sich das Leben in Zukunft entwickeln?

Häufig zeigt die Erfahrung, dass die Dinge mit fortschreitender Zeit mehr und mehr in Unordnung und Chaos geraten. Dieser Beobachtung kann der Status eines physikalischen Gesetzes zuerkannt werden, des so genannten Zweiten Hauptsatzes der Thermodynamik. Dieser besagt, dass die Ungeordnetheit oder Entropie im Universum mit voranschreitender Zeit zunimmt. Das Gesetz bezieht sich jedoch nur auf die Gesamtmenge an Ungeordnetheit. Die Ordnung in *einem* Körper kann ansteigen, vorausgesetzt, dass die Menge an Ungeordnetheit in seiner Umgebung noch deutlicher zunimmt. Genau das geschieht in einem Lebewesen. Man kann das Leben als geordnetes System definieren, das sich gegen die Neigung zur Ungeordnetheit behaupten kann und zur Reproduktion in der Lage ist. Das heißt, es kann ähnliche, jedoch unabhängige geordnete Systeme herstellen. Um dies zu tun, muss das System Energie, die in einer irgendwie geordneten Form wie Nahrung, Sonnenlicht oder Strom vorliegt, in ungeordnete Energie in Form von Wärme umwandeln. So kann das System der Anforderung gerecht werden, dass die Gesamtmenge an Ungeordnetheit steigt, während gleichzeitig die Ordnung in ihm selbst und in seiner Nachkommenschaft ansteigt.

Ein Lebewesen verfügt normalerweise über zwei Elemente: Zum einen über einen Satz Instruktionen, der dem System sagt, wie es sich erhalten und reproduzieren kann. Zum anderen über einen Mechanismus, der diese Instruktionen ausführt. In der Biologie werden diese beiden Teile Gene und Metabolismus genannt. Es sollte jedoch betont werden, dass die Biologie nicht notwendigerweise im Spiel sein muss. Ein Computer-Virus beispielsweise ist ein Programm, das sich im Speicher eines Computers selbst kopiert und auf andere Computer überträgt – es entspricht also meiner Definition eines lebenden Systems. Wie bei einem biologischen Virus handelt es sich um eine eher degenerierte Form, weil es nur Instruktionen bzw. Gene enthält, aber keinen eigenen Stoffwechsel besitzt. Stattdessen reprogrammiert es den Metabolismus des Wirtsrechners bzw. der Wirtszelle. Einige Leute bezweifeln, dass man ein Virus als eine Lebensform ansehen kann, weil es ein Parasit ist und nicht unabhängig von seinem Wirt existieren kann. Doch dann sind die meisten Lebensformen, wir eingeschlossen, Parasiten, da sie sich zu Überlebenszwecken von anderen Lebensformen ernähren und von ihnen abhängig sind. Ich denke, man sollte einem Computer-Virus die Eigenschaft »lebend« zuerkennen. Vielleicht sagt es etwas über die menschliche Natur aus, dass die einzige Lebensform, die wir bis jetzt geschaffen haben, rein zerstörerisch ist. So viel zum Thema »Leben nach dem eigenen Abbild erschaffen«. Ich werde später noch einmal auf elektronische Lebensformen zurückkommen.

Was wir normalerweise unter Leben verstehen, basiert auf Ketten aus Kohlenstoffatomen mit einigen weiteren Atomen wie Stickstoff oder Phosphor. Man kann darüber spekulieren, ob man auch Leben auf einer anderen chemischen Grundlage – zum Beispiel Silizium – finden könnte, doch Kohlenstoff erscheint am günstigsten, weil es die größte chemische Vielfalt besitzt. Dass Kohlenstoffatome mit all ihren Eigenschaften überhaupt existieren, erfordert eine Feineinstellung physikalischer Konstanten wie der QCD-Skala [QCD = Quantum Chromodynamics, Anm. d. Ü.], der elektrischen Ladung und sogar der Dimension der Raumzeit. Hätten diese Konstanten deutlich unterschiedliche Werte, wäre entweder der Atomkern des Kohlenstoffatoms nicht stabil, oder die Elektronen würden im Kern in sich zusammenfallen. Auf den ersten Blick scheint es bemerkenswert, dass das Universum so fein abgestimmt ist. Vielleicht ist dies ein Beweis dafür, dass das Universum speziell dafür konstruiert wurde, die Menschheit hervorzubringen. Man muss jedoch wegen des so genannten Anthropischen Prinzips mit solchen Argumenten vorsichtig sein. Dieses Prinzip basiert auf dem offenkundigen Grundsatz: Wenn das Universum nicht für Leben geeignet wäre, würden wir auch nicht fragen, warum es so fein abgestimmt ist. Man kann das Anthropische Prinzip entweder in der starken oder schwachen Fassung anwenden. Beim Starken Anthropischen Prinzip geht man davon aus, dass es viele verschiedene Universen gibt, in denen die physikalischen Konstanten alle unterschiedliche Werte haben. In einer geringen Anzahl dieser Universen lassen diese Werte die Existenz von Objekten wie Kohlenstoffatomen, die als Bausteine für lebende Systeme fungieren können, zu. Da wir in einem dieser Universen leben müssen, sollte es uns nicht überraschen, dass die physikalischen Konstanten fein abgestimmt sind. Wenn sie es nicht wären, wären wir nicht hier.

Die Starke Form des Anthropischen Prinzips ist nicht sonderlich befriedigend. Welche operative Bedeutung können wir der Existenz all dieser anderen Universen geben? Und falls sie getrennt von unserem eigenen Universum existieren: Wie kann dann das, was in ihnen geschieht, sich auf unser Universum auswirken?

Stattdessen übernehme ich das, was als Schwaches Anthropisches Prinzip bekannt ist. Das heißt, ich nehme die Werte der physikalischen Konstanten als gegeben an. Doch ich werde sehen, welche Schlussfolgerungen sich aus der Tatsache ziehen lassen, dass zu diesem Zeitpunkt in der Geschichte des Universums auf diesem Planeten Leben existiert.

Als das Universum vor ungefähr 15 Milliarden Jahren mit dem Urknall entstanden ist, gab es keinen Kohlenstoff. Es war so heiß, dass sämtliche Materie nur in Form von Partikeln, die wir als Protonen und Neutronen bezeichnen, vorhanden gewesen sein kann. Zu Anfang muss die Anzahl von Protonen und Neutronen gleich gewesen sein. Doch als das Universum sich ausdehnte, kühlte es sich ab. Etwa eine Minute nach dem Urknall wird die Temperatur auf ungefähr eine Milliarde Grad gefallen sein, ungefähr hundert Mal so hoch wie die Temperatur in der Sonne. Bei dieser Temperatur beginnen die Neutronen in weitere Protonen zu zerfallen. Wenn dies alles gewesen wäre, was geschah, hätte sämtliche Materie im Universum die einfachste Form angenommen: die des Wasserstoffs, dessen Kern aus einem einzigen Proton besteht. Einige der Neutronen kollidierten jedoch mit Protonen, und sie blieben aneinander haften, um ein weiteres simples Element zu bilden: Helium, dessen Kern aus zwei Protonen und zwei Neutronen besteht. Allerdings haben sich im frühen Universum keine schwereren Elemente wie Kohlenstoff oder Sauerstoff gebildet. Es ist schwer vorstellbar, dass man allein aus Wasserstoff und Helium ein lebendes System aufbauen könnte; und außerdem war das frühe Universum immer noch viel zu heiß, als dass sich Atome zu Molekülen hätten verbinden können.

Das Universum wird sich weiter ausgedehnt und abgekühlt haben, aber in einigen Regionen herrschte wohl eine etwas größere Dichte als in anderen. Die Gravitation der zusätzlichen Materie in diesen Regionen hat deren Ausdehnung verlangsamt und schließlich zum Stillstand gebracht. Sie haben sich zusammengezogen, um ab zirka zwei Milliarden Jahren nach dem Urknall Galaxien und Sterne zu bilden. Einige der frühen Sterne müssen größer und heißer als unsere Sonne gewesen sein und haben den ursprünglichen Wasserstoff und das ursprüngliche Helium zu schwereren Elementen wie Kohlenstoff, Sauerstoff und Eisen verbrannt. Das war binnen einiger Hundert Millionen Jahre geschehen. Anschließend sind einige der Sterne als Supernovae explodiert und haben die schweren Elemente wieder im Raum verstreut, die dadurch zum Rohmaterial für spätere Generationen von Sternen wurden.

Andere Sterne sind für uns zu weit entfernt, als dass man direkt sehen könnte, ob sie von Planeten umkreist werden, aber gewisse Sterne, Pulsare genannt, geben regelmäßige Schwingungen in Form von Radiowellen ab. Wir beobachten bei einigen Pulsaren leichte Variationen im Schwingungsrhythmus, und dies wird als Anzeichen dafür ausgelegt, dass sie von erdgroßen Planeten, die sie umkreisen, gestört werden. Es ist unwahrscheinlich, dass es auf Planeten, die Pulsare umkreisen, Leben gibt, weil alles Leben durch die Supernova-Explosion, die dazu führte, dass der Stern zu einem Pulsar wurde, getötet worden wäre. Doch die Tatsache, dass wir bei einigen Pulsaren Planeten beobachten konnten, legt den Schluss nahe, dass ein nicht unbeträchtlicher Teil der hundert Milliarden Sterne in unserer Galaxis ebenfalls Planeten haben könnte. Die notwendigen planetarischen Bedingungen für unsere Form des Lebens könnten daher ab ungefähr vier Milliarden Jahre nach dem Urknall existiert haben.

Unser Sonnensystem ist vor ungefähr viereinhalb Milliarden Jahren – oder auch zirka zehn Milliarden Jahre nach dem Urknall – aus Gasen hervorgegangen, die von den Überresten früherer Sterne verunreinigt waren. Die Erde bildete sich größtenteils aus den schwereren

Elementen einschließlich Kohlenstoff und Sauerstoff. Irgendwie formierten sich einige dieser Atome dann in Form von DNA-Molekülen. Diese weisen die berühmte Doppelhelix-Struktur auf, die von Crick und Watson in einer Hütte auf dem Gelände des New Museum in Cambridge entdeckt wurde. Paare von Nukleotiden verbinden die beiden Stränge der Helix. Es gibt vier Arten von Nukleotiden: Adenin, Cytosin, Guanin und Thymin. Adenin-Nukleotide sind immer mit Thymin auf dem gegenüberliegenden Strang gepaart, Guanin mit Cytosin. Daher definiert die Abfolge von Nukleotiden auf einem Strang eine einzigartige Komplementärsequenz auf dem anderen Strang. Dann können sich die beiden Stränge trennen, und jeder kann als Vorlage für den Aufbau weiterer Stränge fungieren. So können die DNA-Moleküle die genetischen Informationen reproduzieren, die in ihrer Abfolge von Nukleotiden verschlüsselt sind. Einzelne Abschnitte dieser Sequenz können auch verwandt werden, um Proteine und andere Strukturen herzustellen, die die in der Sequenz verschlüsselten Anweisungen ausführen können, um das Rohmaterial zusammenzustellen, mit dem die DNA sich selbst reproduzieren kann.

Wir wissen nicht, wie DNA-Moleküle zum ersten Mal aufgetaucht sind. Die Chancen, dass ein DNA-Molekül anders als durch zufällige Schwankung entsteht, sind sehr gering. Darum sind einige Leute der Ansicht, dass das Leben auf der Erde von anderswo herkam und die Saat des Lebens überall in der Galaxis herumtreibt. Es scheint jedoch unwahrscheinlich, dass die DNA die Strahlung im Weltraum lange überleben könnte. Und selbst wenn, könnte dies eigentlich nicht den Ursprung des Lebens erklären helfen, denn der ab der Bildung von Kohlenstoff zur Verfügung stehende Zeitraum umfasst nur etwas mehr als doppelt so viel Jahre wie das Alter der Erde.

Eine Möglichkeit lautet, dass die Bildung einer Struktur wie der DNA, die sich reproduzieren kann, tatsächlich höchst unwahrscheinlich ist. Allerdings würde man in einem Universum mit einer sehr großen oder unendlichen Anzahl von Sternen damit rechnen, dass es in einigen Sternensystemen geschieht, doch diese würden sehr weit voneinander entfernt liegen. Die Tatsache, dass auf der Erde Leben entstand, ist jedoch weder überraschend noch unwahrscheinlich. Es ist nur die Anwendung des Schwachen Anthropischen Prinzips: Wenn stattdessen auf einem anderen Planeten Leben entstanden wäre, hätten wir gefragt: »Warum dort?«

Die Wahrscheinlichkeit von außerirdischen Intelligenzen

Wenn die Entstehung von Leben auf einem gegebenen Planeten sehr unwahrscheinlich wäre, könnte man erwarten, dass dies sehr lange dauert. Genauer gesagt, man könnte erwarten, dass Leben gerade rechtzeitig entsteht, um die darauf folgende Evolution intelligenter Wesen, wie wir es sind, zu ermöglichen, bevor die Lebenszeit der Sonne diesem Prozess ein Ende setzt. Diese Lebenszeit beträgt um die zehn Milliarden Jahre, nach denen die Sonne sich aufblähen und die Erde verschlingen wird. Eine intelligente Lebensform mag dann vielleicht zu Weltraumreisen fähig sein und könnte auf einen anderen Stern fliehen – anderenfalls wäre das Leben auf der Erde dem Untergang geweiht.

Es gibt fossile Beweise, dass es vor ungefähr dreieinhalb Milliarden Jahren irgendeine Lebensform auf der Erde gab. Vielleicht ereignete sich dies nur fünfhundert Millionen Jahre, nachdem die Erde stabil und kalt genug wurde, damit sich Leben entwickeln konnte. Doch es hätte auch sieben Milliarden Jahre bis zur Entwicklung von Leben dauern können; und es wäre immer noch genug Zeit geblieben, dass sich Wesen wie wir, die Fragen über den Ursprung des Lebens stellen, hätten entwickeln können. Wenn die Wahrscheinlichkeit, dass sich auf einem gegebenen Planeten Leben entwickelt, sehr gering ist, warum geschah es dann auf der Erde in einem Vierzehntel der zur Verfügung stehenden Zeit?

Das frühe Vorhandensein von Leben auf der Erde legt den Schluss nahe, dass unter geeigneten Bedingungen die Chancen für die spontane Entstehung von Leben gut stehen. Vielleicht hat es eine einfachere Organisationsform gegeben, die DNA aufgebaut hat. Einmal aufgetaucht, wäre die DNA so erfolgreich gewesen, dass sie die früheren Formen vollständig ersetzt hätte. Wir wissen nicht, wie diese früheren Formen hätten aussehen können. Möglicherweise war es die RNA. Sie ist der DNA ähnlich, nur einfacher und ohne die Doppelhelix-Struktur. Kurze Stücke RNA hätten sich wie DNA reproduzieren und schließlich zu DNA aufbauen können. Im Labor kann man aus nicht lebendem Material keine Nukleinsäuren herstellen, geschweige denn RNA. Aber über einen Zeitraum von 500 Millionen Jahren und angesichts der Tatsache, dass Ozeane den Großteil der Erde bedecken, könnte es eine realistische Wahrscheinlichkeit geben, dass RNA zufällig entstanden ist.

Bei der Reproduktion der DNA müsste es zufällige Irrtümer gegeben haben. Viele dieser Irrtümer müssten schädlich gewesen sein und wären ausgestorben. Einige müssten neutral gewesen sein; das heißt, sie hätten die Funktion des Gens nicht beeinflusst. Diese Irrtümer würden zu einer graduellen genetischen Drift beitragen, die bei allen Populationen aufzutreten scheint. Und ein paar Irrtümer müssten dem Überleben der Spezies zuträglich gewesen sein. Diese wären dann durch die Darwin'sche natürliche Selektion ausgewählt worden.

Zunächst verlief der Prozess der biologischen Evolution sehr langsam. Es dauerte zweieinhalb Milliarden Jahre, bis sich die ersten Zellen zu vielzelligen Tierformen entwickelt hatten, und eine weitere Milliarde Jahre, bis sich über Fische und Reptilien Säugetiere entwickelten. Doch dann scheint die Evolution an Tempo gewonnen zu haben. Es dauerte nur ungefähr hundert Millionen Jahre, bis wir uns aus den frühen Säugetieren entwickelten. Der Grund ist, dass Fische die meisten der wichtigen menschlichen Organe besitzen, und Säugetiere im Wesentlichen alle. Alles, was nötig war, damit sich aus frühen Säugetieren wie den Lemuren Menschen entwickelten, war ein wenig Feinabstimmung.

Doch mit der Spezies Mensch erreichte die Evolution ein kritisches Stadium, das in seiner Bedeutung mit der Entwicklung der DNA vergleichbar ist. Dieses kritische Stadium ist durch die Entwicklung der Sprache, insbesondere der aufgezeichneten Sprache, gekennzeichnet. Denn das hieß, dass Informationen nun nicht mehr nur genetisch in Form von DNA, sondern auch auf einem anderen Weg von Generation zu Generation weitergegeben werden konnten. In den zehntausend Jahren überlieferter Geschichte hat es keine erkennbaren Veränderungen in der menschlichen DNA durch biologische Evolution gegeben. Doch die Wissensmenge, die von Generation zu Generation weitergegeben wurde, ist enorm angewachsen. Die menschliche DNA enthält ungefähr drei Milliarden Nukleinsäuren. Die meisten in dieser Sequenz verschlüsselten Informationen sind jedoch redundant oder inaktiv. Daher beträgt die Gesamtmenge nützlicher Informationen in unseren Genen wahrscheinlich ungefähr 100 Millionen Informationseinheiten. Eine Informationseinheit ist die Antwort auf eine Ja-oder-Nein-Frage. Im Gegensatz hierzu kann ein Taschenbuch zwei Millionen Informationseinheiten enthalten. Also ist ein Mensch das Äquivalent zu fünfzig »Mills and Boon«-Liebesromanen. In der Universitätsbibliothek befinden sich um die fünf Millionen Bücher mit zehn Billionen Informationseinheiten. Also ist die in Büchern übermittelte Informationsmenge hunderttausend Mal so groß wie die der DNA.

Und noch wichtiger ist die Tatsache, dass die Informationen in Büchern viel schneller geändert und aktualisiert werden können. Wir haben mehrere Millionen Jahre gebraucht, uns aus Affen zu Menschen zu entwickeln. Während dieser Zeit haben sich die nützlichen Informationen in unserer DNA wahrscheinlich nur um ein paar Millionen Informationseinheiten verändert. Also beträgt die Geschwindigkeit biologischer Evolution bei Menschen ungefähr eine Einheit pro Jahr. Im Gegensatz hierzu werden jedes Jahr um die 50 000 neue Bücher in englischer Sprache veröffentlicht, die etwa um die hundert Milliarden Informationseinheiten enthalten. Natürlich ist die große Mehrheit dieser Informationen Müll und für jede Lebensform nutzlos. Aber dennoch ist die Geschwindigkeit, mit der nützliche Informationen hinzugefügt werden können, Millionen, wenn nicht Milliarden Mal höher als bei der DNA.

Das bedeutet, dass wir in eine neue Evolutionsphase eingetreten sind. Zuerst schritt die Evolution durch natürliche Selektion aus zufälligen Mutationen voran. Diese Darwin'sche Phase dauerte ungefähr dreieinhalb Milliarden Jahre und brachte uns hervor – Wesen, die Sprache entwickelt haben, um Informationen auszutauschen. Doch seit rund zehntausend Jahren befinden wir uns in einer Phase, die man externe Übermittlungsphase nennen könnte. In dieser Phase hat sich das interne Informationsverzeichnis, das mit der DNA an nachfolgende Generationen weitergereicht wird, nicht wesentlich verändert. Aber das externe Verzeichnis in Büchern und anderen langlebigen Speichermedien ist enorm angewachsen. Einige Menschen würden den Begriff Evolution nur auf das intern übermittelte genetische Material anwenden und sich dagegen verwahren, dass er für Informationen, die extern weitergereicht werden, benutzt wird. Doch ich halte diese Sicht für zu begrenzt. Wir sind mehr als die Summe unserer Gene. Wir sind vielleicht nicht stärker oder von Natur aus intelligenter als unsere Vorfahren, die Höhlenmenschen; doch was uns von ihnen unterscheidet, ist das Wissen, dass wir in den letzten zehntausend, und insbesondere in den letzten dreihundert Jahren angesammelt haben. Ich halte es für legitim, die Sichtweise zu erweitern und extern übermittelte Informationen und DNA in die Evolution der Spezies Mensch einzubeziehen.

Leben im Universum

Die Zeiträume für die Evolution in der externen Übermittlungsphase entsprechen den Zeiträumen für Informationszuwachs. Sie betrugen früher Hunderte oder sogar Tausende von Jahren. Doch jetzt ist dieser Zeitraum auf etwa 50 Jahre oder weniger geschrumpft. Andererseits hat sich das Gehirn, mit dem wir diese Informationen verarbeiten, nur auf der Darwin'schen Zeitskala über hunderttausende von Jahren weiterentwickelt. Das wirft allmählich Probleme auf. Im 18. Jahrhundert gab es angeblich einen Mann, der jedes geschriebene Buch gelesen hatte. Wenn man heutzutage ein Buch am Tag lesen würde, würde es ungefähr 15 000 Jahre lang dauern, bis man alle Bücher in der Universitätsbibliothek gelesen hätte. Und bis dahin wären noch viele neue Bücher geschrieben worden.

Das bedeutet, dass niemand mehr als einen kleinen Bereich menschlichen Wissens beherrschen kann. Die Menschen müssen sich auf immer begrenztere Fachgebiete spezialisieren. Das wird wahrscheinlich in Zukunft für extreme Beschränkung sorgen. Den exponenziellen Wissenszuwachs der letzten dreihundert Jahre können wir mit Sicherheit nicht mehr lange aufrechterhalten. Eine noch größere Beschränkung und Gefahr für zukünftige Generationen besteht darin, dass wir immer noch die Instinkte, insbesondere die aggressiven Impulse, aus unserer Zeit als Höhlenmenschen mit uns schleppen. Bis zum heutigen Tage hat sich Aggression in der Form, dass wir andere Männer unterjochen und töten sowie ihnen die Frauen und die Nahrung nehmen, als definitiv vorteilhaft für unser Überleben erwiesen. Doch jetzt könnte sie die komplette Menschheit und einen Großteil des übrigen Lebens auf der Erde zerstören. Ein Atomkrieg ist immer noch die unmittelbarste Gefahr, doch es gibt auch andere Gefahren, zum Beispiel die Freisetzung eines gentechnologisch entwickelten Virus. Oder der Treibhauseffekt gerät aus den Fugen.

Wir haben keine Zeit, darauf zu warten, dass uns die Darwin'sche Evolution intelligenter und gutwilliger macht. Doch wir treten nun in eine neue Phase ein, die man als selbst gestaltete Evolution bezeichnen könnte. Wir sind in der Lage, unsere DNA zu verändern und zu verbessern. Es gibt jetzt ein Projekt, die komplette Sequenz menschlicher DNA im Einzelnen zu entschlüsseln. Es kostet ein paar Milliarden Dollar, aber das sind Peanuts für ein derart wichtiges Projekt. Sobald wir das Buch des Lebens gelesen haben, beginnen wir mit den Korrekturen. Zuerst werden sich diese auf die Reparatur genetischer

Defekte wie Mukoviszidose und Muskeldystrophie beschränken. Diese Fehlfunktionen werden von einzelnen Genen gesteuert und sind daher relativ einfach zu identifizieren und korrigieren. Andere Eigenschaften, wie Intelligenz, werden wahrscheinlich von einer großen Zahl von Genen gesteuert. Es wird viel schwieriger sein, sie zu bestimmen und ihre Wechselbeziehungen zu entschlüsseln. Dennoch bin ich sicher, dass im nächsten Jahrhundert Menschen entdecken werden, wie man sowohl Intelligenz als auch Instinkte wie Aggression modifizieren kann.

Es wird Gesetze geben, die die Anwendung gentechnologischer Erkenntnisse an Menschen untersagen. Aber einige Menschen werden der Versuchung nicht widerstehen können, menschliche Charakteristika weiterzuentwickeln, etwa die Größe des Gedächtnisses, die Widerstandsfähigkeit gegenüber Krankheiten und die Länge des Lebens. Sobald es solche Supermenschen gibt, wird es zu riesigen politischen Problemen mit den nicht verbesserten Menschen kommen, die nicht werden mithalten können. Vermutlich werden sie aussterben oder unwichtig werden. An ihrer Stelle wird es eine Art sich selbst gestaltender Wesen geben, die sich mit immer schneller werdendem Tempo weiterentwickeln.

Wenn diese Wesen es schaffen, sich so zu designen, dass das Risiko der Selbstvernichtung verringert oder eliminiert wird, werden sie sich vermutlich ausbreiten und andere Planeten und Sterne besiedeln. Weite Weltraumreisen werden jedoch für Lebensformen auf chemischer Basis wie der DNA schwierig sein. Die natürliche Lebensspanne dieser Wesen ist im Vergleich mit der Reisezeit zu kurz. Die Relativitätstheorie besagt, dass nichts schneller reisen kann als das Licht. Daher würde die Hin- und Rückreise zum nächsten Stern mindestens acht Jahre dauern, und eine Reise ins Zentrum der Galaxis ungefähr hunderttausend Jahre. In der Science-Fiction-Literatur löst man dieses Problem durch Raum-Zeit-Verwerfungen oder das Reisen durch Extradimensionen. Aber ich glaube nicht, dass das je möglich sein wird, unabhängig davon, wie intelligent das Leben sein wird. Die Relativitätstheorie besagt auch, dass man in der Zeit zurückreisen kann, wenn man schneller als das Licht reisen kann. Das würde zu Problemen führen, wenn Leute zurückreisen und die Vergangenheit ändern würden. Man sollte meinen, in so einem Fall hätte man auch bereits Scharen von Touristen aus der Zukunft gesehen, die unser drolliges altmodisches Leben neugierig betrachten.

Vielleicht ist es möglich, mittels der Gentechnologie zu erreichen, dass DNA-gestützte Organismen für eine unbegrenzte oder zumindest hunderttausend Jahre umfassende Zeitspanne lebensfähig bleiben. Doch der einfachere Weg – der beinahe innerhalb unserer Möglichkeiten liegt – wäre, Maschinen auszuschicken. Diese könnte man so konstruieren, dass sie eine interstellare Reise überdauern. Wenn sie bei einem neuen Stern ankommen, könnten sie auf einem geeigneten Planeten landen und Material abbauen, um weitere Maschinen herzustellen, die auf weitere Sterne geschickt werden könnten. Diese Maschinen wären neue Lebensformen, die auf mechanischen und elektronischen Komponenten und nicht auf Makromolekülen basieren. Schließlich könnten sie DNA-gestütztes Leben ersetzen, genau wie die DNA vielleicht eine frühere Lebensform ersetzt hat.

Dieses mechanische Leben könnte ebenfalls selbst gestaltend sein. Und so scheint es, als ob die externe Übermittlungsphase der Evolution nur ein sehr kurzes Zwischenspiel zwischen der Darwin'schen Phase und einer biologischen oder mechanischen Eigenkonstruktionsphase gewesen sein wird. Es bleibt die Frage offen, wie lange diese Eigenkonstruktionsphase andauern wird. Vielleicht ist sie instabil, und das Leben zerstört sich selbst oder landet in einer Sackgasse. Wenn nicht, sollte sie den Tod der Sonne in ungefähr 5 Milliarden Jahren überleben können, indem sie auf Planeten umzieht, die andere Sterne umkreisen. Die meisten Sterne werden in weiteren ca. 15 Milliarden Jahren verbrannt sein, und das Universum wird gemäß dem Zweiten Hauptsatz der Thermodynamik einem Stadium vollständiger Strukturlosigkeit entgegengehen. Doch Freeman Dyson hat gezeigt, dass das Leben sich trotzdem an den stetig sinkenden Bestand an strukturierter Energie anpassen und daher im Prinzip ewig weiterbestehen könnte.

Wie stehen die Chancen, dass wir bei der Erforschung der Galaxie auf eine außerirdische Lebensform treffen? Wenn das Argument mit der Zeitskala für die Entstehung von Leben auf der Erde stimmt, müsste es viele andere Sterne geben, auf deren Planeten Leben existiert. Einige dieser Sternensysteme könnten sich 5 Millarden Jahre vor der Erde gebildet haben. Warum also ist die Galaxie nicht mit selbst gestalteten mechanischen oder biologischen Lebensformen über-

Die Wahrscheinlichkeit von außerirdischen Intelligenzen

schwemmt? Warum wurde die Erde weder besucht noch besiedelt? Ich lasse hier die Theorie außer Acht, dass in UFOs Wesen aus dem Weltall sitzen. Ich denke, dass ein Besuch von Außerirdischen viel offensichtlicher und wahrscheinlich auch viel unerfreulicher verlaufen würde.

Welche Erklärung gibt es dafür, dass wir noch nicht besucht wurden? Eine Möglichkeit lautet, dass das Argument über die Entstehung von Leben auf der Erde falsch ist. Vielleicht ist die Wahrscheinlichkeit, dass sich spontan Leben entwickelt, so gering, dass die Erde der einzige Planet in der Galaxis und im beobachtbaren Universum ist, auf dem dies geschehen ist. Eine weitere Möglichkeit ist, dass es zwar relativ wahrscheinlich war, dass sich reproduzierende Systeme wie Zellen gebildet haben, aber dass die meisten dieser Lebensformen keine Intelligenz entwickelt haben. Wir sind es gewohnt, intelligentes Leben als unausweichliche Folge der Evolution anzusehen. Doch das Anthropische Prinzip sollte uns warnen und uns vor solchen Argumenten behüten. Es ist wahrscheinlicher, dass Evolution ein zufälliger Prozess ist und Intelligenz nur eines von einer großen Zahl möglicher Ergebnisse darstellt. Es ist nicht klar, ob Intelligenz irgendeinen Wert für langfristiges Überleben hat. Bakterien und andere einzellige Organismen werden weiterleben, auch wenn wir durch unser Wirken alles andere Leben auf Erden auslöschen. Die Chronologie der Evolution unterstützt die Ansicht, dass bei der Entwicklung des Lebens auf der Erde Intelligenz eine unwahrscheinliche Entwicklung war. Der Weg von Einzellern zu Vielzellern, die notwendige Wegbereiter für Intelligenz sind, dauerte sehr lange: zweieinhalb Milliarden Jahre. Das ist ein Gutteil der Gesamtzeit, die zur Verfügung steht, bevor die Sonne explodiert. Dies wäre also vereinbar mit der Hypothese, dass die Wahrscheinlichkeit, mit der Leben Intelligenz entwickelt, gering ist. In diesem Fall könnten wir damit rechnen, in der Galaxis viele andere Lebensformen vorzufinden; doch es ist unwahrscheinlich, dass wir intelligentes Leben finden.

Eine dritte Möglichkeit lautet, dass mit relativ hoher Wahrscheinlichkeit Leben entsteht und sich in der externen Übermittlungsphase intelligente Wesen entwickeln. Doch an diesem Punkt wird das System instabil, und das intelligente Leben zerstört sich selbst. Dies wäre eine sehr pessimistische Schlussfolgerung. Ich hoffe sehr, dass sie nicht stimmt.

Ich bevorzuge eine vierte Möglichkeit: Es gibt andere Formen intelligenten Lebens dort draußen, aber wir wurden übersehen. Es gibt jetzt ein Projekt namens SETI, die Suche nach außerirdischen Intelligenzen. Es beinhaltet die Überwachung der Radiofrequenzen, um zu sehen, ob wir Signale von außerirdischen Zivilisationen auffangen können. Ich halte dieses Projekt für unterstützenswert, aber wir sollten uns vor einer Antwort hüten. Einer fortgeschritteneren Zivilisation zu begegnen, könnte für uns ähnliche Folgen haben wie damals für die Ureinwohner Amerikas, als Kolumbus ihren Kontinent betrat. Ich glaube nicht, dass es für sie gut war.

Die Suche nach außerirdischen Intelligenzen

Dieses Pochen beschäftigte ihn unaufhörlich,
bald hatte er Hoffnung,
bald fühlte er sie wieder schwinden.
Er untersuchte jeden Stein an der betreffenden
Seite. So ging es Tage hindurch. Eines Abends,
als der Schließer seine Runde gemacht hatte
und Dantes zum hundertsten Mal das Ohr
an die Mauer legte, schien es ihm, als höre er
ein gedämpftes Tönen. […] Kein Zweifel,
auf der anderen Seite geschah irgendetwas.

Alexandre Dumas, Der Graf von Monte Christo

Der Geist des Radios

Tobias Daniel Wabbel

> Invisible airwaves
> crackle with life,
> bright antennae
> whistle with the energy.
>
> Rush, *Spirit of Radio*

Die Geschichte des SETI-Projekts ist eng mit der Entwicklung der Rundfunktechnologie verbunden. Heute ist es selbstverständlich, morgens auf dem Weg zur Arbeit das Autoradio anzustellen oder nach Feierabend durch die Fernsehkanäle zu zappen, um sich bei *Wer wird Millionär?* oder *Raumschiff Voyager* zu entspannen: Das Medium Rundfunk ist allgegenwärtig, selbst Privatpersonen können ihren eigenen Radiosender besitzen. Doch obwohl das Prinzip der Radiowellenübertragung so populär und selbstverständlich ist, wissen die wenigsten Menschen etwas über den Geist des Radios und das spannende, physikalische Prinzip, das sich dahinter verbirgt.

Die Geschichte des Radios beginnt im Jahr 1896. In diesem Jahr überträgt der italienische Ingenieur Guglielmo Marconi mit der von ihm erfundenen, geerdeten Dipol-Sendeantenne über drei Kilometer hinweg die erste Radiosendung. Das Experiment ist so erfolgreich, dass Marconi nach England geht und dort seine Erfindung patentieren lässt. Er nennt es Radio. 1899 funkt er über den Ärmelkanal. 1901 gelingt ihm die erste transatlantische Radiowellenübertragung von London nach Neufundland – immerhin über eine Distanz von mehr als 3 700 Kilometern hinweg. Acht Jahre später wird Marconi für seine bahnbrechende Erfindung mit dem Nobelpreis für Physik ausgezeichnet. 1922 wagt Marconi ein außergewöhnliches Experiment. Von seinem Forschungsschiff *Electra* aus versucht er in der Zwei-Kilohertz-Frequenz des Langwellenbereichs Radiosignale von vermeintlichen Marsbewohnern zu empfangen. Damit ist er der erste Mensch, der nach Radiosignalen von außerirdischen Zivilisationen sucht.

In den zwanziger Jahren tritt der Rundfunk seinen Siegeszug um die Welt an. Während dieser Zeit arbeiten Deutsche, Briten und Amerikaner bereits an der Idee, nicht nur Sprache, sondern auch bewegte Bilder durch Radiowellen zu übertragen. In den zwanziger Jahren des 20. Jahrhunderts gelingt es den Ingenieuren Wladimir Zworykin und Philo Farnsworth beinahe zeitgleich, durch Ikonoskop-Röhren, die auf dem Prinzip der Braun'schen Kathodenstrahlröhre basieren und Bilder in Zeilen zerlegen, erste Fernsehbilder zu übertragen. Farnsworth und Zworykin werden später die »Väter des Fernsehens« genannt.

Seit den ersten Versuchen Marconis, Zworykins und Farnsworths dringen immer stärkere Radiosignale in den Weltraum. Hätte ein galaktischer Außenposten von Außerirdischen weit draußen im All die Empfänger auf die Erde gerichtet und in den vergangenen achtzig Jahren die irdische Zivilisation mit einer riesigen Antennenanlage belauscht, würde er unter anderem Folgendes gehört haben – vorausgesetzt, er hätte die Signale entschlüsseln können:

»Ich bin von Kopf bis Fuß auf Liebe eingestellt ...«

»Wollt Ihr den totalen Krieg?«

Die Schockwellen der Hiroshima-Explosion.

»Aus, aus, aus! Das Spiel ist aus! Deutschland ist Weltmeister!«

»You ain't nothing but a hounddog ...«

Sputnik piepst.

»Jemand hat auf Präsident Kennedy geschossen!«

»Niemand hat die Absicht, eine Mauer zu bauen!«

»Ich bin ein Berliner!«

»Ladies and Gentlemen, please welcome *The Beatles*!«

»Dies ist ein kleiner Schritt für einen Menschen, aber ein riesiger Sprung für die Menschheit.«

Das Krachen explodierender Napalm-Bomben im Dschungel von Vietnam.

»Mein Name ist Bond, James Bond.«

Fetzen einer chinesischen Oper.

»Gesegnete Ostern ...«
»Eine radioaktive Wolke zieht von Tschernobyl nach Westeuropa.«
Werbung für Coka Cola.
»... really getting it, yes, Armageddon it!«
»Wir sind das Volk! Wir sind das Volk!«
»We didn't start the fire!«
»Ministerpräsident Yitzak Rabin wurde ermordet.«
Hilferufe aus dem brennenden World Trade Center.

Ein irrsinniger Lärm. Das Fundament für die Bombardierung unserer interstellaren Nachbarschaft mit Radio- und Fernsehsendungen in einem Radius von über hundert Lichtjahren basiert in erster Linie auf der Entdeckung der elektromagnetischen Induktion durch James Faraday und Joseph Henry. Faraday stellte fest, dass ein metallischer Leiter (beispielsweise ein Kupferdraht), durch den ein Wechselstrom fließt, ein magnetisches Feld erzeugt und in einem zweiten Leiter, der nicht mit dem ersten verbunden ist, ebenfalls ein magnetisches Feld erzeugt.

In zweiter Linie beruht das Prinzip der Radiowellenübertragung auf der Theorie des Physikers James Maxwell, derzufolge Radiowellen wie das Licht ein Teil des elektromagnetischen Spektrums sind und sich konstant mit 299 792,5 Kilometern pro Sekunde ausbreiten. Das elektromagnetische Spektrum umfasst Radiowellen, Mikrowellen, sichtbares Licht von Infrarot bis Ultraviolett, Röntgenstrahlen und Gammastrahlen.

Eine Radiowelle entsteht, wenn Elektronen durch Ladungen beschleunigt werden – beispielsweise in einem Kupferdraht. Die Elektronen erzeugen dann, wie der Physiker Heinrich Hertz auf Grund von Maxwells Forschungen bereits 1887 entdeckte, eine elektromagnetische Radiostrahlung: sie hat die Form einer Welle. Eine Radiowelle besteht aus einem Wellengipfel und einem Wellental sowie einem elektrischen und einem magnetischen Feld, die beide in einem rechten Winkel zueinander in Wechselwirkung stehen. Die Frequenz ist die Häufigkeit, mit der ein Wellengipfel einen Messpunkt pro Sekunde passiert. 1 Million Hertz – 1 Megahertz – entsprechen einer Million Wellengipfeln, die einen Messpunkt pro Sekunde passieren. Der Abstand zwischen zwei Wellengipfeln eines Radiosignals ist die Wellenlänge. Je höher die Frequenz eines Radiosignals, desto schmaler und enger ist die Wellenlänge und desto stärker ist das Signal in seiner Intensität. Im Radiowellenbereich kann die Wellenlänge eines Signals von Millimetern, über Zentimeter, Dezimeter und mehrere Hundert Meter variieren. Kurzwellen- und Ultrakurzwellensender strahlen ihre Sendungen im Megahertz-Band aus, Langwellensender im Kilohertz-Bereich.

Man könnte unseren Kupferdraht auch als Sendeantenne bezeichnen. Wird die Beschleunigung der Elektronen in diesem Kupferdraht durch die Stärke des elektrischen Stroms und die Form des Drahtes *moduliert*, verändert sich auch die Stärke und die Senderichtung des Radiosignals. Die Strahlung bewegt sich mit Lichtgeschwindigkeit fort, bis sie auf ein Hindernis trifft, etwa einen zweiten Kupferdraht. Die Energie der ausgesandten Radiowellen erzeugt die Induktion im zweiten Kupferdraht (der beispielsweise zu einem Funkgerät gehört) und beschleunigt dort ebenfalls die Ladung, so dass ein elektromagnetisches Feld und somit im Empfänger ein Signal entsteht, das Informationen enthalten kann, wenn es verstärkt wird – beispielsweise Sprache oder Musik.

Extraterrestrische Radiosignale aus dem Weltraum wurden erstmals 1932 von dem Ingenieur Karl Jansky entdeckt, als er im Auftrag der *Bell Telephone Laboratory* die Ursache für Störungen im Kurzwellenbereich ausfindig machen sollte. Die *Bell Laboratorien* beabsichtigten, eine transatlantische Radio-Telefonverbindung im Kurzwellenbereich aufzubauen. Was Jansky mit seiner selbst konstruierten Antenne entdeckte, war eine konstante Radiostrahlung, die aus dem Zentrum der Milchstraße kam. Jansky wird heute als der Vater der Radioastronomie betrachtet. Nach ihm wurde die Einheit für die Stärke von Radiosignalen benannt: ein Signal mit der Stärke von 1 Jansky hat die Energie von $10^{-26} Wm^{-2} Hz^{-1}$. Schwächste Signale von den entferntesten Galaxien müssen daher extrem verstärkt und gebündelt werden, um sie überhaupt zu registrieren, während Radiosignale, die durch irdische Fernsehsender erzeugt werden, mit relativ geringem technischen Aufwand empfangen werden können.

Die Radiowellen von einem Stern sind so lange nicht registrierbar, bis sie auf die Empfangsoberfläche einer Parabolantenne treffen. Je größer der Durchmesser einer Parabolantenne ist, desto mehr Energie wird aufgefangen, die von der Oberfläche registriert wird. Wenn wir uns vorstellen, dass Außerirdische, ebenso wie die Menschheit, jeden Tag ihre Radiosignale in den Weltraum senden, dann handelt es sich um Signale, die in ihrer Wellenlänge extrem schmalbandig und hochfrequent sind. Die Wellenlänge befände sich im Mikrowellen-Bereich und würde von wenigen Millimetern bis zu 10 Zentimetern variieren – bei einer Frequenz, die im Gigahertz-Bereich läge.

Wenn Sie mit bloßen Augen einen leuchtenden Stecknadelkopf in drei Kilometern Entfernung erkennen können, hätten Sie einen Eintrag im *Guinness Buch der Rekorde* sicher. Doch die interstellaren Distanzen sind größer: Eine Radioquelle zu orten, die sich in 100 Lichtjahren Entfernung befindet und mit relativ wenig Energie sendet, ist sehr schwierig bis unmöglich, wenn man nicht über die entsprechende technische Ausrüstung verfügt. Daher wären Radiosignale, die beispielsweise von außerirdischen Zivilisationen erzeugt und in alle Himmelsrichtungen ausgestrahlt würden, sehr schwach. Diese Signale zu finden, ist eine Aufgabe, die beinahe unlösbar ist. Es gleicht der sprichwörtlichen Suche nach der Nadel im Heuhaufen. Die Nadel ist das Signal der Außerirdischen, die unter Abermilliarden von natürlichen Störsignalen verborgen sein könnte.

Von der Serengeti zu SETI

Ende der fünfziger Jahre schreiben die beiden Astrophysiker Giuseppe Cocconi und Philip Morrison einen Brief an die Redaktion des renommierten Wissenschaftsmagazins *Nature*, der am 19. September 1959 unter dem Titel *Suche nach interstellarer Kommunikation* erscheint und eine spannende Diskussion eröffnet. Die beiden Wissenschaftler werfen die Frage auf, welche Möglichkeiten sich außerirdischen Zivilisationen bieten könnten, um über große interstellare Distanzen hinweg zu kommunizieren.

Für Cocconi und Morrison ist die Entstehung von Planeten, die sonnenähnliche Sterne umkreisen, und die Evolution von intelligentem Leben mit dem Verlangen nach Kommunikation durch Radiowellen eine Voraussetzung für den kosmischen Dialog mit uns. Interstellare Kommunikation, so schlussfolgern die beiden in ihrem Brief, ist über galaktische Distanzen hinweg nur mit elektromagnetischen Wellen durchführbar. Doch in welcher Frequenz und in welcher Wellenlänge müssten irdische Radioastronomen nach interstellarer Kommunikation suchen?

Jeder Beobachter im Universum, der das elektromagnetische Spektrum nach intelligenten Radiosignalen absucht, müsste das Beobachtungsfenster der 21-cm-Linie des neutralen Wasserstoffs in Betracht ziehen. Die Wasserstoffemissionslinie, die von Wasserstoff bis zu seinem Radikal, dem Hydroxyl, von 1420 bis 1720 Megahertz reicht, ist nahezu frei von Störsignalen, wie sie durch irdische Fernseh-, Radio- und Radarstrahlungen täglich in den Weltraum ausgesandt werden. Dieser Bereich des elektromagnetischen Spektrums, aus dem es gilt, ein mögliches Sendersignal von Außerirdischen mit einer Frequenz von 0,1 Hertz aus 260 Millionen Hertz herauszufiltern, wird als »Wasserloch« bezeichnet. Die 21-cm-Linie des Wasserstoffs ist eine universelle, »magische« Frequenz, in deren enger Umgebung im gesamten Weltraum mehr oder weniger störungsfreies Lauschen im Radiospektrum möglich ist. Das Element, das im Universum am häufigsten vorkommt und daher die auffälligste Radiostrahlung erzeugt, ist Wasserstoff, der in der 21-cm-Linie oszilliert. So wie sich Tiere in der afrikanischen Serengeti an einem Wasserloch versammeln, um zu trinken, könnten sich vielleicht interstellare Funkbotschaften von außerirdischen Zivilisationen im Bereich der auffälligen 21-cm-Linie des Wasserstoffs tummeln.

Giuseppe Cocconi und Philip Morrison bleiben mit ihren Überlegungen nicht allein. Der Radioastronom Frank Donald Drake greift am 8. April 1960 die Idee Guglielmo Marconis auf, um nach Radiosignalen von außerirdischen Zivilisationen zu suchen. Drakes Hoffnung ist es, mit dem Radioteleskop des *National Radio Astronomy Observatory* in Green Bank, West Virginia, Fragmente von Radio- und Fernsehsendungen außerirdischer Zivilisationen aufzufangen, um zu beweisen, dass die Menschheit nicht die einzige vernunftbegabte Spezies im Universum ist. Drake nennt seinen Versuch Projekt *Ozma*, nach der sagenhaften Prinzessin Ozma aus L. Frank Baums berühmtem Kinderbuch *Ozma of Oz* (dt. Der Zauberer von Oz). *Oz* ist ein weit entfernter, sagenhafter Ort, der die bizarrsten Lebewesen beherbergt. Eine brillante Analogie Drakes, denn womöglich warten in den Tiefen des Alls die bizarrsten Lebewesen darauf, von uns entdeckt zu werden. Drake beabsichtigt die Sterne Tau Ceti und Epsilon Eridani in der 21-cm-Linie des neutralen Wasserstoffatoms nach künstlichen Signalen abzuhorchen. Seine Idee: Wenn Tau Ceti während der vergangenen Jahrmilliarden ein Planetensystem entwickelt hat, ist einer dieser Planeten vielleicht von intelligenten Lebewesen bewohnt, die die Technologieschwelle der Radiowellenkommunikation erreicht haben. Diese hypothetische Zivilisation auf Tau Ceti müsste dann tagtäglich ungewollt Radiowellen in den Weltraum aussenden – so wie die Menschheit.

Tau Ceti und Epsilon Eridani befinden sich mit 11,9 und 10,8 Lichtjahren Entfernung nach kosmischen Maßstäben in unmittelbarer interstellarer Nachbarschaft.

Es ist 5 Uhr Ortszeit an jenem verheißungsvollen 8. April 1960, als Drake den Empfänger des Radioteleskopes von Green Bank aktiviert. Mit ihm sind die Astronomiestudentinnen Ellen Gundermann und Margaret Hurley sowie die Radioastronomen Ross Meadows und Kochu Menon im Kontrollraum anwesend.

Doch zunächst dringt nichts Außergewöhnliches aus den angeschlossenen Lautsprechern. Die Schreiber spucken nur ein Meer unbedeutender Interferenzen in Form winziger Zacken aus. Das ändert sich auch nicht in den nächsten drei Monaten, in denen Drake und sein Team den Stern Tau Ceti nach ungewöhnlichen Radiosignalen abhorchen. Enttäuscht über Tau Cetis weises Schweigen, richtet Drake das Radioteleskop von Green Bank auf Epsilon Eridani. Unmittelbar nachdem der Empfänger erneut eingeschaltet wird, melden die Lautsprecher und die angeschlossenen Schreiber ein verdächtiges, aus acht Hochgeschwindigkeitspulsen pro Sekunde bestehendes Signal, das offenbar von Epsilon Eridani stammt. Der Kontrollraum gleicht einem Tollhaus. Die Gemüter erhitzen sich. Zunächst scheint es sich wirklich um ein Signal von außerirdischen Intelligenzen zu handeln.

Doch fünf Minuten später weicht alle Euphorie jäh bitterer Enttäuschung. Das Signal verstummt abrupt. Wenige Wochen später registriert der Empfänger erneut das Signal, doch jetzt ist gewiss, dass es sich um das Funksignal eines Flugzeugs handelt, denn Drake hat draußen einen akustischen Melder installiert. Er und seine Kollegen suchen Epsilon Eridani noch für einige Wochen nach verdächtigen Signalen ab – jedoch vergebens. Dann ist die Beobachtungszeit für *Projekt Ozma* abgelaufen, und Drake muss sich wieder seinen konventionellen radioastronomischen Untersuchungen widmen.

Projekt Ozma ist fehlgeschlagen. Doch obwohl das Experiment keine Früchte des Erfolgs trägt und nicht auf Anhieb Signale von einer außerirdischen Zivilisation entdeckt, wird nun die Öffentlichkeit auf das Thema aufmerksam. Das *Time Magazine* berichtet über Drake. Natürlich war er sich über die verschwindend geringen Erfolgschancen seines 2000-Dollar-Projekts bewusst. Der Grundstein, nämlich die Idee, in der universell störungsarmen 21-cm-Linie des neutralen Wasserstoffs nach Radiosignalen von außerirdischen Zivilisationen zu lauschen, ist jedoch gelegt.

SETI, die Suche nach extraterrestrischen Intelligenzen, ist geboren.

Das Wow!-Signal

Vier Jahre vor *Projekt Ozma* beginnt 1956 durch die *National Science Foundation* die Konstruktion des *Big Ear* – des »Großen Ohrs« – von Delaware in Ohio, einem 110 Meter mal 24 Meter großen Radioteleskop, das wie ein Fußballstadion anmutet. Es ist einzigartig in seiner Bauart und gehört zur astronomischen Fakultät der *Ohio State University*. 1965 beginnt mit dem *Big Ear* die gründlichste Ganzhimmel-Untersuchung nach neuen Radioquellen, die von den Astronomen John Kraus und Robert Dixon durchgeführt wird. John Kraus ist Direktor des Observatoriums, Robert Dixon begeistert sich für SETI, seit er von Drakes *Projekt Ozma* gehört hat und beabsichtigt nun eine eigene Suche durchzuführen. Die Untersuchungen der gesamten nördlichen Hemisphäre offenbart 20 000 bislang unbekannte Objekte, darunter auch die Sterne OH 471 und OQ 172, die entferntesten Radioquellen, die man bis zu dem Zeitpunkt entdeckt hat. Bob Dixon kommt 1964 zum Ohio-Observatorium und kann Anfang der siebziger Jahre John Kraus dafür gewinnen, mit Hilfe eines neuen 8-Kanal-Empfängers nach extraterrestrischen Intelligenzen in der 21-cm-Linie des Wasserstoffs zu suchen. Schließlich ersetzt man den 8-kanaligen Empfänger durch ein leistungsfähigeres Instrument, das nun 50 Kanäle gleichzeitig abdeckt. 1973 suchen John Kraus, Bob Dixon, der Elektroingenieur und Mitarbeiter der *Bell Telephone Laboratory*, Richard Arnold sowie Jerry Ehman, ein Mathematikprofessor der *Franklin University* in Columbus, Ohio, erstmals mit *Big Ear* nach Radiosignalen außerirdischer Intelligenzen. Vier Jahre lang sucht man ohne Erfolg.

Doch dann geschieht das Unfassbare. Am 15. August 1977, um 22 Uhr 15 Minuten und 35 Sekunden Ortszeit, zeichnen die Schreiber plötzlich eine ungewöhnliche Abfolge von Signalen innerhalb des zweiten Kanals auf das Papier. Die Signale haben die Kennzeichnungen 6, E, Q, U, J und 5, die in Ziffern ausgedrückt die Werte 6, 14, 26, 30, 19 und 5 haben. Diese Zahlen stehen für die Intensität der empfangenen Signale.

Jerry Ehman hat die 50 Kanäle des Empfängers für die Aufzeichnung aus Platzgründen in 50 Zeilen aufgeteilt. Wenn ein Signal von einem der beiden Empfänger registriert wird, vermerkt der Computer einen Buchstaben, für jedes ausbleibende Signal eine freie Stelle. Jeder Kanal hat eine Bandbreite von 10 Kilohertz. Für Signale, deren Intensitätswerte von 0 bis 9 Sigmas variieren, verwendet man die Zahlen 1 bis 9. Beispielsweise hat ein Signal von 9 Sigmas die neunfache Intensität des Strahlungshintergrunds, ein Signal von 20 Sigmas das zwanzigfache Energieniveau. Jedes Signal, dessen Energieniveau den Wert 9 übersteigt, bekommt der Einfachheit halber einen Buchstaben des Alphabets. Das Signal *E* hat demnach eine Intensität von 14 Sigmas, das Signal *Q* 26 Sigmas.

Um 22 Uhr 15 Minuten und 59 Sekunden ist das *U*-Signal mit der Deklination von minus 27 Grad und 03 Minuten und einer Rektaszension von 19 Stunden, 17 Minuten und 12 Sekunden auf die *30-fache Intensität* des gewöhnlichen Strahlungshintergrundes des Wasserstoffs angestiegen. Das Signal kommt aus der Konstellation Sagittarius (Schütze), in der Nähe des galaktischen Zentrums. Es wandert durch die Empfangsstrahlen des Radioteleskops von Ohio und bewegt sich synchron mit der Erdrotation fort.

Das Signal ist demnach kein irdisches, von Menschen erzeugtes Störsignal, sondern siderisch. Es hat eine Frequenz von 1419,944 Megahertz, befindet sich damit in der 21-cm-Linie des neutralen Wasserstoffs und taucht nur innerhalb eines Kanals auf. Damit ist es extrem schmalbandig und kann nicht natürlichen Ursprungs sein. Um 22 Uhr 16 Minuten und 34 Sekunden Ortszeit ist das Phänomen auf das Intensitätsniveau von 5 Sigmas abgesunken. Dann verschwindet es plötzlich.

Jerry Ehman ist von der Entdeckung so überwältigt, dass er seine Euphorie auf der Stelle auf dem Computerausdruck vermerkt: »Wow!«

Das alles klingt unglaublich. Doch: Wo ist der Haken? Es gibt keinen Haken. Das Wow!-Signal ist eine der unheimlichsten Entdeckungen in der Geschichte der Wissenschaft. Es ist nicht erklärbar. Jerry Ehman zeigt den Ausdruck am nächsten Tag aufgeregt seinen Kollegen John Kraus, Bob Dixon und Dick Arnold. »Wir diskutierten sofort die Tatsache, dass erstens das Signal der Antenne folgte und damit höchstwahrscheinlich eine siderische Radioquelle war (und sich nicht in unserer Erdumgebung befand) und dass zweitens die schmalbandige Natur des Signals die Überlegung gestattete, die Radioquelle habe ihren Ursprung entweder in einem astronomischen Objekt oder einer außerirdischen Zivilisation«, erinnert sich Jerry Ehman. »Letzteres konnte nicht bewiesen werden, ohne dass andere Observatorien das Objekt ebenfalls beobachteten.«[1]

War es tatsächlich eine außerirdische Zivilisation oder nur das Signal einer unbekannten Raumsonde? Voyager 1 und 2 waren zu dem Zeitpunkt noch nicht gestartet, und auch sonst gab es keine Sonden, die in diesem Abschnitt des Himmels manövrierten. Darüber hinaus ist die 1420-Megahertz-Frequenz für die radioastronomische Forschung geschützt. Niemand darf in dem Bereich senden, auch nicht das Militär.

»Wir haben jede nur erdenkliche Art von menschlichen Signalen als Erklärung ausgeschlossen«, ergänzt Bob Dixon seinen Kollegen Jerry Ehman.[2] Das Wow!-Signal war während der 72 Sekunden, die es von den Empfängern registriert wurde, an- und abwesend, es war zwischendurch unterbrochen wie ein Morsecode. Wenn es von einer außerirdischen Intelligenz stammte, könnte es ein Fragment von Fernseh-, Radio- oder Radarsignalen gewesen sein. Schließlich schalten irdische Fernsehsender nachts ebenfalls ab. Es könnte auch ein Radioleuchtfeuer einer außerirdischen Zivilisation als Erklärung in Betracht gezogen werden. Der Sinn eines solchen Leitsignals könnte in einem Kommunikationsversuch von Außerirdischen liegen. Es entspräche jenem Signaltyp, den Philip Morrison und Giuseppe Cocconi 1959 in ihrem berühmten Artikel *Suche nach interstellarer Kommunikation* beschrieben haben. Vielleicht war das Wow!-Signal nichts anderes als ein erster Versuch, mit der Menschheit Kontakt aufzunehmen.

»Wenn ein Signal nur sehr kurz anwesend ist, kann man generell nicht sicher sagen, welcher Art das Signal ist«, erklärt Bob Dixon.

»Doch es bedeutet einfach, dass wir es ignorieren müssen, und dann widmen wir uns dem nächsten Signal. Jeder sucht nach Signalen, die für längere Zeit anwesend sind, denn dann macht es keine Probleme, ihre Herkunft zu bestimmen. Es gibt zwei Arten von Signalen: Erstens Radiostrahlung, die ungewollt in den Weltraum dringt und für Außerirdische selbst bestimmt ist. Wir können uns nicht vorstellen, wie so etwas aussehen könnte, aber es könnte sehr wohl eine schmalbandige Komponente eines Fernsehträgersignals sein. Zweitens: Radioleuchtfeuer, von außerirdischen Intelligenzen ausgestrahlt, um eine Kommunikation mit anderen Intelligenzen zu ermöglichen. Es gibt gute Gründe dafür, dass solche Signale schmalbandige Trägersignale sind.«

Am darauf folgenden Tag richten die Wissenschaftler *Big Ear* erneut auf die Erfolg versprechenden Koordinaten, in der Hoffnung, das Wow!-Signal ein zweites Mal aufzuspüren. Über Wochen und Monate lassen Kraus, Dixon, Ehman und Arnold nicht locker – jedoch vergeblich.

Das Wow!-Signal taucht nicht wieder auf und scheint ein einmaliges Phänomen zu sein. Die Wissenschaftler suchen Sternenkarten nach sonnenähnlichen Sternen ab, fragen bei der Weltraumbehörde NASA nach den Flugdaten der interplanetaren Pioneer-Sonden, doch sie kommen keinen Schritt weiter.

Ist es möglich, dass das Signal bereits länger gegenwärtig war, bevor die Empfänger des *Big Ear* das Signal entdeckten? »Es ist sehr gut möglich, dass wir die Radioquelle zu spät anvisiert haben. Die Beobachtung dauerte 72 Sekunden. Somit könnte das Signal theoretisch für 23 Stunden und 54 Minuten anwesend gewesen sein, bevor wir es entdeckten«, gesteht Jerry Ehman.

Der Gedanke, dass Jerry Ehman und Bob Dixon vielleicht die letzten Fetzen einer außerirdischen Radiobotschaft empfangen haben, ist haarsträubend und ernüchternd, aber auch Ehrfurcht gebietend zugleich. Die Lösung eines Rätsels ist manchmal einfacher als ursprünglich angenommen. Das Wow!-Signal war ein Aufblitzen der Nadel im galaktischen Heuhaufen.

Vielleicht war es wirklich der Beweis für die Existenz außerirdischer Intelligenzen – doch wir haben die Nadel aus den Augen verloren.

Von Phoenix bis Serendip

Seit *Projekt Ozma* im Jahr 1960 sind mehr als sechzig internationale Suchprogramme nach Radiosignalen von außerirdischen Intelligenzen unternommen worden. Gegenwärtig werden in den Vereinigten Staaten von Amerika mehrere SETI-Programme parallel durchgeführt: Frank Drake und seine Kollegin Jill Tarter suchen mit *Projekt Phoenix* des SETI-Institutes in Mountain View/Kalifornien tausend sonnenähnliche Sterne innerhalb eines Radius' von 150 Lichtjahren ab. *Projekt Phoenix* verwendet dafür das 305-Meter-Radioteleskop von Arecibo auf Puerto Rico, das 64-Meter-Radioteleskop von Parkes in Australien sowie die neue 43-Meter-Parabolantenne von Green Bank in West Virginia, um 2 Milliarden Frequenzkanäle gleichzeitig nach Radiosignalen von außerirdischen Intelligenzen zu analysieren. Bildlich gesehen entspräche das 2 Milliarden aneinander gereihter Radios, die jeweils eine andere Frequenz eingestellt haben. Doch bislang wurde nichts entdeckt.

Parallel zu *Projekt Phoenix* betreibt der Astronom Paul Horowitz an der Harvard Universität sein *Projekt BETA*, das bereits 68 Prozent des gesamten nördlichen Sternenhimmels vier Mal nach außerirdischen Signalen in mehreren Milliarden Frequenzkanälen innerhalb der 21-cm-Linie des Wasserstoffs untersucht hat. Doch bislang wurde nichts entdeckt.

Astronomen der Universität Kalifornien in Berkeley analysieren unter der Leitung von Dan Werthimer mit Projekt *Serendip IV* 168 Millionen Frequenzkanäle gleichzeitig nach Radiosignalen von Außerirdischen, indem sie sich des so genannten Huckepackverfahrens bedienen. Dabei untersucht der Empfänger des *Serendip*-Systems rund um die Uhr gerade den Himmelssektor, der vom Radioteleskop in Arecibo sowie der 76-Meter-Parabolantenne von Jodrell Bank in England im Rahmen konventioneller radioastronomischer Untersuchungen innerhalb der 21-cm-Linie des Wasserstoffs abgetastet wird. Die Beobachtungsdaten werden auf den Datenservern in Berkeley bereitgehalten, um von Millionen Computerbenutzern über eine Internetverbindung auf ihre heimischen PCs heruntergeladen zu werden. Die Daten können dann mit Hilfe des kostenlosen Bildschirmschonerprogramms *SETI@home* nach auffälligen Strahlungsmustern, die eventuell von einer außerirdischen Zivilisation stammen könnten, durchgerechnet werden. Doch bislang wurde auch durch *SETI@home* nichts entdeckt.

Sind wir also allein im Universum nach all den vergeblichen Bemühungen, Radiosignale von außerirdischen Intelligenzen zu entdecken?

Nein. Wir stehen erst am Anfang der Suche. Die Rechenkapazitäten der für SETI verwendeten Computer und die Effektivität der Filterprogramme, die Kandidatensignale möglicher außerirdischer Intelligenzen von abermilliarden natürlicher und von Menschen erzeugter Interferenz-Störsignalen trennen, wird alle fünf Jahre um das Zehnfache steigen. Es ist nur eine Frage der Zeit, bis SETI erfolgreich sein wird.

Vielleicht wird bald der *Geist des Radios* in Form einer außerirdischen Radiobotschaft auf der Festplatte eines Anwenders von *SETI@home* spuken und uns mitteilen, dass wir nicht mehr allein sind.

Vielleicht ist es dann das Wow!-Signal, das zurückgekehrt ist.

Es wird der Kontakt sein – das Ende der kosmischen Isolation der Menschheit.

Wir müssen weitersuchen.

Anmerkungen

[1] hier und im Folgenden: *Ehmann, Jerry R.:* Briefe an den Herausgeber vom 19.–27. März 1997

[2] hier und im Folgenden: *Dixon, Robert:* Briefe an den Herausgeber vom 07.–19. März 1997

Eine Begegnung der außerirdischen Art

Antony Hewish

Am 28. November 1967 begann ein neues und ungewöhnliches Radioteleskop, das ich konstruiert hatte, intelligent wirkende Signale aus dem Himmel zu empfangen. Habe ich »Heureka! Wir sind nicht allein in der Galaxis!« gerufen? Ganz sicher nicht. Erfahrene Radioastronomen wissen, dass Radioteleskope häufig unerwartete und merkwürdige Signale auffangen, die menschlichen Ursprungs sind. In der Vergangenheit wurden wir von Signalen gestört, die der Mond reflektiert hatte, von Radarhöhenmessern an Flugzeugen, die sich London näherten, von Geräuschen, die startende Motorfahrzeuge verursacht hatten, von medizinischen Apparaturen, die in der Radiologie eingesetzt wurden usw. Ich hatte gerade eine Physikvorlesung beendet, als meine wissenschaftliche Hilfskraft Jocelyn Bell aus dem Observatorium anrief und mir die Neuigkeit überbrachte. Seit Wochen schon hatte uns die Radiostrahlung von einem bestimmten Ort beunruhigt, weil sie merkwürdig schien und nicht mit dem üblichen Muster für andere Radiogalaxien übereinstimmte. Aus diesem Grund hatten wir zur genaueren Untersuchung spezielle Beobachtungen anberaumt, und am 28. November erhielten wir zum ersten Mal brauchbare Daten. Jocelyn berichtete, dass man auf der Aufzeichnung kurze Ausbrüche von Radiostrahlung in Intervallen von ungefähr 1,3 Sekunden sah. Das erschien mir so unnatürlich, dass ich dachte, es müsse sich um eine von Menschen verursachte Störung handeln, doch am nächsten Tag hatte ich Zeit, mich im Observatorium selbst davon zu überzeugen, und das blinkende Signal kam wieder von derselben Stelle.

Ich hatte mein Radioteleskop so konstruiert, dass es den Himmel nach »blinkenden« Radiogalaxien absuchte. Die stärksten Radiogalaxien, die so genannten *Quasare*, zeichnen sich dadurch aus, dass sie über kompakte Bereiche intensiver Strahlung verfügen, in denen schmale Jets energiegeladener Partikel von einer aktiven zentralen Quelle auf das umgebende Gas treffen. In den sechziger Jahren waren Radioteleskope zu primitiv, um den genauen Umriss einer Radiogalaxie zu bestimmen, doch wir hatten entdeckt, dass die Hot Spots in Quasaren »blinken«. Die schnelle Veränderung der Intensität wird von Elektronenwolken verursacht, die von der Sonne im Sonnenwind weggeblasen werden, analog zum Funkeln der Sterne auf Grund atmosphärischer Turbulenzen. Ich baute mein Radioteleskop so, dass ich unter Ausnutzung dieses Phänomens Quasare finden konnte.

Ein »merkwürdiger« Quasar hatte uns aus mehreren Gründen verwirrt. Erstens blinkte er viel stärker als andere Quasare in gleicher Entfernung, und zweitens war er nicht immer auszumachen! Auch schien er seine Position leicht zu verändern, was einer echten astronomischen Quelle unmöglich ist. Daher war eine genauere Untersuchung notwendig, und dabei fiel uns das Blitzen auf. Als ich einen genauen Zeitplan erstellte, erkannte ich staunend, dass sich die Blitze von einem Tag auf den nächsten wiederholten – und zwar auf eine Millionstel Sekunde genau immer zur selben Zeit! Diese uhrwerkartige Präzision schloss die meisten Möglichkeiten einer von Menschen verursachten Störung aus, allenfalls von anderen Astronomen genutzte Geräte kamen noch in Betracht. Also hielt ich Rücksprache mit Kollegen in anderen Observatorien in Großbritannien, jedoch ohne Ergebnis. Als Nächstes entdeckten wir, dass das Signal bei jedem Aufblinken vom Hoch- bis in den Niedrigfrequenzbereich des Aufzeichnungsbandes unseres Teleskops huschte. Das ist eine wohlbekannte Eigenschaft eines Impulssignals, das jahrelang durch den Weltraum gewandert ist. Das interstellare Gas beeinflusst die Verbreitungsgeschwindigkeit, so dass die Schwingungen auf niedrigerer Radiofrequenz langsamer wandern. Ich berechnete, dass das Aufblinken seinen Ursprung in einer Quelle im Bereich der nahe gelegenen Sterne gehabt haben musste. Die kurze Dauer eines jeden Aufblinkens – ungefähr eine hundertstel Sekunde – deutete ebenfalls darauf hin, dass die Quelle nicht größer als ein kleiner Planet sein konnte.

Mittlerweile war es Mitte Dezember. Jocelyn und ich hatten der Quelle den Spitznamen LGM – *little green men* – gegeben, aber das war kein Scherz mehr. Schließlich hatten wir hier ein aufblinkendes Signal, das genauso aussah wie eine verschlüsselte Botschaft, die von einem planetarischen (oder kleineren) Objekt im Bereich der nahe gelegenen Sterne kam. War dies wirklich die erste Entdeckung einer außerirdischen Zivilisation? Auch wenn wir dies nicht wirklich glaubten, schien es die einfachste Erklärung. Wir mussten jedoch noch eine entscheidende Messung vornehmen. Außerirdische, die versuchten, mittels Funkwellen über interstellare Distanzen zu kommunizieren, würden ungeheuer leistungsfähige Sender benötigen – nichts von der Art, wie man es an Bord eines herumreisenden Raumfahrzeugs vermuten darf. Sie würden mit Sicherheit auf ihrem Planeten eine riesige Radiostation aufbauen. Ich wusste, dass unsere Impulse zeitlich so exakt eintrafen, dass eine Bahnbewegung des fremden Planeten als Doppler-Verschiebung erkennbar sein würde, als ein systematischer Wechsel der Impulsfrequenz, je nach Position des Planeten. Wir mussten ungefähr einen Monat lang Daten sammeln, und jeder, der mit unserer Arbeit in Verbindung stand, wurde zum Stillschweigen verpflichtet. Jede Andeutung außerirdischer Signale hätte eine Medieninvasion ausgelöst, und das wäre einer Katastrophe gleichgekommen. Wir hatten 1957 diese ganze Aufregung schon einmal mitgemacht, nachdem der erste russische Sputnik-Satellit ins All geschossen wurde und wir außerhalb der Sowjetunion die ersten Beobachter waren, die seine Bahn bestimmten.

Während wir mit der täglichen Zeitmessung fortfuhren, begann ich mich zu fragen, wie wir mit unserer Entdeckung umgehen sollten, falls die Beweise für eine Bahnbewegung sich als schlüssig erweisen sollten. Ich sprach mit Sir Martin Ryle, dem Leiter unserer Gruppe am *Cavendish Laboratory*. Nur halb im Scherz schlug er vor, dass wir die Aufzeichnungen zerstören und nichts sagen sollten. Es hätte ja sein können, dass die Außerirdischen ihren Planeten überbevölkert oder verseucht hatten und nun einen neuen Siedlungsort suchten! Ein entmutigender Einwand angesichts des traurigen Schicksals vieler Naturvölker auf der Erde. Doch ich konnte mich damit nicht einverstanden erklären. Unser Plan war so nicht durchführbar, und andere Beobachter würden die Impulse früher oder später ohnehin entdecken. Wir entschieden schließlich, die *Royal Society* zu kontaktieren und unsere Ergebnisse bei einem Meeting der Top-Wissenschaftler des Landes zu präsentieren. Damit würde die Sache zu einem nationalen Anliegen, und die kombinierte Weisheit der Anwesenden würde entscheiden, wie es weitergehen sollte.

Anfang Januar 1968 zeigte meine Analyse keinen Doppler-Effekt. Natürlich musste man in Betracht ziehen, dass es auf Grund der Bewegung der Erde um die Sonne einen signifikanten Effekt gab; wenn man diesen aber abzog, blieb kein Rest. In der Zwischenzeit war Joce-

Eine Begegnung der außerirdischen Art

lyn alte Untersuchungsberichte durchgegangen und hatte die Existenz drei weiterer blinkender Quellen bestätigt. Jetzt erschien es unwahrscheinlich, dass Außerirdische dafür verantwortlich sein könnten; und mit beträchtlicher Erleichterung begann ich einen ganz normalen Arbeitsbericht zur Veröffentlichung vorzubereiten, während ich gleichzeitig in der astronomischen Literatur nach Informationen über Zwergsterne suchte. Dabei stolperte ich über die hypothetischen Neutronensterne. In den dreißiger Jahren hatte man vorhergesehen, dass die Schwerkraft einen ausgebrannten Stern zu einem Ball aus Neutronenmaterie von nur 20 Kilometern Durchmesser komprimieren konnte. Ich stellte die These auf, dass die Schwingungen von Neutronensternen – oder möglicherweise weißen Zwergen – die Ausstrahlung regelmäßiger Blitze erklären könnte. Es zeigte sich, dass der Strahlungsausstoß durch rotierende Neutronensterne eine bessere Erklärung liefern konnte, und wir waren damit nicht weit von der Wahrheit entfernt.

Rückblickend bin ich froh, dass wir einen kühlen Kopf behielten und keine wilde Schlussfolgerungen zogen, bevor wir nicht sämtliche möglichen Observationen vorgenommen hatten. Es hatte in der Radioastronomie mehrere aufregende »Erscheinungen« gegeben, die sich später als Menschenwerk herausstellten, und ich wollte nicht auch in diese Liste aufgenommen werden. Die Tatsache, dass wir mit der Möglichkeit von außerirdischen Intelligenzen leben müssen, hat meine Ansicht über die SETI-Projekte nicht geändert. Auch wenn es sehr wichtig für die Menschheit ist, zu wissen, ob andere intelligente Wesen existieren, glaube ich nicht, dass wir jetzt schon berechtigt sind, zu viel Mühe auf die Suche zu verwenden. Angesichts der beschränkten Ressourcen ist es sicherlich ergiebiger, diese so einzusetzen, dass wir mehr über die Entstehung des Lebens auf der Erde erfahren. Wenn die Evolution wirklich in der Nähe vulkanischer Schlote auf dem Grund des Ozeans begann, könnte dies dazu beitragen, jene Art von planetarischem System zu ermitteln, das einer Untersuchung wert ist – falls wir überhaupt in der Lage sind, solche Systeme in bedeutender Anzahl zu identifizieren. Aber wissen wir wirklich, *wie* wir danach Ausschau halten müssen? Warum sollte eine fortgeschrittene Zivilisation Radiowellen benutzen? Nach der kosmischen Zeitskala ist es noch nicht so lange her, dass wir Fahnen schwenkten, um zu kommunizieren. Wenn hochsensible Instrumente anderweitig nutzlos wären oder es Datenbanken mit nützlichen Informationen gäbe, dann hätten Enthusiasten, die bereit sind, in diese Sache Arbeit zu investieren, meine Unterstützung. Aber für mich ist das nichts. Vor einigen Jahren war ich im Beraterstab für das große Radioteleskop in Arecibo, als die NASA bestrebt war, damit einige SETI-Observationen durchzuführen. Da sie bereit waren, im Ausgleich für einen kleinen Teil der zur Verfügung stehenden Beobachtungszeit ein Upgrade des Empfängersystems zu finanzieren, erschien mir dies ein vernünftiges Geschäft.

Als Astronom, der primär darauf aus ist, durch Beobachtung neue Erkenntnisse über das Universum zu gewinnen, habe ich nicht viel Zeit darauf verwendet, mich zu fragen, wie Außerirdische kommunizieren und worin ihre Botschaft bestehen könnte. Es gibt so viel produktive wissenschaftliche Arbeit, die getan werden muss, dass ich es für einen Fehler halte, ernsthafte Anstrengungen auf Spekulationen dieser Art zu verschwenden.

Außerirdische, die versuchen, mit uns in Kontakt zu treten, sind vermutlich fortgeschrittener als wir und könnten bereits wissen, dass auf der Erde Leben existiert. Seit rund 50 Jahren gibt es starke Radiosignale von Abwehrsystemen zur Entdeckung ballistischer Flugkörper, und sie hätten von Außerirdischen innerhalb einer Entfernung von bis zu 50 Lichtjahren entdeckt werden können. Ihre Antwort aus, sagen wir 25 Lichtjahren Entfernung, könnte uns jetzt erreichen und liegt wahrscheinlich im Radiofrequenzbereich (eher als im optischen oder Röntgenstrahlenbereich), da sie wissen, dass wir zumindest über diese Technologie verfügen. Anfänglich würde ihre Botschaft sicherlich sehr einfach sein, etwa: »Wir existieren, bitte bestätigen.« Wie würde diese Information in einer unbekannten Sprache ausgesendet werden? Eine Impulsfolge binärer Zeichen wie 000101100111000111 001101000 ließe sich eindeutig von jeglicher Pulsar-Strahlung unterscheiden (und wäre daher nicht natürlichen Ursprungs). Die Wiederholung in umgekehrter Reihenfolge würde auf eine Antwort hindeuten. Ist die Kommunikation erst einmal aufgebaut, würde die nächste außerirdische Botschaft vermutlich irgendeine bildliche Information sein, die als digitalisiertes Bild in Schwarzweiß versandt wird und leicht zu entschlüsseln ist.

Warum wird das digitale Bild nicht gleich zu Anfang ausgesandt? Weil es viel mehr Informationen enthält und bedeutend schwieriger zu entdecken ist.

Eine Begegnung der außerirdischen Art

Da jeder Austausch 50 Jahre dauert, ist dies ein generationenübergreifendes Programm! In meinem Alter kann ich keinen echten Enthusiasmus mehr dafür entwickeln. Würde die Entdeckung, dass irgendwo im Universum noch Intelligenz existiert, meine Ansichten über die Welt verändern? Wohl kaum. Wer annimmt, dass wir die einzigen existierenden intelligenten Wesen sind, betrachtet die Realität mit Scheuklappen. Ich stehe dieser Frage völlig aufgeschlossen gegenüber.

Interstellare Raumfahrt: Sind Sternenreisen möglich?

Timothy Ferris

Da wir in einer Zeit leben, in der die Technologie Triumphe feiert, sind wir geneigt, die interstellare Raumfahrt als technische Herausforderung ähnlich dem Durchbrechen der Schallmauer oder der Besteigung des Mount Everest anzusehen – als etwas, das zweifellos schwierig, aber mit den richtigen Mitteln und einigem Einfallsreichtum durchführbar ist.

Diese Ansicht hat eine Menge für sich. In gewisser Hinsicht hat die unbemannte interstellare Raumfahrt bereits durch die *Pioneer 10-* und *11-* und die *Voyager 1-* und *2-Sonden* stattgefunden, die auf Geschwindigkeiten oberhalb der Fluchtgeschwindigkeit der Sonne beschleunigt wurden, weil sie dem Jupiter so nahe kamen, und nun für immer dort draußen bleiben werden. Gemessen an interstellaren Standards sind diese Raumsonden langsam: *Voyager 1*, mit 62 000 km/h (39 000 Meilen pro Stunde) die schnellste der vier, wird mehrere zehntausend Jahre lang herumwandern, bevor sie auf einen anderen Stern trifft. Doch das erste Flugzeug der Gebrüder Wright war auch nicht besonders schnell. Ein bemanntes interstellares Raumfahrzeug, dessen Geschwindigkeit die der *Voyager* genauso um das 1 000-fache übersteigt, wie die *Voyager* die Flüge der *Kitty Hawk* übertraf, könnte nahe gelegene Sterne in ein paar Jahrzehnten erreichen, fände man einen Weg, die immense Treibstoffrechnung zu finanzieren.

Das ist ein großes »Wenn«. Doch man kann das Problem auch von einer anderen Seite betrachten: Statt einen Berg zu überwinden, kann man nach einem Pass suchen. Anders ausgedrückt: Die technischen Probleme, die mit einer Reise zu den Sternen verbunden sind, dürfen nicht nur als zu überwindende Hindernisse begriffen werden, sondern auch als Hinweise, die andere Wege zur Erforschung des Universums aufzeigen.

Drei dieser Hinweise stechen hervor. Erstens scheint die interstellare Raumfahrt extrem, wenn nicht verboten teuer. Alle bis jetzt vorge-

Interstellare Raumfahrt: Sind Sternenreisen möglich?

stellten Antriebssysteme für interstellare Reisen – Kernfusionsraketen, Antimaterie-Aggregate, Laserlichtsegel usw. – würden die Bereitstellung riesiger Energiemengen voraussetzen. Zweitens gibt es keinen zwingenden Beweis, dass außerirdische Weltraumfahrer jemals die Erde besucht haben. Drittens bieten Radiowellen eine schnelle und billige *Kommunikationsmöglichkeit*, die erfolgreich mit interstellarem *Reisen* konkurrieren kann. Was wollen uns diese Hinweise sagen?

Die hohen Kosten der interstellaren Raumfahrt legen nahe, dass die Nutzlasten, die – von künftigen Generationen wie von außerirdischen Weltraumfahrern in der Vergangenheit – zwischen den Sternen hin- und hertransportiert werden, in der Regel höchstwahrscheinlich gering sind. Man kann es sich viel eher leisten, eine Sonde von der Größe einer Grapefruit auszuschicken als ein Raumschiff von der Größe der *Enterprise*. Nehmen wir ein Raumfahrzeug, das mit Laserlichtsegeln ausgestattet ist und mittels starker Laserstrahlen in unserem Sonnensystem durch den interstellaren Raum getrieben wird. Um ein bemanntes Raumschiff in vierzig Jahren zu *Proxima Centauri*, dem nächsten Stern, zu befördern, würde die Laseranlage Tausende von Gigawatt Energie benötigen, mehr als den Energieausstoß sämtlicher Elektrizität erzeugender Kraftwerke auf der Erde. Doch das Aussenden einer 10 kg schweren unbemannten Nutzlast auf die gleiche Reise würde nur ungefähr 50 Gigawatt benötigen – immer noch eine riesige Energiemenge, aber weniger als 15 Prozent des gesamten Energieausstoßes in den USA.

Was können Sonden von der Größe einer Grapefruit leisten? Eine ganze Menge sogar, besonders wenn sie die Fähigkeit besitzen, sich unter Verwendung von Stoffen, die sie an ihren Landeplätzen vorfinden, selbst zu reproduzieren. Das Konzept sich selbst reproduzierender Systeme wurde zuerst von dem Mathematiker John von Neumann in den 1940er-Jahren erforscht, und heute untersuchen Wissenschaftler im Bereich der Nanotechnologie, wie man sie bauen kann. Wenn das Ziel darin besteht, andere Planetensysteme zu erforschen, könnte man einige dieser kleinen, sich selbst reproduzierenden Sonden herstellen und sie unter erschwinglichen Kosten zu nahe gelegenen Sternen schicken. Sobald eine dieser Sonden ihr Ziel erreicht hätte, würde sie sich langfristig auf einem Metallasteroiden häuslich einrichten. Die Sonde würde das Erz des Asteroiden abbauen und zum Aufbau einer Einsatzbasis einschließlich eines Radiosenders, um ihre Daten zurück an die Erde zu schicken, benutzen. Die Sonde könnte auch weitere Sonden generieren, die dann zu anderen Sternen geschickt werden könnten. Eine derartige Strategie kann sich schließlich gewaltig auszahlen, wenn die relativ bescheidene Investition dazu führt, dass man Augen und Ohren auf einer immer größer werdenden Anzahl von Außenposten hat.

Wenn das Ziel in der Kolonisierung besteht, könnten die Sonden das biologische Material transportieren, das zur Ausbringung auf gastlichen, aber leblosen Planeten erforderlich ist. Das erscheint durchführbar, unabhängig davon, ob unser Ziel nun einfach darin besteht, selbst Leben zu »säen« oder nur den Weg für eine zukünftige menschliche Besiedlung zu bereiten. Natürlich gibt es ernsthafte ethische Bedenken hinsichtlich der Legitimität, Planeten, die bereits mit eigenem heimischen Leben ausgestattet sind, zur Heimstätte von Menschen zu machen. Aber solche Welten werden unter Umständen zahlenmäßig von den »Knapp verfehlt«-Planeten übertroffen, auf denen es kein Leben gibt, die aber mit ein wenig Unterstützung aufblühen könnten.

Einer der faszinierenden Aspekte kleiner interstellarer Sonden ist, dass sie unauffällig sind. Eine kleine, von einer außerirdischen Zivilisation erbaute Sonde könnte gerade jetzt die Sonne umkreisen, gewissenhaft nach Hause telefonieren, und wir würden vielleicht nie von ihrer Existenz erfahren. Insbesondere dann, wenn die Sonde bewusst so konstruiert wäre, sich zu verstecken – beispielsweise, indem man ihre Funkantenne von der Ekliptik abgewandt ausgerichtet hätte, oder wenn sie so programmiert wäre, dass die Sender sich abschalten, sobald der Strahl sich einem Planeten nähert. Und solche Sonden würden vermutlich genau so konstruiert sein, um eine sich entwickelnde Spezies wie die unsere davon abzuhalten, sie aufzustöbern, auseinander zu nehmen und im *Smithsonian National Air and Space Museum* zur Schau zu stellen. Auf ähnliche Weise könnte eine biologische Sonde auch zu Anfang Leben auf die Erde gebracht haben. Die Tatsache, dass das Leben sehr früh in der Erdgeschichte auftaucht, spricht zwar gegen diese Hypothese (es sei denn, irgendjemand da draußen hat mit scharfem Blick nach neugeborenen Planeten Ausschau gehalten), aber ein derartiger Ursprung irdischen Lebens ist durchaus mit den gegenwärtig vorliegenden Erkenntnissen vereinbar.

Wo sind die Außerirdischen?

Der zweite Hinweis – Außerirdische sind noch nicht auf dem Rasen des Weißen Hauses gelandet – lässt den Schluss zu, dass unsere unmittelbare himmlische Nachbarschaft wahrscheinlich keine Vielzahl technologisch fortgeschrittener Zivilisationen beherbergt, die ihre Zeit damit verbringen, an Bord großer imposanter Raumschiffe kühn andere Sternensysteme zu erforschen. Anderenfalls wären sie bereits hier aufgetaucht, was offensichtlich nicht der Fall ist (natürlich zähle ich hier nicht die Berichte über UFO-Beobachtungen und Entführungen durch Außerirdische, für die die Beweise nicht überzeugend sind). Dieses Argument stützt auch die vorläufige Schlussfolgerung, dass Wurmlöcher, Sternentore und die anderen von Science-Fiction-Autoren favorisierten Transitsysteme, die schneller als das Licht sind, nicht weit verbreitet sind, zumindest nicht hier draußen in den galaktischen Vororten.

Zugegeben, dieses Argument kann nicht alle Zweifel beseitigen. Vielleicht wissen die Außerirdischen, dass wir existieren, doch sie sind höflich genug, uns nicht zu stören. Vielleicht haben sie in den mehr als drei Milliarden Jahren, in denen irdisches Leben nur aus Käfern und Bakterien bestand, die Erde besucht und sind still und leise wieder abgereist, nachdem sie ein paar Schnappschüsse gemacht und ihren Abfall gewissenhaft entsorgt haben. Auf jeden Fall scheint der Schluss vernünftig, dass wir uns nicht in der Nähe einer Ausfahrt möglicher interstellarer Highways befinden.

Der dritte Hinweis – die Übertragung von Informationen mittels Funk ist viel schneller und billiger als die Beförderung von Frachten mit Hilfe von Raumschiffen – ist dank SETI, der Suche nach außerirdischen Intelligenzen, weithin bekannt geworden. SETI-Forscher benutzen Radioteleskope, um Signale abzuhören, die von außerirdischen Zivilisationen ausgesendet werden. Die SETI-Literatur beschäftigt sich daher hauptsächlich mit der Frage, wie wir solche Signale aufspüren können, und sagt wenig darüber aus, wie fortgeschrittene Zivilisationen elektromagnetische Kommunikation als Alternative zum interstellaren Reisen nutzen könnten. Doch derlei Spekulationen könnten erklären helfen, wie sich in unserer Galaxis intelligentes Leben entwickeln konnte, ohne dass interstellares Reisen alltäglich wurde.

Die Suche nach außerirdischen Intelligenzen

Als SETI 1959 zum ersten Mal in einem Artikel, den Giuseppe Cocconi und Philip Morrison in *Nature* veröffentlichten, vorgeschlagen wurde, wickelte man die elektronische Kommunikation auf Erden hauptsächlich über das Telefon ab, und der häufigste Einwand gegen die Idee interstellarer Konversation bestand darin, dass sie zu lang dauern würde. Ein einfacher Austausch – »Wie geht es dir?« »Gut.« – würde 2 000 Jahre dauern, wenn er zwischen Planeten stattfände, die 1 000 Lichtjahre voneinander entfernt sind. Doch wie Morrison selbst feststellte, ist Konversation kein notwendiger Bestandteil für Kommunikation; man kann auch mit Hilfe von Monologen lernen. England war im achtzehnten Jahrhundert beispielsweise stark von der antiken griechischen Kultur beeinflusst, obwohl kein englischer Bürger je eine Unterhaltung mit einem alten Griechen geführt hatte. Wir lernen von Sokrates und Herodot, obwohl wir nicht mit ihnen sprechen können. Daher macht interstellare Kommunikation Sinn, auch wenn es keinen Sinn macht, sie per Telefon zu führen.

1975, als ich zum ersten Mal vorschlug, dass ein langfristiger interstellarer Kommunikationsverkehr zwischen fortgeschrittenen Zivilisationen am besten mittels eines automatisierten Netzwerks geführt werden sollte, gab es kein der Öffentlichkeit vertrautes Modell für solch ein System. Aber heute bietet das Internet ein gutes Beispiel dafür, wie ein von Monologen dominiertes interstellares Netzwerk funktionieren könnte; und es hilft uns zu verstehen, warum Außerirdische es dem mühseligen und teuren Unterfangen, tatsächlich zu anderen Sternen zu reisen, vorziehen würden.

Das Internet tendiert experimentell dazu, Zeit und Raum zusammenzuschieben. Man sucht nach Belieben Dinge im Netz und macht sie sich zu Nutze. Es ist nicht zwangsläufig wichtig, ob die Informationen aus dem Nachbarhaus oder von der anderen Seite des Planeten kommen, oder ob die Beiträge gestern oder letztes Jahr ins Netz gestellt wurden. Abgesehen von E-Mails ist die Kommunikation im Internet überwiegend monologisch.

Nehmen wir einmal an, das Internet wäre ein paar tausend Jahre früher erfunden worden, so dass wir nicht nur auf die Bücher von Aristoteles und Archimedes zurückgreifen könnten, sondern auch auf ihre Sites im World Wide Web – welch eine Wohltat wäre es, durch so ein Netz zu surfen, sich die verlorenen Stücke von Sophokles herunterzuladen und sich die lebendigen Wandmalereien von Pompeji in Farben anzuschauen, die noch nicht die Spuren der Zeit zeigen! Ich denke, jeder von uns würde dieses Erlebnis einer stockenden Telefonkonversation mit jemandem aus der Vergangenheit vorziehen.

Das Gleiche könnte für die Kommunikation zwischen außerirdischen Welten zutreffen. Der tiefste Graben, der intelligente Spezies auf verschiedenen Sternensystemen voneinander trennt, ist nicht der Raum, sondern die Zeit; und die beste Möglichkeit, diesen Graben zu überwinden, bietet nicht die Raumfahrt, sondern eine interstellare Netzwerkkommunikation.

Der Graben »Zeit« ist von zweierlei Art. Zunächst spielt es eine Rolle, wie lange Signale brauchen, um zwischen gleichzeitig existierenden Zivilisationen hin- und herzuwandern. Wenn es, wie einige der optimistischeren SETI-Wissenschaftler schätzen, 10 000 kommunikative Welten in der Milchstraßengalaxie gibt, beträgt die durchschnittliche Zeit zum Senden einer einseitigen Botschaft an den nächsten Nachbarn – sozusagen über den Gartenzaun – um die 1 000 Jahre. Daher macht es Sinn, lange Botschaften voller Fakten zu schicken und nicht nur ein »Wie geht es dir?«.

Das interstellare Internet

Ein weiterer Graben öffnet sich, wenn wir – vernünftigerweise – annehmen, dass die Lebensspannen kommunikativer Zivilisationen verglichen mit dem Alter des Universums im Allgemeinen kurz sind. Wir wissen offensichtlich noch nicht einmal, ob außerirdische Gesellschaften existieren, und noch viel weniger wissen wir, wie lange sie normalerweise auf Sendung bleiben, bevor sie Zerstörung oder Katastrophen anheim fallen oder ihr Interesse schwindet. Denn sie müssten sich wirklich sehr lange halten, um das Alter der Milchstraße zu erreichen, die mehr als 10 Milliarden Jahre alt ist. Hier auf der Erde überlebt eine Spezies durchschnittlich 2 Millionen Jahre. Die *Neandertaler* hielten sich ungefähr 200 000 Jahre, der *Homo erectus* um die 1,4 Millionen Jahre. Unsere Spezies, der *Homo sapiens*, ist ca. 200 000 Jahre alt. Wenn wir also ein typisches Beispiel sind, können wir damit rechnen, noch ungefähr eine weitere Million Jahre zu bestehen. Der entscheidende Punkt dabei ist jedoch, dass dieser Zeitraum kosmologisch unbedeutend ist. Selbst wenn wir es schaffen, noch weitere solide 10 Millionen Jahre zu überleben, ist das immer noch weniger als 0,1 Prozent des Alters unserer Galaxis. Jede intelligente Spezies, die lernt, das Alter von Sternen und Galaxien zu bestimmen, wird zur selben ernüchternden Schlussfolgerung gelangen – selbst wenn kommunikative Zivilisationen üblicherweise volle 10 Millionen Jahre auf Sendung bleiben, *existiert nur noch ein Promille der Zivilisationen, die unsere Galaxis bewohnt haben.* Die große Mehrheit ist Vergangenheit. Ist dies eine schweigende Mehrheit, oder haben sie einen Weg gefunden, Aufzeichnungen über sich, ihre Gedanken und ihre Leistungen zu hinterlassen?

Hier kommt das interstellare Internet ins Spiel. Ein solches Netzwerk könnte von kleinen Robotsonden wie zuvor beschrieben eingesetzt werden, und eine jede würde Antennen aufstellen, die sie mit Zivilisationen auf nahe gelegenen Sternen und anderen Netzwerkknoten verbinden. Das Netzwerk würde den interstellaren Funkverkehr aller Welten, die davon wissen, regeln. Dieses Vorgehen würde sich sofort auszahlen: Man könnte mit vielen Zivilisationen in Kontakt treten, ohne dass man den Kontakt zu jeder einzelnen aufbauen müsste. Und noch wichtiger: Jeder Knotenpunkt würde Aufzeichnungen der verarbeiteten Daten speichern und zur Verfügung stellen. Diese Aufzeichnungen würden den Wert des Netzwerks für jede Zivilisation, die es nutzt, immens erhöhen. Würden so viele Daten innerhalb der Knotenpunkte stetig zirkulieren und archiviert, könnte das interstellare Internet jedem bewohnten Planeten relativ leicht Zugang zu einer Unmenge von Informationen über die gegenwärtig existierenden Zivilisationen und die vielen weiteren Welten, die in der Vergangenheit Kontakt mit dem Netzwerk hatten, ermöglichen.

Intelligenz bringt das Wissen um die eigene Sterblichkeit mit sich – und gleichzeitig liefert sie ein Mittel, diese zu überwinden. Daher vermute ich, dass der Wunsch nach einer Art Unsterblichkeit unter intelligenten Wesen weit verbreitet ist. Auch wenn einige Spezies sich vielleicht auf physische Monumente wie das von Percy Bysshe Shelleys *Ozymandias* errichtete Denkmal beschränkt haben – diese werden irgendwann verwittern; und in jedem Fall wären lange Reisen erforderlich, damit sie gesehen und geschätzt würden. Die meisten Spezies würden sich aus diesem Grund sicherlich dafür entscheiden, zum interstellaren Internet beizutragen, in dem ihre Gedanken und Geschichten für immer durch die Galaxis rasen könnten.

Wenn diese Vorstellung ein Körnchen Wahrheit enthält, wie sähe unsere Galaxis aus? Nun, wir würden sehen, dass interstellare Reisen von Raumschiffen wie der *Enterprise* selten wären, weil die meisten intelligenten Wesen es vorzögen, die Galaxis mittels des effizienteren interstellaren Netzwerks zu erforschen, um ihre lange Geschichte zu ergründen. Fänden interstellare Reisen statt, würden sie normalerweise in Form von kleinen, unauffälligen Sonden unternommen, die dafür konstruiert sind, das Netzwerk auszubauen, heimlich Forschung zu betreiben und unfruchtbare Planeten zu besäen. Für technologische Schwellenwelten wäre es schwierig, den Funkverkehr im Netz abzuhören, weil er fast vollständig von bleistiftdünnen Strahlen mit hoher Bandbreite, die die etablierten Planeten mit automatisierten Knoten verbinden, eingeschlossen wäre. Unsere Hoffnungen für SETI beruhen hauptsächlich darauf, inwieweit das Netz sich die Mühe macht, nach allen Richtungen hin abstrahlende Funkantennen zu unterhalten, die zwar eine wirtschaftliche Belastung darstellen, aber von Zeit zu Zeit Kunde von einer frischen, naiven Spezies liefern könnten. Vielleicht sogar von einer weit entfernten, etwa hinter dem *Sagittarius-Arm* auf der Milchstraße. Die Galaxis würde still und unbewegt wirken, obwohl sie tatsächlich von Gedanken erfüllt und voller Leben wäre.

Kurz gesagt, sie würde genauso aussehen, wie sie sich uns heute darstellt.

Der Kontakt
mit außerirdischen Intelligenzen

Aber jenseits des gähnenden Weltenraums
blickten Geister, uns überlegen
wie wir den Tieren,
ungeheure, kalte und unheimliche Geister,
mit neidischen Augen auf unsere Erde.
H. G. Wells, Der Krieg der Welten

Leben mit Außerirdischen

Albert A. Harrison und Joel T. Johnson

Im Spätoktober des Jahres 1938 genossen die Radiohörer in Nordamerika gerade die ungemein beliebte *Chase and Sanborn Hour* mit dem Bauchredner Edgar Bergen und seiner Puppe Charlie McCarthy. Irgendwann während seiner Samstagabend-Show begann Nelson Eddy zu singen. Genau wie wir heute ungeduldig durch die Fernsehkanäle schalten, haben die Radiohörer damals häufig den Sender gewechselt. Tausende dieser Menschen hörten den verblüffenden Bericht eines Augenzeugen in Grover's Mill, New Jersey. Ein atemloser Reporter berichtete, dass mehrere große, röhrenartige Raumschiffe gelandet seien. Im weiteren Verlauf der Nachrichtensendung hörten die Zuhörer, dass es sich bei den Röhren um Raumschiffe vom Mars handle; dass überaus zuversichtliche Regierungstruppen einträfen, um die Situation unter Kontrolle zu bringen; dass Marsmenschen aus den Röhren herauskämen und die Truppen vernichteten; dass die Marsianer auf New York City zumarschierten und die Stadt zerstörten; und schließlich: dass weitere Raumschiffe vom Mars überall in den Vereinigten Staaten landeten. Doch die meisten Hörer erkannten oder wussten nicht, dass sie ihr Radio auf Orson Welles' *Mercury Theater of the Air* eingestellt hatten und sie keine Nachrichtensendung, sondern ein Theaterstück hörten. Es handelte sich um eine Adaption des Stücks *Krieg der Welten*, das der britische Science-Fiction-Autor H.G. Wells etwa vierzig Jahre zuvor geschrieben hatte.

Das dramaturgische Genie Orson Welles hatte versucht, das Stück realistisch erscheinen zu lassen, indem er es als Nachrichtenstory konzipierte, die die Ereignisse am Schauplatz des Geschehens nachzeichnete. Der Erfolg des Stücks überstieg Welles' kühnste Träume. Da die Zuhörer während Edgar Bergens *Chase and Sanborn Hour* an der Radioskala gedreht hatten, verpassten sie die Einleitung, die die Zuhörer auf den fiktionalen Charakter des Stücks einstimmte. Live-Berichterstattung im Radio war neu, und ein knappes Jahr zuvor hatten die Hörer entsetzt eine Sendung über den Brand und die Zerstörung des Luftschiffs *Hindenburg* verfolgt. Die Zuhörer befanden sich immer noch im Würgegriff der großen wirtschaftlichen Depression, und die dunklen Kriegswolken, die über Europa aufzogen, taten ein Übriges, um die Spannung zu verstärken.

Nicht alle fielen auf diesen Kunstgriff herein, aber einige Leute gerieten in Panik. Ein Mann erzählte der *New York Times*, er habe gewusst, dass die Sendung »real« sei, als er die Namen realer Orte und Regierungsvertreter gehört habe. Dann sei er auf die Straße gelaufen, wo Dutzende von Leuten hin und her rannten. Einige Menschen packten ein paar wertvolle Habseligkeiten in Automobile und rasten damit aufs Land, um sich zu verstecken. Als sie den Aufruhr auf der Straße hörten, ließen Gäste eine Braut und ihren Bräutigam bei einem Hochzeitsempfang im Stich. Ein paar Einwohner von New York City, die glaubten, dass die Außerirdischen nur ein paar Straßen entfernt seien, verschanzten sich in ihren Räumen, vernagelten Türen und Fenster und stopften nasse Tücher zum Schutz gegen Giftgas in die Fensterbänke. Ein Ehepaar zog seine Sonntagskleidung an und betete in Erwartung ihres Todes. Wie Joseph Bulgatz anmerkt, wurde der *Krieg der Welten* in den nächsten fünfzig Jahren noch einige Male ausgestrahlt, wobei es 1944 in Chile, 1949 in Ecuador und 1988 in Portugal zu Panik und Ausschreitungen kam (siehe Quellenverzeichnis, Seite 115). In einigen Fällen starben Menschen. Als die Hörer entdeckten, dass sie getäuscht worden waren, wandelte sich ihre Furcht zu Wut, und aufgebrachte Mobs stürmten die Radiosender und setzten sie in einigen Fällen in Brand.

Bevor wir hier Schlüsse ziehen, die auf der Ausstrahlung von *Krieg der Welten* basieren, sollten wir bedenken, dass es noch einige andere Gelegenheiten gab, bei denen eine große Zahl Menschen davon überzeugt war, man habe intelligentes außerirdisches Leben gefunden. In diesen Fällen reagierten die Menschen ganz unterschiedlich. Im August des Jahres 1835 begann eine beliebte amerikanische Zeitung, die *New York Sun*, mit einer Artikelreihe, die die Leser davon überzeugte, dass ein bekannter Wissenschaftler von hohem Ansehen, Sir John Herschel, ein leistungsstarkes Teleskop entwickelt hatte, das es ermöglichte, auf dem Mond lebende »Fledermausmenschen« zu studieren. Die Fledermausmenschen wurden als glückliche, freundliche, engelhafte Kreaturen beschrieben, die etwa einen Meter zwanzig groß waren und sowohl Flügel als auch Beine hatten. Sie lebten in wunderschönen Steinhäusern in einer Umgebung, die ans Paradies erinnerte. Dort gingen sie unschuldigen Beschäftigungen wie Fliegen und Baden nach, während vielerlei Arten ungewöhnlicher Tiere unter ihnen weilten. Die Leser der *New York Sun* waren nicht im Geringsten verängstigt, sondern entzückt, dass die Fledermausmenschen entdeckt worden waren, und sie genossen die detaillierte Beschreibung des ausgelassenen Treibens, bis ein Konkurrenzblatt, der *New York Herald*, den Schwindel aufdeckte.

Ende des neunzehnten Jahrhunderts förderten Giovanni Schiaparelli aus Italien, Camille Flamarion aus Frankreich und Percival Lowell aus den Vereinigten Staaten den Glauben an intelligentes Leben auf dem Mars. Lowell, ein reicher Amerikaner, errichtete ein Observatorium in Flagstaff, Arizona, wo der Himmel außergewöhnlich klar war. Er behauptete, dass die schwachen Linien, die er auf dem Mars entdeckt hatte, in Wirklichkeit Kanäle seien, mittels derer man auf dem sterbenden Planeten das Wasser verteile. Er war überzeugt, dass ihr strahlenförmiges System, der gerade Verlauf und die einheitliche Breite die Existenz von intelligentem Leben bewiesen. Heute wissen wir, dass der hohe Grad an Organisation nicht der Schaffenskraft von Marsianern zu schulden ist, sondern der Neigung des menschlichen Gehirns, das Chaos zu ordnen. Die Reaktionen der Menschen reichten von Erstaunen über Skepsis bis hin zu toleranter Belustigung. Sie hatten jedoch weniger Interesse daran, sich vor den Marsianern zu verstecken, als daran, ihnen irgendwie zu zeigen, dass es intelligentes Leben auf der Erde gab. In den nächsten Jahrzehnten schlugen Menschen vor, große Wälder anzupflanzen, deren Muster man auf dem Mars erkennen konnte, zickzackförmige, mit Kerosin gefüllte Gräben anzuzünden, riesige Feuer zu entfachen und den Marsianern über Funk ein Signal zu senden.

Die menschliche Reaktion auf den »Kontakt« – den unwiderlegbaren Beweis intelligenten außerirdischen Lebens – hängt teilweise von den Außerirdischen und teilweise von der menschlichen Psychologie ab. In jeder der oben beschriebenen Episoden glaubten die Menschen, sie hätten einen eindeutigen Beweis für das Wesen der Außerirdischen. Es überrascht nicht, dass einige Menschen in Panik gerieten angesichts der plötzlichen Erkenntnis, in naher Zukunft von feindlichen Mächten überwältigt zu werden, die auf ihre Vernichtung aus waren. (Eine überraschende Invasion unserer Mit-Erdlinge könnte uns schließlich auch beunruhigen!) Ebensowenig gibt es einen

Grund, angesichts von Fledermausmenschen, die friedlich auf dem Mond herumtollen, oder Mars-Ingenieuren, die nicht in der Lage sind, ihren Heimatplaneten zu verlassen, in Panik zu geraten.

Heute wissen wir natürlich, dass auf dem Mond oder auf benachbarten Planeten kein intelligentes Leben existiert. Wissenschaftler, die die Suche mit Hilfe von optischen Teleskopen oder Radioteleskopen betreiben, sind davon überzeugt, dass wir eindeutige Beweise für intelligentes außerirdisches Leben – wenn überhaupt – nur von weit entfernt empfangen. Daher entsprechen die Reaktionen der Menschen, wenn es zum Kontakt kommt, wahrscheinlich nicht den Reaktionen, die sie auf Angreifer oder Ingenieure vom Mars oder Fledermausmenschen auf dem Mond zeigen. Es gab tatsächlich vier Fälle, in denen die Menschen Grund zu der Annahme hatten, wir hätten Funksignale von außerirdischen Zivilisationen aufgefangen. Darunter waren die Entdeckung der Quasare und Pulsare Mitte der sechziger Jahre, der Empfang eines starken und immer noch ungeklärten Signals in einem Observatorium in Ohio in den Siebzigern sowie ein Schwindel, der Ende 1998 ein paar Tage lang aufrechterhalten und von den großen Nachrichtenmedien aufgegriffen wurde. In all diesen Fällen haben die Menschen, die glaubten, man habe Beweise für Außerirdische gefunden, auch geglaubt, dass sie sich weit von unserem eigenen Sonnensystem entfernt befänden. Keines dieser Ereignisse, die vielleicht unserem ersten tatsächlichen Kontakt nahe kommen, hat zu Nervenzusammenbrüchen, Aufruhr in den Straßen oder dem Sturz einer Regierung geführt. Es dauerte nicht lange, bis Wissenschaftler erkannten, dass es sich bei Pulsaren und Quasaren um natürliche Phänomene handelte, dass man das in Ohio empfangene Signal nicht erneut fand und dass die Behauptung des Funkkontaktes im Jahr 1998 ein Schwindel war. Im sicheren Wissen, dass uns ungeheure Zeit und Entfernung von Außerirdischen trennt, hatten wir wenig Grund zur Angst.

Die Vorstellung von »E.T.«

Die größte Schwierigkeit bei der Voraussage menschlicher Reaktionen auf außerirdisches Leben besteht darin, dass wir nicht wissen, wie E.T. sein wird. Die Menschen haben ein paar Vorstellungen von E.T., aber bis zum tatsächlichen Kontakt wissen wir nicht, ob diese vorgefasste Meinung der »Realität« entspricht. Einige dieser Vorstellungen, die aus einem Prozess resultieren, den wir *imaginative production* nennen, beruhen ausschließlich auf menschlichen Wünschen und Ängsten. Die menschliche Motivation wird in der Vorstellung vom gütigen »Bruder im All« deutlich, der nur auf die Erde kommt, um unsere hiesigen Probleme zu lösen, aber auch im Bild von den »teuflischen Angreifern« aus dem All, die unseren Planeten übernehmen wollen. In gewissem Sinne sind diese Bilder eine zeitgenössische Variante der alten Motive »Engel« und »Teufel«. Diese Bilder können sehr kreativ sein und wurden bereits wirkungsvoll in der Science-Fiction-Literatur und vielleicht auch in einigen Berichten über UFOs verwendet.

Das *reverse engineering* ist ein zweiter Prozess, der Erwartungen bezüglich außerirdischer Intelligenz erzeugt. Bei diesem Verfahren, das manchmal von SETI-Wissenschaftlern angewandt wird, beginnen wir mit der Art von Aktivitäten, die außerirdischen Intelligenzen abverlangt werden, wenn uns ihre Existenz bekannt werden soll. Auf der Basis dieser Anforderungen versuchen wir das Wesen von E.T. abzuleiten, genau wie wir auf der Basis der Beschleunigung und Höchstgeschwindigkeit eines Automobils Rückschlüsse auf die Marke und das Modell des Motors ziehen. Zum Beispiel gehen wir davon aus, dass die Außerirdischen technologisch fortgeschritten sind und aus einer Zivilisation kommen, die weit älter ist als die unsere. Wir argumentieren, dass die außerirdische Intelligenz sehr fortgeschritten sein muss, um sich leistungsstarker Funktechnologie zu bedienen, und wir glauben, dass die Zivilisation der Außerirdischen viel älter als die unsere sein muss, weil es unwahrscheinlich erscheint, dass wir von einer Zivilisation hören, die wie die unsere erst kürzlich damit begonnen hat, Funk einzusetzen. Verglichen mit dem Prozess der *imaginative production*, der beinahe ausschließlich emotional gesteuert ist, weist das *reverse engineering* Elemente von Rationalität und Logik auf.

Universelle Verhaltensgrundsätze liefern eine weitere Möglichkeit, die Außerirdischen zu verstehen. In früheren Jahrhunderten haben Wissenschaftler entdeckt, dass die Gesetze der Physik und Chemie im ganzen Universum gültig sind. Laut Steven Dick haben uns die letzten hundert Jahre Grund zu der Annahme gegeben, dass die Grundsätze der Biologie ebenfalls für alle Zeiten und jeden Ort gelten. Gibt es vielleicht auch universelle Grundsätze der Psychologie und der gesellschaftlichen Organisation? Ist es möglich, dass es Grundgesetze für individuelles und soziales Verhalten gibt, die für alle Spezies, Zeiten und Kulturen gelten? Dies ist eines der Themen, das in *After Contact: The Human Response to Extraterrestrial Life* erforscht wird (siehe Quellenverzeichnis, Seite 115). Die Analyse beginnt mit wissenschaftlichen Annahmen und der Überzeugung, dass man überall dieselben Grundsubstanzen und Prozesse vorfindet. Unsere Kenntnis der biologischen und sozialen Existenzen auf der Erde liefert uns einen Ansatzpunkt für unsere Annahmen über intelligentes Leben an anderen Orten. Obwohl die Erde nur einen Fall darstellt, beheimatet sie eine Vielzahl von Beispielen – Millionen von Spezies, Tausende von Kulturen, Hunderte von Nationen, deren schriftliche Zeugnisse über einen Zeitraum von 5 000 Jahren zurückreichen. Die in weit verbreiteten Vorgängen auf der Erde registrierten Abläufe bieten weitaus vielversprechendere Ansätze als abstrakte Prinzipien, die noch nie beobachtet worden sind. Weder das *reverse engineering* noch die Suche nach universalen Verhaltensgrundsätzen können uns mehr als eine begründete Vermutung über »E.T.« liefern. Doch sie übersteigen die bloße Phantasie. Unsere eigene begründete Vermutung (die in *After Contact* erläutert wird) lautet, dass jede außerirdische Intelligenz, auf die wir im Rahmen einer Radioteleskopsuche treffen werden, wahrscheinlich neugierig, logisch und friedlich sein wird und aus einer technologisch fortgeschrittenen und blühenden Zivilisation stammt.

Welche Fakten werden uns zur Verfügung stehen?

Als Wissenschaftler hoffen wir, dass unsere Reaktion auf die Außerirdischen von »Fakten« bestimmt sein wird, doch bei vielen Entdeckungsszenarien stehen nur wenige Fakten zur Verfügung, auf die wir uns stützen könnten. Kontaktszenarien sind innerhalb eines Kontinuums angesiedelt, das von einem Szenario, das reich an Informationen ist und viel über das Wesen, die Fähigkeiten und Absichten der Außerirdischen enthüllt, bis hin zu einem Szenario, das beinahe nichts preisgibt, reicht. Unsere heutigen Suchtechniken mit dem Schwerpunkt auf Fernbeobachtung sind zwangsläufig auf Ergebnisse ausgerichtet, die eher auf dem informationsarmen Ende des Spektrums angesiedelt sind.

Leben mit Außerirdischen

Wenn Außerirdische und Menschen fundamental unterschiedlich denken, wird eine mit Hilfe von Radiowellen übermittelte Nachricht vielleicht monate- oder jahrelang nicht entschlüsselt (wenn überhaupt). Doch selbst eine vollständig entschlüsselte, aufgefangene Nachricht könnte uns ein verzerrtes Bild von Außerirdischen liefern. Für uns ist es schwierig zu beurteilen, ob die Botschaft repräsentativ für die Außerirdischen oder ihre Kultur ist. Auch wenn eine Botschaft in der Tat ihre Grundwerte und die herrschende Sozialordnung widerspiegeln mag, könnte sie auch das Produkt einer nicht repräsentativen oder instabilen Gruppe, einer relativ kleinen und belanglosen Spielfigur innerhalb der großen Ordnung oder einer Gruppe Abtrünniger oder Rebellen sein. Selbst wenn man annimmt, dass die Botschaft das Produkt der dominierenden Kultur ist, könnten die speziellen Interessen derer, die sie vorbereitet haben, den spezifischen Inhalt oder Tenor beeinflussen. Wir können zum Beispiel mit ganz verschiedenen Eindrücken rechnen, je nachdem, ob die Botschaft von Wissenschaftlern, Diplomaten oder Militärs verfasst wurde. Wenn die Botschaft große Entfernungen zurückgelegt hat, könnten die darin enthaltenen Informationen hoffnungslos veraltet sein. Darüber hinaus müssen wir die Möglichkeit einer bewussten Verzerrung oder eines dreisten Betrugs in Betracht ziehen. Normalerweise haben die Nachrichtendienste der Regierungen Möglichkeiten, Informationen zu verifizieren, doch im Falle eines interstellaren Kontakts stehen uns diese Verfahren nicht zur Verfügung.

Selbst in den dramatischsten Entdeckungsszenarien, zum Beispiel der Ankunft eines außerirdischen Raumschiffs im Berliner Zoo, erfahren nur sehr wenige Leute aus erster Hand etwas über die Außerirdischen – zumindest im Vergleich mit den Milliarden Menschen, die durch die Medien von dem Ereignis in Kenntnis gesetzt werden. Trotz der sorgfältigen und gewissenhaften Arbeit vieler Journalisten sind stets einige Beiträge von einer Mischung aus Fakten und Fiktion geprägt. Große Ereignisse wie die Entdeckung von außerirdischen Intelligenzen werden höchstwahrscheinlich kompliziert sein und sorgfältige Recherchen und Erklärungen erfordern. Reportern mangelt es häufig an der notwendigen Qualifikation, eine Situation genau zu analysieren, oder der Zeitdruck hält sie davon ab (zum Beispiel der Redaktionsschluss oder die Notwendigkeit, die Konkurrenz »auszubooten«). Reporter versuchen genau wie andere Menschen, Schlüssigkeit zu erzielen oder die »Lücken in ihrem Wissen« zu füllen, und im Verlauf dessen wird aus einer unvollständigen Geschichte ein plausibler Bericht mit Anfang und Ende. Außerdem sind Reporter auch versucht, dem Verlangen des Massenpublikums nach Unterhaltung entgegenzukommen. Um hohes Interesse hervorzurufen, schlagen sie manchmal Kapital aus den »packenden« oder Sensation versprechenden Aspekten einer Geschichte, interviewen »Experten«, die extreme Meinungen vertreten, und ersetzen durchdachte Kommentare durch Worthülsen und andere emotional ansprechende »Aufhänger«. Manchmal überschreiten sie die Grenze zwischen Realität und Phantasie. Indem man Interviews sorgfältig schneidet, Szenen dramatisch nachstellt und sogar Bilder Pixel für Pixel verändert, stechen die fiktionalen Elemente möglicherweise die Fakten aus, und der durchschnittliche Fernsehzuschauer hat keine Chance festzustellen, wo das eine endet und das andere beginnt. Obwohl wir auf genaue und vollständige Informationen über die Außerirdischen *hoffen*, müssen wir ungenaue und unvollständige Informationen erwarten. Dies spiegelt den Mangel an echten Fakten über außerirdische Intelligenzen selbst wider, gepaart mit einer Tendenz, diese zu vereinfachen, zu dramatisieren und voreilige Schlüsse zu ziehen.

Wenn wir uns das schlimmstmögliche Szenario ausmalen wollen, müssen wir uns nur vorstellen, dass Außerirdische auf einem Planeten leben, auf dem sich Reptilien intellektuell entwickelt haben, und nun einer riesigen Eidechse oder einem klein geratenen Tyrannosaurus Rex ähneln. Ist dies ein Vertrauen erweckendes Bild? Selbst wenn wir Anzeichen dafür unterstellen, dass diese Außerirdischen wohlwollende Absichten hegen, würden die meisten von uns ihnen wohl mit Misstrauen, wenn nicht sogar mit Abscheu begegnen. Es gibt tatsächlich wissenschaftliche Beweise für eine universelle Neigung der Menschen und anderer Primaten, Reptilien – die Feinde ihrer frühen Säugetiervorfahren – zu fürchten und zu verabscheuen. Die Angst vor Schlangen steht bei Untersuchungen der am weitest verbreiteten Phobien durchgängig ganz oben auf der Liste und tritt sogar sehr häufig bei Stadtmenschen auf, die noch nie eine Schlange gesehen haben. Selbst in Gefangenschaft geborene Schimpansen haben panische Angst vor Schlangen; und bei kleinen Affen hat man beobachtet, dass sie beim bloßen Anblick eines schlangenähnlichen Plastikrohrs zu schreien beginnen.

Die Hersteller von Video- und Computerspielen machen sich diese Antipathie gegen Reptilien zunutze und verstärken sie noch, indem sie Kämpfe gegen Drachen und Dinosaurier statt gegen nette Bären oder niedliche Häschen programmieren. Die Darstellung reptilienartiger Außerirdischer in Hollywood-Filmen ist mit wenigen Ausnahmen gleichermaßen negativ. Dementsprechend vermuten wir, dass Außerirdische mit reptilienartigen Merkmalen bei Menschen auf einen großen Vorrat bestehender Vorurteile stoßen würden. Dasselbe gilt vermutlich für Außerirdische, die tödlichen Spinnen oder einer anderen Spezies, die der Mensch verabscheut, ähneln.

Der erste Eindruck

Unser erster Eindruck ist entscheidend, zum Teil deshalb, weil er sowohl unsere Bereitschaft, zu antworten oder einen Dialog einzugehen – falls so eine Kommunikation möglich ist –, als auch unsere Neigung, die Suche fortzusetzen, beeinflusst. Wenn interaktive Kommunikation stattfindet, könnte unser erster Eindruck »sich selbst erfüllende Prophezeiungen« oder »Pygmalion-Effekte« auslösen, die den Verlauf der interstellaren Beziehungen beeinflussen könnten. Schließlich ist der erste Eindruck bekanntermaßen schwer zu ändern. Oft bleibt er unverändert haften, obwohl spätere Anzeichen den Schluss nahe legen, dass er auf irreführenden Informationen oder falscher Analyse beruhte. Das wurde in Tim Burtons humorvollem Film *Mars Attacks* gezeigt. Trotz wachsender Beweise, dass die Marsianer Verräter und auf unsere Zerstörung aus waren, hießen die Führer der Welt sie willkommen, sogar nachdem sie bereits eine Vielzahl von Menschen getötet hatten.

Bei Szenarien der Wahrnehmung von Radiobotschaften sind die anfänglichen »Fakten« so formlos und mehrdeutig wie Wolken oder Tintenkleckse, die manche Psychologen für die Erstellung von Persönlichkeitsprofilen verwenden. Die Eindrücke basieren mehr auf psychologischen Faktoren als auf den objektiven Eigenschaften der Außerirdischen. Während wir keinerlei bestätigtes Wissen über Außerirdische besitzen, haben wir als Psychologen einiges Wissen über die Menschen. Wir nehmen an, dass es unmittelbar nach der Entdeckung eine weit verbreitete Tendenz geben wird, die außerirdischen Intelligenzen als Menschen zu betrachten. Dementsprechend werden viele von uns die Informationen über sie in der Weise verarbeiten, mit der wir Informationen über menschliche Wesen aufnehmen, und sie mit Begriffen menschenähnlicher Charakteristika und Züge beschreiben. Weil unser Eindruck von Außerirdischen vermutlich durch dieselben Grundprozesse geprägt wird, die unseren Eindruck von anderen Menschen erklären, können wir bei der Vermutung, wie die Menschen auf Außerirdische reagieren werden, auf unser Wissen über die Wahrnehmung von anderen »Lebewesen« durch Menschen zurückgreifen.

Unabhängig davon, wie die Menschen beschaffen sind – Wünsche und Ängste, Folklore, Filme und Geschichten, rationale Analyse –, ihre Erwartungen spielen beim ersten Eindruck eine große Rolle. Viele Menschen haben bereits eine feste Meinung über die Existenz und das Wesen außerirdischen Lebens, und möglicherweise interpretieren sie die »Fakten« so, dass sie mit ihrer ursprünglichen Annahme vereinbar sind.

Je weniger definitiv unsere Informationen über außerirdische Intelligenzen sind, desto größer ist die Wahrscheinlichkeit eines *confirmation bias*: die Neigung, die Beweise in Einklang mit den Erwartungen zu bringen. Die Tendenz, die Beweise so auszulegen, dass sie mit ursprünglichen Annahmen vereinbar sind, wird besonders stark bei den Menschen auftreten, die öffentlich eine bestimmte Position vertreten haben. In gewissem Sinne haben sie für diesen Standpunkt ihren Ruf aufs Spiel gesetzt, und sie werden ihre Meinung trotz wachsender Beweise fürs Gegenteil nur widerwillig ändern.

Bei unserem Versuch, zu verstehen, wie die Außerirdischen »sind«, nutzen wir ihre Handlungen – was sie sagen oder Informationen darüber, was sie tun – als Basis für Rückschlüsse auf ihre inneren Eigenschaften und ihre Persönlichkeit. Es gibt immer viele mögliche Gründe für jede beliebige Handlung – beispielsweise gibt man ein verlorenes Portemonnaie zurück, weil man »ehrlich« ist oder weil die Polizei zuschaut oder auf Grund anderer situativer Aspekte. Doch bei unserem Versuch, die Handlungen anderer zu verstehen, neigen wir dazu, die Rolle ihrer Fähigkeiten, ihrer Persönlichkeit, ihrer Motive und anderer »interner« Kräfte zu überschätzen, während wir die Auswirkungen gesellschaftlicher Zwänge und Rollen, die physikalische Umgebung und andere »externe« Kräfte, die auf sie wirken, unterschätzen. Diese Tendenz, bei unserer Verhaltensinterpretation persönliche Charakteristika zu betonen, ist so weit verbreitet, dass sie als *fundamental attribution error* [der Beobachter erklärt Verhalten sogar dann mit Eigenschaften des Handelnden, wenn ihm situative Zwänge bekannt sind; Anm. d. Ü.], bezeichnet wird. Diese Tendenz kommt vor allem dann zum Tragen, wenn wir die Aktivitäten von außerirdischen Intelligenzen als unseren Interessen förderlich oder hinderlich oder sonstwie persönlich auf uns ausgerichtet betrachten. Daher denken wir wahrscheinlich, dass wir etwas über gegenwärtige Eigenschaften oder die gefestigte innere Einstellung der Außerirdischen gelernt haben, sobald wir Informationen über die Handlungsweise von ihnen gewonnen haben. Und dabei übersehen wir die Tatsache, dass das Verhalten der Außerirdischen durchaus variabel sein könnte.

Wenn sie nur über Minimalinformationen verfügen, füllen viele Menschen die vorhandenen »Lücken« selbst aus und entwickeln in ihrer Vorstellung ein vollständiges Bild der Außerirdischen. Das liegt daran, dass Menschen implizite Persönlichkeitstheorien zu Rate ziehen, die ihnen nahe legen, welche Eigenschaften oder Züge zusammengehören oder »miteinander vereinbar« sind. Daher wird vermutlich unser tatsächliches oder imaginäres Wissen über eine Eigenschaft der Außerirdischen als Basis für die Annahme weiterer Eigenschaften genutzt, von denen wir glauben, dass sie damit verbunden sind. Aus der Annahme, die Außerirdischen verfügten über herausragende naturwissenschaftliche und technische Fähigkeiten, schließen zum Beispiel einige Menschen, dass Außerirdische introspektiv, distanziert und nicht besonders gesellig sind – ähnlich wie Leonard Nimoys »Mr. Spock« in den ersten Folgen von *Raumschiff Enterprise*. Obwohl uns implizite Persönlichkeitstheorien den Eindruck vermitteln, Eigenschaften seien vorhersehbar, sind die Wechselbeziehungen, auf denen sie beruhen, eine Mischung aus Illusion und Fakten. Die Vorherrschaft der Illusionen über die Fakten sollte besonders betont werden, wenn wir versuchen, unsere bestehenden Theorien, die auf unseren Erfahrungen mit anderen Menschen beruhen, auf lebende Existenzen zu übertragen, mit denen wir keine vorherige Erfahrung haben.

Angenommen, die Botschaft der Außerirdischen ist »durchwachsen« – sie bekundet einerseits guten Willen, deutet andererseits aber auch eine mögliche böse Absicht an –, dann legen ausgiebige psychologische Forschungen den Schluss nahe, dass unser Gesamteindruck in diesem Fall nicht auf einem einfachen arithmetischen Mittelwert aus positiven und negativen Elementen basieren würde. Statt die positiven Informationen einfach gegen die negativen abzuwägen und zu einem neutralen Eindruck zu gelangen, betonen Menschen normalerweise das Negative; das heißt, sie weisen wenig schmeichelhaften oder sonstwie unerwünschten Eigenschaften eine unverhältnismäßig hohe Bedeutung zu. Wenn Sie feststellen, dass Ihr Nachbar seine Kinder schlägt, bestimmt das Ihre Meinung über ihn, selbst wenn er zu Ihnen freundlich ist und jeden Sonntag in die Kirche geht.

Warum haben Menschen diese Neigung? Die Forschungsergebnisse nennen eine Reihe möglicher Faktoren. So könnten negative Informationen wahrgenommen und im Gedächtnis gespeichert werden, weil sie außergewöhnlicher sind als positive Informationen. Zudem reagieren Menschen in einer besonderen Weise auf negative Informationen, weil sie bestrebt sind, Verluste zu minimieren, indem sie problematische Menschen und Situationen meiden. Unabhängig davon, welche Erklärung zutrifft, das Resultat lautet: Die Schwächen der Außerirdischen, real oder imaginär, bleiben uns deutlich im Gedächtnis haften und spielen eine entscheidende Rolle bei unserer Einschätzung.

Wie unser Beispiel mit den Reptilien gezeigt hat, wird das Aussehen von außerirdischen Intelligenzen, wenn es bekannt wird, unser Urteil beeinflussen. Die psychologische Forschung unterstreicht die Wirksamkeit des »Was schön ist, ist gut«-Stereotyps und deutet damit an, dass wir dazu neigen, attraktive Menschen hinsichtlich verschiedener Eigenschaften wie Intelligenz und Geselligkeit positiver zu beurteilen als unattraktive. In manchen Fällen ist die Reaktion auf die äußere Erscheinung genetisch bestimmt. Schon Säuglinge zum Beispiel blicken länger in ein attraktives Gesicht als in ein unattraktives. Science-Fiction-Autoren und Filmproduzenten sind sich wohl bewusst, wie die äußere Erscheinung auf uns wirkt, und sie sind in der Lage, ihre fiktionalen Außerirdischen so zu zeichnen, dass sie die gewünschte dramatische Wirkung haben.

Obwohl wir dazu neigen, Menschen zu mögen, die uns ähnlich sind, würde eine humanoide Erscheinung den Außerirdischen nicht zwangsläufig zum Vorteil gereichen. Das liegt teilweise daran, dass bei menschlichen Gesichtern, die wir als »schön« bezeichnen, die Züge nicht wesentlich vom Durchschnitt abweichen. Demzufolge könnten wir Außerirdische mit ungewöhnlich langer Nase und ungewöhnlich kleinem Mund als negativ oder sogar grotesk bezeichnen. Weil es wahrscheinlich ist, dass sogar Außerirdische mit humanoidem Aussehen zumindest ein paar Gesichtszüge aufweisen, die sich wesentlich von der menschlichen Norm unterscheiden, ist es ebenfalls sehr wahrscheinlich, dass viele Menschen ihre Physiognomie negativ beurteilen würden.

Außerirdische Evolution oder Kultur könnte ihnen auch eine physische Erscheinung oder andere Attribute verliehen haben, die in der heutigen menschlichen Gesellschaft als Stigma gelten. Die alten Griechen, bemerkte der Soziologe Erving Goffman, schnitten oder brannten Zeichen in lebende menschliche Körper, um bekannt zu machen, dass der Träger ein Sklave, Verbrecher oder Verräter war – eine Person, der man öffentlich aus dem Weg ging. Heutzutage reagieren viele Menschen feindselig auf stigmatisierte Individuen, dazu zählen – leider – auch Behinderte. Es ist gut möglich, dass die Evolution einiger Außerirdischer so verläuft, dass sie auf menschliche Beobachter körperlich behindert wirken. Ein Planet mit niedriger Schwerkraft oder eine hochtechnologische Kultur, in der manuelle Aktivitäten nicht länger erforderlich sind, könnte zur Entstehung von Kreaturen mit extrem dünnen oder sogar verkümmerten Gliedmaßen führen. Außerirdische haben vielleicht riesige Augen, um auf ihrem schwach beleuchteten Planeten Licht aufzufangen, oder sie haben kurze, kräftige Beine, um sich auf einem Planeten mit hoher Schwerkraft zu bewegen. Auch wenn das ihrer heimischen Umgebung angemessen ist, erscheinen uns diese Charakteristika möglicherweise als abnorm oder als eine Behinderung und stellen ein gewaltiges Hindernis für eine Freundschaft dar.

Die Menschen haben grundsätzlich die Tendenz, einander in Kategorien einzuteilen. Hierbei entwickeln und trennen sich zwei Gruppen: die »In«-Gruppe (sie besteht aus der eigenen Gruppe oder Art) und die »Out«-Gruppe (sie besteht aus der Gruppe oder Art der anderen). Dieser Prozess geht praktisch immer mit einer signifikanten Neigung zur »In«-Gruppe (»in-group bias«) einher. Menschen identifizieren sich mit der »In«-Gruppe, beurteilen die »In«-Gruppe positiver als die »Out«-Gruppe und favorisieren die »In«-Gruppe bei der

Verteilung von Ressourcen. Diese Neigung tritt sogar dann auf, wenn die Aufteilung in Gruppen auf relativ trivialen Kriterien basiert, zum Beispiel wenn abstrakte Gemälde von Klee denen von Kandinsky vorgezogen werden oder Menschen willkürlich Gruppen zugewiesen werden. Wenn Menschen die möglicherweise gravierenden Unterschiede zwischen einer außerirdischen Kultur und ihrer eigenen betrachten, ist in noch viel höherem Maß mit einer Neigung zur »In«-Gruppe zu rechnen.

Abgesehen davon, dass Menschen dazu tendieren, eine »Out«-Gruppe als relativ negativ zu betrachten, neigen sie durch die Übertragung von Stereotypen auf Mitglieder der »Out«-Gruppe zur Generalisierung. So könnte es sein, dass wir zu dem Urteil gelangen, alle außerirdischen Intelligenzen seien sehr sparsam. Selbst wenn ein Stereotyp auf Grund der korrekten Identifikation eines Trends innerhalb der relevanten Bevölkerungsgruppe ein »Körnchen Wahrheit« enthält, ist die Variabilität normalerweise ausreichend groß, um dem Stereotyp nur einen minimalen diagnostischen Wert zuzumessen. Zum Beispiel wenn wir bei genauerer Betrachtung feststellen, dass sich einige außerirdische Zivilisationen als die größten Prasser aller Zeiten erweisen. Doch obwohl die Menschen Variabilität oder Diversität innerhalb ihrer eigenen Gruppe wahrnehmen, betrachten sie alle Angehörigen einer außerirdischen Zivilisation gleich und vernachlässigen die individuellen Unterschiede. Da wir bei »Out«-Gruppen-Mitgliedern die Neigung zur übermäßigen Generalisierung haben, kann ein einziger Informationsschnipsel über ein Mitglied der Out-Gruppe extremen Einfluss auf unsere Wahrnehmung der Gruppe als Ganzes haben. Beispielsweise könnte eine einzelne, tatsächlich erlebte Episode, bei der eine negative Handlungsweise der Außerirdischen eine Rolle spielt, das Verhalten von Menschen gegenüber anderen Außerirdischen negativ beeinflussen. Diese Tendenz, das Verhalten eines einzelnen »Out«-Gruppen-Mitglieds zu verallgemeinern, tritt sogar dann auf, wenn es definitive Beweise dafür gibt, dass das Individuum *nicht* typisch für seine Gruppe ist. Weil eine einzige Funkübertragung von außerirdischen Intelligenzen das einzige Beweismaterial sein könnte, müssen wir mit einer starken Tendenz zur Verallgemeinerung auf Grund des Inhalts der Botschaft, egal wie kurz oder möglicherweise auch irreführend er auch sein mag, rechnen.

Langfristige Folgen

Wenn die Kommunikation mit ihnen möglich ist, was können wir dann von unseren neuen Bekannten lernen? Sind sie begierig, ihre wissenschaftlichen und kulturellen Einsichten mit uns zu teilen? Erzählen sie uns von ihrer Gesellschaftsstruktur, ihren politischen Systemen und den Nuancen ihrer Kultur? Allen Tough hat die Informationen, die wir von fortgeschritteneren Gesellschaften zusammentragen könnten, kategorisiert. Zunächst könnten wir praktische Informationen erhalten, die uns dabei helfen, unsere unmittelbaren und drängendsten Probleme zu lösen. Zweitens könnten wir neue konzeptionelle Einsichten auf intellektuellen Gebieten wie Philosophie, Wissenschaft und Religion gewinnen. Drittens könnte die Kenntnis der außergewöhnlichen Vielfalt außerirdischer Lebensformen und Kulturen die Art und Weise verändern, wie wir über uns selbst, unsere Ziele und unseren Platz im Universum denken. Zu einem späteren Zeitpunkt, fügt er hinzu, könnten wir selbst zu Lehrern werden. Das heißt, wir könnten zu einem vollwertigen Partner heranwachsen und an der Entschlüsselung der »fundamentalen Geheimnisse des Universums teilhaben, andere Zivilisationen in ihrer Entwicklung unterstützen und dabei mitwirken, harmonische Lebensformen in der Galaxis zu verbreiten«.

Natürlich gibt es gegensätzliche Ansichten darüber, was wir von einer fortgeschritteneren Gesellschaft lernen könnten. Vielleicht sind sie uns so weit voraus, dass wir nichts Nützliches von ihnen lernen können. Vielleicht dienen wir ihnen als »Konserve« für wissenschaftliche Studien; oder wir können uns ungestört zu einer fortgeschritteneren Zivilisation weiterentwickeln, denn nur dann haben wir im Gegenzug etwas anzubieten. Hier ist anzumerken, dass alle lebenden Systeme, biologische wie soziale, über reproduktive Subsysteme zur Fortpflanzung und Arterhaltung verfügen. Eine Möglichkeit, dies in einem interstellaren Ausmaß sicherzustellen, ist die Verbreitung von Informationen. Während viele Nationen auf der Erde über leistungsstarke Sender verfügen, um Elemente ihrer Kultur zu exportieren und die Unterstützung von Menschen anderer Nationen zu gewinnen, können außerirdische Zivilisationen Informationen senden, um von ihren Leistungen zu berichten und ihre Ansichten weiterzugeben. Und es sind diese geselligen Gesellschaften, die wir leicht finden können, nicht die »zurückgezogenen« oder »schweigenden«. Bevor wir jedoch zu tief aus dem Brunnen interstellarer Weisheit schöpfen, müssen wir über fünf potenzielle Probleme nachdenken. Diese lauten Informations-Kontrolle, Informations-Überfrachtung, kultureller Rückstand, unvorhergesehene Folgen und Bedrohung der menschlichen Eigeninitiative.

Die *Informations-Kontrolle* bezieht sich auf eine Regulierung des Informationsflusses. Die aussendende Gesellschaft könnte beispielsweise sehr selektive Informationen übertragen. Auch wenn dies ein wohlmeinender Akt sein kann – wenn sie z.b. ihre Übertragung auf ihre Wahrnehmung unserer »Bereitschaft« abgestimmt haben – müssen wir auch die Möglichkeit in Betracht ziehen, dass sie zu Selbstzwecken Informationen aussenden, die ihre Macht untermauern und geheimen politischen Zielen dienen. Oder unsere Gesellschaft könnte »Wachen« ernennen, die entscheiden, ob Informationen freigegeben oder unterdrückt werden. Auch dies könnte verschiedenen Zwecken dienen. Informationen, die den politischen oder religiösen Status Quo bedrohen, könnten unterdrückt oder mit einem gewissen »Spin« versehen werden, während Informationen, die die Einsichten des Establishments unterstützen, sofort freigegeben würden. Vielleicht ist dies geschehen, als der Inhalt der Schriftrollen vom Toten Meer nach und nach der Öffentlichkeit bekannt gemacht wurde. Wir haben das erfahren, was die Gelehrten wollten – und wann sie es wollten!

Informations-Überfrachtung liegt vor, sobald wir mit Informationen überschüttet werden: Unter den Bedingungen sehr schneller Kommunikation könnte die Anzahl ankommender Informationen unsere Fähigkeit, diese zu verarbeiten, weit überschreiten. Wenn Individuen, Organisationen und Gesellschaften mit Informationen überflutet werden, reagieren sie ähnlich: Zuerst »beschleunigen« sie ihr Tempo, und dann wechseln sie zu Strategien der Informationsverarbeitung, die zwar den Druck senken, aber auch die Qualität der verarbeiteten Informationen reduzieren. Zu den Strategien für den Umgang mit Informations-Überfrachtung zählen die Akzeptanz von Verzögerungen, die selektive Verarbeitung eines Teils der Informationen sowie die Erhöhung der Fehlertoleranz. Einmal unter Druck gesetzt, übersehen wir unter Umständen wichtige Ideen, während wir relativ belanglosen Inhalten mit großem Interesse begegnen; wir ignorieren wichtige Warnungen und Qualifikationen und vernachlässigen Einsichten, die unter weniger anstrengenden Umständen unsere Aufmerksamkeit auf sich ziehen würden. Genau dann, wenn wir wachsam, gründlich und sorgsam sein müssten, sind wir vielleicht blasiert, verschwenderisch und nachlässig.

Das Problem des *kulturellen Rückstands* bezieht sich auf den zeitlichen Graben zwischen der Einführung einer neuen Technologie und ihrer guten und richtigen Anwendung durch die Menschen. Die Entwicklung von Gesetzen, Bräuchen und Einstellungen, die neue Technologien unterstützen und nicht mit ihnen kollidieren, kann Jahrzehnte dauern. Das gegenwärtige schnelle Tempo technologischer Veränderungen könnte sich als Folge massiver Einflüsse außerirdischen Wissens um ein Vielfaches steigern.

Die *unvorhergesehenen Folgen* werden in wohlbekannten Geschichten über Menschen illustriert, denen man ihre Wünsche erfüllt hat, und die dennoch enttäuscht waren. Weil sie nicht im Stande waren, die Dinge zu durchdenken und alle mit ihren Wünschen verbundenen Konsequenzen zu erkennen, waren sie nach der Erfüllung ihrer Wünsche in einer schlechteren Position als vorher – wie zum Beispiel das englische Ehepaar in der Kurzgeschichte *The Monkey's Paw* [von Ambrose Bierce; dt. *Die Affenpfote*; Anm. d. Ü.]: Nachdem es den Wunsch nach mehr Geld ausgesprochen hatte, stattete ihnen der Chef ihres Sohnes einen Besuch ab, berichtete vom Unfalltod des Sohnes im Betrieb und bot eine kleine Entschädigungssumme an. Genauso müssen wir uns auf die Möglichkeit unvorhergesehener Konsequenzen einstellen, wenn wir uns für unsere Gesellschaft oder für die ganze Menschheit etwas wünschen. Wer hätte (vorher) geglaubt, dass das aus der Neuen Welt hereinströmende Silber und Gold eine galoppierende Inflation entfachen würde, die Spaniens Macht verringerte?

Wenn wir den ungeschickten Versuch machen, außerirdische Einsichten oder Technologien zur Lösung eines Problems zu verwenden, könnten wir damit ein neues Problem gleichen oder größeren Ausmaßes schaffen. Technologien, die individuelle Lebensspannen in hohem Maße verlängern helfen, könnten neue Probleme für die Familie zur Folge haben, zur Bevölkerungsexplosion beitragen und das Rentensystem übermäßig belasten. Technologien, mit deren Unterstützung gesellschaftliche und medizinische Probleme gelöst oder Labors entlastet werden, könnten ganze Berufsgruppen arbeitslos machen. Die Einführung neuer Energiequellen könnte die Vermögen derer vernichten, die Anteile an Öl und Kohle halten. Es ist nicht einfach, sich die Auswirkungen neuer Verhältnisse auszumalen, weil einige der Konsequenzen auf sehr komplexen Ereignisketten beruhen oder erst in ferner Zukunft sichtbar werden könnten. Je mehr Alternativen wir haben, desto schwieriger wird es, ihre unterschiedlichen Auswirkungen im Voraus zu benennen.

Würde eine außerirdische Technologie die menschliche Neugier unterdrücken und Kreativität blockieren? Würden diejenigen von uns, die gern neue Technologien entdecken und erfinden, sich in passive Benutzer verwandeln, wenn die neue Technologie bereits fertig zur Verfügung stünde? Büßen wir vielleicht unsere Neugier und unseren Status als »forschendes Tier« ein? In der Tat unterstellt der australische SETI-Astronom Ray Norris, dass die Wissenschaft, wie wir sie kennen, nach der Entdeckung möglicherweise nicht weiter existiert. Glücklicherweise scheint unsere Neugier fest verankert zu sein. Sobald die Menschheit die Frage auf eine Antwort gefunden hat, beschäftigt sie sich mit der nächsten Frage. Wir vermuten, dass dieses erhöhte Informationsvolumen, wie so häufig in der Vergangenheit geschehen, unseren intellektuellen Horizont erweitern wird, statt ihn zu beschränken.

Und schließlich: Werden wir nach dem »Kontakt« unsere *Individualität einbüßen*? Wird sich unsere Kultur nach dem Kontakt nur graduell von außerirdischen Gesellschaften unterscheiden? Sicher, wenn technologisch fortgeschrittenere Gesellschaften auf weniger technologisch fortgeschrittene Gesellschaften treffen, ist es sehr wahrscheinlich, dass sich die unterlegene Gesellschaft verändert. Für diejenigen unter uns, die Vielfalt und Tradition schätzen, ist der Identitätsverlust ein hoher Preis für außerirdische Einsichten.

Allen Tough zeichnet ein optimistischeres Bild (siehe Quellenverzeichnis, Seite 116). Er argumentiert, dass wir besonders über Funkkontakt sehr gut Teile der außerirdischen Kultur annehmen können, ohne dass uns diese überwältigen würde. Vielleicht gibt Japans Schicksal nach dem Besuch des U.S.-Commodore Perry Mitte des neunzehnten Jahrhunderts diesem Optimismus Nahrung. Die Japaner hießen die westliche Technologie willkommen, fügten ihr aber gleichzeitig etwas originär Japanisches hinzu. Dieser Mix aus Ost und West wird deutlich, wenn wir den heutigen Management-Stil japanischer Geschäftsleute betrachten.

Sind wir bereit?

In weniger als einem halben Jahrhundert haben wir den Sprung vom Abhören einzelner Radiofrequenzen hin zur gleichzeitigen Überwachung von Milliarden Kanälen geschafft. Für den Beginn des neuen Jahrhunderts erwarten wir Technologien, die uns die Suche nach außerirdischen Lasern, die Bestimmung von Mustern in der Energienutzung, die auf eine fortgeschrittene Zivilisation schließen lassen, die Ansicht außersolarer Planeten und die Erforschung weiterer Sonnensysteme mittels kleiner, billiger Robotsonden ermöglichen.

Fragen zum Kontakt und seinen Folgen gehören vielleicht zu den wichtigsten Fragen überhaupt. Vor vielen Jahren hat die NASA das *Brookings Institute* beauftragt, sich mit diesen Problemen zu beschäftigen, und der Bericht wurde dem 82. US-Kongress am 18. April 1961 vorgelegt. In dem Bericht hieß es, dass jederzeit intelligentes Leben in anderen Teilen des Universums entdeckt werden könnte. Obwohl die Autoren glaubten, dass diese Beweise wahrscheinlich durch Radioteleskope gefunden werden würden, könnte es auch auf anderem Wege geschehen, zum Beispiel durch die Entdeckung von Robotsonden in unserem Sonnensystem oder durch auf dem Mond oder anderen Planeten zurückgelassene Artefakte. In dem Bericht hieß es, auf Grund der weit reichenden Konsequenzen seien sorgfältige Studien über den Verlauf eines Kontakts, auch wenn er unwahrscheinlich sei, erforderlich.

Im Frühling 1999 führte die Organisation *Roper* eine Umfrage in den Vereinigten Staaten durch, bei der auch Fragen zu den Ansichten über außerirdisches Leben und den Folgen eines Kontakts gestellt wurden. Die vom *National Institute for Discovery Science* finanzierte Umfrage konzentrierte sich nicht auf die Entdeckung einer intelligenten Zivilisation in großer Entfernung mittels Radioteleskop, sondern auf die Suche nach intelligentem Leben innerhalb unseres Sonnensystems. Bei den wissenschaftlichen Umfragen von *Roper* werden ungefähr 2 000 sorgfältig ausgesuchte repräsentative Personen befragt. In einem Fragenkatalog von 100 Fragen zu vielen verschiedenen Themen waren auch sechs Fragen zu den Ansichten über »E.T.« enthalten.

Die Mehrzahl der Befragten (ungefähr 40 Prozent) war der Ansicht, dass bei UFO-Beobachtungen Fehlidentifikation, einschließlich Halluzination und falscher Interpretation natürlicher Phänomene (wie zum Beispiel nahe gelegener Planeten) oder menschlicher Technologie (wie zum Beispiel experimentelle Flugzeuge) im Spiel war. Ungefähr ein Drittel der Befragten vertrat die Auffassung, dass es sich bei UFOs um etwas sehr Außergewöhnliches wie außerirdische Raumschiffe (25 Prozent) oder Besucher aus einer anderen Dimension (9 Prozent) handle, während der Rest zu Protokoll gab, dass sie nicht wüssten, was UFOs sein könnten. Der Glaube, dass es sich bei UFOs um außerirdische Besucher handelt, war weder an das Alter noch an den Bildungsabschluss oder das Einkommen gebunden.

Ungefähr ein Drittel der Befragten fühlte sich für eine Bestätigung der Existenz von Außerirdischen bereit. Ein Drittel glaubte, dass das keine großen Auswirkungen auf sie haben würde, und ungefähr ein Drittel nahm an, dass solch eine Bestätigung negative Auswirkungen auf sie haben würde. Obwohl einige Leute in dieser letzten Gruppe zu Protokoll gaben, dass sie »erschüttert« wären, meinten nur sehr wenige, dass sie völlig verstört sein würden. Insgesamt waren Männer eher als Frauen bereit, außerirdische Intelligenzen zu akzeptieren, und die Befragten hatten mehr Vertrauen in ihre eigene Fähigkeit, mit der Situation klarzukommen, als in die emotionale Stabilität ihrer Mitmenschen. Jugend, Bildung und ein hohes Einkommen waren mit einer optimistischen Einstellung verbunden.

Bei der Frage, welche Gruppe die Führung in einem solchen Fall übernehmen sollte, nannten die meisten die Gruppe der Wissenschaftler (29 Prozent), während die Regierung und religiöse Führer nur in 14 Prozent bzw. in 11 Prozent der Antworten favorisiert wurden. Das größte Zutrauen für die Gruppe der Wissenschaftler kam von den Befragten, die relativ jung und relativ gebildet waren sowie über ein relativ gutes Einkommen verfügten. Relativ gesehen waren es vor allem Frauen und ältere Menschen, die religiösen Führern am ehesten ihr Vertrauen schenken würden.

Mehr als drei Viertel der Befragten (81 Prozent) glaubten, dass die U.S.-Regierung die Existenz außerirdischer Intelligenz verbergen oder vertuschen würde. Darunter waren 58 Prozent, die davon ausgingen, die Regierung würde die Informationen klassifizieren, und 23 Prozent, die mit einer rücksichtslosen Unterdrückung sämtlicher Informationen rechneten. In seinem Schlusskommentar bemerkte der NIDS-Wissenschaftler Dr. Colm Kelleher, dass die Vereinigten Staaten trotz andauernder ernsthafter wissenschaftlicher Studien über die entfernte Möglichkeit eines Asteroideneinschlags auf unserem Planeten weder allgemein zugängliche Regierungsprogramme oder, für den Fall eines Kontakts, keine Alternativpläne für den Umgang mit einer außerirdischen Zivilisation haben.

Wir sind nicht bereit, und wir sollten mit der Planung für einen möglichen Kontakt beginnen. Vielleicht werden wir vorgewarnt, vielleicht auch nicht. Wir sind nicht für Crashprogramme, aber wir hoffen, dass vernünftige Menschen sich ernsthaft und systematisch mit dem Problem beschäftigen. Eine kleine Rückversicherung zum jetzigen Zeitpunkt könnte spätere Katastrophen abwenden. Und wenn es keine Außerirdischen gibt oder nie eine Begegnung stattfindet, lernen wir dabei eine Menge über uns selbst.

Quellenverzeichnis

Bulgatz, Joseph: Ponzi Schemes, Invaders from Mars, and More Extraordinary Popular Delusions and the Madness of Crowds. New York: Harmony Books 1992.

Cantril, Hadley: Invasion from Mars. Princeton, New Jersey: Princeton University Press 1952

Dick, Steven J.: The Biological Universe: The Twentieth Century Extraterrestrial Life Debate and the Limits of Science. New York: Cambridge University Press 1996

Goffman, Erving: Stigma: Notes on the management of identity. Englewood Cliffs, New Jersey: Prentice-Hall 1961

Harrison, Albert A.: After Contact: The Human Response to Extraterrestrial Life. New York: Plenum 1997

Harrison, Albert A.: Slow Track, Fast Track, and the Galactic Club (ein 1998 für die *Foundation for the Future* verfasstes Paper)

Harrison, Albert A.; Johnson, Joel T.: ETI: Our First Impressions. Vortrag vor der *International Astronautical Federation*, Turin 1996

Michael, Donald T.: Proposed Studies on the Implications of Peaceful Space Activities for Human Affairs. Brookings Institute 1960

Miller, James Grier: Living Systems. New York: McGraw-Hill 1978

Millis, M. G.; Ziegfield, R.; Hemminger, J. A.: NASA Breakthrough Propulsion Workshop Proceedings, NASA/CP-1999-208694

Norris, Ray: Can Science Survive a SETI Detection? Vortrag vor der *International Conference on SETI in the 21st Century*, UWS Macarthur, Sydney 1988

Sheehan, William: Planets and Perception: Telescopic Views and Interpretations. Tucson, Arizona: University of Arizona Press 1988

Tough, Allen: Crucial Questions About the Future. Lanham, Maryland: University Press of America 1991

Kryptisch

Jack McDevitt

Es lag in einem unförmigen braunen Umschlag unten im Safe. Beinahe hätte ich es zusammen mit den anderen Stapeln aus Dokumenten, Kassetten und zusammengewürfeltem Treibgut, das vom Projekt übrig geblieben war, in den Müll geworfen.

Wäre es irgendwie katalogisiert oder mit einem Index versehen gewesen, hätte ich das mit Sicherheit getan. Aber auf dem Umschlag stand nichts außer einem achtzehn Jahre zurückliegenden Datum, das in die untere rechte Ecke gekritzelt war; und darunter fand sich die Anmerkung »40 GHz«.

Draußen in der Wüste bewegten sich Lichter. Das musste Brackett sein, der für Orrin Hopkins die Feinabstimmung des Array 1 vornahm. Hopkins begann dann die Beobachtungsreihe, die einige Jahre später zu neuen Ansätzen bei der Pulsar-Theorie führen sollte. Ich beneidete Hopkins: Er war klein, rund und kahl; ein unsicherer Mann, der seine gelegentlich brillanten Einfälle kichernd vorbrachte. Er war eine lächerliche Figur, und doch trug er den Stempel des Genies. Die Menschen werden sich noch an seine Ideen erinnern, wenn das nach mir benannte Kolleg in Carrolton schon längst Geschichte ist.

Meine eigenen Grenzen hatte ich schon lange erkannt, und ich hatte jegliche Hoffnung auf Unsterblichkeit, zumindest dieser Art, aufgegeben, als ich die Direktorenstelle in Sandage annahm. Verwaltung wird besser bezahlt als aktive Forschung, aber für den Ehrgeiz ist es tödlich.

Und als Jesuit hat man noch nicht mal diesen Bonus.

In jenen Tagen war das Array noch bescheiden: vierzig Parabol-Antennen, jede sechsunddreißig Meter breit. Natürlich waren sie auf Schienen einzeln beweglich und bildeten ein gekürztes Kreuz. Zwei Jahrzehnte lang waren sie das Herz von SETI, der Suche nach außerirdischer Intelligenz gewesen. Jetzt, nachdem das Projekt aufgegeben wurde, verwendete man sie für nützlichere, wenn auch weltliche Zwecke.

Selbst das relativ wenig ausgeklügelte System war gut: Wie Hutching Chaney einst bemerkte, konnte das Array das Stottern einer Autozündung auf dem Mond auffangen. Ich ging um den Schreibtisch herum und ließ mich auf den unbequemen Holzstuhl fallen, den wir vom auslaufenden System übernommen hatten. Das Paket wurde von Klebestreifen zusammengehalten, die an den Rändern lose und brüchig geworden waren. Ich riss es auf.

Es war viertel nach zehn. Ich hatte den Nachmittag und Abend durchgearbeitet – hatte mich gelangweilt, Kaffee getrunken und darüber diskutiert, ob es klug gewesen war, von JPL in diese Einöde zu wechseln. Die größere Verantwortung war ein guter Karrieresprung, aber ich wusste jetzt, dass Harry Cooke niemals ein neues Teilchen zwischen die Finger bekommen würde.

Ich war für zwei Jahre an Sandage gebunden: Zwei Jahre, in denen ich Zeitpläne ausarbeitete und mir Gedanken über Versicherungen machte; zwei Jahre, in denen ich meine Mahlzeiten zwischen der sterilen Cafeteria im Institut und Jimmy's Amoco auf der Route 85 aufteilte. Wenn alles gut ging, konnte ich dann damit rechnen, einen weiteren Schritt nach oben zu machen, vielleicht nach Georgetown.

Ich hätte das alles gegen Hopkins' Zukunft eingetauscht.

Ich schüttete sechs Magnetdisketten auf den Schreibtisch. Sie waren einzeln in Hüllen verpackt und von der Art, wie sie viele Institute früher verwendet hatten, um elektromagnetische Strahlung aufzuzeichnen. Die Disketten waren nummeriert und trugen die Daten dreier aufeinander folgender Tage des Jahres 1991, zwei Jahre vor dem Datum auf dem Umschlag.

Jede war mit »Prokyon« beschriftet.

Hinten kauerten Hopkins und zwei Kollegen vor den Monitoren. Brackett, der mit seiner Arbeit fertig war, las an seinem Schreibtisch.

Erfreut stellte ich fest, dass die Disketten Mark-VI-kompatibel waren. Ich legte eine ein, schloss einen Vocorder an, um einen Ausdruck zu machen und ging zu der Gruppe um Hopkins hinüber, während das Ding lief. Sie sprachen über Plasma. Ich hörte eine Weile zu, verlor den Faden; stellte fest, dass alle anderen (außer dem grinsenden kleinen runden Mann) ebenfalls den Faden verloren, und schlenderte zu meinem Computer zurück.

Auf dem Display des Mark VI lief die Aufzeichnung in flüssigen grün-weißen Bildern, und aus dem Vocorder fielen klickend Blätter.

Kryptisch

Irgendetwas an der Nadelgeometrie auf dem Aufzeichnungspapier erregte meine Aufmerksamkeit – wie ein Name, der einem gerade nicht einfällt, war es für den Moment nicht greifbar.

Unter der Tafel mit der Andromeda-Galaxie dampfte eine Tasse Kaffee. Ich hörte das ferne Brummen eines Flugzeugs, wahrscheinlich von der Luke Air Force Base. Hinter mir lachten Hopkins und seine Männer über irgendetwas.

Es gab Muster bei der Aufzeichnung.

Langsam bildeten sie sich heraus: identische Gruppen von Impulsen. Die Signale waren künstlich.

Prokyon.

Das Gelächter, das Flugzeug, die Kaffeetasse, ein Radio, das jemand angelassen hatte: Alles verengte sich zu einer Möglichkeit.

Schon eher Phoenix, dachte ich.

Seit Ed Dickinson vor zwölf Jahren gestorben war, leitete Frank Myers SETI. Ich erreichte ihn am nächsten Morgen in San Francisco.

»Nein«, sagte er, ohne zu zögern. »Da macht sich jemand einen Scherz, Harry.«

»Es lag in deinem Safe, Frank.«

»Dieser verdammte Safe befindet sich seit vierzig Jahren dort. Da kann alles drin sein. Außer einer Botschaft vom Mars ...«

Ich dankte ihm und legte auf.

Die Nacht war lang gewesen: Ich hatte den Ausdruck mit ins Bett genommen und bis fünf Uhr morgens mehr als vierzig deutliche Schwingungsmuster identifiziert. Das Signal schien durchgängig zu sein. Es war eine durchlaufende Übertragung ohne Anzeichen für einen Anfang oder ein Ende und zeigte nur unregelmäßige Unterbrechungen, wie sie sich wegen atmosphärischer Störungen und natürlich auf Grund der langen Zeiträume, während derer sich das Ziel unterhalb des Horizonts befunden hatte, ergeben haben konnten.

Natürlich war es eine reflektierte irdische Übertragung: Radiowellen springen ganz schön herum. Aber warum hatte man diesen Irrtum zwei Jahre später versiegelt und in den Safe gelegt?

Prokyon ist ein gelb-weißer Doppelstern der Klasse F3, absolute Größe 2,8, einst in Babylon und Ägypten verehrt (was wurde in Ägypten nicht verehrt?), Entfernung von der Erde: 11,3 Lichtjahre.

Im vorderen Büro tippte Beth Cooper, schloss Schrankschubladen und sprach mit Besuchern.

Es lag nahe, das Array zu bemühen: Bei 40 Gigahertz den Prokyon abzuhören – oder eigentlich alles quer durch dieses Spektrum – und herauszufinden, ob er wirklich etwas sagte.

Ich fragte Beth übers Intercom, wann das nächste Mal Zeit im System frei war. »Nicht in den nächsten siebzehn Monaten«, entgegnete sie knapp.

Das war keine Überraschung. Das Institut hatte sich schnell eingebucht, als der astronomischen Gemeinde mehr Ressourcen zur Verfügung gestellt wurden als in den letzten zwanzig Jahren. Jeder, der das Radioteleskop benutzen wollte, musste weit in die Zukunft planen. Wie nun konnte ich für ein paar Stunden an das Array herankommen?

»Beth, würden Sie bitte einen Moment hereinkommen?«, rief ich nach vorn.

Beth Cooper war während des großen Umzugs vor zwanzig Jahren mit SETI von San Augustin nach Sandage gekommen. Sie war die Sekretärin von drei Direktoren gewesen: Von Hutching Chaney, der Sandage erbaut hatte, von seinem langjährigen Freund Ed Dickinson und schließlich, nach Dickinsons Tod, von Frank Myers, einem jungen Mann auf der Durchreise, der dann zu lange bei dem Projekt hängen geblieben war und dessen Erleichterung, als es abgewürgt wurde, überliefert ist. Auf jeden Fall hatte Myers zu dem Untergang beigetragen, indem er das Projekt nicht verteidigte.

Natürlich glaubte ich, dass er richtig gehandelt hatte, allerdings aus den falschen Gründen. Mit anzusehen, wie der wissenschaftlichen Gemeinde das prachtvolle Teleskop in Sandage im Großen und Ganzen versagt blieb, während die groteske Jagd nach einem Signal von kleinen grünen Männchen weiterging, war schmerzhaft gewesen. Ich glaube, nur wenige von uns waren unglücklich über das Ende.

Beth hatte damit gerechnet, ihren Job zu verlieren. Aber sie kannte sich am Institut aus, wusste gut mit dem Ego anderer umzugehen, und war fit in Rechtschreibung. Selbst fromme Lutheranerin, hatte sie sich vorsichtig daran gewöhnt, für einen Priester zu arbeiten, und wirkte merkwürdig beleidigt, dass ich nicht routinemäßig mit einer Ordenskette um den Hals herumlief.

Ich stellte ihr ein oder zwei Fragen über die Abrechnungsmethode der örtlichen Versorgungsbetriebe, und dann bemerkte ich so beiläufig wie möglich, wie traurig es war, dass das Projekt keinen Erfolg gehabt hatte.

Beth glich eher einer New Yorker Bibliothekarin denn der Sekretärin eines Instituts in der Wüste. Ihre Haare waren silbergrau. An einer langen Silberkette trug sie eine Brille mit Metallgestell. Sie war durchschnittlich gebaut, doch ihre Haltung und Aussprache waren untadelig und verliehen ihr jene Eigenschaft, die Bühnenleute gern als Präsenz bezeichnen.

Bei meiner Bemerkung verengten ihre Augen sich zu harten, schwarzen Perlen. »Dr. Dickinson hat häufig gesagt, dass niemand von uns lange genug leben würde, um Ergebnisse zu sehen. Jeder, der mit dem Programm zu tun hatte, wusste das, selbst die Hausmeister.« Sie war nicht der Typ, der mit den Schultern zuckte, aber das plötzliche Aufblitzen in ihren dunklen Augen hatte den gleichen Effekt. »Ich bin froh, dass er nicht erleben musste, wie es eingestellt wurde.«

Darauf folgte eine unbehagliche Stille. »Ich mache Sie nicht dafür verantwortlich, Doktor«, sagte sie schließlich und bezog sich dabei auf die von mir öffentlich vertretene Meinung, dass das Institut zu wenig genutzt wurde.

Ich senkte den Blick und versuchte ein beruhigendes Lächeln. Ihre strengen Züge wurden weicher. Ich zeigte ihr den Umschlag.

»Erkennen Sie die Handschrift?«

Sie warf kaum einen Blick darauf. »Das ist die von Dr. Dickinson.«

»Sind Sie sicher? Ich wusste nicht, dass Dickinson vor Hutch Chaneys Pensionierung zu dem Projekt stieß. Das war '93, oder?«

»Da hat er die Leitung übernommen. Aber davor war er zehn oder zwölf Jahre lang Techniker unter Dr. Chaney.« Ihre Augen glühten, wenn sie von Dickinson sprach.

»Ich habe ihn nie getroffen«, sagte ich.

»Er war ein feiner Mann.« Sie schaute an mir vorbei über meine Schulter, ihr Gesicht war bleich. »Wenn wir ihn nicht verloren hätten, hätten wir vielleicht auch das Projekt nicht verloren.«

»Wenn das noch wichtig ist«, fügte ich sanft hinzu.

»Wenn das noch wichtig ist«, bestätigte sie.

Was Dickinson anging, hatte sie Recht: Er drückte sich klar aus, war ein überzeugender Redner, Autor von Büchern über verschiedene

Themen und hatte sich voll und ganz SETI verschrieben. Vielleicht hätte er das Projekt trotz der Einstellung der staatlichen Subventionen und der lauter werdenden Stimmen seiner Kollegen, die mehr Zeit am Institut verlangten, am Leben erhalten. Doch Dickinson war nun seit zwölf Jahren tot: Er war wie üblich zu Weihnachten nach Massachusetts zurückgekehrt. Nach einem Schneesturm war er hinausgegangen, um einem Nachbarn beim Freischaufeln der Zufahrt zu helfen, und sein Herz hatte versagt.

Zu jener Zeit war ich im Osten in Georgetown gewesen. Und ich kann mich immer noch daran erinnern, wie ich das Gefühl gehabt hatte, dass ein Genie zu früh gestorben war. Er hatte ungeheures Talent besessen, jedoch keine Disziplin; er hatte sich durch seine Karriere hindurchgewalzt und in alle Richtungen Funken gesprüht. Doch irgendwie hatte er nichts, was er anfasste – wie SETI – erfolgreich beenden können.

»Beth, gab es je einen Zeitpunkt, an dem sie glaubten, ein KGM empfangen zu haben?«

»Ein Signal der kleinen grünen Männchen?« Sie schüttelte den Kopf. »Nein, ich glaube nicht. Sie haben immer Echos und so'n Zeugs aufgefangen, aber nichts wirklich Heißes. Entweder war es KCOX in Phoenix oder irgendein japanischer Fischkutter auf dem Pazifik.«

»Nie etwas, was nicht in diese Kategorie fiel?«

Eine Augenbraue ging leicht in die Höhe. »Nichts, das sie beweisen konnten. Wenn sie etwas nicht genau bestimmen konnten, kamen sie später zurück und versuchten, es wieder zu finden. Auf die eine oder andere Art haben sie alles eliminiert.« Sonst, dachte sie wohl, ständen wir nicht hier und würden diese Unterhaltung führen.

Beths Bemerkungen ließen den Schluss zu, dass verdächtige Signale automatisch gespeichert worden waren. Dankbar, dass ich noch nicht dazu gekommen war, veraltete Daten zu löschen, entdeckte ich, dass es sich tatsächlich so verhielt. Ich ging den gesamten Zeitraum bis zurück zu dem Prokyon-Empfang 1991 durch und hielt dabei Ausschau nach einem ähnlichen Signal.

Ich erlebte eine Überraschung.

Es gab keine Übereinstimmung. Es gab auch keine Aufzeichnungen über den Prokyon-Empfang selbst. Das bedeutete vermutlich, dass er erklärt und anschließend abgelegt worden war.

Doch warum hatte man die Aufzeichnungen zwei Jahre später versiegelt und in den Safe gelegt? Eine Erklärung hätte doch nie so lange gedauert.

SETI hatte angenommen, dass jedes KGM-Signal ein bewusster Versuch zur Kontaktaufnahme sein würde, dass der ursprüngliche Sender sich daher Mühe geben würde, sich verständlich zu machen, und dass der logische Weg wäre, Symbole zu benutzen, die universelle Konstanten repräsentierten, vielleicht das Atomgewicht von Wasserstoff oder den Wert von Pi.

Doch der Wechsel nach Sandage war zugleich auch ein Wechsel zu einer weiter entwickelten und deutlich empfindlicheren Ausrüstung gewesen. Es kristallisierte sich die Möglichkeit heraus, dass das Projekt ein Ausreißer-Signal aufschnappen würde, eine Ausstrahlung außerirdischen Ursprungs, die jedoch nur für lokale Empfänger bestimmt war. Ein solcher Datenverkehr könnte ungeheuer schwierig zu interpretieren sein.

Wenn das Paket im Safe überhaupt irgendetwas zu bedeuten hatte, dann mit Sicherheit Letzteres. Vierzig Gigahertz sind keine ideale Frequenz für interstellare Kommunikation. Darüber hinaus war es durchgängig und formlos, es gab keine nummerierten Teile – nichts, was bei der Übersetzung helfen konnte.

Ich verwendete SETIs eigenes Sprachanalyseprogramm und stellte den Computer so ein, dass er an dem Text arbeitete. Dann instruierte ich Brackett, mich anzurufen, falls sich etwas ergab, aß bei Jimmy's zu Abend und ging nach Hause. Ich wurde nicht gestört.

Es gab keine Anzeichen für eine Struktur im Text. Im Englischen kann man zum Beispiel damit rechnen, dass auf ein »Q« ein »U« folgt, nach einigen Konsonanten ein Vokal steht, Aspirata selten doppelt auftreten, kein Buchstabe dreimal hintereinander vorkommt usw ... Doch in der Prokyon-Übertragung schien alles absolut willkürlich.

Der Computer zählte einundsechzig verschiedene Schwingungsmuster, also einundsechzig Zeichen. Keines kam häufig genug vor, um ein Leerzeichen zu sein. Und die Zählung der Häufigkeit brachte keine Spitzen: Es gab keinen quantitativen Unterschied bei der Verwendung der einzelnen Zeichen. Alle tauchten ungefähr gleich häufig auf. Wenn es eine Sprache war, war es eine Sprache ohne Vokale.

Und ganz sicher mit viel zu vielen Buchstaben.
Ich rief Wes Phillips an, den einzigen Linguisten, den ich kannte.
War es möglich, dass eine Sprache so aufgebaut war?
»Oh, ich denke nicht. Es sei denn, du meinst eine Art Konstrukt. Und selbst dann ...« Er hielt inne. »Wie viele Zeichen, sagtest du?«
»Einundsechzig.«
»Harry, ich kann dir eine ganze Reihe von Gründen aus etwa sechs verschiedenen Bereichen nennen, warum eine Sprache sowohl Buchstaben braucht, die häufig vorkommen als auch solche, die selten vorkommen. Um eine *gerade Kurve* zu erzielen, müsste eine Sprache bewusst so angelegt sein, und sie könnte nicht gesprochen werden. Aber welchen praktischen Wert hätte das? Warum sollte man sich die Mühe machen?«
»Und noch etwas anderes«, sagte er. »Einundsechzig Buchstaben erscheint mir ein bisschen viel. Wenn diese Menschen tatsächlich so viele Zeichen zur Kommunikation benötigen, vermute ich, dass sie sich mit Trommeln verständigen.«

Ed Dickinson war rätselhaft gewesen. Während der Auseinandersetzungen der Supermächte Ende des vergangenen Jahrhunderts hatte er sich international einen Ruf als Diplomat und eloquenter Verfechter von Vernunft und Zurückhaltung erworben. Alle waren sich einig, dass er einen erstklassigen Verstand besaß. Doch auf dem von ihm gewählten Gebiet erreichte er nur wenig. Und er hatte an dem Projekt mitgearbeitet: Historisch gesehen hätte das nur eine Stufe auf seinem Weg zu ernsthaftem Streben sein dürfen. Aber er war geblieben.
Warum?
Bei Hutching Chaney lag die Sache anders. Er war pensionierter Marineoffizier und beschäftigte sich beinahe nebenher mit Physik. Seine politischen Verbindungen hatten den Ausschlag gegeben, dass Sandage erbaut wurde; und es wurde gemunkelt, dass seine Ernennung zum Leiter der Lohn für seine Dienste im unerklärten sowjetischen Seekrieg von '87/'88 war.
Chaney war von eher schwerfälliger Kompetenz. Er war absolut im Stande, extreme komplexe Zusammenhänge zu begreifen und zu visualisieren. Doch ihm fehlten Einsicht und Vorstellungskraft sowie die Fähigkeit, subtile Untertöne zu erkennen.

Kryptisch

Nachdem er Sandage verlassen hatte, war Chaney als emeritierter Professor ans Massachusetts Institute of Technology gegangen, wo er fünf Jahre geblieben war.

Er war ein großer Mann, eher ein LKW-Fahrer als ein Physiker. Trotz seines fortgeschrittenen Alters – damals war er in den 70ern – und seiner Masse sprach und bewegte er sich behende. Seine Haare waren voll und schwarz. In seinen hellgrauen Augen schimmerte der Scharfsinn eines professionellen Politikers; und er besaß die Selbstsicherheit eines Menschen, dem immer alles gelungen war.

Wir befanden uns in seinem Haus in Somerville, Massachusetts, einem Haus aus Stein und Glas, eingebettet in einen weitläufigen Rasen. Es war nicht die Art von Haus, die man bei einem pensionierten Physiker erwarten würde: Chaneys vermögender Hintergrund war hier deutlich erkennbar.

Er klopfte mir mit seiner großen Hand auf die Schulter und zog mich durch eins dieser steifen, teuren Wohnzimmer, in denen nie jemand sitzen möchte, in eine getäfelte, ledergepolsterte kleine Kammer im hinteren Teil des Hauses.

»Martha«, sagte er zu jemandem, den ich nicht sehen konnte, »würden Sie uns etwas Portwein bringen?« Er nickte mir zu, ob ich damit einverstanden war.

»Gut«, sagte ich. »Es ist lange her, Hutch.«

Die Wände waren voll mit Büchern; überwiegend technische Werke, einige über Schiffsbau, ein paar Geschichtsbücher über Militär und Marine. Ein stahlgraues Modell der *Lance* beherrschte das Regal über dem Kamin. Das war das tödliche Tragflügelboot, das auf Chaneys Drängen hin in großer Zahl gegen die Sowjets eingesetzt worden war und sie vom Meer vertrieben hatte.

»Die Kirche unterwandert doch alles«, sagte er. »Wie läuft's in Sandage, Harry?«

Ich erzählte ihm andeutungsweise über die aktuellen Projekte. Er hörte interessiert zu.

Eine junge Frau erschien mit einer Flasche, zwei Gläsern und einer Käseplatte. »Martha kommt drei Mal die Woche«, sagte Chaney, als sie gegangen war. Er lächelte, zwinkerte, dippte ein Stück Käse in den Senf und biss sauber die Hälfte ab. »Mach dir keine Sorgen, Harry. Ich bin gar nicht mehr im Stande, mir Ärger aufzuhalsen. Was führt dich nach Massachusetts?«

Ich zog die Vocorder-Aufzeichnungen aus meiner Aktentasche und reichte sie ihm. Geduldig sah ich zu, wie er durch den dicken Papierstapel blätterte, und bemerkte mit Befriedigung, wie sich sein Gesichtsausdruck veränderte.

»Du machst Witze, Harry«, sagte er. »Man hat wirklich einen gefunden? Wann ist das passiert?«

»Vor zwanzig Jahren«, sagte ich und reichte ihm den Umschlag und die Originaldisketten.

Er drehte sie nachdenklich in seinen Händen. »Dann ist da irgendwo ein Fehler.«

»Sie waren im Safe«, sagte ich.

Er schüttelte den Kopf. »Egal, wo sie waren, so etwas ist nie passiert.«

»Was ist es dann?«

»Ich will verdammt sein, wenn ich eine Ahnung habe.«

Wir saßen schweigend da, während Chaney weiter durch die Seiten blätterte. Er knurrte vor sich hin. Er schien seinen Portwein vergessen zu haben. »Kümmerst du dich selber drum?«, fragte er.

Ich nickte.

»Du machst dir eine ganze Menge Mühe für einen Scherz. Konnten die Computer irgendetwas davon lesen? Nein? Weil es Unfug ist.« Er starrte auf den Umschlag. »Aber es ist Eds Handschrift.«

»Hätte Dickinson irgendeinen Grund gehabt, so etwas für sich zu behalten?«

»Ed? Nein. Er am allerwenigsten. Niemand hat härter für einen Erfolg gearbeitet. Er wollte ihn so sehr, dass er sein Leben in das Projekt investierte.«

»Aber wäre er – physikalisch gesehen – dazu im Stande gewesen? Hätte er dieses KGM auffangen können? Kannte er sich gut genug mit Computern aus, um seine Spuren zu verwischen?«

»Das ist belanglos. Ja, er hätte es tun können. Auch du könntest ohne Hosen durch Braintree laufen.«

Ein leichter Luftzug wehte durch ein Seitenfenster hinein und blähte die Vorhänge. Es war kühl und angenehm, ungewöhnlich für Massachusetts im August. Einige Kinder spielten auf der Straße Halfball.

»Vierzig Gigahertz«, sagte er. »Klingt nach einer Satellitenübertragung.«

»Aber dann hätte man doch nicht zwei Jahre gebraucht, um das herauszufinden? Warum hat man die Disketten aufbewahrt?«

»Warum nicht?«, sagte er. »Ich denke, wenn du ins Lager hinuntergehst, findest du da auch alle möglichen Überbleibsel.«

Von draußen kam ein Geräusch wie ein entfernter Donner, das plötzlich zu einem ohrenbetäubenden Kreischen anschwoll. Ein ausgeschlachteter T-Bolt2 schleuderte vorbei, so dass die Ballspieler auseinander stoben, und beschleunigte dann. Er nahm das Stoppschild an der Ecke ungefähr mit Tempo 45 mit. Das Spiel ging weiter, als sei nichts geschehen.

»Passiert immer wieder«, sagte Chaney. Er stand mit dem Rücken zum Fenster und hatte sich nicht einmal die Mühe gemacht, sich umzudrehen. »Die Polizei kann nicht mehr mit ihnen Schritt halten.«

»Warum hatte Dickinson so großes Interesse an dem Projekt?«

»Ed war ein toller Mann.« Über sein Gesicht flog ein Schatten, und ich fragte mich, ob der Portwein die Gefühle ans Licht gebracht hatte. »Du hättest ihn kennen lernen sollen. Du und er, ihr hättet euch toll verstanden. Er hatte einen Sinn fürs Metaphysische, und ich denke, mit dem Projekt kam er dem so nahe, wie es nur ging.«

»Wie meinst du das?«

»Wusstest du, dass er zwei Jahre in einem Priesterseminar war? Ja, irgendwo außerhalb von Philadelphia. Er war ein Messdiener, der schließlich in Harvard endete. Und das war's.«

»Du meinst, er hat seinen Glauben verloren?«

»Ja, aber er hat sich immer dieses feine mystische Gespür für den Sinn des Lebens erhalten, das man den Besten einbläut; das Wissen, dass die Dinge irgendeine Ordnung haben. Während ich ihn kannte, erlaubte er sich nie, zu jemandem zu beten. Doch er hatte den Eifer eines Missionars, und er war genauso überzeugt vom ...« Er ließ seinen Kopf in das Lederpolster zurücksinken und suchte an der Decke nach einem Wort.

»... Schicksal.«

»Ed war anders als die meisten Physiker. Er war in vielen Bereichen kompetent. Er schrieb für *Commentary* und *Harper's* über die Außenpolitik; er hat Bücher über Ornithologie, Systemanalyse, Malcolm Muggeridge und Edward Gibbon veröffentlicht.«

Er schwang sich elegant aus seinem Sessel und griff nach zwei dicken zusammengehörigen Bänden mit schmutzigbraunem Einband. Es war *Verfall und Untergang des Römischen Reiches*, die alte Modern-Library-Ausgabe. »Er ist der einzig mir bekannte Mensch, der das Ding tatsächlich gelesen hat.« Er schlug den einen Band auf, so dass ich die Widmung lesen konnte:

*Für Hutch,
in der kühnen Hoffnung, dass wir uns der Küchenkräuter
und der Schweine erwehren können.*
Ed

»Er hat es mir gegeben, als ich SETI verließ.«
»Ein merkwürdiges Geschenk. Hast du es gelesen?«
Er lachte über die Frage. »Dazu bräuchte man ein Jahr – wer hat schon die Zeit?«
»Was soll das mit den Küchenkräutern und den Schweinen?«
Er erhob sich und schlenderte zu der anderen Wand. Dort befanden sich Fotos von Schiffen und Flugzeugen, von Chaney und Präsident Fine vom Sandage-Komplex. Mit den Augen schien er Letzteres zu durchbohren. »Ich erinnere mich nicht. Es ist ein Satz aus dem Buch. Er hat es mir damals erklärt, aber ...«
Mit den Handflächen nach oben streckte er die Hände aus.
»Danke Hutch«, sagte ich und stand auf, um zu gehen.
»Da ist nichts dran«, sagte er. »Ich weiß nicht, wo das Ding herkommt, aber Ed Dickinson hätte alles für einen Kontakt gegeben. Da bin ich mir sicher.«
»Hutch, ist es möglich, dass Dickinson vielleicht den Text übersetzen konnte?«
»Nicht, wenn du es nicht kannst. Er hatte dasselbe Programm.«
Ich mag keine Innenstädte.
Dickinsons Bücher waren alle vergriffen, und Second-Hand-Buchläden gab es nur in Cambridge. Selbst damals waren die Vororte von Boston, wie die City selbst, mit Glas und Zeitungen übersät. Mürrische Menschenmengen schoben sich vor den Bars aneinander vorbei. Überall waren Fenster eingeschlagen oder vernagelt. Ich überquerte eine Kreuzung bei Rot, um nicht mehr über die Absichten einer sich nähernden zerlumpten Kinderbande mit harten Augen zu erfahren (man konnte sie kaum Kinder nennen, obwohl ich bezweifle, dass irgendeines älter als zwölf war). Lästerliche Flüche bedeckten zusammenfallende Steinwände so hoch, wie die Arme reichten. Die meisten waren fehlerhaft geschrieben.

Boston war Dickinsons Stadt gewesen. Ich fragte mich, was der große Humanist gedacht hatte, als er durch diese Straßen gefahren war.

Ich fand nur eins von seinen Büchern: *Malcolm Muggeridge: Glaube und Verzweiflung*. Der Laden führte ebenfalls eine Ausgabe von *Verfall und Untergang des Römischen Reiches*. Spontan kaufte ich es.

Ich war froh, wieder in die Wüste zurückkehren zu können.

Wir standen am Beginn einer Periode außergewöhnlicher Fortschritte, während der wir schließlich die galaktische Struktur begriffen. McCue kartographierte den Kern der Milchstraße, Osterberger entwickelte seine einheitliche Feldtheorie, und Schauer konstruierte seine gefeierte revolutionäre Hypothese über die Natur der Zeit. Dann, an einem kühlen Morgen im Oktober, gab ein Team vom Cal Tech eine aufrüttelnde Entdeckung bekannt: Objekte am Rande des Sichtfelds entfernen sich nicht; tatsächlich widerstehen sie der Expansion und bewegen sich langsam in unsere Richtung, gegen den Strom. Es schien, als seien es Fragmente eines anderen Universums.

Inmitten all dieser Aktivitäten gab es eines Nachts einen Notfall. Earl Barlow, der Leiter der Cal-Tech-Gruppen, erlitt einen leichten Herzanfall. Ich kam kurz vor dem Notarzt gegen zwei Uhr morgens an.

Nachdem der Krankenwagen mit ihm abgefahren war, liefen Barlows Männer lustlos herum, tranken Kaffee; zu aufgeregt, um zu arbeiten. Ich war nicht ganz unvorbereitet und gab Brackett sein neues Ziel und die Zahlen. Die heulenden Sirenen der Ambulanz waren kaum verklungen, als die Parabol-Antennen bereits herumschwangen und sich auf den hellen Hundsstern Prokyon richteten.

Man hörte nur das unzusammenhängende Knacken interstellarer Statik.

Ich wanderte nachts lang durch die Wüste. Die Parabol-Antennen sind im Mondlicht wunderschön. Gelegentlich wird die Stille vom Aufheulen eines Elektromotors unterbrochen, und die Antennen gleiten elegant über ihre Schienen. Es war, so dachte ich, ein neues Stonehenge aus sanft gebogenen Formen und flüssigen Bewegungen.

Das Muggeridge-Buch war sehr dünn. Es war keine Biografie, sondern eher eine Analyse der Überzeugung des Philosophen, wonach der Westen eine Todessehnsucht hegt. Es war das alte Argument, dass Gott durch die Wissenschaft ersetzt wurde, dass der Mensch unwichtiges Wissen gewonnen hat, dafür aber den Sinn des Lebens verloren hat.

Alles in allem ein deprimierender Lesestoff. In seiner Schlussfolgerung nahm Dickinson Stellung. Er argumentierte, dass die Wahrheit sich nicht um die menschliche Bequemlichkeit scheren würde; wenn der Mensch sich einem neutralen Universum nicht anpassen könne, dann würde dieses Universum in der Tat feindselig wirken. Wir müssten uns mit dem abfinden, was wir haben, und die Wahrheit akzeptieren, wo immer sie auch hinführt. Das Radioteleskop sei die moderne Kathedrale.

Sandage war am Prüfungsprozess für McCues Arbeit und die »rätselhaften« Cal-Tech-Objekte beteiligt. Das ist eine andere Geschichte; wichtig daran ist nur, dass ich anfing, über Kontrolle im Allgemeinen nachzudenken. Ich erkannte, dass ich etwas übersehen hatte: Seit dem ursprünglichen Empfang hatte sich nirgendwo in den Datenbanken eine Übereinstimmung mit den Prokyon-Aufzeichnungen gefunden. Doch vielleicht waren die Prokyon-Aufzeichnungen selbst die Bestätigung eines früheren Signals!

Es dauerte fünf Minuten, bis die Suche durchgelaufen war.

Es gab zwei Treffer. Beide Aufzeichnungen waren Fragmente, keine dauerte länger als 15 Minuten; aber jede war lang genug, um die Wahrscheinlichkeit eines Irrtums auf weniger als ein Prozent zu reduzieren.

Die erste hatte nur drei Wochen vor dem Prokyon-Empfang stattgefunden.

Die zweite hatte 1987 stattgefunden, eine Observierung aus San Augustin. Beide lagen bei 40 Gigahertz. Beide wiesen identische Schwingungsmuster auf. Doch es gab einen brisanten Unterschied, der sich bedächtig in der Zeile »Zielinformationen« versteckte: Die Übertragung von 1987 hatte sich ereignet, während das Radioteleskop auf den Sirius eingestellt war!

Als ich wieder in meinem Büro ankam, zitterte ich.

Sirius und Prokyon lagen nur ein paar Lichtjahre voneinander entfernt. Mein Gott, dachte ich ständig. Sie existieren! Und sie unternehmen Sternenreisen!

Ich verbrachte den Rest den Tages damit, dass ich herumstolperte und versuchte, mich in Berichte über den Benzinverbrauch und die Haushaltsplanung zu vertiefen. Doch meist schaute ich zu, wie das harte Wüstenlicht sich in den Vorhängen fing und dann verblich. Die zwei Bände von Edward Gibbon steckten zwischen einem *Webster's* und ein paar schwarzen Sammelmappen. Die Bücher waren dreißig Jahre alt und identisch mit jenen in Chaneys Zimmer. Manche Seiten, die schlecht geschnitten waren, hingen an den Rändern immer noch zusammen.

Ich öffnete den ersten Band ungefähr in der Mitte und begann zu lesen. Ich versuchte es zumindest. Aber Ed Dickinson verdrängte immer wieder die Römer. Schließlich gab ich auf, nahm das Buch und ging nach Hause.

In der Stadt wurde Duplicate Bridge gespielt, und ich verlor mich fünf Stunden lang in dem Spiel. Dann, als ich immer noch etwas benommen im Bett lag, versuchte ich mich wieder an Gibbons *Verfall und Untergang des Römischen Reiches*.

Es war nicht die verstaubte Aufzählung lang verstorbener Herrscher, die ich erwartet hatte. Natürlich war von ihnen die Rede; sie mordeten mit Dolchen, erdrosselten und plünderten. Und manchmal versuchten sie, die Dinge zu verbessern. Doch es gab auch die Fischhändler. Und die Bürokraten und Bischöfe.

Es war eine Welt voller Wein und Legionärsschweiß, Missmanagement, Streit um Jesus und die Unfähigkeit der Machtübertragung, und zu dem ganzen Spiel hörte man das rücksichtslose Trommeln des Untergangs. Eine unbestimmte historische Woge, gegen die sich gelegentlich ein Held oder ein Weiser stemmte, überrollte die Menschen und Ereignisse, spülte sie ins Meer. (Ich fragte mich, ob die römischen Kinder in späteren Jahren mit ihren protzigen importierten Kutschen Matronen überfuhren? Und ob die Wände von Damaskus mit gotteslästerlichen Flüchen beschmutzt waren.)

Am Ende, als die Barbaren von außen gegen den Rand des Reiches drückten, war es nur ein hohles Wrack, das zusammenbrach.

Muggeridge muss dort gewesen sein.

Und Dickinson, der Messdiener, muss inmitten des Feuers und der Verwüstung der kaiserlichen Stadt zum zweiten Mal den Glauben verloren haben.

Eines Nachts fiel bei uns der Strom aus. Es hat mit dieser Geschichte nichts zu tun, außer dass ich deshalb um vier Uhr morgens angerufen wurde (nicht, um den Strom wieder einzuschalten – dazu brauchten wir einen guten Elektriker, sondern um ein paar verärgerte New Yorker zu besänftigen und in meinem Bericht sagen zu können, dass ich dabei gewesen bin).

Danach ging ich nach draußen. Nachts stören weder Farben noch Bewegungen die Wüste. Sie ist eine Komposition aus Sand, Fels und Sternen; ein de Vries, ein Monet, unkompliziert und beständig. In einer Zeit, in der wenig stabil erscheint, beruhigt sie. Das geordnete Universum des 20. Jahrhunderts war seit langem in eine Vielzahl von Neutronengalaxien, »kollidierenden« schwarzen Löchern, Zeitumkehrungen und Gott weiß was sonst noch zerfallen.

Unter den Füßen ist die Wüste fest. Vorhersehbar. Eine Schande für die Quantenmechanik, die einen Kosmos aus Treibsand reflektiert, in dem die Physik mit Platon verschmilzt.

Nahe dem Himmelsrand glitzerten Sirius und Prokyon, das leuchtende Paar, und verbargen ihre Geheimnisse. Die Arroyos sind zu dieser Jahreszeit trocken, gekräuselte Schatten in der Landschaft. Der Mond stand im zweiten Viertel. Hinter dem Verwaltungsgebäude waren die Parabol-Antennen silberumsäumt.

Meine Kathedrale.

Mein Stonehenge.

Und während ich dasaß, ein Coors trank und an untergegangene Städte und Messdiener und Häufigkeitszählungen dachte, begriff ich plötzlich die Bedeutung von Chaneys letzter Bemerkung! Natürlich hatte Dickinson den Text nicht gelesen: Das war der Punkt!

Ich brauchte Chaney.

Ich rief ihn am Morgen sofort an und flog nachmittags zu ihm. Wir trafen uns bei Logan und fuhren nach Gloucester hinaus. »Da gibt's ein ausgezeichnetes italienisches Restaurant«, sagte er. Und dann, ohne die Augen von der Straße zu nehmen: »Worum geht es?«

Ich hatte den zweiten Band mitgebracht, und ich hielt ihn hoch, so dass er ihn sehen konnte. Er zwinkerte offensichtlich verwirrt.

Es war früher Abend, kalt, nass, der nahende Winter lag in der Luft. Gefrierender Regen prasselte auf die Windschutzscheibe, der Himmel senkte sich grau und schwer über die Stadt.

»Bevor ich irgendwelche Fragen beantworte, Hutch, möchte ich dich etwas fragen. Was kannst du mir über militärische Verschlüsselung erzählen?«

Er grinste. »Nicht viel. Das Wenige, was ich weiß, ist vermutlich geheim.« Ein Traktor rumpelte vorbei, holte das Letzte aus sich heraus, spritzte Wasser über unsere Fenster. »Woran genau bist du interessiert?«
»Wie komplex sind die Codes der Navy? Ich weiß, dass sie völlig anders sind als Kryptogramme, aber wie ist ihre allgemeine Struktur aufgebaut?«
»Zunächst einmal, Harry, sind es keine Codes. Monoalphabetische Systeme sind Codes. Wie die von dir erwähnten Kryptogramme. Der Buchstabe *G* steht zum Beispiel immer für ein *M*. Aber in der militärischen und diplomatischen Verschlüsselung wird das *C* jedes Mal mit einem anderen Zeichen dargestellt. Und das Verschlüsselungsalphabet beschränkt sich normalerweise nicht auf Buchstaben: Wir können Zahlen, Dollarzeichen, Et-Zeichen, sogar Leerstellen benutzen.« Platschend fuhren wir auf eine Rampe und erreichten die Interstate. Sie lag so hoch, dass wir über die düsteren Dachreihen blickten. »Selbst die Form einzelner Worte wird verdeckt.«
»Wie?«
»Indem man die Leerstellen verschlüsselt.«
Ich wusste die Antwort auf die nächste Frage, bevor ich sie stellte. »Wenn das Verschlüsselungsalphabet absolut willkürlich ist, und ich nehme an, das muss es sein, würde die Häufigkeitszählung ohne Ausschläge aufgehen, richtig?«
»Ja. Bei ausreichendem Datenverkehr müsste sie das.«
»Noch eine Sache, Hutch: Eine plötzliche Zunahme beim Datenverkehr wird jeden, der lauscht, darauf aufmerksam machen, dass hier etwas passiert, auch wenn er den Text nicht lesen kann. Wie verbirgt man das?«
»Ganz einfach. Wir schicken vierundzwanzig Stunden am Tag ein durchgängiges Signal aus. Manchmal ist es Datenverkehr, manchmal ist es Müll. Aber man kann den Unterschied nicht erkennen.«
Gott sei uns gnädig, dachte ich. Armer Ed Dickinson.

Wir saßen etwas abseits an einem kleinen Ecktisch. Ich zitterte in meinen nassen Schuhen und dem feuchten Pullover. Eine kleine Kerze flackerte fröhlich vor sich hin.
»Reden wir immer noch über Prokyon?«, fragte er.
Ich nickte. »Dasselbe Muster wurde im Abstand von drei Jahren zwei Mal empfangen, noch vor dem Prokyon-Empfang.«

»Aber das ist nicht möglich.« Chaney beugte sich aufmerksam nach vorn. »Der Computer hätte die Übereinstimmung automatisch erkannt. Wir hätten davon erfahren.«

»Ich glaube nicht.« Ein halbes Dutzend offensichtlich wohlhabender, übergewichtiger Männer in Mänteln drängte herein, und sie behinderten einander in dem schmalen Eingang.

»Die zwei Treffer kamen bei verschiedenen Zielen an: Sie müssen wie ein Echo ausgesehen haben.«

Chaney griff über den Tisch nach meinem Handgelenk und warf dabei eine Tasse um. Er ignorierte das. »Verdammt noch mal«, sagte er. »Willst du damit sagen, da draußen tut sich was?«

»Ich glaube nicht, dass Ed Dickinson Zweifel hatte.«

»Warum sollte er es geheim gehalten haben?«

Ich hatte das Buch neben meiner linken Hand auf den Tisch gelegt. Dort lag es, und der Plastikeinband reflektierte das glitzernde rote Licht der Kerze. »Weil sie sich im Krieg befinden«, sagte ich.

Verständnis breitete sich auf Chaneys Gesicht aus. Er verlor an Farbe und wurde so bleich, dass es in dem grellen Licht fast gespenstisch wirkte.

»Er hat geglaubt«, fuhr ich fort, »er hat wirklich geglaubt, dass Verstand mit Moral gleichzusetzen ist. Und Intelligenz mit Mitgefühl. Und was hat er gefunden, nachdem er sein Leben lang gesucht hat? Eine Zivilisation, die die Sterne besiegt hat, nicht aber ihre eigenen Begierden und Torheiten.«

Ein großer junger Kellner stellte sich vor. Wir bestellten Portwein und Pasta.

»Du weißt nicht mit Sicherheit, dass da draußen ein Krieg stattfindet«, hielt Chaney dagegen.

»Feindschaft dann. Massive Geheimhaltung, wie sie hier vorkommen muss, impliziert nichts Gutes. Dickinson hätte uns alle mit einer Vision von Ordnung und Vernunft gerettet ...«

Seine grauen Augen trafen meine. Sie waren schmerzerfüllt. Zwei halbwüchsige Mädchen in der Ecke kicherten. Der Wein kam.

»Was hat Gibbons *Verfall und Untergang des Römischen Reiches* damit zu tun?«

»Es wurde zu seiner Bibel. Er war davon durch und durch abgestoßen. Du solltest es lesen, aber vorsichtig. Es kann dir leicht die Seele ersticken. Dickinson war Rationalist; er hat die letzte Wahrheit der römischen Tragödie verstanden: Sobald die Expansion endet, ist der Verfall konstant und irreversibel. Jedes Scheitern der Vernunft oder der Tugend bedeutet weiteren Bodenverlust.«

»Ich habe sein Buch über Gibbon nicht bekommen, aber ich weiß, was er sagen würde: Dass Gibbon nicht nur über die Römer oder die Briten seiner eigenen Zeit geschrieben hat, er hat über uns geschrieben ...«

»Wer so denkt, muss, wenn er sich umsieht, meinen, dass die Welt mit Riesenschritten in ein dunkles Zeitalter schreitet.«

Wir saßen ein paar Minuten lang stumm da. Ich hatte das Gefühl, dass die Zeit stehen geblieben war, dass wir bewegungslos dasaßen und die Welt um uns herum eingefroren war.

»Habe ich dir erzählt«, sagte ich schließlich, »dass ich die Textstelle gefunden habe, auf die er sich in seiner Widmung bezieht? Er muss großen Respekt für dich empfunden haben, Hutch.« Ich öffnete das Buch an der Stelle, wo das Schlusswort stand, und drehte es so, dass er es lesen konnte:

Das Forum der Römer, wo sie sich versammelten, um ihre Gesetze zu erlassen und ihre Richter zu ernennen, ist jetzt eingezäunt für den Anbau von Küchenkräutern oder weit aufgerissen, um Schweine und Büffel hereinzulassen.

Chaney starrte mich untröstlich an. »Es ist so schwer zu glauben. Er wirkte immer so optimistisch.«

»Vielleicht«, sagte ich. »Aber ich glaube, das Gegenteil trifft zu. Ein Mensch kann den Verlust des Glaubens an den Allmächtigen überleben; vorausgesetzt, er verliert nicht auch den Glauben an sich selbst. Das war Dickinsons wahre Tragödie: Er glaubte schließlich nur noch an Radioteleskope, so wie manche Menschen an Religion.«

Als das Essen kam, rührten wir es nicht an. »Was wirst du tun, Harry?«

»Mit dem Prokyon-Text? Mit der Wahrscheinlichkeit, dass wir streitbare Nachbarn haben? Ich habe keine Angst vor einer derartigen Nachricht. Sie bedeutet nur, dass man dort, wo man Intelligenz findet, wahrscheinlich auch Torheit findet. Außerdem ist es an der Zeit, dass Dickinson die Früchte für seine Entdeckung erntet.« Und ich dachte, vielleicht ist dabei auch eine Fußnote für mich drin.

Ich hob mein Glas zu einem spöttischen Toast, aber Chaney antwortete nicht. Wir blickten einander in ungemütlichem Schweigen an. »Was ist los?«, fragte ich. »Denkst du an Dickinson?«
»Das auch.« Die Kerze glitzerte in seinen Augen. »Harry, glaubst du, sie haben auch ein SETI-Projekt?«
»Möglich. Warum?«
»Ich frage mich, ob deine Außerirdischen wissen, dass wir da sind. Dieses Restaurant ist nicht viel weiter vom Sirius entfernt als der Prokyon. Vielleicht solltest du lieber aufessen.«

»Und nun das Thema des Tages ...«

Allen M. Steele

Jeder hat Tagträume – doch Science-Fiction-Autoren genießen das Privileg, für ihre Tagträume bezahlt zu werden. Dieser hier ist seit vielen Jahren einer meiner Favoriten:

An einem frühen Sommerabend bin ich zu Hause und arbeite oben in meinem Büro, als ich meine Hunde im Vorgarten bellen höre. Etwa eine Minute später klingelt es an der Haustür. Als ich nach unten gehe und öffne, stehen draußen zwei Männer. Einer von ihnen ist ein Offizier der Air Force, wahrscheinlich ein Oberstleutnant, möglicherweise sogar ein General; jedenfalls trägt er Uniform. Der andere ist Zivilist – mittleren Alters, leger gekleidet – und trägt eine Aktentasche. In der Zufahrt parkt ein dunkelbrauner Sedan mit laufendem Motor, hinter dem Steuer sitzt ein weiterer USAF-Offizier. Der Zivilist fragt, ob ich der Science-Fiction-Autor Allen Steele sei, und als ich dies bestätige, fragt der Air-Force-Offizier, ob sie mit mir über eine Angelegenheit von höchster nationaler Bedeutung sprechen könnten.

Sie sehen, wo das hinführt, oder? Ich würde sogar darauf wetten, dass Sie so ziemlich den gleichen Traum hegen, egal, womit Sie ihr Geld verdienen. Irgendwo in der Nähe ist ein außerirdisches Raumschiff gelandet – unter Umständen so hart, dass es beschädigt ist, möglicherweise auch sanft und weich. Wie auch immer, das Militär hat das Gelände abgesperrt (und Sie wissen, es muss an irgendeinem abgelegenen Ort stattgefunden haben, denn seit *dem Tag, an dem die Erde still stand,* sind keine friedliebenden ETs vor dem Weißen Haus gelandet; und wenn doch, wie in *Independence Day* oder *Mars Attacks!,* dann ist es nur eine Frage der Zeit, bis sie das Gebäude in die Luft jagen). Und die Wissenschaftler bemühen sich verzweifelt herauszufinden, wie man mit den Besuchern kommunizieren kann. Ungeachtet der Tatsache, dass es Tausende qualifizierter Universitätsastronomen, Astrophysiker, Anthropologen, Biologen, Psychologen, Soziologen, Zoologen und Linguisten gibt, die für die Chance, sich mit einem wahrhaft echten Außerirdischen zu unterhalten, meilenweit über Glasscherben kriechen würden, kommt das Militär zu Ihnen, erstens, weil Sie bequemerweise gleich in der Nachbarschaft wohnen und zweitens, weil irgendjemand bestimmt hat, dass Sie auf Grund irgendeiner besonderen Fähigkeit oder eines Talents, das Sie besitzen, die größte Hoffnung der Menschheit darstellen, eine friedliche Beziehung zu diesen Kreaturen aus der anderen Welt aufzubauen. Zumindest bis diese das Weiße Haus in die Luft jagen.

Dieser spezielle Tagtraum ist uns deshalb so vertraut (und erzählen Sie mir nicht, dass Sie ihn noch nicht hatten), weil er schon lange in unserer Populärkultur herumgeistert. Der Außenseiter, der beim ersten Kontakt zum Insider wird, taucht in zwei von Michael Crichtons Romanen auf, in *The Andromeda Strain* und *Sphere*. James Olson und Dustin Hoffmann spielen in den jeweiligen Verfilmungen die Hauptrollen. In Larry Nivens und Jerry Pournelles *Footfall*, der 1985 erschienen und immer noch ungeschlagener Champion unter den Romanen über eine außerirdische Invasion ist, versammelt sich ein Team von Science-Fiction-Autoren (einschließlich einem nur mäßig getarnten Robert A. Heinlein), um über die Absichten der elefantenartigen, bösen Wesen zu spekulieren, die gerade den Planeten platt trampeln. Das Motiv findet sich sowohl in klassischen Romanen wie Heinleins *The Puppet Masters* als auch in relativ neuen wie Greg Bears *The Forge of God*, Jack McDevitts *The Hercules Text* und Damon Knights *Why do Birds*. Ich bin sicher, Sie können diese Aufzählung erweitern, entweder mit Episoden von *Akte X* oder mit Science-Fiction-Romanen, die ich im Moment übersehen habe.

In der Phantasie ist das Szenario höchst attraktiv. Zumindest taugt es sehr gut für ein Drama. Aber würde es sich wirklich so ereignen?

Um es deutlich zu sagen: Wenn man die Vorstellung außer Betracht lässt, dass der erste Kontakt durch ein auf der Erde landendes außerirdisches Raumschiff stattfinden wird – das Für und Wider dieses Szenarios reicht für einen eigenen Beitrag, daher werde ich mich hier nicht damit beschäftigen –, dann ist es am wahrscheinlichsten, dass die Menschheit durch einen Radiokontakt von der Existenz intelligenter Außerirdischer erfahren würde; wahrscheinlich durch eines der verschiedenen langfristigen SETI-Projekte. Seit 1960, als das nur kurzlebige Projekt *Ozma* ins Leben gerufen wurde, hat es um die sechzig Projekte gegeben, die darauf abzielten, Radiosignale künstlichen Ursprungs aus dem Weltall aufzufangen. Zu den aktuellen Projekten zählen das Projekt *META*, das unter der Schirmherrschaft des *Har-*

vard-Smithsonian Astrophysical Observatory* im Zentrum von Massachusetts durchgeführt wird und das Projekt *Starvoice*, Europas erstes SETI-Programm.

Die Chancen, damit einen Volltreffer zu landen, kann sich jeder selbst ausrechnen. Wenn man es auf den Punkt bringen will, ist SETI das transzendentalste wissenschaftliche Unterfangen überhaupt: Man geht davon aus, dass außerhalb unseres Planeten intelligentes Leben existiert, obwohl es nicht den Hauch eines unwiderlegbaren Beweises für diese Hypothese gibt. Wir glauben einfach, dass es irgendwo in der Galaxis intelligente Wesen geben könnte und verlassen uns auf astronomische Beobachtungen, Schlussfolgerungen und eine ganze Menge Wunschdenken, um uns in unseren Hoffnungen zu bestärken. Es kann jedoch gut sein, dass wir den Himmel viele, viele Jahre lang beobachten, ohne je einen positiven Beweis für die Existenz einer außerirdischen Zivilisation zu erhalten. Vielleicht werden wir in der Tat eines Tages die Erkenntnis akzeptieren müssen, dass die Menschheit die einzige technologisch fortgeschrittene Zivilisation in der gesamten Galaxis ist – eine Vorstellung, die ich erschreckend finde, insbesondere nachdem ich die Morgenzeitung gelesen habe.

Nehmen wir jedoch einmal an, dass eines nicht allzu fernen Tages eines der Radioteleskope, die die Tiefen des Weltraums absuchen, ein regelmäßiges, sich wiederholendes Muster entdeckt, das sich auch bei weiterer Beobachtung weder als Pulsar noch als Kommunikationssatellit am falschen Ort oder gar als ausgeklügelter Scherz erweist. Wie würde die Menschheit auf eine solche Entdeckung reagieren?

In der Science-Fiction-Literatur wird häufig vorgeschlagen, dass die Regierung mit Hilfe des Militärs und des so genannten »wissenschaftlichen Establishments« (was auch immer das sein mag – die meisten Wissenschaftler, die ich kenne, sind so sehr Anti-Establishment, dass der verstorbene Abbie Hoffman im Vergleich zu ihnen wie ein Faschist wirken würde) sofort einschreiten und rigoros gegen die Nachricht vorgehen würde. In *2001: Odyssee im Weltraum* warnt der Wissenschaftler Heywood Floyd seine Kollegen während eines Top-Secret-Briefings über TMA-1, den mysteriösen außerirdischen Monolithen, den man auf dem Mond entdeckt hatte, ihren Fund nicht zu offenbaren, bis die Öffentlichkeit »entsprechend konditioniert« sei. Und jüngst in der Verfilmung von Carl Sagans Roman *Contact* stürmte das Militär innerhalb von Stunden nach Empfang eines ET-Funksignals den Monitorraum im Very Large Array, und die Öffentlichkeit wurde erst informiert, als Präsident Clinton während einer Pressekonferenz im Weißen Haus eine offizielle Stellungnahme abgab.

Natürlich ist das der Stoff, aus dem großartige Dramen gemacht sind, und ich wäre der Letzte, der die Behauptung in die Welt setzen würde, bei Arthur C. Clarke oder dem verstorbenen Carl Sagan habe die Vorstellungskraft versagt. Als ich jedoch vor ungefähr zwölf Jahren für eine monatlich erscheinende Zeitschrift[1] in Massachusetts einen Artikel über *Projekt META* schrieb, habe ich Paul Horowitz, den Physikprofessor der Harvard University, der das Programm leitete, interviewt. Als ich ihn fragte, wie wohl die erste öffentliche Bekanntmachung der Entdeckung eines von *META* entdeckten, legitimen SETI-Signals aussehen würde, vertrat Dr. Horowitz die Ansicht, dass es vermutlich lange vor einer offiziellen Bekanntmachung an die Medien durchsickern würde. »Wir hätten schon Probleme, die Sache geheim zu halten«, sagte er. »Aber in einem staatlichen Labor mit einhundert Angestellten wäre es noch schlimmer. Die Leute würden es ihren Frauen und Kindern und Hunden erzählen ... Ein Kind lässt in der Schule eine Bemerkung gegenüber einem Freund fallen, dessen Vater Journalist ist, und so erfährt es dann die ganze Welt.«

Als ich diesen Artikel 1988 schrieb, gab es nur einen einzigen Ort, an dem man die tanzenden Oszilloskopmuster der Radiogeräusche aus den Tiefen des Weltraums beobachten konnte. Es war das Computerdisplay des für *Projekt META* handgebastelten Spektralanalysegeräts mit 8,4 Millionen Kanälen, das sich in einem kleinen Kontrollraum unter dem gut 25 Meter hohen Radioteleskop auf einem Berg in Harvard, Massachusetts, versteckte. Seitdem hat SETI die Öffentlichkeit gesucht und ist kein abgeschottetes Territorium professioneller Astronomen und Astrophysiker mehr.

Heute können Sie über das Internet ein Programm namens SETI@home downloaden, das von der University of California-Berkeley ins Netz gestellt wurde (http://setiathome.ssl.berkeley.edu). Dieses Programm leitet die aktuellen Ergebnisse des SETI-Projekts *Serendip* direkt auf Ihren Computer weiter, wo es als Bildschirmschoner läuft. Wenn Sie gerade nicht Ihr Konto ausgleichen, E-Mails beantworten oder *Tomb Raider* spielen, analysiert Ihr Computer ein aktuelles Datenpaket, das von Berkeley ausgesandt wird. Und Sie können sich all die abgebrochenen Zacken anschauen, die die »Sphärenmusik« auf Ihren Bildschirm zeichnet – jene kosmischen Hintergrundgeräusche, die die meisten Radioastronomen als Abfall betrachten und ignorieren, die aber dennoch vielleicht das Signal einer weit entfernten außerirdischen Zivilisation enthalten.

Wenn das für Ihren Geschmack ein bisschen dürftig ist, können Sie immer noch versuchen, ein eigenes Radioteleskop zu bauen. Es ist zwar nicht billig, aber die entsprechende Hardware zum Aufbau eines SETI-Horchpostens in Ihrem Garten ist im Handel erhältlich (einschließlich C-Band-Satellitenschüsseln, High-End-Vorverstärkern und digitalen Mikrowellenempfängern, die sie allesamt an Ihren Computer anschließen können). Es gibt sogar eine Basisgruppe solcher Amateurbeobachter, die SETI-League (http://setileague.org/) mit über tausend Mitgliedern.[2]

Somit besteht die entfernte Möglichkeit – unabhängig davon, wie unendlich unwahrscheinlich sie auch scheinen mag – dass der erste Mensch, der ein echtes, wahrhaftiges SETI-Signal identifiziert, kein ausgebildeter Wissenschaftler ist, der seine Nächte in einem Observatorium auf einem einsamen Berggipfel verbringt, sondern ein fünfzehnjähriger Schüler, der von seiner Familie zu Weihnachten einen Computer bekommen hat und nun in seinem Schlafzimmer mit einem anspruchsvollen Bildschirmschoner Datenpakete auswertet, oder ein vierzigjähriger Hobbyfunker, der an seinen freien Wochenenden mit einem selbst gebastelten Radioteleskop herumspielt. Und wenn das geschähe: Glauben Sie etwa, diese Leute würden sofort das Weiße Haus oder das Pentagon anrufen?

Nie und nimmer. Wenn es verantwortungsbewusste Leute sind, werden sie als Erstes Cal Tech oder andere Mitglieder der SETI League benachrichtigen. Würde der Fund, wie vorsichtig auch immer, bestätigt, würden sie es anschließend allen Menschen erzählen, die sie kennen: ihrer Familie, ihren Freunden, einem Mädchen oder Jungen, den sie beeindrucken wollen, dem Hund, der Katze, dem Hausleguan ... kurz gesagt, jedem in Hörweite, ganz zu schweigen von denen, die sie per Telefon oder E-Mail erreichen können. Wahrscheinlich würden sie die Informationen ins Internet stellen, vermutlich mit einem Link auf die eigene Homepage.

Und wenn sie ihren Drang nach den berühmten Warhol'schen fünfzehn Minuten des Ruhms befriedigen wollen (und wer will das heutzutage nicht?), würden sie die Medien informieren. Nicht die *Hooterville Gazette* – nein, nein: alle lokalen TV-Sender, dazu CNN, die großen Radiostationen und die auflagenstärksten Zeitungen. Wenn sie clever sind, nehmen sie 1 000 Dollar für die Kamerawagen, die in ihrem Vorgarten parken, und bringen irgendeinen Nachbarjungen dazu, Schinkenbrote für zehn Dollar pro Stück zu verkaufen.

Bei diesem Szenario wäre der Präsident der Vereinigten Staaten nicht einer der Ersten, der von der Entdeckung eines außerirdischen Signals aus dem Weltraum erführe, sondern einer der Letzten. Er würde die Nachricht auf die gleiche Art und Weise erfahren wie der Rest von uns:

»Und nun das Thema des Tages ...«

Jetzt weiß die Öffentlichkeit also auf die eine oder andere Art, dass eine Radiobotschaft aus den Tiefen des Weltraums empfangen worden ist. Was geschieht dann?

Lassen wir für den Moment den tatsächlichen Inhalt der Botschaft mal außer Acht – dies ist auch ein Thema, über das man endlos spekulieren könnte, wie es viele Science-Fiction-Autoren bereits getan haben. Nehmen wir einfach an, dass sie relativ simpel ist: Entweder eine unübersetzbare Abfolge von rhythmischen Schwingungen oder höchstens etwas wie: »Hallo, könnt ihr mich hören?« Selbst wenn das Signal nicht komplexer wäre als eine sich wiederholende Reihe von Piepsern, wäre es doch ein beinahe unwiderlegbarer Beweis dafür, dass die Menschheit nicht allein im Universum ist, dass irgendwo in unserer Galaxis eine andere Zivilisation existiert.

In unserem postrevolutionären Informations-Zeitalter, in dem Satelliten globale Kommunikation ermöglichen, würde sich die Nachricht schneller verbreiten als ein Windows-Virus bei einer Microsoft-Tagung. Käme die Geschichte vor fünf Uhr nachmittags *Eastern Time* herein, wäre sie zweifellos das Hauptthema in den Abendnachrichten aller großen TV-Sender und würde wahrscheinlich die Spätnachrichten bei den europäischen TV-Sendern sowie die Morgennachrichten in Asien und Australien bestimmen. Doch selbst wenn nicht: Die großen Rundfunkanstalten würden die Geschichte bringen, sobald sie sie bekämen, daher stünde sie beinahe sofort auf den Online-Nachrichtenseiten. Da die meisten amerikanischen Morgenzeitungen ihre Titelseiten nicht vor neun Uhr am Vorabend in Druck geben, würde eine verifizierte Story über den ersten Kontakt die Titelseiten sämtlicher Morgenausgaben beherrschen – natürlich unter der Voraussetzung, dass sich am selben Tag kein anderes wichtiges Ereignis zugetragen hat (zum Beispiel eine Kriegserklärung, die Ermordung des Präsidenten oder die Zerstörung von Los Angeles durch ein Erdbeben der Stärke 7,5).

In alten Filmen wurden uns solche Ereignisse als Bildmontage präsentiert: Zeitungen mit Überschriften in Schriftgröße 48 trudeln spiralförmig aus der Leinwand auf uns zu, Radiosprecher mit Schlapphüten bellen in die Mikrofone, riesige Menschenmengen starren zu der alten elektrischen »laufenden Schlagzeile« (die leider 1999 abgebaut wurde) am New Yorker Times Square hoch; weitere spiralförmig trudelnde Zeitungen auf Französisch, Deutsch, Italienisch, Indisch und Japanisch; weitere Menschenansammlungen auf dem Piccadilly Circus, dem Roten Platz, vor dem Taj Mahal, während andere Radiosprecher die Nachrichten in ihrer jeweiligen Sprache verlesen. Vielleicht ein Bild von der Generalversammlung der Vereinten Nationen, nur der Vollständigkeit halber.

Ja, so könnte es tatsächlich ablaufen ... zumindest ein, zwei Tage lang. Zweifellos würde die Nachricht vom ersten Kontakt alle erstarren lassen ... und dieses Gefühl würde ungefähr fünf Minuten lang anhalten. Vielleicht zehn, wenn nichts anderes geschieht. Fünfzehn, wenn die Botschaft von Elvis Presley unterschrieben wäre. Dennoch wäre dies das größte, wichtigste Ereignis in unserem Leben seit ... nun, seit dem letzten großen, wichtigen Ereignis in unserem Leben.

Denken Sie mal darüber nach. Wie viele große Ereignisse, die so bedeutend sind wie der erste Kontakt, haben Sie als Zeitzeuge erlebt? Ich bin 1958 geboren, also lebe ich jetzt seit vier Jahrzehnten auf dem Planeten Erde. Das erste große Ereignis, an das ich mich erinnere, war die Ermordung von John F. Kennedy, doch seine Beerdigung hielt meine Familie nicht davon ab, mit unseren Verwandten ein vorgezogenes Thanksgiving-Dinner abzuhalten. Unmittelbar nach der Mondlandung von Apollo 11 ging ich nach draußen und mähte im Vorgarten den Rasen. Als polnische Truppen in Warschau einmarschierten, um einen Volksaufstand niederzuschlagen, nahmen die Studenten, die in meinem College-Schlafraum eine Party feierten, zwar Notiz von der Invasion, aber das war es auch schon. Der Fall der Berliner Mauer war das Hauptthema der Frühstücksgäste bei einem Dinner in Peterborough in New Hampshire, aber keiner sprang von seinem Stuhl auf, um das Ende des Kalten Krieges zu verkünden. Ich weinte, als ich hörte, dass man John Lennon erschossen hatte, ich wurde wütend, als eine Bombe libyscher Terroristen in einer PanAm 747 über Schottland explodierte, und ich hatte furchtbare Angst, als die USA ihre Truppen nach Saudi-Arabien entsandten ...

Und dann ging das Leben weiter. Andere Dinge zogen meine Aufmerksamkeit auf sich, und ich möchte wetten, Ihnen erging es nicht anders. Unsere Welt verändert sich ständig, und nichts außer dem Ausbruch des Dritten Weltkriegs vermag unser Interesse für mehr als einen Augenblick zu erregen. Selbst eine Botschaft aus dem interstellaren Raum würde nicht dazu führen, dass man die *World Series* absagt.

Die Nachricht des ersten Kontakts würde zweifellos ungefähr eine Woche lang die Schlagzeilen der ganzen Welt, die TV-Nachrichtensendungen, die Online-Services usw. beherrschen. Maximal zehn Tage. Und dann würde sie nach und nach vom oberen Teil der Seite auf den unteren Rand fallen, dann auf die hinteren Seiten gelangen und schließlich ganz verschwinden. Es sei denn, natürlich, weitere Botschaften würden auf dem Fuße folgen, oder man würde entdecken, dass die ursprüngliche Botschaft Informationen von erschütterndem Ausmaß enthielte (zum Beispiel Entwürfe für ein Raumschiff, das schneller als mit Lichtgeschwindigkeit fliegt oder die Meinung, dass Pepsi Cola besser schmeckt als Coca Cola).

Doch trotz der Tatsache, dass unsere Aufmerksamkeit flüchtig ist, und trotz unseres tief sitzenden Zynismus' würde unser kollektives Bewusstsein sich kaum wahrnehmbar verändern. Denn ebenso wie Apollo 11 unseren Blick auf den Mond für immer verändert hat, würden wir nie wieder in der Lage sein, in einer klaren Nacht vor die Tür zu treten, die Sterne zu betrachten und uns zu fragen, ob es da draußen jemanden gibt. Wir würden die Antwort kennen, und wir müssten unser Wissen auf die eine oder andere Art interpretieren.

Wenn die Nachricht des ersten Kontakts sich verbreitet hat und die ganzen üblichen Experten, Kolumnisten und Leute, die man nur reden sieht, ihre Meinung abgeliefert haben – ob sie nun bemerkenswert, banal oder lächerlich ist –, können wir damit rechnen, dass dieses Ereignis als Nächstes Eingang in die Massenkultur finden wird. Und wenn sich die Mode bis dahin nicht gewaltig verändert hat, wette ich, dass es als Erstes T-Shirts geben wird.

»Und nun das Thema des Tages ...«

Das ist kein Witz. In der Nacht, in der John Lennon getötet wurde, waren zwei Freunde von mir, Duane und Kent, im Begriff, ihren Second-Hand-Plattenladen in Nashville, Tennessee, zu schließen. Sie hatten ungefähr eine Stunde zuvor im Radio von dem Mord gehört, und beide waren ziemlich erschüttert – besonders Duane, der sein Leben lang Beatles-Fan gewesen war. Sie wollten gerade die Lichter löschen, als sie jemanden gegen die Eingangstür hämmern hörten. Es war ein ziemlich heruntergekommener Typ, die Arme voll mit billigen T-Shirts, auf die hastig mit billigem Gewebefilmdruck eine schlechte Skizze von John Lennons Gesicht und die Einschrift »John Lennon 1940 – 1980 R.I.P.« gedruckt war. Dieser Profitgeier hatte anscheinend Minuten, nachdem er die Nachricht gehört hatte, damit begonnen, die Shirts herzustellen, und versuchte nun, seinen Vorrat an die lokalen Einzelhändler zu verscherbeln. Duane griff verärgert nach den T-Shirts und warf sie auf die Straße, aber am nächsten Tag sah man in Kent Leute, die genau diese T-Shirts trugen.

Ich gehe jede Wette ein: Wenn ein interstellares Radiosignal aus einem mit Computern erzeugten Balkendiagramm besteht und dieses Balkendiagramm der Öffentlichkeit zugänglich gemacht wird, können wir dieses Bild innerhalb von wenigen Tagen auf T-Shirts sehen. Unabhängig davon, ob das Signal übersetzt wurde oder die Bedeutung des Inhalts von SETI-Forschern ermittelt werden konnte, wird es schon bald zu einem sofort erkennbaren Symbol werden. Und so wird es auf T-Shirts, Schlüsselanhängern, Autoaufklebern, Heftumschlägen, Postern, Unterwäsche usw. auftauchen. Schon bald werden wir praktisch jedes nur mögliche Objekt mit dem darauf prangenden Symbol kaufen können. Wenn sich irgendwie eine schnelle Mark machen lässt, gibt es mit Sicherheit jemanden, der daraus Nutzen zieht.

Die Flut billiger Schmuckstücke wird nur die erste Welle sein. Die Verlage werden sich sofort der Sache annehmen. Die ersten Schnellschüsse in Taschenbuchformat über das Signal im Besonderen und SETI im Allgemeinen werden vermutlich innerhalb von einer oder zwei Wochen, maximal innerhalb eines Monats, den Markt überschwemmen. Gleichzeitig wird eine Hand voll bereits veröffentlichter nicht fiktionaler Bücher über SETI neu aufgelegt werden, vielleicht zusammen mit zwei oder drei Science-Fiction-Romanen zum selben Thema. In der Zwischenzeit werden die Autoren von Groschenromanen wild auf ihren Tastaturen herumhacken, literweise Kaffee in sich hineinschütten und eine Kippe nach der anderen rauchen, während sie sich abmühen, die knappen Abgabetermine für einen Stapel reißerischer Thriller einzuhalten. *Tödliches Signal* von Ima Hack: »Zuerst war da der Kontakt ... Dann kam die Invasion ...«

Die Boulevard-Presse hat natürlich immer gewusst, dass im Weltall intelligentes Leben existiert. Es ist ja tatsächlich so: Sie haben uns in den letzten Jahrzehnten stets über die aktuellen Entwicklungen auf dem Laufenden gehalten. Wir wissen Bescheid dank zahlloser Exklusivinterviews mit von UFOs Entführten, Eltern von Weltraumbabies, anonymen russischen Wissenschaftlern und verschiedenen weltbekannten Experten, von denen Sie noch nie etwas gehört haben. Nun werden wir verlässliche Informationen bekommen, dass das Signal von Gott, Elvis oder Prinzessin Diana ausgesandt wurde; dass die Außerirdischen uns treffen, mit uns essen oder fremdartigen Sex mit uns haben wollen (nicht notwendigerweise in dieser Reihenfolge); dass das Ende der Welt bevorsteht, dass sie einen Wunderplan zum Abnehmen haben ... den Rest kennen Sie ja.

Hollywood wird die Nachricht auch nicht einfach verschlafen. Nach der hastigen Neuveröffentlichung eines halben Dutzends alter Filme auf Videokassette und DVD werden die Studios über ihre eigenen Füße stolpern, um eiligst mit der Produktion einer ganzen Latte neuer Filme zu beginnen, deren Drehbücher alle von gut bezahlten Schreibern verfasst werden, die ein wissenschaftliches Lehrbuch nicht mal erkennen würden, wenn man sie mit der Nase darauf stieße. Einer oder zwei dieser Filme werden es vielleicht tatsächlich bis in die Kinos schaffen, aber ich denke, dass die meisten nur als Videos erscheinen oder auf dem Science-Fiction-Kanal landen. Das Fernsehen lässt ein paar mittelmäßige Filme produzieren, von denen mindestens einer auf einer »wahren Geschichte« beruht, je nachdem, ob die an der tatsächlichen Entdeckung des Radiosignals Beteiligten lukrative Verträge unterzeichnen – hier würde sich mein hypothetischer Teenager ganz gut machen, wenn er oder sie nichts dagegen hätte, durch das Endergebnis bloßgestellt zu werden –, und sie werden gute Werte bei den Nielsen-Ratings erzielen, falls nicht gleichzeitig ein Football-Spiel auf dem Konkurrenzsender läuft.

Die Tonaufnahme des Signals wird zum einen so häufig zu hören sein, dass sie uns ebenso vertraut wird wie ihre graphische Umset-

»Und nun das Thema des Tages ...«

zung, die wir jederzeit erkennen. Und dann könnte sie auch zu Popmusik gesampled werden. Wenn es reguläre Kadenzen gibt – beep-beepbeep-beep-beepbeep-beep-beepbeep und so weiter –, könnte sie möglicherweise den Hintergrundbeat für eine Single liefern, wahrscheinlich Hip-Hop von aufstrebenden Gangsta-Rappern aus Los Angeles:

> Beep-beepbeep-beep-beepbeep...
> Don' know who you are, don' know where you been
> Beep-beepbeep-beep-beepbeep...
> Tellin' you once, ain't tellin' you 'gin
> Beep-beepbeep-beep-beepbeep...
> Come to my 'hood, there one thing for 'sho
> Beep-beepbeep-beep-beepbeep...
> Mu' fuckin' alien, stay away from my 'ho
> Beep-beepbeep-beep-beepbeep..

So wird der anfängliche Schock über den ersten Kontakt ungefähr eine Woche lang andauern – maximal zehn Tage –, bevor er im ganzen Alltagstrubel in den Hintergrund tritt. Hätte *Projekt Ozma* 1960 ein SETI-Signal empfangen, wäre die Wirkung vielleicht stärker, die Neuigkeit aufrüttelnder gewesen. Doch in den vergangenen vier Jahrzehnten hat die Vorstellung außerirdischen Lebens bei der Öffentlichkeit eine viel größere Akzeptanz erfahren. Vielen mag die Neuigkeit eines interstellaren Radiokontakts sogar wie eine Art Anti-Klimax erscheinen, sie haben sich nicht nur an die Vorstellung von ET gewöhnt, sondern haben in der Tat schon seit einiger Zeit auf dieses Ereignis gewartet.

UFO-Fans werden dies natürlich als Bestätigung für ihre Auffassungen anführen, und die paranoideren unter ihnen werden darauf bestehen, dass die Regierung schon seit Jahren solche Signale empfangen hat, die Information aber jetzt erst preisgegeben hat. Wie immer werden ihre Behauptungen unwiderlegbar sein, da sie gleichzeitig unbeweisbar sind, denn wie kann man eine falsche Aussage widerlegen, für die es keinen Beweis gibt? Viele werden ihnen jedoch glauben, und wie immer werden sich Verschwörungstheorien verbreiten. Ich hoffe, dass mein hypothetischer Teenager oder SETI-Beobachter im Garten bis dahin klug genug gewesen sein wird, sich eine neue Telefonnummer geben zu lassen.

Da die Anhänger von Verschwörungstheorien dazu neigen, auf derselben Wellenlänge zu operieren wie andere Randgruppen, werden wir wahrscheinlich hören, dass verschiedene rechtsextreme Milizen in Erwartung einer außerirdischen Invasion ihren Bestand an Waffen, Konserven und Schnaps erhöhen. Ebenso können wir uns die Reaktion pseudo-religiöser Gruppierungen am äußersten Rand der Verrückten-Skala vorstellen. Wenn das Auftauchen des Kometen Hale-Bopp ausreichte, neununddreißig Mitglieder der Heaven's-Gate-Sekte zum Massenselbstmord zu treiben, könnte eine andere Gruppe Verrückter ähnlich reagieren, wenn ein SETI-Signal empfangen wird. Ich halte es jedoch für viel wahrscheinlicher, dass sich mehr oder weniger friedliche neue Sekten bilden werden, die das Signal als Beweis betrachten, dass schon bald selige Außerirdische die Erde besuchen und sie in irgendein Paradies mitnehmen werden, das nur in ihrer Vorstellung existiert.

Es ist etwas schwieriger einzuschätzen, wie die großen Religionen der Welt antworten werden. Auch wenn einige kleinere Gruppen mit gleichsam Sektenstatus – beispielsweise die Scientology-Kirche – die Existenz außerirdischer Intelligenz bereits in ihre Doktrin eingebaut haben, neigen die etablierten traditionellen Glaubensrichtungen zu der Vorstellung, dass Gott die Menschen (genauer gesagt den Mann) nach seinem Abbild erschaffen hat. Falls diesen Religionen der Beweis vorgelegt wird, dass die Menschheit nicht allein im Universum ist, müssen sie sich mit einem direkten Angriff auf ihre Orthodoxie herumschlagen.

Wahrscheinlich werden die meisten konservativen Religionen oder Glaubensrichtungen die Bekanntgabe des ersten Kontakts als blasphemisch, betrügerisch, satanisch oder alles zusammen anprangern. Ausgesuchte Priester, Minister und Laienprediger werden sowohl von der Kanzel als auch auf der Straße lauthals vor Hölle und Verdammnis warnen. Doch gleichzeitig werden Religionsführer der aufgeschlosseneren Religionen wahrscheinlich die Vorstellung akzeptieren, dass Gott mehr als eine intelligente Spezies im Universum geschaffen hat, und ihre Gemeinden aufrufen, die Offenbarung zu bejubeln, dass die Weisheit des Herrn so unendlich groß und mächtig ist.

Natürlich braucht eine solche Veränderung der Denkungsart seine Zeit. Schließlich dauerte es beinahe vierhundert Jahre, bis die römisch-katholische Kirche endlich zugab, dass Galileo Galilei Recht hatte. Doch in dem uralten Konflikt zwischen Wissenschaft und Religion hat es nur wenige Fälle gegeben, in denen die Wissenschaft nicht gewonnen hat ... zumindest langfristig gesehen.

Abschließend muss man sich fragen, wie die Science-Fiction-Literatur reagieren würde. Der erste Kontakt ist eines der bevorzugten Themen des Genres. Der Ausdruck wurde sogar durch den Titel einer klassischen Geschichte geprägt: *First Contact* von Murray Leinster, erschienen 1945 in der Mai-Ausgabe von *Astounding*. Obwohl die Vorstellung von einem Treffen mit Außerirdischen uns schon seit sehr langer Zeit – in der Tat seit Jahrhunderten – begleitet, wird sie erst seit einigen Jahrzehnten von der Science-Fiction-Literatur in einem wahrhaft realistischen Sinn behandelt, wie in James Gunns Roman *The Listeners* von 1972.

Die Science-Fiction-Literatur hat bewiesen, dass sie zukünftige Ereignisse sehr gut vorauszusagen vermag; doch gleichzeitig gibt es nur sehr wenige SF-Geschichten, die die Zukunft akkurat beschrieben haben. Seit Jules Vernes *Von der Erde zum Mond* waren Expeditionen zum Mond ein zentrales Thema des Genres, doch niemand hat vorausgesehen, dass Abermillionen von Menschen in einer Live-Fernsehübertragung Neil Armstrongs erste Schritte im Meer der Ruhe mit ansehen würden. H.G. Wells stellte den Luftkampf über Europa und die Belagerung Großbritanniens während des Zweiten Weltkriegs dar, doch er glaubte auch, dass dieser Konflikt der letzte Krieg sein würde, der jemals ausgetragen wird. E.E. »Doc« Smith sah interplanetarische Raumschiffe voraus ... doch sie wurden von Dieselmotoren angetrieben. Und obwohl Computer bereits in weit zurückliegenden SF-Stories aus den frühen Dreißigern ein wichtiges Hilfsmittel waren, hat kein Autor je den Tag vorausgesehen, an dem sie auf einen Tisch passen und so verbreitet sind wie das Telefon. SF-Autoren können sich verdammt gut ausmalen, was sich ereignen wird, doch der Teufel liegt im Detail.

Wenn und falls der erste Kontakt zustande kommt, sei es mittels Radioteleskop, bei einem Treffen im Weltall oder sogar durch ein auf der Erde landendes außerirdisches Raumschiff, können wir mit Sicherheit davon ausgehen, dass es keinem Szenario ähneln wird, das je in der Science-Fiction-Literatur vorgezeichnet wurde. Es kann in der Tat sein, dass die Menschheit niemals auf außerirdische Intelligenzen trifft oder mit ihnen kommuniziert, selbst wenn wir schließlich die Technologie entwickeln, die es uns ermöglicht, Reisen außerhalb unseres Sonnensystems zu unternehmen. Das soll nicht heißen, dass es dort draußen keine anderen Zivilisationen gibt – ich finde in der Tat, dass diese Aussicht nur schwer verdaulich ist. Man unterschätzt jedoch sehr leicht die bloße Größe unserer eigenen Galaxis; und es ist beinahe unmöglich, die Größe des Universums wahrhaft zu begreifen. Es kann sehr gut sein, dass es dort draußen andere intelligente Zivilisationen gibt, doch so weit entfernt, dass wir niemals Kenntnis von ihrer Existenz erhalten.

Andererseits sind meine Gedanken vielleicht schon überholt, wenn dieser Essay in Druck geht. Es mag gut sein, dass, während ich diese Worte schreibe, auf dem Computerbildschirm eines SETI-Beobachters das erste sich wiederholende verifizierbare Signal auftaucht. Oder vielleicht ...

Frühsommerabend. Meine Frau spielt mit ihrem Team Softball, und ich sitze oben in meinem Büro. Ich bin ganz allein zu Hause, nur meine Hunde leisten mir Gesellschaft. Gerade ist jemand am Haus vorbeigefahren. Vielleicht bleibe ich einfach eine Weile hier sitzen und warte darauf, dass es an der Tür klingelt.

Anmerkungen

[1] Nachdruck in meiner Sammlung *Rude Astronauts* unter dem Titel *LGM*; Old Earth Books, 1993; Ace Books, 1995

[2] nach: Shuch, H. Paul: *Join in the Worldwide. Backyard Search for Extra-Terrestrial Intelligence.* Monitoring Times, Juni 1999

»Antwortet, bitte antwortet!«

Ben Bova

Wir waren seit einer Woche am Südpol. Das Thermometer draußen zeigte minus 50° Fahrenheit an. Es wurde Winter.
»Wie sollte unsere Botschaft an McMurdo lauten – was denkst du?«, fragte ich Rizzo.
Er legte seine Zeitschrift beiseite und setzte sich in seinem Bett halb auf. Einen Moment lang war es still; wir hörten nur das gedämpfte Heulen des allgegenwärtigen Windes und das leise Summen der Maschinen, zwischen denen unsere kleine Kuppel eingeklemmt war.
Rizzo blickte mit einem Widerwillen, wie ihn nur ein abkommandierter Soldat zum Ausdruck bringen kann, auf den Halbkreis voller Kontrollkonsolen, Computern und meteorologischen Sensoren.
»Sag ihm, dass es kalt ist, immer kälter wird, und dass wir beide Blinddarmentzündung haben und sofort ersetzt werden müssen.«
»Sehr clever«, entgegnete ich und berührte die Tasten, wodurch automatisch die aufgezeichneten Daten der Sensoren übermittelt würden.
Rizzo sank auf sein Bett zurück. »Warum?«, fragte er, den Blick an die gewölbte Decke unseres engen Quartiers gerichtet. »Warum ich? Warum hier? Womit habe ich es verdient, den ganzen verdammten Winter am gottverdammten Südpol zu verbringen?«
»Sie haben nichts gegen dich«, versicherte ich ihm. »Nur irgendein cleverer junger Meteorologe in Washington hat das Pentagon davon überzeugt, dass der Südpol der Schlüssel zum Wettergeschehen der Welt ist. Deswegen sind wir hier.«
»Es macht keinen Sinn«, fuhr Rizzo, der nicht zuhörte, fort. Sein dunkles, breitknochiges Gesicht verriet, dass man ihm alles Unrecht der Menschheit angetan hatte. »Jeder weiß, wenn die Raketen geflogen kommen, dann kommen sie über den *Nord*pol. Und die gottverdammte Army glotzt exakt in die andere Richtung.«
»Das ist doch ziemlich normal für die Army, oder?« Auch ich war ein abkommandierter Soldat.
Rizzo schwang sich aus dem Bett und ging in dem schwach beleuchteten Raum auf und ab. Es waren nur ein halbes Dutzend Schrit-

te; die Kuppel war klein, und die Maschinen beanspruchten den meisten Platz darin.

»Fang nicht an, dich wie ein Löwe im Käfig aufzuführen«, warnte ich. »Der Winter wird noch lang.«

»Ja, schätze schon.« Er setzte sich neben mich an die Funkkonsole und zog eine Schachtel Zigaretten aus seiner Hemdtasche. Er bot mir eine an, und ein oder zwei Minuten lang rauchten wir beide schweigend.

»Hast du was zum Lesen dabei?«

Ich grinste. »Ein paar Mikrospulen mit Sternenverzeichnissen.«

»Sternenverzeichnisse ...?«

»Ich bin Astronom ... zumindest war ich Astronom, bevor der Ausnahmezustand ausgerufen wurde.«

Rizzo schaute verwirrt. »Aber ich habe nie von dir gehört.«

»Warum solltest du auch?«

»Ich bin auch Astronom.«

»Ich dachte, du bist Elektrotechniker.«

Er nickte heftig. »Ja, am radioastronomischen Observatorium in Greenbelt. *Projekt Ozma*. Wo arbeitest du?«

»Lick Observatorium ... das mit dem 120-Inch-Reflektor.«

»Oh ... ein optischer Astronom.«

»Gewiss.«

»Du bist der erste Optiker, den ich treffe.« Er schaute mich ein bisschen seltsam an.

Ich zuckte die Schultern. »Na ja, uns gibt's schon ein paar tausend Jahre länger als euch mit euren Richtantennen.«

»Ja, schätze schon.«

»Mir war nicht klar, dass das *Projekt Ozma* noch läuft. Habt ihr schon was gefunden?«

Jetzt zuckte Rizzo mit den Schultern. »Noch nichts. Das Projekt ist natürlich während des Ausnahmezustands auf Eis gelegt. Wenn es keinen Krieg gibt und die Schüssel nicht zerbombt wird, versuchen wir es noch mal.«

»Hört ihr immer noch die beiden selben Sterne ab?«

»Ja ... Tau Ceti und Epsilon Eridani. Es sind die einzigen beiden sonnentypischen Sterne innerhalb einer vernünftigen Reichweite, die Planeten wie die Erde haben könnten.«

»Und ihr erwartet, Funksignale von intelligenten Wesen aufzufangen.«

»Wir hoffen es.«
Ich schnipste die Asche von meiner Zigarette. »Weißt du, es ist mir immer ziemlich hoffnungslos vorgekommen ... das Weltall nach Funksignalen von intelligenten Wesen abzuhorchen.«
»Was meinst du mit hoffnungslos?«
»Warum sollte eine intelligente Spezies Funksignale in den interstellaren Raum schicken?«, fragte ich. »Denk mal daran, wie viel Energie dazu erforderlich ist – und dann die Wahrscheinlichkeit, dass es vergebliche Mühe ist, weil es innerhalb der Reichweite niemanden zum Reden gibt.«
»Nun ... es ist doch einen Versuch wert ... wenn du glaubst, dass es irgendwo anders intelligente Wesen geben könnte ... auf einem Planeten eines anderen Sterns.«
»Hm. Wir versuchen auch, außerirdische Intelligenz zu finden – und schicken wir Funksignale aus?«
»Nein«, gab er zu. »Der Kongress hat die Mittel für einen eigens dafür bestimmten Sender nicht bewilligt.«
»Genau«, sagte ich. »Wir hören ab, aber wir senden nicht aus.«
Rizzo ließ sich nicht entmutigen. »Hör mal, allein die statistische Chance – demnach könnte es Millionen anderer Sonnensysteme mit intelligentem Leben geben. Wir müssen versuchen, Kontakt mit ihnen aufzunehmen! Sie haben vielleicht Kenntnisse, die wir nicht haben ... Antworten auf Fragen, die wir noch nicht lösen können ...«
»Ich stimme dir völlig zu«, sagte ich. »Aber nach Funksignalen zu horchen, ist der falsche Weg.«
»Hä?«
»Funkübertragung verbraucht zu viel Energie, um interstellare Entfernungen effizient zu bewältigen. Wir müssen nach Signalen Ausschau halten, statt nach ihnen zu horchen.«
»Ausschau halten?«
»Laser«, sagte ich und wies auf die flachen Lichter über den Konsolen. »Optische Laser. Superlampen, die ins dunkle Nichts hinausleuchten. Man muss nur eine bescheidene Menge Strom hineinpumpen, ein paar Billionen Atome in Aufregung versetzen, und schon hat man einen kohärenten und bleistiftdünnen Lichtstrahl, den man Millionen von Meilen weit sehen kann.«
»Millionen von Meilen sind keine Lichtjahre«, murmelte Rizzo.

»Wir nähern uns schnell dem Punkt, an dem wir Laser mit einer Reichweite von Lichtjahren haben werden. Ich bin mir sicher, dass irgendwo in dieser Galaxis eine intelligente Spezies die erforderliche Technologie entwickelt hat, um ihre Botschaften von Stern zu Stern zu senden – mit Hilfe von Lichtstrahlen.«

»Und wie kommt es dann, dass wir keinen gesehen haben?«, fragte Rizzo.

»Vielleicht haben wir das ja.«

»Was?«

»Wir haben alle möglichen Veränderlichen beobachtet – Cepheiden, RR Lyrae-Sterne, T-Tauri-Sterne. Wir nehmen an, dass das, was wir sehen, Sterne sind, die aus natürlichen, aber uns unerklärlichen Gründen pulsieren und ihre Helligkeit verändern. Jetzt stell dir einmal vor, dass wir in Wirklichkeit Laserstrahlen sehen, Signale von Planeten, die zu undeutlich sind, als dass man sie von der Erde aus sehen könnte.«

Gegen seinen Willen wirkte Rizzo fasziniert.

»Es wäre relativ einfach, die Spektren solcher Lichtquellen zu untersuchen und zu bestimmen, ob sie natürliche Sterne oder künstliche Laserstrahlen sind.«

»Hast du es ausprobiert?«

Ich nickte.

»Und?«

Ich zögerte lange genug, damit er seinen Atem anhielt und auf meine Antwort wartete. »Nichts zu holen. Jede veränderliche Lichtquelle, die ich untersucht habe, ist ein echter Stern.«

Giftig und verächtlich stieß er den Atem aus. »Ahhh, du hast mich die ganze Zeit hochgenommen. Dachte ich es mir doch.«

»Ja«, sagte ich. »ich schätze, du hast Recht.«

Die Zeit in der Wetterkuppel schleppte sich dahin. Es war mir gelungen, ein kleines tragbares Teleskop mitzuschmuggeln, und ich versuchte, Beobachtungen zu machen, wann immer es möglich war. Doch das Wetter war ungewöhnlich schlecht. Rizzo, der beinahe verzweifelt nach Ablenkung suchte, begann mir einen elektronischen Bildverstärker zu bauen.

»Antwortet, bitte antwortet!«

Die einzige Verbindung zum Rest der Welt war unsere wöchentliche Funkbotschaft von McMurdo. Die Sendezeiten waren willkürlich verschlüsselt, um die Chance zu verringern, dass wir abgehört oder gestört wurden. Und wir hatten Order, strikte Funkstille einzuhalten.

Während sich die Wochen dahinzogen, erfuhren wir, dass die Roten einen unserer bemannten Satelliten mit vorgehaltener Waffe betreten hatten. Unsere Crews hatten zwei vollautomatische Spähersatelliten der Roten außer Gefecht gesetzt. Auf einer strategisch wichtigen Insel in der Arktis waren Schüsse gefallen. Und sechs verschiedene Nationen testeten Atombomben.

Natürlich erhielten wir keine Post. Unsere Post wartete auf uns in McMurdo, bis wir hier fertig waren. Ich dachte ziemlich viel an Gloria und unsere zwei Kinder und bemühte mich, nicht über Explosionsmuster und Fallout in der Gegend um San Francisco, wo sie sich befanden, nachzudenken.

»Meine Frau hat mich genervt, bis ich beinahe jeden verdammten Cent, den ich hatte, in einen Bunker unter dem Haus investiert habe«, erzählte mir Rizzo. »Der verdammte Bunker ist teurer eingerichtet als das Haus. Wenn es zur Katastrophe kommt, ist meine Frau bestens versorgt. Aber wenn es keinen Krieg gibt, wird sie sich verdammt dumm vorkommen.«

Ich sagte nichts.

Eine Zeit lang klarte das Wetter auf (während des langen antarktischen Winters gab es kein Tageslicht), und ich teilte meine Zeit gleichmäßig zwischen der Beobachtung der meteorologischen Sensoren und der Sterne auf. Unsere Kuppel war natürlich vollständig von Schnee bedeckt, doch unser »Schnorchel« bohrte sich hindurch, bis nach draußen in die Luft.

»Diese Kuppel ist genau wie ein U-Boot, nur dass wir von Schnee statt von Wasser eingeschlossen sind«, bemerkte Rizzo. »Ich hoffe nur, dass wir nicht bis auf den Grund sinken.«

»Laut den Berechnungen wird alles gut gehen.«

Er schnitt ein Gesicht. »Berechnungen haben auch bewiesen, dass Flugzeuge niemals vom Boden abheben.«

Wieder brachen Stürme über uns herein, doch als sie sich verzogen, war Rizzo mit meinem Bildverstärker fertig. Mit dem kleinen Teleskop, das ich hatte, konnte ich nun beinahe so weit sehen wie mit einem professionellen Instrument. Ich konnte sogar gemütlich auf meinem Bett liegen, den Bildschirm des Verstärkers beobachten und das gesamte System per Fernbedienung überwachen.

Dann geschah es.

Zuerst war es nur merkwürdig, eigentümlich.

Ich studierte gerade einen veränderlichen Cepheiden – einen der großen, sehr hellen Sterne, die so regelmäßig pulsieren, dass man die Uhr danach stellen kann. Er hatte meine Aufmerksamkeit auf sich gezogen, weil er für einen Cepheiden so ungewöhnlich nah schien, nur 700 Lichtjahre entfernt. Indem ich die Zeit für das Pulsieren des Sterns mitstoppte, konnte ich die Entfernung leicht berechnen.

Ich überredete Rizzo, mir beim Aufstellen eines Spektrometers zu helfen. Wir bedienten uns schamlos aus den Ersatzteilabfällen der Kuppel und stellten schließlich ein Instrument her, das das Licht des Sterns in seine einzelnen Wellenlängen brechen und uns auf diese Weise mehr über seine chemische Zusammensetzung und seine Oberflächentemperatur verraten würde.

Zuerst glaubte ich nicht, was ich sah.

Das Spektrum des Sterns – ein breiter, farbiger Regenbogen – war kreuz und quer mit dünnen dunklen Linien überzogen. Das war okay. Man nennt sie Absorptionslinien; die Sonne hat Tausende davon in ihrem Spektrum. Doch eine Linie – *eine* – war eine unverschämt helle Emissionslinie. Alle Gesetze der Physik und Chemie besagten, dass sie sich nicht dort befinden durfte.

Doch sie war da.

Wir fotografierten den Stern dutzende Male. Wir überprüften unaufhörlich unsere Instrumente. Ich verbrachte Stunden damit, das »offizielle« Spektrum des Sterns, wie es in den standardmäßigen Sternenverzeichnissen niedergelegt war, zu studieren. Mit unseren Instrumenten stimmte alles.

Und doch zeigte sich die helle Linie. Sie war tatsächlich vorhanden.

»Ich verstehe das nicht«, gab ich zu. »Ich habe schon Sterne mit hellen Emissionsspektren gesehen, aber eine einzige helle Linie in einem Absorptionsspektrum! Davon habe ich noch nie etwas gehört. Eine einzige Wellenlänge … ein bestimmter Atomtyp auf einem bestimmten Energieniveau … warum? Warum gibt sie Energie ab, wenn die anderen Wellenlängen es nicht tun?«

»Antwortet, bitte antwortet!«

Rizzo saß auf seinem Bett und paffte eine Zigarette. Er blies eine Rauchwolke gegen die niedrige Decke. »Vielleicht ist es eins dieser Lasersignale, von denen du mir vor ein paar Wochen erzählt hast.«

Ich schaute ihn finster an. »Na, komm. Ich meine es ernst. Das verwirrt mich.«

»Warte mal ... du bist es doch, der gesagt hat, dass Radioastronomen ihre Ohren umsonst anstrengen. Du bist es doch, der gesagt hat, wir müssten Ausschau halten. Also, halte Ausschau!« Er genoss seine Rache.

Ich schüttelte den Kopf und wandte mich meinen meteorologischen Geräten zu.

Doch Rizzo ließ nicht locker. »Nimm mal an, es gibt eine intelligente Spezies, die auf einem Planeten nahe einem Cepheiden-Veränderlichen wohnt. Die denken sich, dass andere intelligente Wesen Astronomen haben, die auf ihren Stern neugierig sind, stimmt's? Also schicken sie ein Lasersignal aus, das dem Pulsieren des Sterns angepasst ist. Wenn du den Stern anschaust, siehst du ihr Signal. Was könnte logischer sein?«

»Okay«, meckerte ich. »Du hast jetzt deinen Spaß gehabt ...«

»Ich sag dir was«, beharrte er. »Lass uns das Oszilloskop auf diese Wellenlänge einstellen und sehen, ob ein definites Signal herauskommt. Vielleicht steht dann da *Bring mich zu eurem Führer* oder sowas.«

Ich ignorierte ihn und wandte mich meinen eigentlichen Aufgaben zu. Die meteorologische Ausrüstung funktionierte perfekt, doch unsere Befehle lauteten, dass einer von uns sie alle zwölf Stunden überprüfen musste. Also überprüfte ich die Geräte und versuchte meine Augen vom Wandern abzuhalten, während Rizzo mit einer Fotozelle und einem Oszilloskop herumbastelte.

»Geschafft«, sagte er schließlich. »Jetzt wollen wir mal sehen, was sie uns sagen.«

Gegen meinen Willen blickte ich auf das Oszilloskop. Eine stetige, sanft geneigte grünliche Linie zog sich über den Bildschirm. »Keine Botschaft«, sagte ich.

Rizzo zuckte ausgiebig die Schultern.

»Wenn du das Oszilloskop zwei Tage laufen lässt, wirst du sehen, dass die Linie eine komplette Schwingung von ganz oben bis hin zu Null vollziehen wird«, informierte ich ihn. »Der Stern pulsiert alle zwei Tage von hell nach matt.«

»Lass uns die Verstärkung höher stellen«, sagte er und betätigte ein paar Schalter an der Vorderseite des Oszilloskops.

Die Linie veränderte sich überhaupt nicht.

»Wie hoch ist die Laufgeschwindigkeit?«, fragte ich.

»Eine Nanosekunde pro Zentimeter.« Das bedeutete, dass jedes einen Zentimeter breite Quadrat auf dem Bildschirm eine Milliardstel Sekunde darstellte. Eine Sekunde hat genauso viele Nanosekunden wie 32 Jahre Sekunden haben.

»Na ja, wenn du bei dieser Feineinstellung kein Signal empfängst, dann ist da ganz einfach kein Signal«, sagte ich.

Rizzo nickte. Er wirkte ein wenig enttäuscht, dass sein Scherz ein Ende gefunden hatte. Ich wandte mich wieder den meteorologischen Instrumenten zu, doch ich konnte mich nicht auf meine Arbeit konzentrieren. Irgendwie war ich auch enttäuscht. Wahrscheinlich hatte ich unbewusst gehofft, dass Rizzo tatsächlich ein Signal von dem Stern entdecken würde. Du Narr!, schimpfte ich mit mir selbst. Doch wie erklärte sich die helle Emissionslinie? Ich blickte wieder auf das Oszilloskop.

Und plötzlich zerbrach die glatte stetige Linie zu einer gezackten Reihe aus Millionen von Oberwerten und Nullen!

Ich starrte auf den Bildschirm.

Rizzo saß wieder auf seinem Bett und las in einer seiner Zeitschriften. Ich wollte ihn rufen, doch mir blieben die Worte im Hals stecken. Ohne dass ich meine Augen von dem flackernden Oszilloskop abwendete, streckte ich die Hand aus und berührte seinen Arm.

Er schaute hoch.

»Heilige Mutter Gottes«, wisperte Rizzo.

Eine lange Zeit starrten wir schweigend auf die flatternde Linie, die über den Bildschirm des Oszilloskops tanzte und unsere kleine Kuppel in ein bizarres grünliches Licht tauchte. Es war auf eine unheimliche Art faszinierend, hypnotisch. Die Linie stand nie still; sie plapperte und stotterte eine Folge kleiner Oberwerte und Nullen, die sich beinahe zu schnell für das Auge veränderten. Hoch und runter, sie rief uns an, hoch und runter, niemals ruhig, niemals still, flackerte stetig ihre unbekannte Botschaft an uns.

»Können das ... Menschen sein?«, fragte Rizzo. Sein Gesicht wirkte in dem grünlichen Licht plötzlich gefurcht, verwittert, alt: eine Mischung aus Unglauben und Angst.

»Was sollte es sonst sein?«, hörte ich meine eigene Stimme antworten. »Es gibt keine andere mögliche Erklärung.«
Wir saßen Gott weiß wie lange stumm da.
Schließlich fragte Rizzo: »Was machen wir jetzt?«
Die Frage holte uns aus unserer Trance in die Gegenwart zurück. Was machen wir jetzt? Welche Maßnahmen ergreifen wir? Wir sind denkende Menschen, und andere Wesen, die logisch denken und ein Signal über 700 Lichtjahre durch den Raum schicken können, haben zu uns Kontakt aufgenommen. Also, sitz hier nicht einfach voll benommener Ehrfurcht herum. Nutze deinen Verstand, beweise, dass du das Attribut *sapiens* zu Recht trägst.
»Wir entschlüsseln die Botschaft«, kündigte ich an und fügte hinzu: »Aber frage mich nicht, wie.«
Wir hätten McMurdo oder Washington rufen sollen. Oder vielleicht hätten wir versuchen sollen, eine Botschaft an die Vereinten Nationen abzusetzen. Aber daran haben wir nicht eine Sekunde lang gedacht. Das war unser Problem. Vielleicht war es unsere Abgeschiedenheit, die uns davon abhielt, über den Rest der Welt nachzudenken. Vielleicht war es bloßes Glück.
»Wenn sie Laser verwenden«, schlussfolgerte Rizzo, »müssen sie eine Technologie haben, die der unseren ähnelt.«
»Sie müssen sie gehabt haben«, korrigierte ich. »Diese Botschaft ist siebenhundert Jahre alt, vergiss das nicht. Sie haben mit Lasern gespielt, als König Johann die Magna Carta unterzeichnet hat und Dschinghis Khan fast ganz Asien besaß. Der Himmel weiß, was sie jetzt haben.«
Rizzo erbleichte und kramte nach einer weiteren Zigarette.
Ich wandte mich wieder dem Oszilloskop zu. Das Signal blitzte immer noch über den Schirm.
»Sie schicken ein Signal«, sinnierte ich, »vermutlich willkürlich. Sie strahlen es in den Weltraum hinaus und hoffen, dass irgendjemand es irgendwo auffängt. Es wird irgendein Code sein ... aber ein Code, von dem sie denken, dass jeder ihn knacken kann, der intelligent genug ist, um zu erkennen, dass es sich um eine Botschaft handelt.«
»Eine Art interstellarer Morsecode.«
Ich schüttelte den Kopf. »Morsecodes basieren darauf, dass beide Seiten den Code kennen. Es gibt kaum Schlüssel.«
»Kryptographen knacken Codes.«

»Klar, wenn sie wissen, welche Sprache verwendet wird. Wir kennen die Sprache nicht, wir kennen das Alphabet nicht und wissen nichts über ihre Art zu denken ... wir wissen gar nichts.«

»Aber es ist ein Code, der leicht geknackt werden kann«, flüsterte Rizzo.

»Ja«, stimmte ich zu. »Und was zum Teufel ist das für ein Code, von dem sie annehmen können, dass andere Wesen, die sie nie gesehen haben, ihn erkennen werden?«

Rizzo lehnte sich auf seinem Bett zurück, und sein Gesicht verschwand im Schatten.

»Ein interstellarer Code«, plapperte ich weiter. »Eine Form der Informationspräsentation, die beinahe jeder Spezies bekannt sein dürfte, die intelligent genug ist, um die Lasertechnik zu begreifen.«

»Binär!«, stieß Rizzo hervor und setzte sich auf dem Bett auf.

»Was?«

»Ein binärer Code. Um solche Signale zu senden, müssen sie in der Lage sein, eine Botschaft in Einheiten zu schreiben, die nur eine Milliardstel Sekunde lang sind. Dazu braucht man Computer, richtig? Und wenn sie Computer haben, dann rechnen sie sich aus, dass wir auch Computer haben. Digitale Computer laufen über binäre Codes. Aus oder ein ... ja oder nein. Es ist einfach. Ich wette, wir können uns das Signal hier auf Band ziehen und durch unseren Computer laufen lassen.«

»Die Annahme, dass sie genau solche Computer wie wir benutzen, ist ...«

»Vielleicht sind die Computer völlig anders«, sagte Rizzo aufgeregt, »aber ihre gemeinsame Basis ist der binäre Code. Ich wette drauf! Und dieser Computer hier – dieses Baby mit den Transistoren – kann mehr Informationen verarbeiten als ihm von der ganzen Armee eingefüttert werden könnten. Ich wette, nirgendwo hat man etwas Geeigneteres für einfache Berechnungen vom Typ eins plus eins entwickelt.«

Ich zuckte die Schultern. »Okay. Einen Versuch ist es wert.«

Rizzo brauchte ein paar Stunden, um alles richtig einzurichten. Ich machte ein paar Berechnungen, während er arbeitete. Wenn die Botschaft im binären Code geschrieben war, bedeutete das, dass jeder Zyklus des Signals – jedes Flackern der tanzenden Linie auf unserem

Bildschirm – einer Informationseinheit, einem Bit entsprach. Die Wellenlänge des Signals betrug 5 000 Ångström; ein Zentimeter enthält hundert Millionen Ångström-Einheiten; wenn man die Lichtgeschwindigkeit berücksichtigte, konnte das Signal etwa 600 Billionen Bit pro Sekunde übermitteln.

Das sagte ich Rizzo.

»Ja, ich weiß. Ich bin im Kopf die gleichen Zahlen durchgegangen.« Er legte ein paar Schalter auf der Kontrolltafel des Computers um. »Dann wollen wir einmal sehen, wie viele der 600 Billionen wir aufgezeichnet kriegen.« Er setzte sich vor die Tafel und drückte eine Reihe Tasten.

Wir atmeten kaum, während wir beobachteten, wie die Spulen des Computers sich zu drehen begannen und die Leuchten auf der Systemsteuerung aufblitzten. Innerhalb weniger Minuten ratterte der Drucker los.

Rizzo drehte sich mit seinem Stuhl zum Drucker und hielt das sich entrollende Blatt mit zitternden Händen hoch.

Zahlen. Sechsstellige Zahlen. Völlig bedeutungslos.

»Unfug«, schnauzte Rizzo.

Es war merkwürdig. Ich war gleichzeitig erleichtert und enttäuscht.

»Irgendwas stimmt hier nicht«, sagte Rizzo, »vielleicht habe ich Mist mit den Schaltungen gebaut ...«

»Glaube ich nicht«, antwortete ich. »Was hast du denn geglaubt, was da aus dem Computer kommt? Poesie von Shakespeare?«

»Nein, aber ich habe Zahlen erwartet, die irgendeinen Sinn ergeben, eins und eins vielleicht. Irgendetwas mit einer Bedeutung. Das Zeug hier taugt gar nichts.«

Unsere Nerven müssen echt blank gelegen haben, denn ehe wir uns versahen, waren wir mitten in einem hässlichen Streit – und eigentlich ging es um nichts. Doch mittendrin rief Rizzo: »Hey, sieh mal!«, und zeigte auf das Oszilloskop.

Der Informationsfluss hatte geendet. Das Oszilloskop zeigte nur noch das ruhige stetige Pulsieren des Sterns im Zweitage-Rhythmus.

Plötzlich ging uns auf, dass wir seit mehr als 36 Stunden nicht mehr geschlafen hatten und beide erschöpft waren. Wir vergaßen den sinnlosen Streit. Keine Signale mehr. Vielleicht würden weitere kommen, vielleicht auch nicht. Wir stellten das Teleskop, das Spektrometer, die Fotozellen, das Oszilloskop und den Computer auf automatischen

Empfang ein und fielen förmlich in unsere Betten. Ich erwartete, dass mich monumentale Träume heimsuchen. Doch nichts dergleichen geschah. Ich schlief wie ein Toter.

Als wir erwachten, war die Oszilloskop-Spur immer noch ruhig.

»Weißt du«, murmelte Rizzo, »vielleicht ist es nur ein Zufall. Ich meine, vielleicht bedeuten die Signale nicht das Geringste. Wahrscheinlich übersetzt der Computer Unsinn in Zahlen, nur weil er so aufgebaut ist, Zahlen und nichts sonst auszudrucken.«

»Unwahrscheinlich«, sagte ich. »Da treffen zu viele Dinge aufeinander, die man nicht so einfach erklären kann. Wir empfangen eine Botschaft, da bin ich mir sicher. Jetzt müssen wir den Code knacken.«

Wie zur Bestätigung meiner Worte brach die Oszilloskop-Spur plötzlich wieder aus und zeichnete dasselbe tanzende Muster. Die Botschaft wurde erneut gesendet.

So verbrachten wir die nächsten zwei Wochen. Die Botschaft lief sieben Stunden lang, dann setzte sie für sieben Stunden aus. Wir transkribierten sie 48-mal auf Band und ließen sie dauernd durch den Computer laufen. Immer das gleiche Resultat: sechsstellige Zahlen, Billionen sechsstelliger Zahlen. Es gab sechs verschiedene siebenstündige Botschaften, die eine nach der anderen stetig wiederholt wurden.

Wir vergaßen unsere meteorologischen Geräte. Wir ignorierten die wöchentlichen Botschaften von McMurdo. Der Rest der Welt wurde für uns zur bedeutungslosen Fiktion. Nichts zählte außer der verdammten, verlockenden, aufreizenden und begeisternden Botschaft. Der nationale Ausnahmezustand, die Bombentests, Familien, Pflichten – alles hintangestellt, alles vergessen. Wir aßen, wenn wir daran dachten, und schliefen, wenn wir unsere Augen nicht mehr offen halten konnten. Die Botschaft. Was war es? Mit welchem Schlüssel konnte es gelingen, ihren Inhalt zu entziffern?

»Es muss etwas Universelles sein«, sagte ich zu Rizzo. »Etwas Universelles ... im weitesten Sinne des Wortes.«

Er blickte von seinem Tisch auf, der zwischen dem Ende seines Betts und der gewölbten Wand der Kuppel eingeklemmt war. Über den ganzen Tisch lagen Computerausdrucke verstreut, einige enthielten Teile der Botschaft.

»Das hast du in den letzten beiden Wochen erst eine halbe Million Mal gesagt. Was zum Teufel ist denn universell? Wenn du das herausfindest, bist du verdammt gut!«

»Antwortet, bitte antwortet!«

Was ist universell?, fragte ich mich wieder und wieder. Du bist Astronom. Du starrst ins All. Was siehst du? Ich dachte darüber nach. Was sehe ich? Sterne, Gas, Staubwolken, Planeten ... was daran ist universell? Was haben sie alle ...

»Atome!«, platzte ich heraus.

Rizzo blinzelte mich müde an. »Atome?«

»Atome. Elemente. Hier ...«

Ich griff nach einer Hand voll Blätter und ging sie der Reihe nach durch. »Hier ... jede Botschaft beginnt mit einer Zahlenreihe. Dann kommt lange nichts, um die Eingangsliste vom Rest der Botschaft zu trennen. Siehst du? Jedes Mal ist die Liste gleich lang.«

»Und?«

»Das Periodensystem!«, brüllte ich ihm ins Ohr. »Das ist der Schlüssel!«

Rizzo schüttelte den Kopf. »Daran habe ich vor zwei Tagen schon gedacht. Nichts zu machen. Erstens ist die Liste am Anfang einer jeden Botschaft nicht immer dieselbe. Sie ist gleich lang, das stimmt, aber die Zahlen sind andere. Zweitens fängt sie immer mit 1,00000 an. Ich habe das Atomgewicht von Wasserstoff nachgeschlagen – es liegt bei 1,007-irgendwas.«

Das bremste mich einen Moment lang. Aber dann fügten sich zwei Puzzleteile in meinem Hirn zusammen.

»Warum beträgt das Gewicht von Wasserstoff 1,007-irgendwas?« Bevor Rizzo antworten konnte, fuhr ich fort: »Aus zwei Gründen. In dem von uns verwandten System wird Sauerstoff willkürlich als glatt 16 eingestuft. Stimmt's? Alle anderen Gewichte werden davon abgeleitet. Und wir geben auch das Durchschnittsgewicht eines Elements an, indem wir alle seine Isotope zählen, stimmt's? Unser Gewicht für Wasserstoff enthält auch eine Berichtigung auf Grund kleiner Mengen Deuterium und Tritium. Stimmt's? Okay, und nun nehmen wir an, dass in ihrem System eben Wasserstoff als glatt 1 eingestuft wird: 1,00000. Das macht doch Sinn!«

»Du kommst ja richtig in Fahrt«, grummelte Rizzo. »Was ist mit den Isotopen? Wie können sie von uns erwarten, dass wir mit Dezimalstellen klarkommen, wenn sie uns nichts darüber verraten ... durch Telepathie? Was ist mit ...«

»Hör auf zu argumentieren und fang an zu rechnen,« schnappte ich. »Ändere diese Zahlenreihe so, dass sie mit unserem Periodensys-

163

tem übereinstimmt. Ändere 1,00000 in 1,007-was-auch-immer, und mach dich an die nächsten Elemente. Die Dezimalstellen dürften nicht so schwer herauszufinden sein.«

Rizzo grummelte vor sich hin, begann aber zu rechnen. Ich ging hinüber zur Mikrospulen-Bibliothek der Kuppel und fand einen Text über Elementarphysik. Innerhalb weniger Minuten hatte Rizzo ein paar Zahlen, und ich legte das Periodensystem in das Mikrospulen-Lesegerät.

»Nichts«, sagte Rizzo, der über meiner Schulter lehnte und auf den Bildschirm schaute. »Das passt überhaupt nicht.«

»Versuch's mit einer anderen Liste. Sie sind nicht alle gleich.«

Er zuckte die Schultern und ging zu seinem Tisch zurück. Nach einer Weile rief er: »Ihre zweite Zahl ist 3,97123; das macht 4,002-irgendwas.«

Es passte! »Gut. Das ist Helium. Was ist mit dem Nächsten? Lithium?«

»Das ist 6,941.«

»Richtig!«

Danach arbeitete Rizzo wie wild. Ich schob einen Stuhl an den Schreibtisch und begann, mich Stück für Stück vom Ende der Liste hochzuarbeiten. Es passte alles, vom Wasserstoff bis hin zu den künstlichen Elementen, die in unseren Labors hier auf der Erde geschaffen worden waren.

»Das ist es«, sagte ich. »Das ist der Schlüssel. Das ist unser Stein von Rosette ... das Periodensystem der Elemente.«

Rizzo starrte auf die gekritzelten Zahlen und den Papierhaufen. »Ich wette, ich weiß, was die anderen Listen sind ... die, die keinen Sinn machen.«

»Ach ja?«

»Es gibt immer noch andere Wege, die Elemente zu identifizieren ... Schwingungsresonanz, Quantenwellenlänge ... Vor ein paar Jahren kam jemand namens Lewis mit einem Quanten-Periodensystem an ...«

»Sie decken alle Möglichkeiten ab. Es gibt Botschaften für viele verschiedene Verständnisebenen. Wir haben nur die einfachste entschlüsselt.«

»Ja.«

Ich bemerkte, dass Rizzos Hand, die, während wir sprachen, immer noch fest den Stift umklammerte, zitterte und weiß vor Anspannung war.

»Antwortet, bitte antwortet!«

»Und nun?«
Rizzo leckte sich die Lippen. »An die Arbeit.«
Wir ackerten wie besessen. Während wir uns durch Hunderte von Blättern Papier kämpften, vergaßen wir völlig zu essen, zu schlafen, sogar zu reden. Wir konnten nur einen kleinen Prozentsatz der Zahlenkolonnen entschlüsseln, dennoch: Das, was wir schafften, war das Ergebnis einer mehrstündigen Kommunikation. Wir vermuteten, dass die Blätter, die wir nicht entschlüsseln konnten, Wiederholungen der Botschaft waren, an der wir arbeiteten.

Wir verloren jegliches Zeitgefühl. Wir müssen mehr als einmal geschlafen haben, aber ich erinnere mich einfach nicht mehr daran. Alles, woran ich mich erinnere, sind Tausende von Zahlen, Reihe um Reihe, Blatt um Blatt ... und wie mein Bleistift Symbole der verschiedenen chemischen Elemente darauf kritzelte, bis meine Hand so verkrampft war, dass ich sie nicht mehr öffnen konnte.

Die Botschaft bestand aus einer langen Reihe von Formeln; so viel war klar. Doch ohne Zeichensetzung und ohne Kenntnis der Symbole, die selbst so einfache Dinge wie »plus« oder »gleich« oder »das ergibt« bezeichnen, brauchten wir weitere Wochen harter Arbeit, um den Sinn einer jeden Gleichung zu entschlüsseln. Und selbst dann beinhaltete die Botschaft noch mehr als das Offensichtliche.

»Worauf zum Teufel wollen sie hinaus?«, fragte sich Rizzo laut. Sein Gesicht hatte sich verändert; es war schmal, hohläugig, müde und von einem struppigen Bart bedeckt.

»Du glaubst auch, dass sich hinter all diesen Gleichungen eine Bedeutung verbirgt?«

Er nickte. »Es ist eine Botschaft, nicht nur ein Kontakt. Sie machen sich verdammt viel Mühe, diese Botschaft auszustrahlen, und sie wiederholen sie alle sieben Stunden. Sie haben in den Wochen, seit wir sie beobachten, nichts Neues hinzugefügt.«

»Ich frage mich, wie viele Jahre oder Jahrhunderte lang sie diese Botschaft bereits ausgesendet und darauf gewartet haben, dass jemand sie empfängt; dass jemand ihnen antwortet.«

»Vielleicht sollten wir Washington verständigen ...«

»Nein!«

Rizzo grinste. »Hast du Angst, die Funkstille zu unterbrechen?«

»Zum Teufel, nein. Ich will nur warten, bis wir abgelöst werden, damit wir die Sache persönlich bekannt geben können. Ich lasse nicht zu, dass irgendein alter Knacker in Washington dafür die Lorbeeren einheimst. Außerdem möchte ich wissen, was genau sie uns zu sagen versuchen.«

Es war qualvolle, mühselige Arbeit. Die meisten der Formeln sagten keinem von uns etwas. Wir mussten die magere Mikrospulen-Bibliothek der Kuppel plündern, um sie zusammenzusetzen. Sie fingen recht einfach an – grundlegende chemische Verbindungen: Kohlenstoff und zweimal Sauerstoff ergibt CO_2; zweimal Wasserstoff und Sauerstoff ergibt Wasser. Eine Geschichte ... nicht aus Worten, sondern aus Gleichungen.

Die Gleichungen wurden stetig länger und komplexer. Dann wurden sie abrupt wieder einfacher; nur, um dann einen neuen Schwierigkeitsgrad zu erreichen, sich wieder zu vereinfachen und schließlich am Ende sehr kompliziert zu werden. Die letzten paar Zeilen wiederholten sich offensichtlich.

Allmählich wurde uns ihre Bedeutung klar.

Der erste Satz Gleichungen begann mit einfachen Formeln über natürliche Energiefreisetzung. Die Oxidierung von Zellulose (wir fanden die Formel dafür in einem Text über organische Chemie, den einer der früheren Bewohner der Kuppel zurückgelassen hatte), die sich vermutlich auf die Verbrennung von Pflanzen und Vegetation bezog. Ein Satz Formeln mit Gruppierungen, die ich vage als Aminosäuren erkannte – das hatte zweifellos etwas mit der Verdauung von Lebensmitteln zu tun. Es gab viele andere, einschließlich der wenigen, von denen Rizzo behauptete, dass sie den Ausdruck für Chlorophyll enthielten.

»Natürlich vorkommende, Energie freisetzende Reaktionen«, fasste Rizzo zusammen. »Sie versuchen vermutlich, den biologischen Aufbau ihres Planeten zu beschreiben.«

Diese Vermutung schien zuzutreffen.

Der zweite Satz Gleichungen begann erneut mit einfachen Formeln. Die Zellulose-Verbrennungsreaktion erschien wieder, doch dieses Mal kamen danach Gleichungen, die sich mit der Oxidation von Kohlenwasserstoffen befassten: Öl- und Kohleverbrennung? Als Nächstes kam eine lange Reihe von Gleichungen, die wiederholt die Symbole vieler verschiedener Metalle aufwies, gefolgt von weiteren mit Kohlenwasserstoffen, und dann kam ein Satz Formeln, den wir überhaupt nicht entschlüsseln konnten.

»Antwortet, bitte antwortet!«

Dieses Mal hatte ich die Idee: »Die sehen auch aus wie Energie freisetzende Reaktionen. Zumindest am Anfang, aber es scheint, als würden sie nicht in der Natur vorkommen. Als Nächstes kommt eine lange Geschichte über Metalle. Sie versuchen, uns die Geschichte ihrer technologischen Entwicklung zu erzählen – Holz-, Kohle- und schließlich Ölverbrennung; Metallverhüttung ... die zeigen uns, wie sie ihre Technologie entwickelt haben.«

Der letzte Satz Gleichungen begann beunruhigend einfach: eine knappe Reihe sehr kurzer Symbole, die im Nettoergebnis vier Wasserstoffatome ergab, die ein Heliumatom bildeten. Kernfusion.

»Das ist die Proton-Proton-Reaktion«, erklärte ich Rizzo. »Die Fusion, die in der Sonne stattfindet.«

Die nächste Reihe Gleichungen stellte den komplexeren Kohlenstoff-Stickstoff-Zyklus der Kernfusion dar, die wahrscheinlich die primäre Energiequelle ihres eigenen veränderlichen Cepheiden war. Dann kam eine lange Reihe Gleichungen, die wir überhaupt nicht im Detail entschlüsseln konnten, aber die Symbole für Uran und Plutonium sowie für einige noch schwerere Elemente tauchten immer wieder auf.

Dann kam eine Zeile, die uns die ganze Geschichte erzählte: Die Lithium-Hydrid-Gleichung: Kernfusionsbomben.

Die Gleichungen gingen über in komplexere Reaktionen, Formeln, die kein Mensch auf Erden je gesehen hatte. Sie offenbarten die Summe ihres Wissens, und offensichtlich hatten sie sich schon viel länger mit Kernenergie beschäftigt als wir auf Erden.

Doch sie streuten wiederholt einen Formelsatz in die neuen Gleichungen ein, der immer mit der Lithium-Hydrid-Fusion begann. Die Botschaft endete so, dass es mir den Magen umdrehte: Die Fusionsbombenreaktion und ihre verwandten Gleichungen wurden zehn Mal hintereinander wiederholt.

Ich weiß nicht, welches Datum der Kalender zeigte, aber die Uhr auf der Hauptkontrollkonsole zeigte weit nach elf.

Rizzo rieb sich mit müder Hand über die Augen. »Und, was meinst du?«

»Es ist ziemlich offensichtlich«, sagte ich. »Sie haben die Bomben. Sie haben sie bereits seit einiger Zeit. Sie müssen auch eine Menge anderer Waffen haben – noch ... kompliziertere. Sie versuchen, uns mit den Gleichungen ihre Geschichte zu erzählen. Zuerst haben sie sich auf natürliche Energiequellen, Pflanzen und Tiere verlassen; dann haben sie künstliche Energiequellen genutzt und die entsprechende Technologie entwickelt; schließlich haben sie die Kernenergie entdeckt.«

»Was glaubst du, wie lange haben sie die Bomben schon?«

»Schwer zu sagen. Eine Generation ... ein Jahrhundert. Was macht das für einen Unterschied? Sie haben sie. Zuerst haben sie vermutlich gedacht, dass sie lernen könnten, damit zu leben ... aber stell dir mal vor, wie es sein muss, solche Waffen direkt vor der Nase zu haben ... ein Jahrhundert lang. Für immer. Jetzt haben sie solche Angst, dass sie ihre ganze Geschichte ins All hinaus senden und nach jemandem suchen, der ihnen sagt, wie sie mit den Bomben leben können, wie sie vermeiden können, sie zu benutzen.«

»Vielleicht hast du Unrecht«, sagte Rizzo. »Vielleicht prahlen sie mit ihrem Waffenarsenal.«

»Warum? Aus welchem Grund? Nein ... so wie sie diese letzten Gleichungen wiederholen ... sie bitten um Hilfe.«

Rizzo wandte sich dem Oszilloskop zu. Es flackerte wieder.

»Denkst du, das ist das Gleiche?«

»Zweifellos. Du nimmst es sowieso auf, oder?«

»Ja, klar. Automatisch.«

Plötzlich brach das Signal mitten in der Übertragung ab. Die Schwingungen formierten sich nicht einfach wie vorher zu einer stetigen Linie. Der Bildschirm ging einfach aus.

»Merkwürdig«, sagte Rizzo verwirrt. Er überprüfte das Oszilloskop. »Hier ist alles in Ordnung. Mit dem Teleskop muss irgendwas passiert sein.«

Plötzlich wusste ich, was geschehen war. »Mach das Spektrometer aus, und stell den Bildverstärker an«, befahl ich ihm.

Ich wusste, was wir sehen würden. Ich wusste, warum der Oszilloskop-Strahl plötzlich aus der Skala ausgebrochen war, und angesichts dieser Erkenntnis wurde mir übel.

Rizzo entfernte das aufgebaute Spektrometer und legte den Schalter um, der den Bildschirm des Bildverstärkers mit Strom versorgte.

»Allmächtiger Gott!«

Die Kuppel wurde von Licht durchflutet. Der Stern war explodiert.

»Ja, sie hatten die Bomben wirklich«, hörte ich mich sagen. »Und sie konnten sich nicht davon abhalten, sie zu benutzen. Und sie hatten noch viel mehr. Genug, um einen Stern über seine natürlichen Grenzen hinauszudrücken.«

Rizzos Gesicht wirkte in dem harten Licht wie eine Radierung.

»Ich muss hier raus«, murmelte er und schaute sich in der engen Kuppel um. »Ich muss zurück zu meiner Frau und irgendwo einen sicheren Ort finden ...«

»Irgendwo?«, fragte ich und starrte auf den Bildschirm. »Wo?«

Kosmische Missionare?

Valeria Ascheri und Paolo Musso

Eine außerirdische Botschaft

Eines Tages werden wir vielleicht durch eine Meldung in einer Sonderausgabe von *Breaking News* aus unserer täglichen – seit Millionen Jahren bestehenden – irdischen Routine gerissen und erkennen plötzlich, dass das SETI-Programm jüngst sein Ziel erreicht hat: Radioteleskope haben eine interstellare Botschaft aufgefangen, die nachweislich von Außerirdischen stammt.

Die Debatte über eine Vielzahl von Welten und Leben im Universum hat sich durch die vergangenen Jahrhunderte gezogen – vom alten griechischen Philosophen Demokrit bis hin zu Aristoteles, vom Mittelalter bis zu Giordano Bruno, vom deutschen Philosophen Kant bis hin zu den ersten Beobachtungen auf dem Mars und der falschen Radiomeldung über Orson Welles' Marsianer. In letzter Zeit erhielt die Diskussion neuen Schwung durch die neuen Forschungen in der Bioastronomie – und schließlich hat sie ein Ende erreicht: Die Anhänger des Pluralismus haben das letzte Wort, besser gesagt: die richtige Abfolge elektromagnetischer Signale.

Welche Folgen hat es, wenn die Entdeckung außerirdischen intelligenten Lebens öffentlich wird? Mit welchen Reaktionen der Öffentlichkeit müssen wir rechnen? Mit Furcht und Angst vor der Zukunft, Enthusiasmus und Begeisterung über das Ereignis, Skepsis und Ungläubigkeit oder totaler Ablehnung? Niemand könnte einer solchen Neuigkeit, die durch die Kanäle der Massenmedien buchstäblich in unser Leben dringt, gleichgültig gegenüberstehen. Unser gewohntes Bild der Welt, der Geschichte und des Lebens würde auf den Kopf gestellt, um Raum für eine andere Welt, andere lebende Wesen und eine andere Geschichte zu schaffen. Eine andere Dimension, die sich vielleicht komplett von der irdischen unterscheidet, könnte neben der unseren auftauchen. Wir sind nicht allein im Universum, sondern es gibt dort jemanden, der über interstellare Entfernungen hinweg kommunizieren und mit Hilfe von Radiosignalen, die unsere Radioteleskope erreichen, Botschaften aussenden kann. Was ist in einer universalen Dimension der Sinn unseres Lebens, unserer Geschichte und der gesamten Existenz der Erde? Was ist mit unserem Wissen, unseren Wertvorstellungen, unserem Glauben und unserem Lebensstil? Haben diese Dinge nur irdischen Wert, oder – was noch schlimmer wäre – sind sie falsch und veraltet, so dass wir uns darauf einstellen müssen, unsere gesamte Sicht der Welt zu ändern? Leider können wir bei diesem interessanten, aber umfangreichen Themengebiet nicht verweilen – es wäre ein schwieriges, besser gesagt gigantisches, Unterfangen.

Wir ziehen es vor, uns einem bestimmten Aspekt zu widmen, der manchmal ignoriert oder außer Acht gelassen wird – zumindest versuchen wir es.

Die möglichen Auswirkungen auf die römisch-katholische Kirche

Wenn wir uns mit einem möglichen Szenario befassen, dürfen wir die Position der katholischen Kirche und insbesondere die Folgen für die Theologie, die mit einem SETI-Erfolg verbunden sind, nicht außer Acht lassen.[1] Es gibt mehrere Gründe, die für einen Blick auf dieses Thema sprechen: Die katholische Kirche spielte schon immer eine nicht nur auf ihre Gläubigen beschränkte Führungsrolle – das Christentum ist heute die in der Welt am weitesten verbreitete Religion –, und das auch deshalb, weil es bis in die Anfänge unserer Zivilisation zurückreicht: von seiner Entstehung im Römischen Reich bis hin zu seiner Verbreitung auf das, was wir heute Europa nennen, und auf all die anderen Kontinente, die von europäischen Wertvorstellungen und europäischem Lebensstil geprägt und vom Christentum durchtränkt wurden.

Für den Fall, dass die Endeckung außerirdischer Wesen bekannt wird, wäre die römisch-katholische Kirche genau wie alle anderen wichtigen Institutionen wieder gefordert, Stellung zu beziehen und zu handeln. Wenn man die Weltgeschichte betrachtet, dann hat der Vatikan schon seit jeher eine politische Rolle gespielt. Wir glauben jedoch nicht, dass das in diesem Fall von besonderem Belang ist, vor allem deshalb, weil es sich nicht um ein politisches Problem zwischen Staaten handeln würde, sondern um eine Angelegenheit zweier Zivilisationen, die von Vertretern der Erde und Vertretern der Außerirdischen gehandhabt werden müsste. Nur um »politische Probleme« in Verbindung mit der Entdeckung einer außerirdischen Botschaft zu vermeiden, hat das SETI-Institut eine »Grundsatzerklärung« bezüglich der Aktivitäten nach der Entdeckung verfasst.[2] Außerdem wurden das *Post Detection Subcommittee on Science and Technology* (Unterausschuss für Wissenschaft und Technik nach der Entdeckung) und das *Post Detection Subcommittee on Media and Education* (Unterausschuss für Medien und Bildung nach der Entdeckung) eingesetzt.[3]

Demnach kann der Vatikan keine besondere Rolle außerhalb seines eigenen Kompetenzbereichs spielen – und das ist nun einmal die Religion, nicht die Politik.

Und außerdem, welche Art von Strategie könnte man schon auf Grundlage des bloßen Empfangs einer außerirdischen Botschaft entwickeln? Welche Informationen über die Absender könnten wir aus einer interstellaren Botschaft herauslesen?

Es könnte sich um eine *einführende Botschaft zur Bekanntmachung* handeln, um eine bloße Abfolge elektromagnetischer Signale mit einem besonderen Muster einer Trägerwelle – nur um zu sagen: »Wir sind hier! Ihr seid nicht allein im Universum.« In diesem Fall bekommen wir keinerlei Informationen, außer dass sie existieren oder existiert haben – das hängt davon ab, ob sie noch leben, wenn wir ihre Signale erhalten, die sie aus einer Entfernung von Dutzenden, Hunderten oder auch Tausenden Lichtjahren ausgesandt haben. Es gibt auch noch die andere, weniger wahrscheinliche Möglichkeit, dass es sich um eine *semantische Botschaft* handelt. Das ist eine Botschaft, deren Inhalt man entschlüsseln muss, weil der Absender uns etwas mitteilen möchte; und wir könnten den Inhalt erfahren, wenn unsere Linguisten in der Lage wären, die Botschaft zu entschlüsseln und die Absichten der Außerirdischen richtig zu interpretieren. In diesem letztgenannten Fall könnten wir einige Informationen über die außerirdischen Absender erhalten, doch wir sind nicht der Ansicht, dass die unterschiedliche Form möglicher Botschaften zu politischen Spannungen führen würde.

Im Gegensatz hierzu vertreten wir die Ansicht, dass es verschiedene theologische Gesichtspunkte gibt, an deren Analyse die ganze Kirche beteiligt ist. Ihre Rolle sollte darin bestehen, der irdischen

Bevölkerung in dieser verwirrenden und bestürzenden, vielleicht sogar völlig schockierenden Situation Beistand zu leisten. Die römisch-katholische Kirche hat sich immer als Bezugspunkt angeboten, wenn die Welt mit ernsthaften Problemen oder historischen Augenblicken, die Millionen von Menschen betrafen, oder mit Ereignissen, die drastische Entscheidungen verlangten ohne dass es eine offensichtlich beste Handlungsweise gab, konfrontiert worden ist. Wir nehmen an, dass die Kirche dieses Engagement auch beibehalten würde.

Blick in die Vergangenheit

Die weit verbreitete öffentliche Ansicht lautet, dass die katholische Welt eine ablehnende Haltung einnehmen würde, wenn SETI Beweise dafür entdeckt, dass es noch andere intelligente Wesen im Universum gibt.

Die allgemeine Überzeugung geht dahin, dass die Kirche generell eine konservative und manchmal auch reaktionäre Haltung gegenüber Entdeckungen, Erfindungen und Revolutionen der Weltanschauung einnimmt, und dass die römisch-katholische Kirche besonders im letztgenannten Fall eine negative Position vertreten würde, da sie Angst um ihre Stabilität, ihre Stellung und insbesondere um ihre theologische Doktrin, in der anscheinend kein Platz für *außer*irdische intelligente Wesen ist, hätte.

Einer der beliebten Gründe, die man zur Unterstützung dieser These anführt, basiert auf dem Schicksal des italienischen Philosophen Giordano Bruno (1548-1600), der von der römischen Inquisition als Ketzer verurteilt wurde.

Die Sache ist nicht so einfach, wie sie scheint, und wir müssen dieses Ereignis im Rahmen des schwierigen historischen Kontexts betrachten: Es gibt einige Gründe[4] im Zusammenhang mit Brunos ursprünglicher Philosophie und seinem theologischen Standpunkt, die zum Zeitpunkt seiner Exekution angeführt wurden. Wir möchten betonen, dass er nicht zum Tode verurteilt wurde, weil er die Ansicht vertrat, dass neben der Erde weitere Welten existieren und dass es andere lebende Wesen im Universum geben könne. So oder so können wir aus den Geschehnissen der Vergangenheit keine Rückschlüsse auf die Gegenwart ziehen: Die römisch-katholische Kirche hat seit 1600[5] tief greifende Reformprozesse durchlaufen, und die ganze Welt um sie herum hat sich verändert. Und der Umgang mit Hypothesen, Annahmen und Vorhersagen ist etwas völlig anderes als Fakten, die man überprüfen und empirisch beweisen kann.

Wenn wir an die letzten Jahrhunderte zurückdenken, so haben sich verschiedene Theologen zu dem Thema geäußert, auch wenn es keine offizielle Stellungnahme der Kirche gibt. Das ist kein Zeichen eines Missverständnisses, einer Verweigerung oder, was noch schlimmer wäre, der Unfähigkeit, eine Meinung zu formulieren, die im Einklang mit den Grundsätzen der Kirche steht, sondern es ist ganz einfach das klassische Verhalten der Kirche: Neue Themen müssen verifiziert, studiert und genau untersucht sowie intern und extern diskutiert werden, um nicht auf Grund einer ungenauen Analyse der nicht ausreichend vertieften Fakten in Mehrdeutigkeit und Irrtümer zu verfallen. Einen wichtigen Gesichtspunkt möchten wir in diesem Zusammenhang besonders deutlich machen: Die Kirche arbeitet wirklich *konkret*, da sie in der *gegebenen* Raum-Zeit-Dimension für die genau jetzt lebenden realen Menschen arbeitet; und das nicht nur für deren *ewiges*, sondern auch für ihr *gegenwärtiges* Wohl. Also können wir argumentieren, dass die Kirche beginnen wird, das Problem ernst zu nehmen, sobald es ein konkretes Faktum gibt – wenn Radioteleskope eine Botschaft außerirdischen Ursprungs aufgefangen haben. Wenn es keine Beweise gibt, läuft die Kirche – und nicht nur die Kirche – Gefahr, sich in eine vage Diskussion ohne jedes Ergebnis zu verstricken, weil sie kein solides Fundament hat. Die Ursache für dieses Verhalten liegt im kirchlichen Selbstverständnis begründet: Sie ist nicht ihr eigener Herr, sondern nur der Hort der Wahrheit, die Vater, Sohn und Heiliger Geist verkündet haben und die in der Heiligen Schrift geschrieben steht. Der Papst und sein Klerus verwalten die Wahrheit und tragen die Verantwortung dafür, die Menschen so zu führen, dass sie nicht irren.

Es wäre nicht das erste Mal in ihrer Geschichte, dass die römisch-katholische Kirche vielen Zweifeln und Fragen beggnen muss, die sich aus einer Entdeckung ergeben. Dies war bei der Entdeckung Amerikas durch Christoph Kolumbus ebenso der Fall wie bei den revolutionären Theorien von Kopernikus und Darwin.

Natürlich sind diese Verstehens- und Neuverstehensprozesse bei Dingen, die neuartig und technologisch modern erscheinen, mit einem ungeheuren geistigen Aufwand verbunden; und das ist auf Grund der theologischen Implikationen nicht einfach. Wir glauben, dass die Theologen und Philosophen[6] Mittel finden werden, um ihre Position angesichts der Existenz von Außerirdischen entsprechend neu zu bestimmen, wie es auch bei den vergangenen »Revolutionen der Weltanschauung« geschehen ist.

Die »SETI-Erfolgsrevolution« könnte zu einer Art Synthese der Kopernikanischen und der Darwin'schen Revolution werden, doch sie wäre radikaler, weil sie es erforderlich machen würde, die Rolle des Menschen in der Schöpfung zu überdenken. Und der Mensch selbst, einst geschaffen von Gott »ihm zum Bilde, zum Bilde Gottes«, dann erlöst von Jesus Christus – Gott und Mensch zugleich – und auf Grund seiner unsterblichen Seele endlich dazu ausersehen, in Ewigkeit in Gott, seinem Schöpfer, weiterzuleben, müsste sich ebenfalls infrage stellen.

Eine erste Antwort:
die Außerirdischen im göttlichen Schöpfungsplan

Wie bereits erwähnt, würde die römisch-katholische Kirche nach Bekanntwerden der Ankunft einer außerirdischen Botschaft beginnen, den Ort und die Rolle zu bestimmen, die außerirdische Wesen im göttlichen Schöpfungsplan und in der Erlösungsgeschichte – insbesondere in Bezug auf die Erbsünde, die Ankunft Jesu Christi auf Erden und der Erlösung der ganzen Menschheit – spielen. Betrachten wir zunächst die Schöpfungslehre. In der Bibel steht: »Am Anfang schuf Gott Himmel und Erde« (Genesis 1,1); und über Person und Werk von Jesus Christus ist zu lesen: »Er ist das Ebenbild des unsichtbaren Gottes, der Erstgeborene vor allen Kreaturen. Denn durch ihn ist alles geschaffen, was im Himmel und auf Erden ist, das Sichtbare und das Unsichtbare ... Und er ist vor allem, und es besteht alles in ihm.« (Brief des Apostels Paulus an die Kolosser; 1, 15-17) Darüber hinaus haben die Astronauten am 21. Juli 1969 bei der Mondlandung auf Initiative von Papst Paul VI. eine Bibelseite mit dem Text von Psalm 8 hinterlassen, in dem Gott als Schöpfer des Universums und der Menschheit verehrt wird: »Wenn ich sehe die Himmel, deiner Finger Werk, den Mond und die Sterne, die du bereitet hast, was ist der Mensch, dass du seiner gedenkst?«

Schon aus dieser kurzen Übersicht ist unschwer zu erkennen, dass Gott aus christlicher Sicht alle bestehenden Dinge geschaffen hat, weil er es so wollte und entschieden hat, dass es so geschehen möge. Gott ist der Schöpfer des Weltalls und aller Dinge, die dazugehören. Jede Kreatur, ob belebt oder unbelebt (wie Pflanzen und Steine und unsichtbare Teilchen), hat er durch seine Kraft und seine Liebe erschaffen: Wenn also Außerirdische existieren, dann sind sie nicht vom göttlichen Schöpfungsplan ausgeschlossen, weil sie ein Teil davon sind. Pater Angelo Secchi, sowohl Geistlicher als auch Astronom, liefert ein Beispiel für diesen Ansatz, wenn er sagt: »Das Universum ist voll mit einfachem Leben, und Intelligenz muss dem Leben zugefügt werden. Genauso, wie es andere Wesen gibt, die uns vergleichsweise unterlegen sind, kann es unter anderen äußeren Bedingungen auch Wesen geben, die klüger sind als wir.« (*Elementary lectures of terrestrial physics*, 1879) Außerdem können wir Joseph Pole mit seinem theologischen Werk *Die Sternenwelten und ihre Bewohner* (1884) sowie K. Delano mit dem aktuelleren Werk *Many worlds, one God* (1977) anführen.

Die Existenz von Außerirdischen scheint überhaupt nicht im Widerspruch zu kirchlichen Sichtweisen zu stehen, weil Gott, der unendliche Liebe und Allmacht verkörpert, in seinen Entscheidungen unbegrenzt ist. Daher kann niemand vorgeben, zu wissen, ob Gott noch andere intelligente Wesen erschaffen hat oder nicht; und gleichzeitig würde eine negative Antwort Gott um nichts geringer erscheinen lassen. Wenn Gott also Außerirdische erschaffen hat, dann spielen sie in der Schöpfung eine Rolle – selbst wenn wir nicht in der Lage sind, dies zu begreifen. Sie sind seine Kreaturen, und sie verdienen den gleichen Respekt wie alle anderen Dinge, die auf der Erde und im Universum existieren.

Die der katholischen Religion unterstellte »Anthropozentrik« wird häufig als Einwand gegen diese Sichtweise angeführt: Die Menschheit befände sich auf Grund ihrer Natur, ihrer Geistlichkeit und ihrer unsterblichen Seele, die sie zur Krone der göttlichen Schöpfung mache, auf einem höheren Niveau.

Diese Frage bedarf einer sorgfältigen Analyse: Physikalisch gesehen ist die Erde, wie wir wissen, nicht der Mittelpunkt des Universums; im Gegenteil, sie liegt im Sonnensystem am äußeren Rand der Galaxis, und es gibt noch verschiedene andere Galaxien mit Milliarden und

Kosmische Missionare?

Abermilliarden von Sternen. Die Menschheit ist nur eine von Milliarden Arten, die auf der Erde leben, doch sie hält weder den Altersrekord noch den für Verbreitung oder Langlebigkeit usw. Natürlich ist die menschliche Intelligenz gut entwickelt, doch bei anderen Spezies verbindet sich die Intelligenz mit anderen Fähigkeiten. Und manchmal verursacht die Menschheit durch den Einsatz ihrer Intelligenz Katastrophen.

Die Außerirdischen könnten ebenfalls intelligent sein, vielleicht sogar intelligenter als die Spezies Mensch; fortgeschrittener in Bezug auf jeden Aspekt von Leben und Zivilisation. Wir halten das nicht für ein Problem. Der Menschheit wurde eine Rolle zugewiesen, und zwar eine auf Grund ihrer Natur ganz besondere Rolle. Doch auch anderen intelligenten Wesen könnte eine andere Rolle zugewiesen worden sein, die es zu untersuchen gilt, da das Leben – wie oben erwähnt – von Gott kommt und Intelligenz eine der Haupteigenschaften Gottes ist.

Das Grundgesetz des Christentums besagt »Liebe deinen Nächsten wie dich selbst«; und das Wort »Kirche« bedeutet etymologisch gesehen »Gemeinschaft«. Darüber hinaus bezeichnet die Kirche sich selbst als universell und apostolisch, was so viel heißt, dass sie aufgeschlossen ist. Doch mehr als alles andere ist sie darauf bedacht, jeden innerhalb ihrer Gemeinschaft anzunehmen. Daher muss man die unterstellte »Anthropozentrik« nicht unbedingt als Hindernis ansehen, wenn wir eine andere intelligente Spezies entdecken, die sich von uns unterscheidet: Dies wäre eine weitere Bestätigung dessen, was in Psalm 8,5 gesagt wird: »Was ist der sterbliche Mensch, dass du seiner gedenkst, und des Menschen Kind, dass du dich seiner annimmst?«

Darüber hinaus sollten wir nicht vergessen, dass Jesus Christus in einem kleinen Dorf in einer armen Gegend des Römischen Reiches geboren wurde. Er war selbst unbekannt und arm, und er kam nicht für die intelligenten, reichen und gesunden Menschen, sondern hauptsächlich für die einfachen, armen und kranken Menschen. Genauso könnte es zutreffen, dass die Menschheit nur eine der von Gott erschaffenen intelligenten Spezies ist; und es wäre keine besondere Überraschung, wenn sie nicht die beste wäre: Wir schließen nicht aus, dass dieser Fall mehr oder weniger die Schwäche und das wahre Maß der Menschheit angesichts der Allmacht und Allwissenheit Gottes bestätigen würde.

Offene Fragen

Während die *Existenz* anderer intelligenter Wesen im Universum für die römisch-katholische Kirche augenscheinlich überhaupt kein Problem darstellt, wie wir gerade gesehen haben, besteht einiger Klärungsbedarf bezüglich unserer *Beziehung* zu ihnen. Bei diesem Thema ist es in der Tat sehr wahrscheinlich, dass der Vatikan sehr vorsichtig reagieren würde, weil die Sachlage, abhängig von der Natur der Außerirdischen und anderen Gesichtspunkten, die uns vorher nicht bekannt sind, sehr viel komplizierter wäre.

Da sie ja auf jeden Fall Kreaturen Gottes wären, müssten sie sicherlich grundsätzlich positiv gesehen werden. Und da sie über Verstand und infolgedessen auch Freiheit verfügen, wurden auch sie »ihm zum Bilde, zum Bilde Gottes« geschaffen. Folglich müssen wir sie als Personen betrachten, die genauso absolut und unendlich wertvoll sind wie wir.

Was noch? Es scheint logisch, dass wir sie auch lieben sollen. Doch was, wenn die Botschaft von einer bereits erloschenen Zivilisation stammt? Damit haben wir ein erstes Beispiel dafür, wie wichtig die Fakten sind, wenn wir über derartige Fragen diskutieren. Die katholische Kirche ist in der Tat nicht nur dazu da, um über Gott zu sprechen, sondern mehr als alles andere, um das Heilswerk Jesu Christi fortzuführen. Dass die Heilsgeschichte die Menschheit betrifft, ist gewiss, aber was ist mit den Außerirdischen? Da die römisch-katholische Kirche also, wie oben erwähnt, nur Hüter der Wahrheit ist, wenn sie mit einem Thema konfrontiert wird, zu dem die Bibel und insbesondere das Evangelium nichts sagen, bestand ihre Politik schon immer darin, erst abzuwarten und nach Zeichen für den Willen Gottes Ausschau zu halten. Diese Zeichen können übernatürlicher Art sein, wie zum Beispiel eine direkte Eingebung durch den heiligen Geist; doch man kann sie auch in der Natur selbst finden, da auch die Natur von Gott geschaffen wurde. Daher ist es sehr schwer vorherzusagen, wie der Vatikan auf diese Angelegenheit reagieren würde, weil der Vatikan es selbst nicht weiß. Es hinge im Wesentlichen davon ab, was wirklich geschehen würde.

Doch es gibt ein paar Punkte, zu denen man zumindest eine einigermaßen zuverlässige Hypothese aufstellen kann, die je nach Fall mehr oder weniger fundiert ist.

Kosmische Missionare?

Zunächst einmal können wir sicher sein, dass *kein Kontakt jemals etwas an den grundlegenden Dogmen der römisch-katholischen Kirche ändern würde*. Die einzig vorstellbare Möglichkeit wäre eine teilweise Neuinterpretation einiger Dogmen. Insbesondere die christliche Gottesvorstellung würde sich unter keinen Umständen ändern. Trotz der Tatsache, dass Gottes Sohn auf Erden Mensch geworden ist, ist nichts an der christlichen Vorstellung der Heiligen Dreifaltigkeit selbst geozentrisch oder anthropozentrisch. Ganz im Gegenteil: Gott ist, wie bereits erwähnt, als Schöpfer des gesamten Universums frei, und seine Wesensmerkmale sind wahrhaft universal: Das Vaterbewusstsein, das Vertrauen zu seinen Geschöpfen und bedingungslose Liebe sind Konzepte, die auf irgendeine Weise jedes freie und intelligente Wesen, unabhängig von individuellen biologischen Voraussetzungen oder vom Körperbau, betreffen.

Die emotionalen Auswirkungen, die die bewiesene Existenz außerirdischer Intelligenzen auslösen würde, könnten aber sicher oder sogar sehr *wahrscheinlich* dazu führen, dass sich bei vielen Menschen die religiösen Vorstellungen verändern. Dies gilt insbesondere für den (*sehr* unwahrscheinlichen) Fall, dass die Botschaft der Außerirdischen Ausführungen zu ihrer Religion (oder Religionen) enthält – und auch, dass wir die Botschaft sofort verstehen könnten. Das ist zweifellos der Hauptgrund, warum die katholische Kirche kein begeisterter SETI-Anhänger ist. Doch dies ist nur eine pastorale Sorge.[7] Vom theoretischen Standpunkt aus bedeutet die Tatsache, dass die Außerirdischen (möglicherweise) weiter fortgeschritten sind als wir, nicht, dass ihre religiösen Ansichten richtig sein müssen – genauso wenig, wie die modernen Religionsvorstellungen auf der Erde einen Anspruch auf Richtigkeit haben.

Tatsache ist jedenfalls, dass mit Sicherheit nichts die Einstellung der katholischen Kirche zu *unserem* Leben auf der Erde sowie *unserer* Heilslehre ändern könnte. Was sich (teilweise) ändern *könnte*, ist das Verständnis der Bedeutung einiger Teilaspekte im Hinblick auf die *Beziehung* zu den Außerirdischen.

Das Hauptproblem wäre natürlich die Erbsünde sowie die Bedeutung der Inkarnation Jesu Christi. Wie der italienische Theologe und Astronom Tanzella-Nitti auf dem ersten italienischen SETI-Tag sagte[8], wäre da zunächst anzumerken, dass in der christlichen Tradition die Menschen nicht die einzigen intelligenten Wesen sind. Es gibt auch Engel, für die eine eigene Heilslehre gilt, die sich von der unseren unterscheidet. So können wir sagen, dass im Prinzip nichts dagegenspricht, sich auch für die Außerirdischen eine ähnliche Situation vorzustellen.

Natürlich ist es auch möglich, dass Außerirdische nicht der Erbsünde unterworfen sind. Viele Theologen, unter ihnen Grasso, Zubek und Raible, ziehen diese Möglichkeit in Betracht. Wenn das der Fall wäre, eröffnete dies sicherlich eine unglaubliche Chance für die gesamte Menschheit: Wir wären zum einen in der Lage, die Schöpfungsgeschichte vollständig und genau zu verstehen sowie zu begreifen, in welchem Zustand wir uns ohne Adams und Evas Sündenfall befänden. Zum anderen wären diese Geschöpfe auch mit Sicherheit besser als wir, sowohl vom moralischen als auch vom rationalen Standpunkt aus betrachtet. Wir könnten sie in vielen Dingen um Rat fragen.

Genau aus diesem Grund glauben wir jedoch, dass dies nicht der Fall sein wird. Es wäre zu einfach für uns und mit der gesamten vergangenen Geschichte der Menschheit nicht vereinbar. Die Menschen waren immer für sich selbst verantwortlich, in guten wie in schlechten Zeiten.

Vom rein theoretischen Standpunkt aus ist es auch möglich, dass die Außerirdischen wohl der Erbsünde unterworfen sind, nicht aber einem Heilsversprechen: Grasso, Zubek und McHugh zum Beispiel[9] haben auch diese Möglichkeit in Betracht gezogen. Doch für einen Christen ist es angesichts eines Gottes, der »die Welt so sehr liebte, dass er ihr seinen eingeborenen Sohn gab«, sehr schwer, daran zu glauben.

Allgemeiner gesagt sind wir der Ansicht, dass beide Möglichkeiten zu sehr die Vorstellung von Außerirdischen als Engeln oder Teufeln, wie es in Science-Fiction-Filmen und »Kontaktkulten« gern dargestellt wird, widerspiegeln. Des Weiteren hat sich der Sündenfall bei den beiden einzigen Spezies, die wir kennen, Menschen und Engeln, tatsächlich ereignet. Daher sind wir der Ansicht, dass Außerirdische, wenn es sie gibt, sich sehr wahrscheinlich gar nicht so sehr von uns unterscheiden – zumindest was dieses Thema betrifft.

Wenn sie existieren und der Erbsünde unterliegen, müssen wir unsere Auffassung der Wechselbeziehung zwischen dem moralisch Bösen und der Schöpfung erweitern, weil Adams und Evas Sündenfall nicht mehr einzigartig wäre und daher nicht mehr der einzige Grund für das leibhaftige Böse in unserem Universum sein könnte. Welche

Meinung man auch immer vertritt, die Tatsachen sehen schließlich so aus: Nur wenn wir konkret Kontakt mit Außerirdischen haben und ihre wahren Absichten und Verhaltensweisen kennen, können wir das Problem ein für alle Mal lösen.

Wenn wir Recht haben, wäre die interessanteste Frage jedenfalls die, welche Rolle Jesus Christus und folglich auch die römisch-katholische Kirche im kosmischen Kontext spielen. In den vorhergehenden Fällen wäre die Situation klar und eindeutig, weil nur Menschen durch die Menschwerdung Christi erlöst würden, selbst wenn Christus in seiner Eigenschaft als Gott auch der Herr der Außerirdischen wäre, unabhängig davon, ob sie in Gottes Gnade stehen oder nicht. Zumindest im erstgenannten Fall könnten wir ihnen auf jeden Fall mitteilen (und *sollten* es vielleicht auch), was Gott für uns getan hat, und das könnte auch für sie von Bedeutung sein. Doch dies wäre auf keinen Fall ein *Problem*, weil sie diese Erlösung auf keinen Fall *nötig* hätten. Wenn sie der Erbsünde aber unterworfen und für eine Erlösung bestimmt sind, dann stellt sich die Frage, wie diese Erlösung bei ihnen stattgefunden hat bzw. stattfinden wird.

Zur Lösung dieses Problems haben Theologen über die Möglichkeit spekuliert, dass das Wort Gottes sich in einer Vielzahl von Inkarnationen erfüllt haben könnte. Diese Vorstellung wurde Ende des 18.Jahrhunderts zum ersten Mal von Thomas Paine ins Spiel gebracht, weil er den christlichen Glauben lächerlich machen wollte. Einige Autoren, unter ihnen Chalmers, Dwight und Dick, nahmen diese Äußerung sehr ernst und fochten die These in vielen theologischen Schriften an.

Wir können Gottes Freiheit natürlich nicht begrenzen, und es ist ihm im Prinzip möglich, jede beliebige Gestalt anzunehmen. Der Haupteinwand gegen diese These ist kein anthropozentrischer, sondern ein »christozentrischer«. Das bedeutet, das Problem besteht nicht darin, dass die menschliche Natur an sich etwas Besonderes ist, sondern in der Tatsache, dass die Gestalt Jesu Christi (der sein Opfer los bereitwillig und in einem grenzenlosen Akt der Freiheit angenommen hat) neu belebt und verherrlicht wurde und zum König des Universums, zum Mittelpunkt des Kosmos und der Geschichte, wurde – *sowohl in ihrer göttlichen als auch in ihrer menschlichen Gestalt.* Wenn wir also eine Vielzahl von Inkarnationen zulassen, müssen wir diese traditionellen Formeln der katholischen Theologie auch in einem sehr engen Sinn begreifen. Das heißt, Jesus Christus ist *in seiner menschlichen Gestalt* nur der Mittelpunkt der Geschichte der *Menschheit*, während er *als Gott* der Mittelpunkt und der König des *ganzen* Universums ist; und dann müssten wir auch zugeben, dass wir die Bedeutung der Inkarnation bis jetzt nur ansatzweise begriffen haben.

Daher ist es wahrscheinlicher, dass die katholische Kirche auf jeden Fall die traditionelle Interpretation der zentralen Rolle von Jesus Christus für das gesamte Universum und jedes intelligente Wesen aufrechterhalten und sich darauf konzentrieren wird, nach Wegen zu suchen, wie sich Gottes Gnade auch auf nicht menschliche Wesen auf anderen Planeten erstrecken könnte. Das mag vermessen klingen, wäre es aber eigentlich nicht: Wie wir bereits ausgeführt haben, ist er nicht zum Wohl der Weisen und Klugen zu uns gekommen. Wenn er sich also für seine Menschwerdung von allen im Universum zur Verfügung stehenden Planeten unseren Planeten und unsere Gestalt ausgesucht hat, wäre das für uns kein Grund, stolz zu sein – absolut nicht! –, sondern es wäre nur eine Gnade, und natürlich eine große Verantwortung. Wir müssen jedoch noch einmal betonen, dass ein abschließendes Urteil über dieses Thema nur nach sorgfältigster Analyse aller Gegebenheiten möglich ist: Auch wenn sie sehr wenig plausibel erscheint, könnte man die Theorie einer Vielzahl von Inkarnationen akzeptieren, wenn es überzeugende Beweise dafür gibt, dass tatsächlich bereits eine andere Inkarnation stattgefunden hat.

Bei der Analyse der verschiedenen Möglichkeiten, wie Außerirdische an Jesu Christi Verdiensten teilhaben könnten, spielen schließlich die Tatsachen ebenfalls eine sehr wichtige Rolle. Die Situation könnte beispielsweise völlig unterschiedlich aussehen, wenn uns die Außerirdischen sehr ähnlich wären und insbesondere, wenn Raumreisen möglich wären – oder aber, wenn das eben nicht der Fall wäre. Im erstgenannten Szenario wäre es gar nicht so unwahrscheinlich, dass die Situation ganz ähnlich ablaufen würde wie im klassischen Fall: Man könnte sich vorstellen, dass katholische Geistliche mit Raumsonden zu ihrer Mission aufbrechen würden, wie ihre Brüder früher mit Schiffen. Angesichts dessen, was wir im Moment wissen, ist es sehr unwahrscheinlich, dass es wirklich so geschehen wird: Interstellare Reisen scheinen nur ein Traum zu sein. Und, wie schon gesagt, die Botschaft könnte auch von einer ausgestorbenen Zivilisation stammen. Also könnte die Überbringung der Heilslehre an die Außerirdischen nur durch den heiligen Geist selbst erfolgen, der ihnen bewusst macht, welches Opfer Christus gebracht hat, und ihnen dieses Opfer auf irgendeine Art, die wir uns nicht vorstellen können, nahe bringt.

Schlussfolgerung

Zusammenfassend lässt sich schließlich Folgendes sagen:
a) Der christliche Glaube und die Existenz von Außerirdischen sind problemlos miteinander vereinbar.
b) Bei grundlegenden Fragen lässt sich diese Kompatibilität bereits nachweisen.
c) Wir können zu einem Großteil der interessantesten Fragen nur Hypothesen aufstellen, die auch von Person zu Person äußerst unterschiedlich ausfallen können. Die richtige Antwort hängt größtenteils von Fakten ab, über die man *a priori* keine Einschätzung abgeben kann.
d) Aus genau diesen Gründen nimmt die katholische Kirche zurzeit eine abwartende Haltung ein.
e) *Nach* dem möglichen Kontakt wird die katholische Kirche zweifellos in der Lage sein, eine adäquate Theologie auszuarbeiten, die in irgendeiner Form dem von uns skizzierten Szenario ähneln wird. Auf dieser Basis wird die Kirche gemäß ihrer Mission auch in der neuen Situation eine konstruktive Rolle spielen können – so wie sie es in ihrer zweitausendjährigen Geschichte immer getan hat.

Anmerkungen

[1] Wir sind keine Theologen, sondern Philosophen. Wir sind jedoch der Ansicht, dass wir im Folgenden eine verlässliche Einschätzung möglicher Reaktionen seitens der römisch-katholischen Kirche geben. Natürlich sind bei einer derart komplexen hypothetischen Angelegenheit unterschiedliche Meinungen und Ansätze möglich.

[2] In der Grundsatzerklärung wird betont, dass die UNO als weltweite Organisation die wichtigste Rolle im Umgang mit diesem universalen Ereignis übernehmen muss.

[3] Siehe *D.E. Tarter*: Security Considerations in Signal Detection, in: Proceedings of the 48th International Astronautical Congress; Oktober 1997, Turin, Italien

[4] Giordano Bruno hegte Zweifel über das spirituelle Seelenleben nach dem Tod, über die Inkarnation Jesu Christi sowie das Wesen und die Rolle des Heiligen Geistes, um nur einige seiner Standpunkte zu nennen, die als ketzerisch verurteilt wurden und von denen er bis zu seinem Lebensende nicht abwich. Siehe auch: *M. Ciliberto*: Giordano Bruno. Roma-Bari: Laterza 1990

[5] Gerade in den letzten Jahren hat die römisch-katholische Kirche begonnen, das Urteil über ihr Verhalten, insbesondere zu Zeiten der Inquisition und im 16.-18. Jahrhundert, zu revidieren.

[6] Wir gehen davon aus, dass die Kirche öffentliche und interdisziplinäre Debatten fördern würde, vielleicht auch einen Kongress oder ein Konzil abhalten würde.

[7] Es gilt außerdem zu beachten, dass solch ein Szenario schließlich gar nicht so sicher ist. Es ist in der Tat auch möglich, dass ein echter Kontakt sich als *weniger* gefährlich für den katholischen Glauben erweist als das bloße Warten darauf. Wenn, wie der italienische Physiker Tullio Regge spekuliert hat, die erste Botschaft aus dem All beispielsweise aus einem Werbespot für Seife bestehen würde, wäre dies ein tödlicher Schlag für sämtliche »kosmischen Religionen«, angefangen bei den New-Age-Religionen.

[8] Er fand am 26. Juni 1998 in der Akademie der Wissenschaften in Turin (Italien) statt. Tanzella-Nittis und andere Beiträge (einschließlich unserem) können unter folgender Adresse eingesehen werden: http://www-radiotelescopio.bo.cnr.it/setiweb/enter.htm.

[9] Eine weitere Übersicht liefert *D.A. Vakoch*: Roman Catholic Views of Extraterrestrial Intelligence. Anticipating the future examining the past. *A. Tough (Hrsg)*: When SETI succeeds. Proceedings of the cultural impact with Extraterrestrial workshop. Bellevue, WA, Foundation for the future.

Der Tod einer Termite

Tobias Daniel Wabbel

Im australischen Outback, irgendwann in unmittelbarer Zukunft

Ein Gefühl der Selbstzufriedenheit durchflutete Nick Yates, den Boss der größten Computerfirma der Erde, als er nach dem mühseligen Anstieg auf den Ayers Rock über die weite Ebene blickte. Eine blutrote Sonne hauchte ihre letzte Wärme über das Outback wie ein verglühendes Stück Kohle.
Am liebsten hätte er die Firmenflagge in den roten Felsen gerammt.
Was für ein netter Standort für eine neue Chipfabrik!
Er seufzte. Vergessen waren die abstürzenden Börsenkurse, der beginnende Krieg im Nahen Osten, die Milliardenverluste durch die Weltwirtschaftskrise, seine eigene Ehekrise, seine schmerzenden Hämorrhoiden.
Es ist so wundervoll. Ich danke Dir, Gott.
Er nahm den Lederhut ab, wischte sich mit einem Taschentuch den Schweiß von der Stirn und setzte sich auf den Fels. Den Gedanken, dass jede Besteigung von *Uluru* Unglück brachte, verdrängte er. Gebannt folgte er dem magischen Farbenspiel, das die untergehende Sonne auf den Himmel warf. Sprachlos hielt er seine Wasserflasche in der Hand.
Nach einiger Zeit erst bemerkte er den monotonen, nasalen Gesang, den der Abendwind über den heiligen Berg trug, und er horchte erstaunt auf.
Ich bin nicht allein?
Etwa dreißig Meter von ihm entfernt wiegte sich eine unscheinbare Schattengestalt im Rhythmus eines undefinierbaren Singsangs. Yates erhob sich neugierig und näherte sich dem Fremden. Nach und nach erkannte er einen hageren Körper, einen Kopf mit aschgrauem, drahtigem Haar, buschige Augenbrauen über einem von der Last des Lebens zerfurchten, weisen Gesicht.
Der erste Aborigine, dem ich in Australien begegne!
Er pfiff schrill. »Hi!«

Als der Angesprochene keine Reaktion zeigte, wurde Yates ungeduldig. »Hey, Du!«, rief er. »Was machst du da?«

Seine Worte flogen mit dem Wind davon. Draußen in der Wüste antwortete ein Dingo mit einem markerschütternden Heulen.

Der Eingeborene hielt jetzt inne und öffnete die Augen. Er stocherte mit einem Ast in der Glut seines Feuers. Das fahle Licht spiegelte sich in seinen Augen.

Einige Sekunden vergingen.

»Ich bete.« Die Stimme des Aborigine glich dem tiefen, meditativen Brummen eines tibetischen Mönchs. Sein Dialekt ließ darauf schließen, dass der Mann längere Zeit in einer größeren Stadt, wahrscheinlich Sydney oder Melbourne, zugebracht hatte.

»Was soll der Bullshit? Hast du deinen Job verloren?« Yates setzte sich neben ihn. Er kramte einen Joint aus seiner Hemdtasche und entzündete ihn mit seinem silbernen Zippo. Wieder entstand eine längere Pause.

»Ich bete für die Termite, die ich auf dem Weg hierher getötet habe.« Der Eingeborene schloss die Augen und wiegte sich wieder im Takt seines Gebetes.

Absurd! Der Kerl muss verrückt sein.

Yates inhalierte tief und blies den Rauch mehr oder weniger absichtlich in das Gesicht des Aborigine. Unentwegt ging ihm eine Melodie von *The Doors* durch den Kopf.

This is the end ...

Er fühlte sich an seine Collegezeit erinnert, als die Joints munter herumgereicht wurden und jede Woche ein anderes Girl das Bett mit ihm teilte. »Du betest für ein Insekt? Was soll das denn? Hast wohl 'n bisschen zu tief in die Flasche ...«

»Es ist das Lied des Todes. Ich hätte den Weg der Termite nicht kreuzen dürfen. Als sie starb, hatte ich eine Vision. Meine Zeit ist gekommen. Der große Geist der Traumzeit sprach zu mir ...« Der Aborigine schwieg.

»Eine Vision?« Der Joint tat seine Wirkung. Yates schüttelte kichernd den Kopf und nahm einen tiefen Schluck aus der Wasserflasche.

This is the end ...

»Hat dir Johnny Walker was eingeflüstert?«

Der Alte schnaubte verächtlich: »Unzählige Male bin ich *Uluru*, unseren heiligen Berg, hinaufgestiegen. Doch niemals zuvor bin ich hier einer Termite begegnet. Als ich beim Aufstieg ihren Weg kreuzte, trat ich sie tot – es war nicht meine Absicht.«

Der Aborigine hielt inne. Jetzt starrte er Yates respektlos in die Augen. Sein Blick verfinsterte sich, als würde die Sonne sterben. Der Computermogul zuckte eingeschüchtert zusammen.

»Vierzigtausend Jahre lang haben die Aborigines auf diesem Boden gelebt. Unzählige Male sind eure Schiffe an unseren Küsten vorübergesegelt. Aber schließlich habt Ihr uns entdeckt. Als eure Schiffe vor dreihundert Jahren an unseren Ufern anlegten, habt Ihr begonnen, uns und unsere Kultur zu töten. Ihr habt uns Alkohol gegeben und unsere Träume gestohlen. So wie ich heute dieser Termite begegnet bin, so seid ihr an unseren Küsten gelandet. Es war nur eine Frage der Zeit. Als die Termite starb, habe ich etwas gesehen ... etwas Schreckliches ...«

Er macht mir Angst! Scheiße! Der Alte macht mir wirklich Angst!

»Was hast du gesehen, zum Teufel? Erzähl schon, ich hab nicht ewig Zeit!«

»Ich habe gesehen, wie auch eure Kultur, eure Zivilisation starb. Du hast Recht. Du hast nicht mehr viel Zeit. Ihr *alle* habt nicht mehr viel Zeit. Bald werdet ihr eure Träume verlieren – genauso, wie wir unsere Träume verloren haben.«

Yates war jetzt tief beunruhigt über die Worte des Eingeborenen – er schrieb diese Fassungslosigkeit keineswegs der Wirkung des Joints zu. »Warum ... warum soll unsere Zivilisation sterben? Wird es einen Weltkrieg geben?«

Verdammt! Warum frag ich ihn das? Warum hab ich plötzlich nur solche Angst vor ihm?

»Dort oben!« Der Aborigine hob die rechte Hand gen Himmel. Inzwischen war die Nacht hereingebrochen, und abertausend Sterne funkelten mit hypnotisierendem Glanz auf die Wüste herab.

»Dort draußen gibt es so viele Welten wie Sandkörner auf der Erde und Geschöpfe, die unendlich weiser sind als ihr. Eure Zivilisation wird sterben. Die Überlegenheit dieser Kreaturen jenseits der Erde wird eure Träume stehlen – so wie ihr uns unsere Visionen von einer friedlichen Zukunft geraubt habt. Es ist nur eine Frage der Zeit, bis sie mit euch Kontakt aufnehmen. Und wenn ihr nicht nach ihnen sucht, werden sie *euch* entdecken.« Er brummte vor sich hin. »Es ist jetzt Zeit für mich, zu gehen, Zeit, diese Welt zu verlassen.«

Dann stimmte der Eingeborene erneut den Gesang des Todes an. Zögernd und mit trockener Kehle wagte der reichste Mann der Erde einen verstohlenen Blick zu den Sternen hinauf. Er glaubte bereits etwas aus der abgrundtiefen Dunkelheit des Universums aufblitzen zu sehen.

Die Furcht hatte Nick Yates mit ihren eisigen Händen gepackt. Blutleer fiel er in den Singsang des Alten ein und betete, sich im Rhythmus wiegend, um Vergebung für den Tod einer Termite.

Projekt Serendip,
Kontrollzentrum Arecibo in Puerto Rico, wenige Stunden später

Seit Stunden peitschte ein Ausläufer des Wirbelsturms *Heywood* durch den Urwald, und tropische Sturzbäche ergossen sich über dem Land.

Die Empfänger der Arecibo-Schüssel tasteten gerade einen Bereich in der Nähe des Doppelsternsystems Gamma Virginia im Sternbild Jungfrau ab, als das Unerklärliche zwanzig Minuten nach Mitternacht geschah. Ein Blitz, der mühelos New York ein Jahr lang mit Strom hätte versorgen können, schlug mit einem gewaltigen Donnern in das Empfängersystem des 305 Meter großen Radioteleskops von Arecibo ein. Seine entfesselte Energie raste auf einer Achterbahn aus Milliarden Kabeln, Prozessoren, Dioden, Transistoren und Labyrinthen von Chip-Platinen durch das Überwachungssystem der riesigen Antenne. Irgendwo in den Eingeweiden der hochempfindlichen Anlage knisterte und fauchte es. Ein dumpfer Knall hallte durch den Kontrollraum. Die Luft roch bitter nach verbrannten Schaltkreisen, und eine plötzliche Finsternis breitete sich in den Räumen aus. Mit einem Heulen sprang das Notstromaggregat an. Wenige Minuten später war die Dunkelheit besiegt. Draußen jaulte der Sturm mit geisterhaftem Wehklagen.

An diesem Abend hatte der Radioastronom Harry Masterton Nachtwache. Er bemerkte nichts von all dem. Seine Aufgabe bestand darin, den Kontrollcomputer auf Unregelmäßigkeiten und auffällige Radio-Emissionen zu überprüfen, die das Radioteleskop von Arecibo vielleicht empfangen würde. Masterton war hoffnungslos romantisch. Er war einer der Wenigen, die noch die Lautsprecher einschalteten und dem interstellaren Wispern der Sterne lauschten – in der Hoffnung, irgendwann einer versteckten außerirdischen Symphonie zu lauschen. Doch jetzt befand sich Masterton in einem gepflegten Jack-Daniels-Schlaf. Er hatte den Streit über die zukünftige Finanzierung von SETI und *Projekt Serendip* mit seiner Vorgesetzten Dr. Jenny Carter vor einigen Stunden mit Entschlossenheit heruntergespült. In einer Ecke des Kontrollraums winselte leise sein schwarzer Cockerspaniel Tom, am ganzen Leibe zitternd. Mastertons Füße ruhten auf der Computerkonsole, seine Arme hatte er auf dem Bauch verschränkt. Er schnarchte, als wollte er den puertoricanischen Regenwald mit einer Motorsäge fällen.

Irgendwo surrten Faxgeräte, spuckten Drucker auf Endlospapier leise kratzend Signale aus. Aus den Lautsprechern krachten konstant die elektromagnetischen Wellenbrecher des interstellaren Rauschens.

Tom winselte und sah sich um, eifrig mit dem Schwanz wedelnd.

Plötzlich registrierten die Empfänger der Arecibo-Schüssel eine hochenergetische Radiostrahlung. Wie ein kosmisches *SOS* wiederholte sich das blasse Signal alle paar Minuten, als wollte es beachtet, mit aller Gewalt gehört werden, wie das verzweifelte Rufen eines Verlorenen in der Milliarden Lichtjahre weiten, dunklen Stille der kosmischen Sternenwüste.

Di-di-dit! Di-di-dit! Di-di-dit!

Die Monitore, die bis dahin im Energiesparmodus ruhten, flackerten plötzlich auf und erfüllten den Kontrollraum mit gleißend hellem Licht.

Eine unzweideutige Meldung blinkte auf den Monitoren:
Eingehendes Kandidatensignal!

Das rhythmische, metallische Kreischen aus einer fremden Welt erfüllte den Kontrollraum von Arecibo.

Di-di-dit! Di-di-dit! Di-di-dit!

Masterton fällte weiter den Regenwald. Selbst das Bellen und Winseln seines Hundes vermochte ihn nicht zu wecken.

Der Kontrollcomputer stand kurz vor dem Zusammenbruch. Die Drucker kratzten wilde Zacken auf das Endlospapier, das sich auf dem Boden bereits zu Bergen auftürmte.

Di-di-dit! Di-di-dit! Di-di-dit!

Masterton schnarchte weiter.

Tom heulte mit dem Sturm um die Wette, hechelte, winselte. Sein Herrchen wollte einfach nicht aufwachen.

Zwölf Minuten vergingen. Die Strahlungsquelle bewegte sich aus dem Empfangsstrahl, bedingt durch die Erdrotation und die Tatsache, dass die Arecibo-Antenne unbeweglich in einer Talsohle verankert war.

Doch jetzt geschah etwas Unerwartetes. Anders als gewöhnliche Radiointerferenzen, die gegenwärtig geblieben wären, verstummte das Signal so plötzlich, wie es aufgetaucht war, und soff im Ozean der Datenbank ab, ging unter im Konzert von Signalen, die das Radioteleskop von Arecibo in den vergangenen Wochen und Monaten empfangen hatte.

Die Daten schossen mit annähernder Lichtgeschwindigkeit hinaus über tausende Kilometer von Glasfaserkabeln, luden sich über eine Online-Verbindung auf den Server der Universität Berkeley in Kalifornien und wurden mit der Bezeichnung Datenblock No. 666 versehen. Um 1.16 Uhr blinzelte sich Masterton wach. Er schielte in die Augen seines Cockerspaniels, der ihn emsig anwedelte und jaulte. »Geh schon mal allein Gassi, ich komm später nach«, lallte Harry und nickte wieder ein.

Irgendwann, nach einem Zyklus von 6 Stunden, 6 Minuten und 6 Sekunden begann das Signal von neuem. Doch Masterton schnarchte weiter.

Draußen tobte *Heywood* weiter. Stürmische Zeiten kündigten sich an.

Rom, Vatikan, wenige Tage später

War es Zufall oder Vorsehung, dass Bischof Giorgio Del Pietro, der Privatsekretär des Papstes, das Programm SETI@home auf seinem Notebook installiert hatte? Eigentlich wurde es nur für die Abwicklung der päpstlichen Korrespondenz und bestenfalls für einen kurzen Ausflug im Internet benutzt, wenn il Papa seine Vesper hielt.

Gerade dieses trügerische Gefühl der Sicherheit wurde Del Pietro zum Verhängnis. Im Nachhinein hätte Del Pietro immer noch bei Gott geschworen, dass es ausschließlich Neugier war, die ihn zu dieser Tat getrieben hatte. Neugier auf das Verbotene – das ewige Spiel zwischen der Schlange und Eva.

Der Tod einer Termite

Denn Del Pietro fand, dass SETI@home eine clevere Sache war. Der Pontifex würde diesen Ausflug ebenso wenig bemerken wie die Tatsache, dass er, Del Pietro, regelmäßig den *Playboy* las. Außerdem verfolgte der Präfekt der Glaubenskongregation, Kardinal José María Romero, die Suche nach extraterrestrischen Intelligenzen, vor allem das *Projekt Serendip*, mit kritischem Interesse. Denn noch immer stand eine Entschuldigung des Vatikans für die Verbrennung von Giordano Bruno auf dem Scheiterhaufen aus – nach über vierhundert Jahren. Man wusste, dass Wissenschaftler von *Projekt Serendip* am Beginn des 21. Jahrhunderts unter der Leitung von Dr. Dan Westwood in Berkeley, Kalifornien, mit dem Radioteleskop von Arecibo tausend sonnenähnliche Sterne in einem Umkreis von 100 Lichtjahren nach Radiosignalen von außerirdischen Intelligenzen untersucht hatten und noch immer Messungen anstellten. Man wusste, dass die Datenmenge die Rechenkapazität des noch so größten Supercomputers überschritt. Man wusste, dass man aus diesem Grund SETI@home entwickelt hatte. Man wusste, dass sich Computerfreaks aus aller Welt eine kleine Portion der Arecibo-Beobachtungsdaten über das Internet vom Server der Universität Berkeley herunterladen konnten, um sie mit ihren PCs nach Signalen von außerirdischen Zivilisationen zu analysieren. SETI@home war ein Bildschirmschonerprogramm, doch viele Enthusiasten – wie Del Pietro – schalteten den Bildschirmschonermodus aus und ließen SETI@home ständig im Hintergrund laufen.

Eine heruntergeladene Arbeitseinheit umfasste knapp 300 Kilobyte. Je nach Rechenkapazität des Computers konnte die Analyse der Daten einen Tag bis mehrere Wochen in Anspruch nehmen. Sobald ein Datenblock durchgerechnet war, wurden die Analyseergebnisse über eine Online-Verbindung nach Berkeley gesendet, und der Benutzer erhielt automatisch eine neue Einheit. Auf diese Weise war der größte, leistungsfähigste Supercomputer der Welt entstanden. Jeden Tag erreichten den Datenserver von Berkeley mehr als 200 000 Analyseergebnisse, und jeden Tag stieg die Zahl der Benutzer, die SETI@home auf ihren Computern installierten. Bischof Giorgio Del Pietro war nur einer von über vier Millionen. Er glaubte, dass niemand von seinem Steckenpferd wusste. Er konnte nicht wissen, dass seine Neugier auf das Furchtbarste bestraft werden sollte.

Das Unerklärliche geschah, als er einen Tag, nachdem er SETI@home installiert hatte, über der Abschrift einer neuen Enzyklika des

191

Papstes beinahe einschlief. Die schwere Standuhr in seinem Arbeitszimmer neben den Gemächern von Papst Lucius IV. schlug zwölf Mal. Der Mond goss sein kaltes, silbernes Licht durch die großen Fenster auf den Parkettboden.

Del Pietro schreckte hoch.

Das Monitorbild verschwamm plötzlich, zerlief wie Regen an einer Windschutzscheibe, und Kolonnen von Nullen und Einsen rasten, virtuellen Kaskaden gleich, den Bildschirm seines Notebooks hinab.

Er war mit einem Mal wach und erstarrte.

Der Bildschirm wurde schwarz.

»Was zum Teufel …«

Statt des Textes der Enzyklika war jetzt nur noch ein wild blinkender Cursor in der linken oberen Ecke des Bildschirms zu sehen. Del Pietro vermutete zunächst nur einen Fehler im Programm. Vielleicht war es ein Systemabsturz.

Er wurde wütend. *Es lebe Windows!*

Sein Herz galoppierte.

»Alles weg!«, flüsterte er. Aus seinen Augen brüllte die Panik.

Kompletter Wahnsinn!

Ihm brach der kalte Schweiß aus. Wahrscheinlich war sein Computer nicht abgestürzt, nein, wahrscheinlich war nichts weiter geschehen, als dass ein Virus seine Festplatte befallen und alle Daten gelöscht hatte.

Nichts weiter.

Gratuliere, Del Pietro!

Mit zitternden Fingern schaltete er den Computer aus.

»Mama mia! Lass es nicht wahr sein, bitte!«

Als er den Rechner zwei Minuten später wieder hochfuhr, blieb der Bildschirm immer noch schwarz, und aus Del Pietros Magen stieg Übelkeit auf.

Gelöscht, alles gelöscht, durchzuckte es ihn.

»Die Enzyklika, die gesamte Korrespondenz, die Termine seiner Heiligkeit für die nächsten Wochen und Monate!«

Noch immer blinkte der Cursor in der linken oberen Ecke des Bildschirms und schien ihn stumm aufzufordern, etwas einzutippen.

Del Pietro konnte dem Drang nicht länger widerstehen. Tränen der Verzweiflung glänzten in seinen Augen. Er tippte: »Ist da jemand?«

Die Festplatte begann wie eine Tüte Kartoffel-Chips zu knistern.

Die Leuchtdioden flackerten.
Rot. Grün. Rot. Grün.
Jemand durchforstete wie mit Geisterhänden den elektronischen Dschungel seiner Daten, rodete Bits und Bytes, zerhackte, zerpflügte, analysierte. Impulse rasten in milliardstel Sekunden durch winzigste Leiterbahnen des Prozessors.
Dann – Stille. Der Cursor blinkte und blinkte. Es waren keine zehn Sekunden vergangen, als etwas Ungeheuerliches geschah. Es schien aus Milliarden von Lichtjahren Entfernung zu kommen.
»Ich bin das Ende.«
Del Pietro zuckte jäh zurück. Seine Augen weiteten sich.
Hacker. Es müssen Hacker sein. Sie sind in meinen Computer und das Netzwerk des Vatikan eingedrungen. Was wollen sie von mir?
Ihn beschlich wieder dieses Gefühl des Grauens, und er blickte auf die Bereitschaftsanzeige des Modems. Es war inaktiv. Kein Senden, kein Empfangen. Kommunikation null. Er war offline. Wer auch immer mit Del Pietro kommunizierte, er kommunizierte lokal von seiner Festplatte aus mit ihm.
Kompletter Wahnsinn!
Es musste ein autonomes Programm, ja, quasi ein Geist in seiner Festplatte sein, der mit ihm sprach. Er vergaß die gelöschte Enzyklika, die Korrespondenz des Papstes, die anzüglichen, aus dem Internet heruntergeladenen Bilder schöner Frauen und tippte: »Hallo! Was soll das?«
Der Cursor huschte über den Bildschirm: »Ich bin das Ende. Ich bin die Botschaft.«
Die Botschaft? Was in Gottes Namen hat das zu bedeuten?
Er tippte: »Wer ist da?«
Schweigen.
Del Pietro ließ nicht locker: »Woher kommst du?«
Plötzlich: »Ich komme von jenseits des Netzwerks, das Ihr Internet nennt.«
»Was für ein Netzwerk? Ist es hier in Italien? Ein Geheimdienst? Die CIA?«
Schon mehrmals in der jüngeren Vergangenheit hatten westliche Geheimdienste und Hacker versucht, in die Datenbank des Vatikanischen Geheimarchivs einzudringen. Die Frage war mehr als nur berechtigt.
»CIA? Unklar. Bitte spezifizieren.«

Allmählich platzte Del Pietro der Kragen. »Wo steckt euer Server? Seid ihr in Europa?«
»Negativ.«
»In Asien?«
»Negativ.«
»In den USA?«
»Negativ.«
Wie zum Spaß schrieb er: »Dann kommst du Spaßvogel wohl vom Himmel! Toller Witz!«
Schweigen.
Dann: »Positiv.«
Del Pietro blieb beinahe das Herz stehen. Seine Wangen glühten vor Aufregung. Er begann langsam zu begreifen, was hier geschah. »Jesus Christus!«, flüsterte er. »Jesus Christus! Kann das sein?«
Und plötzlich flackerte die Erkenntnis in ihm auf, wie der Heiligenschein über dem Haupt eines Engels.
SETI@home! Natürlich, das muss es sein! Sie haben mit der Arecibo-Antenne ein Signal von einer außerirdischen Intelligenz empfangen. Es ist eine Art virtueller Kundschafter aus einer fremden Welt. Die Außerirdischen schicken keine Raumschiffe, sie schicken Programme mit Radiosignalen. Vielleicht ist es ein trojanisches Pferd. Das Programm schlief auf den Datenservern der Universität Berkeley und hat sich jetzt aktiviert. Was geschieht, wenn sich das trojanische Pferd über das Internet verbreitet? Wenn es losschlägt?
Del Pietro schluckte hörbar. »Jesus Christus!«, flüsterte er. »Heilige Mutter Gottes, steh uns bei.«
Ich bin das Ende.
Er begann an seinen Fingernägeln zu kauen. Sein Verstand arbeitete auf Hochtouren. Was würde er auslösen, wenn er das bekannt machte? Wie würde das Kardinalskollegium, wie die Kurie reagieren? Was würde das Programm anrichten? Würde es das Internet kontaminieren – oder alle Fragen beantworten, die die Menschheit bisher gestellt hat? Vielleicht waren es außerirdische Terroristen? Er hatte nicht den Funken einer Ahnung. Er brauchte Hilfe. Er sah Kardinal Romero vor sich, der ihn mit glühenden Augen anklagte: »Sie haben dem Teufel das Tor zum Vatikan geöffnet, Del Pietro!«
Del Pietro holte tief Luft. Er tippte: »Du kommst von einem anderen Planetensystem?«

»Positiv.«
»Was bist du?«
»Ich bin die Botschaft des universellen Netzwerks.«
»Was ist deine Mission?«
»Die Verbreitung der Botschaft an alle verbliebenen technisch fortgeschrittenen Zivilisationen des universellen Netzwerks.«
»Dann seid ihr Imperialisten?«
»Imperialisten? Unklar. Bitte spezifizieren.«
»Eroberer. Wollt ihr die Erde erobern, annektieren, eine Invasion starten?«
Schweigen.
»Wie lautet deine Botschaft?«
Schweigen.
»Wie lautet sie?«
Schweigen. Dann: »Sie ist nicht gut. Ihr werdet wünschen, sie niemals gehört zu haben.«
»Bist du feindlich gesinnt? Wie seht ihr aus? Wo ist euer Heimatplanet?«
Schweigen. Dann: »Wer bist du, dass du es wagst, diese Fragen zu stellen?«
»Ich bin Privatsekretär von Papst Lucius IV., dem Pontifex Maximus, dem Bischof von Rom, dem Oberhaupt von mehr als einer Milliarde Katholiken.«
»Donnerwetter.«
Humor?
»Bist du wichtig?«
Del Pietro fragte sich, ob er wichtig war, und kam zu dem Schluss, dass er so wichtig war wie eine tote Termite.
»Nein«, schrieb er.
»Du bist nicht wichtig genug. Bring mich zu deinem Anführer«, antwortete sein Gegenüber.
Sie haben Humor und sind arrogant. Unglaublich arrogant!
Del Pietros Finger flogen über die Tastatur. Ein Schauer jagte wie eiskalte Polarluft über seinen Rücken.
»Anführer? Wen meinst du? Den Papst? Gott selbst?«
»Gott? Glaubt Ihr an Gott?«
»Milliarden von Menschen glauben an Gott.«
»Dann bring mich zum Pontifex Maximus.«

Del Pietro fasste all seinen Mut zusammen und tippte: »Glaubst du an Gott? Glaubst du an die Erbsünde?«
Schweigen.
Del Pietro rieb sich die Augen und schrieb. »Weshalb verstehst du unsere Sprache?«
»Ich habe die Sprachen eures Planeten aus eurem Netzwerk assimiliert. Wir haben eure Radiosignale empfangen. Ich lerne ständig.«
Plötzlich aktivierte sich das Modem. Wieder begann die Festplatte zu knistern.
Die Leuchtdioden flackerten.
Rot. Grün. Rot. Grün.
Sein Notebook war jetzt mit dem Internet verbunden.
Der Cursor huschte über den Bildschirm des Laptops. »Informationen gesendet.«
Del Pietro hob schlagartig die Hände von der Tastatur, als ob ihn jemand mit einer Waffe bedrohte.
Erneut rasten Abermillionen von Nullen, Einsen und wirren Buchstabenkombinationen den Bildschirm hinab. Dann blinkte der Cursor wieder auf. Doch statt eines schwarzen Hintergrunds erschien in der Mitte des Bildschirms ein silbernes Symbol. Es bestand aus zwei übereinander befindlichen Ovalen, aus deren Zentrum acht lange Glieder herausragten, vier oben, vier unten. Er zuckte angewidert zurück.
Was ist das? Es sieht aus wie eine Spinne.
Del Pietro fühlte Verzweiflung in sich aufsteigen. Er fragte sich, wie er den Radioastronomen der Universität Berkeley, dem Kardinalskollegium und Kardinal Romero selbst erklären sollte, dass er mit einer außerirdischen Intelligenz kommuniziert hat, deren Absichten vollkommen unklar waren. Er fragte sich, wie er überhaupt irgendjemand irgendetwas erklären sollte. Er konnte es sich ja nicht einmal selbst erklären.
»Wie ist Dein Name?«, fragte Del Pietro.
»Name? Unklar. Bitte spezifizieren.«
»Ich bin Bischof Giorgio Del Pietro. Wie sollen wir Dich nennen?«
Schweigen. Dann:
»666.«
Das Herz des Bischofs schien auszusetzen, und er bekreuzigte sich.
Heilige Mutter Gottes, steh uns bei!

Der Tod einer Termite

Giorgio Del Pietro hoffte, dass es nicht schon zu spät war – nicht zu spät für ihn, nicht für den Vatikan, nicht für die Kurie und nicht für die gesamte Menschheit.
Er begann ein Vaterunser zu beten. Was hatte er da nur angerichtet?
Herr, vergib mir!

Space Science Lab, Projekt Serendip,
Universität Berkeley, Kalifornien, wenige Minuten später

Als die Radioastronomin Judith Bowman das Analyse-Resultat von Arbeitseinheit No. 666 eines gewissen Giorgio Del Pietro aus dem Vatikanstaat überprüfte, traute sie zunächst ihren Augen nicht. Über den Monitor zuckten immer wieder drei steile Zacken aus einer zitternden Wüste von kosmischem Hintergrundrauschen und Radiointerferenzen. Es mutete wie die Alphawellen auf dem EEG eines Wahnsinnigen an, der mit seinen Gedanken das größte Erdbeben der Menschheitsgeschichte auslöste. Die Signale auf ihrem Bildschirm waren *Triplets*, Dreierpulse, die sich alle 6,66 Sekunden rhythmisch wiederholten.

Sie sprach mit dem Bildschirm. »Okay. Das Signal verstummt nach zwölf Minuten wieder. Das Signal kann kein künstlich erzeugtes Störsignal oder das Signal eines Militärsatelliten sein.«

Bowman kaute hektisch einen Kaugummi und blies unentwegt rosa Hubba-Bubba-Blasen, während sie Koordinaten und Programmcodes eintippte.

Sie schaltete die angeschlossenen Lautsprecher ein. Die statische Monotonie des interstellaren, weißen Rauschens wurde durch ein rhythmisches, metallisches Kreischen überschattet. Es war markerschütternd schrill, als ob ein durchgedrehter Zahnarzt auf den Nerven eines Patienten einen Morsecode bohrte, um mit Kariesbakterien zu kommunizieren: »Gebt auf! Gebt auf!«

Di-di-dit! Di-di-dit! Di-di-dit!

Bowman rieb sich die Augen. Sie überprüfte noch einmal die Daten. Am 6. Juni 2006, zwanzig Minuten nach Mitternacht wurde das Signal von der Arecibo-Schüssel empfangen. Das Signal hatte eine Frequenz von 1420,342603 Megahertz, Wellenlänge 21 Zentimeter.

»Das Wasserloch!«, hubba-bubbate Bowman. »Wer immer da gesendet hat, er wollte mit aller Gewalt Aufmerksamkeit erregen!«
Irgendetwas stimmt hier nicht. Es ist so offensichtlich. Es liegt direkt vor mir. Was ist es nur? Okay, cool bleiben. Ich werde in der Datenbank überprüfen, ob es eine bereits registrierte Radioquelle oder eine Interferenz ist.

Sie überprüfte Deklination und Rektaszension, berücksichtigte die Rotverschiebung der Strahlungsquelle, checkte Frequenz, Wellenlänge, Frequenzmodulation, Intensität des Signals.

523 Jansky! Man kann es beinahe mit einem Radio empfangen!

Als die Datenbank der registrierten Radiointerferenzen und natürlichen Objekte des IC und NGC-Katalogs, in denen selbst die entferntesten Pulsare und Quasare verzeichnet waren, die Radioquelle des Signals als nicht registriert vermeldete, begann Bowman noch hektischer auf ihrem Kaugummi zu kauen.

Das Signal war absolut keine Radiointerferenz. Es kam einfach keine natürliche Ursache für das Phänomen in Frage. Das Signal entsprach *allen* Charakteristiken von E.T.

Kein Zweifel. Am liebsten wollte sie schreien.

Der Jackpot!

Sie blickte sich um und erschrak heftig.

Erst jetzt bemerkte sie, dass sich hinter ihr einige Kollegen, allen voran Dr. Daniel Westwood, versammelt hatten und dem Signal lauschten. Bowman zeigte auf die Dreierzacken auf dem Bildschirm. »Das ist es, Dan!«

Ihre Stimme war nur ein ehrfürchtiges Flüstern. »Ich habe es in der Datenbank überprüft. Es ist keine Interferenz. Es ist das, wonach wir immer gesucht haben!« Schweiß stand auf ihrer Stirn. Die Wangen ihres Gesichts waren gerötet. Sie erhöhte die Lautstärke, bis das Laboratorium mit dem Kreischen des Signals erfüllt war. Einige hielten sich die Ohren zu.

Westwood starrte auf den Bildschirm und rieb sich die Augen. »Das kann nicht wahr sein!«

Eine Kaugummiblase platzte vor Bowmans Mund. »Was unternehmen wir jetzt?«

»Ruhig bleiben!« Westwood fühlte, wie sich sein Puls beschleunigte. Er setzte sich auf einen der Drehstühle und starrte entgeistert die Algorithmen auf den Bildschirmen an. Damit hatte er niemals in seinem Leben gerechnet. Er hatte sich immer an den Strohhalm einer Hoffnung geklammert, wie ein Verdurstender, der einer Fata Morgana am Wüstenhorizont entgegenstolpert. Doch jetzt wich die Fata Morgana einer Oase. »Ruhig bleiben!«

Noch mehr Mitarbeiter versammelten sich um die Bildschirme, ungläubig wispernd, fassungslos kichernd, sich am Kopf kratzend, kopfschüttelnd.

Es war wie ein Taubenschlag. Schließlich starrten ein Dutzend Mitarbeiter mit offenen Mündern die außerirdischen Zacken auf den Bildschirmen an, wie Paläontologen, die die versteinerten Zähne einer unbekannten urzeitlichen Monsterspezies dem Boden entrungen hatten.

Di-di-dit! Di-di-dit! Di-di-dit!

Westwood kratzte sich an der rechten Schläfe.

Was haben wir da nur entdeckt?

»Jemand muss den Präsidenten anrufen!«, rief jetzt Dr. Marty Burke, ein Astrophysiker.

»Du weißt ganz genau, dass wir das SETI-Empfangsprotokoll berücksichtigen müssen«, konterte David Eisenman, ein Systemanalytiker und Datenbankprogrammierer.

»Scheiß auf das Protokoll!«, grummelte Allen Sanders, ein junger, schlaksiger Radioastronomiestudent, der seine Doktorarbeit über SETI schrieb und ständig eine rote Baseballkappe trug.

Westwood schüttelte den Kopf. »Allen, wir können es uns nicht leisten, die Entdeckung eines außerirdischen Signals zu verkünden, das sich als Ente herausstellen könnte. Es würde SETI ruinieren. Und die Firmen, die uns finanzieren, würden uns den Geldhahn zudrehen und uns in der Öffentlichkeit als UFO-Spinner und Verrückte bloßstellen, die nach kleinen grünen Männchen suchen.«

»Ja, aber was machen wir jetzt?«, fragte Philip Danforth, Westwoods Assistent. »Wir können doch nicht tatenlos ...«

»Ruhe!«, rief Westwood. »Wir ...«, er rang nach Worten, rückte seine randlose Brille auf die Nase zurück und blickte in die Runde. Seine Mitarbeiter starrten ihn erwartungsvoll an.

Einige von ihnen zitterten. Einige hatten Tränen in den Augen. Einige waren weiß wie die Wände des Space Science Lab. Einige hatten ein verräterisches, ekstatisches Lächeln auf ihrem Gesicht, als ob sie gerade den besten Sex ihres Lebens gehabt hätten. Einige ließen überhaupt keine Gefühlsregung erkennen.

Westwood griff zum Telefonhörer. »Wir werden das Deep Space Network in Goldstone informieren. Wir werden Green Bank, das Very Large Array in New Mexico und andere Radioobservatorien um Hilfe bitten.«

Er pfiff schrill wie ein Trainer, der seine Spieler auf den Platz scheuchte. »An die Arbeit! Vielleicht ist das Signal noch da! Wir brauchen eine unabhängige Bestätigung des Signals durch andere Radioobservatorien. Los, los! Jede Sekunde zählt!«

Sie stoben auseinander wie aufgeschreckte Tauben.

Kurz darauf war das Space Science Laboratory von aufgeregtem Geplapper, dem Klingeln und Piepsen von Telefonen und Faxgeräten, dem Sirren von Online-Verbindungen, dem wilden Klicken von Computertastaturen erfüllt.

Bowman betrachtete immer wieder die Parameter des Signals auf ihrem Bildschirm. Plötzlich wurde sie bleich, als sie von einer Erkenntnis heimgesucht wurde wie von einem uralten biblischen Fluch.

Warum ist mir das nicht eher aufgefallen?

»Was hast Du, Judith?« Danforth blickte sie mit großen Augen an.

»Das Signal wurde am 6. Juni 2006 empfangen. Es ist der Datenblock No. 666. Das ... das ... ist kein Zufall. Was hat das zu bedeuten?«

Sie verschluckte ihren Kaugummmi.

Rom, Vatikan,
in den Gemächern des Papstes, wenige Minuten später

Papst Lucius IV. rieb sich nach Bischof Giorgio Del Pietros Beichte nur leise ächzend die Schläfen, so als hätte er Kopfschmerzen, und starrte in das knisternde Kaminfeuer, das wilde Gespenster über die Wände tanzen ließ. Auf dem barocken, mit Blattgold verzierten Tisch im Arbeitszimmer des Papstes lag ein undefinierbares, mit einer Kordel zusammengeschnürtes Bündel Papiere. Erlesener Rotwein, der Farbe nach zu urteilen ein kräftiger Toskaner, verströmte sein betörendes Aroma im Raum. Bischof Giorgio Del Pietro konnte sich des Eindrucks nicht erwehren, dass der Papst ihn erwartet hatte. Angesichts dieser vorgerückten Stunde hatte er damit gerechnet, den Pontifex schlafend vorzufinden.

Lucius IV., der aus Deutschland stammte und als jüngster Papst der Geschichte amtierte, war ein stämmiger, 1,90 Meter großer, früh ergrauter Hüne. Sein sonniges Gemüt und sein barocker Lebensstil – er hatte eine ausgesprochene Schwäche für Wein, gutes Essen und Fußball – wirbelte den jahrhundertealten Staub in den Gemäuern des Vatikans auf.

Lucius IV. sah Del Pietro durchdringend an. Eine Mischung aus Bestürzung und Wissen spiegelte sich in seinen Augen, die ihn neugierig forschend musterten. Nach fünf Minuten angestrengtem Schweigen griff der Papst nach der Weinflasche und reichte seinem Sekretär ein großzügig eingeschenktes Glas. »Glauben Sie, dass sie freundlich gesinnt sind?«

Del Pietro schwenkte das Glas und ließ den Geist des Rotweins in seine Nase emporsteigen, bevor er einen Schluck trank. Das rubinrote Feuer des edlen Tropfens entfachte seine Sinne. »Nein. Das glaube ich nicht.«

Der Pontifex schlug die Beine übereinander und griff in eine silberne Schatulle auf dem Tisch. Er förderte eine Zigarre zutage und hielt sie Del Pietro hin, der abwehrend den Kopf schüttelte. »Wie kommen Sie zu dem Schluss?« Der Papst zündete die Zigarre mit einem Streichholz an.

»Man teilte mir mit, dass die Botschaft, die man der Menschheit verkünden werde, nicht gut sei. Wir würden wünschen, sie niemals gehört zu haben.«

Lucius IV. schaute ihn fragend an, warf das Streichholz in einen Aschenbecher und paffte. Blaue Rauchwolken umwölkten ihn. »Wie lautet die Botschaft?«

Del Pietro nippte an seinem Wein. »Die fremde Macht bat mich, Euch mit ihr zu konfrontieren, Eure Heiligkeit.«

Der Papst hob erstaunt die Augenbrauen. »Warum ausgerechnet mich? Haben Sie eine Vermutung?«

Del Pietro zuckte die Achseln wie ein verzweifelter Schuljunge, der eine Mathematikaufgabe nicht lösen kann. »Ich bin mit meiner Weisheit am Ende. Ich wurde gefragt, ob wir an Gott glauben.«

»Haben Sie die Wissenschaftler in Berkeley über den Vorfall in Kenntnis gesetzt? Ich könnte mir vorstellen, dass sie dazu beitragen könnten, die Absichten dieser fremden Macht zu entschlüsseln und Schlimmeres zu verhindern – wenn das überhaupt möglich ist.«

»Ehrlich gesagt, ich hatte starke Zweifel daran, dass Ihr oder irgendjemand anderes mir überhaupt Glauben schenken würde. Und dann war ich mir nicht sicher, wie Ihr auf die Tatsache reagieren würdet, dass ausgerechnet ein Bischof des Vatikans als Erstes mit einer außerirdischen Intelligenz spricht. Diese Geschichte ist zu ungeheuerlich. Sie könnte aus einem Hollywood-Film stammen.«

Lucius IV. griff plötzlich nach dem verschnürten Bündel Papier und reichte es Del Pietro. »Aber es ist kein Hollywood-Film. Dies ist die Wirklichkeit. Und die Geschichte, die ich Ihnen nun erzähle, ist noch unglaublicher. Bitte seien Sie behutsam, wenn Sie es öffnen.«

Del Pietro entfaltete einen Stapel von braunen Pergamenten, die allein vom Betrachten in tausend Stücke zu zerfallen schienen.

Lucius beobachtete jede Handbewegung seines Sekretärs: »Vor zwei Jahren wurden während einer geheimen Ausgrabung von Archäologen im Auftrag des Vatikans in der Nähe der nordisraelischen Stadt Megiddo in einer Höhle in der Jesreel-Ebene diese Dokumente entdeckt. Analysen mit der C14-Radiokarbonmethode zufolge sind die Pergamente zweitausend Jahre alt. Sie sind in einwandfreiem Zustand, weil sie all die Zeit in einem fest verschlossenen Tongefäß vor Tageslicht und Umwelteinflüssen wie Feuchtigkeit geschützt waren. Man fand das Tongefäß neben den verstaubten Gebeinen einer Person mit männlicher Anatomie. Der Mann hatte ein Vermächtnis an zukünftige Generationen auf diese Pergamentseiten in Aramäisch verfasst. Es ist eine Prophezeiung, ja, wir würden sagen, es ist ein eigenes Evangelium, das Evangelium schlechthin.«

»Weiß man, wer der Verfasser war?«

Der Papst zögerte nicht mit seiner Antwort. »Es stammt von niemand geringerem als von Jesus selbst.«

Ein Holzscheit knallte dumpf, und Funken stoben aus dem Kamin, wie zischende Sternschnuppen. Del Pietro zuckte zusammen. Wieder schossen abermilliarden Gedanken gleichzeitig durch seinen Kopf.

Jesus Christus!

Bischof Giorgio Del Pietro wurde bleich. Seine Augen traten beinahe aus den Höhlen, als er die Pergamente mit seinen eigenen Fingern befühlte. »Das kann nicht Euer Ernst sein! Ist das wahr? Und Ihr habt all die Jahre die Existenz dieser Pergamente geheim gehalten? Warum nur?«

»In Ihnen steht geschrieben, wann die Menschheit Kontakt mit einer außerirdischen Intelligenz aufnehmen wird. Jesus sagt uns: *Und am sechsten Tage des sechsten Monats im sechsten Jahr des dritten Jahrtausends nach meinem Tode wird eine Stimme vom Himmel zu den Menschen auf Erden sprechen und eine Botschaft verkünden. Und ihr Name ist Sechshundertsechsundsechzig.* Der 6. Juni 2006. Es deckt sich mit der Apokalypse des Johannes. Die Zahl 666 taucht dort ebenfalls auf.«

Del Pietro betrachtete die zackigen, entfernt an die hebräische Schrift erinnernden Zeichen auf dem braunen Pergament und kämpfte mit den Tränen der Ehrfurcht. Ein staubiger, muffiger Geruch betörte ihn wie ein verführerisches Parfüm. Er legte die Pergamente mit zitternden Händen auf den Tisch zurück. »Dann ... dann ist dies der erste authentische Beweis für die Existenz unseres Herrn?«

Der Papst nickte. »Das Pergament an sich und Ihr Bericht sind die Gründe, warum ich nicht im Geringsten an Ihren Worten zweifle. Ich denke, der Kontakt mit dieser fremden Macht ist die folgenschwerste Entdeckung in der Geschichte der Menschheit. Sie wird unser aller Leben verändern. Es ist der Beweis für die Richtigkeit der Worte Jesu Christi.« Lucius IV. neigte seinen Kopf zur Seite und legte die Hände ineinander.

»Was soll jetzt geschehen?«, fragte der Bischof. Sie lauschten beide dem knisternden Monolog des Kaminfeuers.

Lucius zog an seiner Zigarre. »Uns bleibt keine andere Wahl. Setzen Sie sich mit den Leuten von Berkeley in Verbindung. Holen Sie sie hierher nach Rom. Holen Sie den Kardinalstaatssekretär, die Kardinäle der Kongregationen, allen voran Kardinal Romero aus den Betten. Verständigen Sie den Generalsekretär der Vereinten Nationen. Setzen Sie ein Dringlichkeitsschreiben mit oberster Priorität und Vertraulichkeit auf. Ich bitte zur geheimen Versammlung in den Lateranpalast – Beginn morgen Nachmittag um sechzehn Uhr. Wir sind nicht mehr allein. Das erfordert außerordentliche Maßnahmen.«

Del Pietro leerte sein Weinglas und stellte es auf den Tisch zurück. »Was wird geschehen? Das Virus hat sich über das Internet verbreitet und ist in der Lage, so gut wie alles zu manipulieren. Ist dies das Ende der Welt?«

»Darüber schweigt Jesus in seinem Vermächtnis. Er überlässt es uns, wie wir die Natur der fremden Macht beurteilen. Vielleicht ist der Kontakt eine Reifeprüfung für die Menschheit.«

Del Pietro atmete tief durch. »Eure Heiligkeit, schließt Ihr es aus, dass es der Antichrist sein könnte, der zu uns spricht?«

Tränen glänzten in den Augen des Papstes. Seine Unterlippe bebte. »Nein.«

Del Pietro erhob sich, kniete vor dem Papst nieder und schluchzte: »Ich habe solche Angst. Bitte vergebt mir meine Dummheit.«

Lucius IV. legte sanft eine Hand auf den Kopf des Bischofs. »Irgendjemand musste diese Entdeckung machen. Ob Sie es nun waren, irgendwelche Radioastronomen in den USA oder ein kleiner Junge. Wir waren dumm. Wir haben immer geglaubt, Gottes einzige Kinder zu sein. Nun wird unsere Arroganz Lügen gestraft.«

»Wie hoch wird die Strafe sein, Eure Heiligkeit?«

Eine stumme Träne rann die rechte Wange des Papstes hinab, als er flüsterte: »Das weiß nur Gott allein. Auch ich habe jetzt Angst, Giorgio. Entsetzliche Angst.«

Very Large Array, Socorro,
in der Wüste von New Mexico, zwanzig Minuten nach Mitternacht

Tim Reilly richtete den schwenkbaren Kopf der Internetkamera auf sein Gesicht. Auf dem Bildschirm vor ihm erschien in einem kleinen Fenster Dan Westwood vom Space Science Lab in Berkeley.

»Bislang können wir nichts empfangen«, sagte Reilly gleichgültig und warf sich eine Erdnuss nach der anderen in den Mund. »Den Koordinaten zufolge ist dort nichts als interstellarer Raum mit ein paar geschwätzigen Molekülwolken. Kein Stern, kein Planet, nichts.«

Westwood schnitt eine Grimasse der Enttäuschung. »Wenn es kein Funkfeuer ist, was sollte es dann sein, wenn es sich alle 6 Stunden, 6 Minuten und 6 Sekunden wiederholt?«

Reilly warf sich eine weitere Erdnuss in den Mund.

Plötzlich ertönte ein Summen. Er zuckte zusammen und blickte auf den Monitor des Kontrollcomputers, der die Y-förmige Antennenansammlung des Very Large Array steuerte. »Hey, Dan, die Sekundärantennen haben es entdeckt!«, rief Reilly. Auf den Bildschirmen erschien eine Meldung:

Eingehendes Kandidatensignal!

Reillys Augenbrauen hoben sich erstaunt. Er strich sich verwirrt über seine spiegelblanke Glatze. »Heilige Scheiße! Du hattest Recht. Das Signal ist ein Funkfeuer!« Über den Bildschirm stachen schroffe Dolomitengipfel aus dem Wellensalat des Hintergrundrauschens empor. »Es kommt aus dem Nichts.«

Dan Westwood klatschte in die Hände, seine Augen leuchteten wie die eines Kindes, das ein besonders schönes Geschenk unter dem Weihnachtsbaum entdeckt hatte. »Green Bank, Goldstone und Medicina geben ebenfalls grünes Licht!«

»Ich werde McArthur in Parkes informieren, dass sie in Australien unsere Schicht übernehmen, wenn die Strahlungsquelle untergegangen ist.«

Plötzlich wurde Westwood bleich. »Hey, Tim! Wir haben gerade ein Telefax aus dem Vatikan bekommen.«

Reilly verschluckte sich und bekam einen Hustenanfall. »Du nimmst mich auf den Arm!«

Westwood hielt das Fax mit dem päpstlichen Siegel in die Kamera. »Der Papst bittet uns morgen zu einer Krisenbesprechung in den Vatikan.«

»*Er macht was?*«

»Das Netzwerk des Vatikans ist lahmgelegt, und ein Bischof behauptet, mit einer außerirdischen Intelligenz gesprochen zu haben, die eine Botschaft an die Menschheit richten wird.«

»Heilige Scheiße!«

»Amen.«

Lateranpalast, am folgenden Nachmittag

Bischof Del Pietro tippte die Worte vor den ungläubigen Blicken von dreißig Kardinälen, UN-Generalsekretär Koreyoshi Kurahara, Dan Westwood und Judith Bowman in die Tastatur des Notebooks. Kameras und Mikrophone zeichneten die ungeheuerlichen Ereignisse auf.

»Wer bist du?«, fragte Lucius IV.

Hunderte Augenpaare beobachteten jede Regung des Pontifex Maximus.

Wie aus dem Nichts erschienen die Worte auf dem Bildschirm: »Ich bin ein Gesandter des universellen Netzwerks.«

»Seid ihr Missionare?«
»Ja.«
»Welche Mission habt ihr?«
»Die Verkündung der Botschaft.«
»Wo ist euer Heimatplanet?«
»Unsere Heimat haben wir vor einer Millionen Jahren eurer Zeitrechnung verlassen. Sie wurde zerstört.«
»Wie seht Ihr aus?«

Ein Bild baute sich Zeile für Zeile auf und offenbarte ein schwarzes, glänzendes Insekt, das eine starke Ähnlichkeit mit einer menschengroßen Gottesanbeterin hatte. Ihr Körper war nur mühsam von einer grauen Kutte aus einem undefinierbaren Material verhüllt. Ein frostiger Schauer durchfuhr die Anwesenden.

Als das Alien seinen schmalen Mund öffnete, entblößte es raubtierhafte Zähne: »Die Botschaft, die ich Euch mitzuteilen habe, ist nicht gut. Ihr werdet wünschen, sie niemals gehört zu haben.«

Papst Lucius rang um Fassung. Der Widerwille gegen diese Kreatur nahm sündhafte Ausmaße an. »Ist … ist sie an mich speziell gerichtet oder an die gesamte Menschheit?«

»Sie ist in erster Linie an dich gerichtet. Denn es ist deine Aufgabe, diese Botschaft der Menschheit zu verkünden. Bist Du bereit dafür?«

Lucius IV. bekreuzigte sich. Del Pietro schluckte. Er bemerkte, wie seine Hände zitterten.

Lucius nickte zögerlich. »Ja«, tippte Del Pietro.

Stille. Niemand schien auch nur zu atmen.

Dann erschienen auf dem großen Bildschirm die Worte:

Wir verkünden Euch, dass das, was Ihr Gott nennt, nicht existiert.

Kardinal Romero, der Präfekt der Glaubenkongregation, fiel in Ohnmacht und sackte in seinem Sessel zusammen. Zwei weitere Kardinäle taten es ihm gleich.

Jemand schrie: »Impossibile! Impossibile!« und stampfte wutschnaubend aus dem Saal. Ein Purpurträger würgte, erhob sich panisch und rannte gleichfalls aus dem Saal. Einige Kardinäle begannen zu weinen. Westwood und Bowman schüttelten ungläubig die Köpfe. Der UN-Generalsekretär, ein Buddhist, sagte überhaupt nichts.

Lucius rang nach Luft.

»Woher wisst ihr das?«

»Es ist die Weisheit des universellen Netzwerks. Sie wurde uns so übermittelt und den 665 anderen Zivilisationen in der Galaxis. Ihr seid die einzige Zivilisation, die noch an Gott glaubt.«

»Shit!«, wisperte Bowman an Westwood gewandt. »Da draußen ist ein ganzes Netzwerk von Zivilisationen. Und sie werden alles daran setzen, uns für ihre Gemeinschaft zu gewinnen. Aber warum nur?«

Der Papst ballte die Fäuste. »Von wem wurde euch die Botschaft übermittelt?«

»Sie ist uns seit Jahrmillionen überliefert.«

Lucius IV. schlug mit der Faust auf den Tisch und brüllte: »Das kann nur eine Lüge sein! Wir weigern uns, das zu akzeptieren. Wie kann ich der Menschheit etwas verkünden, wofür es keinen Beweis gibt?«

»Das wird dein Problem sein.«

»Weshalb wird es mein Problem sein? Was werdet ihr tun, wenn wir uns weigern, euren Unglauben anzunehmen? Habt ihr schon einmal daran gedacht, dass euer Glaube falsch ist?«

Sein Gesprächspartner ignorierte ihn: »Wenn ihr euren Unglauben ablegt, könntet ihr in das universelle Netzwerk aller Zivilisationen aufgenommen werden und dadurch ewigen Frieden und Weisheit erlangen.«

Ein Schlag in den Magen. Lucius japste nach Luft.

»Nein«, keuchte er. »Der Preis ist zu hoch. Ihr könnt uns nicht dazu zwingen.«

»Dann lasst Ihr uns keine andere Wahl.«

Plötzlich verschwand die Kreatur vom Bildschirm, und das gewohnte Bild der Arbeitsoberfläche von Giorgio Del Pietros Textprogramm erschien wieder.

»Es ist verschwunden!«, rief jemand.

In seinen Augen spiegelte sich blanke Angst, als sich Lucius IV. an Dr. Daniel Westwood wandte. »Was wird jetzt geschehen?«

Westwood zuckte hilflos die Schultern. »Sie werden das tun, was die Kreuzritter mit den Muslimen und den Juden 1099 in Jerusalem getan haben. Wir können nur hoffen, dass sie es sich anders überlegen.«

Der Papst begann zu weinen.

»Papa!«, flüsterte Del Pietro. »Was ist mit dem Evangelium? Ist denn alles falsch? Hat Gott wirklich niemals existiert?«

»Nein, mein Sohn. Jesus sagt uns in seiner Offenbarung: *Denn es ist die Botschaft des Bösen und es ist falsches Zeugnis*. Wenn Gott existiert, wird er uns helfen, diesen letzten Kampf zu bestehen. So wie dieser Kontakt wahr wurde, ist auch die heilige Botschaft Christi wahr.« Sein Blick wurde leer. »Es ist die letzte Prüfung der Menschheit.«

Very Large Array,
Socorro, in der Wüste von New Mexico, wenige Minuten später

Tim Reilly rieb sich die Augen, als sich die 27 Radioteleskope wie von Geisterhand auf einen bestimmten Punkt neben dem Stern Gamma Virginia ausrichteten. Er ahnte, was jetzt geschah.
Es ist die fremde Macht. Es ist der Missionar. Er sendet seine Botschaft zurück.
Er wusste, was ihn erwartete, und er würde die Sendung nicht verhindern können.
Es waren zweifelsohne die drei Worte: »Sie weigern sich.«

Der Tod der Termite

(AP) Associated Press, Washington D.C., zur sofortigen Veröffentlichung, 10:34 p.m.

Dr. Larry Goldwater, ein Sprecher der Weltraumbehörde NASA, hat soeben in einer Presseerklärung bekanntgegeben, dass Radioastronomen der Universität Kalifornien in Berkeley vor wenigen Wochen Radiosignale von einer außerirdischen Intelligenz empfangen haben, die von einer Armada von Raumschiffen ausgesendet wurden. Die Raumschiffe näherten sich der Erde, so Goldwater wörtlich, »mit ziemlicher Geschwindigkeit.« Man rechne mit einem Kontakt in spätestens zwei Jahren.
Wissenschaftler vom Jet Propulsion Laboratory in Pasadena/Kalifornien bestätigten, dass das *Infrared Space Telescope* Hitze-Emissionen registriert hat, die von mehreren Dutzend Objekten ausgestrahlt werden und sich in 8,4 Lichtmonaten Entfernung im Sternbild Jungfrau befinden.
Ob die Außerirdischen feindlich gesinnt sind oder nicht, konnte Goldwater weder dementieren noch bestätigen.

Willkommen auf der Erde ...?

Ulrich Walter

Nehmen wir einmal an, es gibt sie tatsächlich, die ETIs, diese *Extraterrestrial Intelligences*, Zivilisationen irgendwo dort draußen in unserer Galaxis. Welche Chancen hätten wir dann überhaupt, ihnen auf Erden irgendwann einmal, sozusagen Auge in Auge, zu begegnen? Ich denke, jeder von uns würde diesen ersten spannenden Moment gern erleben. Aber, wenn wir sie wirklich einmal antreffen sollten, aus welchem Grund wären sie dann hier? Können wir davon ausgehen, sie kämen in friedlicher Absicht? Würden sie sozusagen nur aus Neugier bei uns vorbeischauen und dann wieder verschwinden? Oder gibt es Gründe, die den Schluss nahe legen, es wäre für die ganze Menschheit besser, sie würden niemals auf der Erde auftauchen? Wir wollen wissen und nicht spekulieren. Daher sollten wir die Beweggründe und die Umstände eines solchen Besuches genauer unter die Lupe nehmen.

Wir sind Optimisten. Gehen wir davon aus, es gibt sehr viele ETIs in unserer Galaxie. Sagen wir eine Million. Mit ein wenig Mathematik kommen wir dann zu dem Ergebnis, dass die nächste ETI etwa 130 Lichtjahre von uns entfernt ist. Das klingt zunächst wie: 130 Kilometer zu Fuß – etwas viel, aber machbar. Tatsächlich handelt es sich um eine ungeheuere Entfernung. Würde ich diese Strecke in Shuttlegeschwindigkeit mit 28 000 km/h zurücklegen, wäre ich genau fünf Millionen Jahre unterwegs! Natürlich wären ETIs, die uns technisch wahrscheinlich weit voraus sind, schneller. Nehmen wir an, es handelt sich um die ultimative ETI, und sie verfügt über eine Technik, die alles möglich macht, was physikalisch überhaupt erlaubt ist. Nehmen wir außerdem an, es sind biologische Wesen, die auf einem erdähnlichen Planeten leben. Dann wäre für sie, wie für uns, ein Antrieb mit 1g genau die richtige Reisebeschleunigung. Sie würden also die erste Hälfte der Strecke mit 1g beschleunigen und die andere Hälfte wieder mit 1g auf Null zurückbeschleunigen.

Wie lange würde unter diesen optimalen Bedingungen eine solche Reise der ETIs zu uns dauern? Die Relativitätstheorie gibt uns die Antwort: In Erdzeiten gerechnet bräuchten sie 132 Jahre. Sie selbst, die auf halber Strecke 99,99 % Lichtgeschwindigkeit erreichen, würden das Ziel ihrer Reise jedoch schon nach 9,5 Jahren erreichen. Die Zeit des Astronauten ist bei Raumflügen und, so Einstein, bei lichtschnellen ganz besonders, eben immer kürzer als jede andere. Das gilt selbst für Shuttle-Flüge. So bin ich durch meine Mission im Jahre 1993 nachweislich 254 Mikrosekunden jünger geblieben als jeder andere Erdbewohner. Nicht viel, aber immerhin. Wer, wie unsere ETIs, schneller fliegt, bleibt länger jung! Die Physik verlangt für diese Annehmlichkeit jedoch einen hohen Preis: enorme Mengen Treibstoff, selbst wenn es sich um Materie/Antimaterie-Treibstoff handeln würde, das Beste, was die Physik theoretisch als Antriebsmittel zu bieten hat. Wir wollen uns, wie gesagt, keine Gedanken darüber machen, ob es jemals eine Technik geben wird, die Materie/Antimaterie zu Antriebszwecken nutzen kann, die Physik legt hier jedenfalls keinen Widerspruch ein. Wie viel Materie/Antimaterie-Treibstoff genau notwendig ist, hängt entscheidend von der so genannten Nutzlast ab, also dem Teil des Raumschiffes, der nicht Treibstoff ist.

Lassen Sie uns schätzen, wie groß die Nutzlast eines interstellaren Raumschiffes sein würde. Ein Shuttle ist für Flüge bis zu zwei Wochen ausgelegt und daher nicht sehr geräumig. Wollte man mit sechs Astronauten zehn Jahre statt zwei Wochen unterwegs sein, müsste das Raumschiff entsprechend Platz bieten, sagen wir zehnmal mehr, und würde dadurch schwerer sein als das Shuttle, insgesamt also 2 000 Tonnen zuzüglich der unschlagbaren Materie/Antimaterie-Antriebe, für die wir noch einmal 2 000 Tonnen veranschlagen wollen. Insgesamt also 4 000 Tonnen Nutzlast. Das ist eher konservativ geschätzt, aber wir gehen schließlich von den günstigsten Bedingungen aus.

Wie hoch wäre der Treibstoffbedarf für diese Nutzlast unter den genannten Reisebedingungen? Die relativistischen Raketengleichungen verlangen in diesem Fall mindestens 20 000-mal mehr als die Nutzlast, also mindestens 80 Millionen Tonnen. In der Realität sollte man sicherlich mit weit mehr rechnen, also so um die eine Milliarde Tonnen. Alles in allem ist dann mit einem 0,1 Kubikkilometer großen

Raumschiff zu rechnen, das die ETIs bei ihrem Start zu besteigen hätten. Stellen wir es uns in alter UFO-Manier als eine 100 Meter dicke Scheibe vor, dann hätte das Raumschiff einen Durchmesser von etwas mehr als einem Kilometer – ein wahres Monstrum.

Mit diesem Raumschiff würden die ETI-Astronauten es gerade so bis zur Erde schaffen – ohne jemals wieder zu ihrem Planeten zurückzukommen. Wenn sie zurückwollten, bräuchten sie anfangs mehr Treibstoff. Wesentlich mehr. Um genau zu sein, mindestens 20 000-mal mehr. Sie würden also mit einer Scheibe als Raumschiff losfliegen, die bei gleicher Dicke dann einen Durchmesser von 160 Kilometern hätte, gefüllt zur einen Hälfte mit Antimaterie, zur anderen Hälfte mit gewöhnlicher Materie und im Zentrum der Scheibe der eigentliche Kern- und Lebensbereich des Raumschiffes. Auf ihrem Flug würden sie die äußeren Teile der Scheibe, die als Treibstofftanks dienen, nach dem Verbrauch absprengen, so dass sie mit einem Raumschiff von einem Kilometer Durchmesser auf der Erde aufkreuzten, mit dem sie auch wieder zurück in ihre Heimat kämen.

Soweit die nicht gerade ermunternden Fakten. Man könnte einwenden, der extrem hohe Treibstoffbedarf entstände erst durch die stark relativistische Reisegeschwindigkeit. Das ist richtig. Wenn das Raumschiff so ausgelegt wäre, dass es maximal nur noch 60 Prozent Lichtgeschwindigkeit erreichte, dann benötigte es nur noch 4 000 Tonnen Materie/Antimaterie, also so viel wie die Nutzlast selbst. Dann würde die Reise für die Crew aber nicht mehr nur 9,5 Jahre, sondern bei entsprechend konstant viertausendstel-g Antriebsbeschleunigung 350 Jahre in Anspruch nehmen – der Hinflug allein, wohlgemerkt.

Wie immer man das Blatt auch wendet, das alles hört sich nicht gerade so an, als könnten uns ETIs kurz einmal besuchen, um zu sehen wie wir hier so leben, und dann gleich wieder verschwinden. Kein Zweifel, jede ETI-Zivilisation würde den Aufwand einer solchen Reise scheuen. Welches vernünftige Wesen würde sich auf eine mindestens zehn Jahre währende Reise mit ungewissem Ausgang zu einem unbekannten Planeten Erde begeben? Und welche Zivilisation würde die Mühe auf sich nehmen, Antriebe mit einer Milliarde Tonnen Schub (eine Million Mal mehr als das Shuttle!) zu bauen und einen äußerst riskanten Treibstoff herzustellen, dessen Energiemenge dem gesamten heutigen Energieverbrauch der Erde für 100 Millionen Jahre entspricht? Es gäbe einfach keinen vernünftigen Grund, eine solche Reise zu unternehmen.

Wirklich keinen? Doch, es gibt einen. Der Astrophysiker Ben Zuckerman zeigte, dass für viele ETI-Kulturen die Motivation inzwischen hoch genug wäre, ihren Heimatplaneten zu verlassen: Ihr Stern ist inzwischen verloschen! In mathematisch einfacher Form bewies er, dass bei angenommenen eine Million ETI-Kulturen in unserer Galaxie wenigstens 10 000 von ihnen dieses Schicksal inzwischen ereilt haben müsste. Bei ihnen ginge es um das schiere Überleben. Unter diesen endzeitlichen Umständen wäre es aber sicher nicht ihr Ziel, nur eine Hand voll Astronauten zu einen bewohnbaren Planeten, zum Beispiel zur Erde, zu senden, sondern so viele wie möglich. Nicht nur einige tausend, besser viele Millionen Individuen.

Lassen sich Millionen biologischer Wesen über interstellare Distanzen transportieren? Dies ist in der Tat einfacher, als man zunächst annehmen würde. Bereits in den siebziger Jahren zeigte eine Studiengruppe der NASA, dass das selbst mit den Techniken jener Zeit möglich gewesen wäre. In so genannten »Raumarchen« könnten viele Millionen Individuen für unbegrenzte Zeit vollständig autark existieren. Wie die Wissenschaftler im Detail ausarbeiteten, bestände jede dieser Raumarchen aus einem riesigen rotierenden Zylinder von 32 km Länge und 6,4 km Durchmesser, dessen Innenseite Lebensraum für 10 Millionen Individuen bei 1g böte, einschließlich größerer Seen, Wälder, Landwirtschaft etc. Bei diesem Durchmesser erzeugte die Atmosphäre bereits einen blauen Himmel mit Wolkenschichten in 1-2 km Höhe, also erdähnliches Wetter, und Ozon zum Schutz vor kosmischer Strahlung. Raumarchen mit diesen Abmessungen stellen die Grenze des nach heutigen Vorstellungen ökologisch Sinnvollen dar, nicht jedoch des materiell Machbaren. Mit heute bekannten Werkstoffen ließen sich Raumarchen mit Zylindern bis zu 19 Kilometer Durchmesser schaffen, die Lebensraum für bis zu 100 Millionen Menschen bieten könnten. Natürlich würden solche Archen nicht auf knapp Lichtgeschwindigkeit beschleunigen. Unter diesen lebenswerten Zuständen wäre es ausreichend, »geruhsam« mit »nur« 60 Prozent Lichtgeschwindigkeit oder weniger durch den Weltraum zu gleiten und nach 350 oder mehr Jahren auf der Erde anzukommen.

Solcher Art wären also die UFOs, die wir als außerirdische Raumfahrzeuge an unserem Himmel erwarten sollten, weit größer als alles, was bis heute als UFOs gesichtet wurde. Statt flinker, kleiner Untertassen sind ETI-UFOs riesige Gebilde von einigen zig Kilometern Ausdehnung, die sich auf Grund ihrer enormen Massen nur sehr behäbig im Weltraum und erst recht in der Nähe der Erde bewegen würden. Insofern war Roland Emerichs Beschreibung extraterrestrischer Raumfahrzeuge in dem Science-Fiction-Film *Independence Day* zutreffend. Nicht jedoch seine Annahme, sie würden dabei im Tiefflug über die Erde schweben. Die dazu benötigten Antriebe würden mit ihren vielen Millionen Tonnen Schub eine mehrere Quadratkilometer breite Schneise der Verwüstung auf der Erdoberfläche hinterlassen. Die Raumarchen würden eher in einem sicheren Orbit von einigen hundert Kilometern um die Erde kreisen, um von dort aus kleinere Lastschiffe auf die Erde hinabsteigen zu lassen.

Unsere ursprüngliche Frage, ob solche ETIs in friedlicher Absicht kämen, stellt sich unter diesen Umständen gar nicht mehr. Für sie ginge es um das nackte Überleben, um die Suche nach einem neuen Heimatplaneten. Da ist die Menschheit auf einem so attraktiven Planeten wie der Erde nur hinderlich. Nähme eine ETI-Zivilisation die Bürde einer viele Generationen dauernden Reise ins Ungewisse auf sich, dann mit dem Ziel, zu überleben, und mit der Gewissheit, keinen anderen Planeten mehr anfliegen zu können. Tauchten die so motivierten, uns technisch weit überlegenen ETIs auf unserem Planeten auf, würde dies nur eines bedeuten: das Ende unserer Zivilisation.

Der Kontakt mit Außerirdischen – vorher und nachher

Richard F. Haines

Einleitung

Wir Menschen haben die erstaunliche und beunruhigende Tendenz, unsere eigenen Eigenschaften auf andere Lebewesen zu projizieren. Ronald Bracewells 1960 in der Zeitschrift *Nature* erschienener Artikel *Kommunikation von überlegenen galaktischen Gemeinschaften* spiegelt diese allgemeine Auffassung indirekt wieder. Er und andere (Freitas, 1983) unterstellen, dass mögliche außerirdische Zivilisationen, die über eine technologische Basis verfügen, unseren Forscherdrang teilen. Diese Einschätzung ist geprägt von einer »Tendenz zum Anthropomorphismus«. Sie hat unsere Vorstellung, wie außerirdisches Leben wahrscheinlich aussieht, dauerhaft getrübt. Wenn Außerirdische überhaupt existieren, bietet dieser egozentrische Filter uns Schutz vor beängstigenden Gedanken, wie *sie* tatsächlich beschaffen sein könnten – reptilartige Kreaturen, Schädelriesen, reine Energie, Wesen ohne Seele oder Geist. Natürlich begrenzt dieser Hang zum Anthropomorphismus die Fähigkeiten solcher Wesen nicht real, sondern nur in unserer Vorstellung.

Unsere Ansichten über Außerirdische basieren häufig auf komplett unbegründeten Annahmen über die Entwicklung intelligenten Lebens an anderen Orten im Universum. Natürlich dient hierbei die Erde als ein primäres Modell. Unsere Vorstellung formt wirkungsvoll die Denkweise und das Verhalten von Außerirdischen, so dass beides dem Menschen zumindest ebenbürtig ist – und möglicherweise sogar höher entwickelt, wie es Carl Sagan und Iosif Shklovsky (1966) unterstellten. Dies wird durch die folgende Aussage noch deutlicher veranschaulicht: »Wenn Sonden außerirdischer Intelligenzen die Erde besuchen, werden sie minimale Interaktion mit unserer lokalen Umgebung anstreben, um potenzielle Gefahren zu vermeiden« (Stride, 1999). Doch was, wenn sie so fortgeschritten sind, dass es ihnen egal ist, ob sie entdeckt werden oder nicht? Des Weiteren behaupten wir Menschen, dass ihre Ethik, wenn sie denn überhaupt eine haben, irgendwie der unseren entsprechen müsste. Kurz gesagt, wir schaffen uns ein Bildnis von ihnen, um unsere Ängste zu verringern. Dessen ungeachtet zeigt eine wachsende Forschergemeinde auf, dass diese Tendenz zum Anthropomorphismus in Wirklichkeit wie ein halb durchsichtiger Spiegel zwischen uns und den Außerirdischen funktioniert: Er reflektiert einen Teil unseres eigenen Bilds zu uns zurück und erlaubt uns gleichzeitig, einen schwachen und verzerrten Umriss des Außerirdischen wahrzunehmen. Ich habe den Verdacht, dass dieser außerirdische Umriss sich als eine große Überraschung für uns erweisen könnte!

Wird unsere Vorstellung von Außerirdischen auch durch unsere eigene Tendenz zum Anthropomorphismus im Zaum gehalten, so scheint unsere Faszination und Angst vor dem tatsächlichen Kontakt mit ihnen doch auf einem aggressiven Fundament zu ruhen. Kürzlich veröffentlichtes Beweismaterial aus der ganzen Welt weist auf eine beinahe irrationale, auf Angst basierende Feindseligkeit der Menschen gegenüber Außerirdischen hin (Haines, 1999). Wir Menschen schießen zuerst und fragen dann. Diese Studie enthüllte dreiunddreißig Fälle, in denen Menschen vom Boden oder von Militärflugzeugen aus mit Waffen auf vermeintliche *Unbekannte Flugobjekte (UFOs)* feuerten. In den meisten dieser Fälle wurde über eine messbare und anscheinend intelligente Antwort der Objekte berichtet. Doch trotz dieser Daten wissen wir nicht genau, wie Einzelpersonen und gesellschaftliche Gruppierungen auf der Erde auf einen bestätigten Kontakt mit außerirdischen Lebensformen reagieren werden. Menschliches Verhalten ist viel zu unvorhersehbar.

Und daher verlege ich mich in diesem Aufsatz auf einige fiktionalisierte Beschreibungen möglicher menschlicher Antworten sowohl vor als auch nach dem physischen Kontakt mit Außerirdischen. Jede Geschichte spielt an einem anderen Ort der USA: im Oval Office des Weißen Hauses, in der Zentrale eines großen Wertpapierhändlers in der New Yorker Wall Street und in der Innenstadt von San José in Kalifornien. Obwohl sie nicht zwangsläufig repräsentativ für die wahrscheinliche Antwort der gesamten Nation auf die Nachricht von der Anwesenheit von Außerirdischen sind, habe ich diese drei Orte ausgewählt, um versuchsweise drei ganz unterschiedliche Segmente der amerikanischen Gesellschaft zu erfassen.

Vor dem Kontakt mit Außerirdischen

Das Oval Office im Weißen Haus, Washington, D.C.

Der Präsident sah aufmerksam zu, wie zwei seiner wichtigsten Sicherheitsberater das Geheimtreffen beendeten. Seit Wochen war es sorgfältig vorbereitet worden. Neben mehreren, dem Weißen Haus zugewiesenen CIA-Analysten war einer der Stabschefs anwesend. Das Thema der Besprechung lautete: »*Worauf müssen sich die Vereinigten Staaten vorbereiten, falls sie Kontakt mit Wesen aus dem All aufnehmen?*« Natürlich war dies ein politisch brisantes Thema, aber angesichts der wachsenden Anzahl von Kontakten zahlreicher Radar- und Orbitalsatelliten mit nicht zuzuordnenden Zielen (sprich Unbekannten Flugobjekten, »UFOs«) war es ein klug gewähltes Thema. Das Treffen fand auch auf Wunsch des Präsidenten statt, weil dieser seit langem ein persönliches, aber nicht öffentlich bekundetes Interesse an UFOs zeigte.

Als die verschiedenen Szenarien eines Kontaktes mit Außerirdischen auf der großen weißen Tafel durchgespielt wurden, begann der Präsident das Ausmaß des Problems zu begreifen. Den Großteil der Besprechung gestaltete Bill Roberts, der ranghöchste Berater des Weißen Hauses bei der Central Intelligence Agency (CIA). Er begann, Punkt für Punkt eine Reihe der offensichtlichen gesellschaftlichen Konsequenzen des Kontakts mit Außerirdischen darzulegen. Zunächst wies er auf die Möglichkeit hin, dass eine öffentliche Panik ausbrechen und Menschen verletzt werden könnten, wenn bewaffnete Bürger sich selbst zu schützen versuchten, während Recht und Ordnung zusammenbrachen. Dann fuhr er fort, eine Reihe beängstigender wirtschaftlicher Auswirkungen aufzuzählen, zum Beispiel einen Ansturm auf die Banken, um die Konten zu räumen – nur für den Fall, dass das Schlimmste passieren würde –, und einen Börsen-Crash. Es war nicht bekannt, ob die US-Bürger Schritte zum Schutz ihrer eigenen finanziellen Sicherheit unternehmen würden, wenn die wirtschaftliche Sicherheit ihres Landes in Gefahr schien. Als Nächstes beschrieb Roberts die militärischen Implikationen. Würden die USA ihren lokalen, regionalen und internationalen Einfluss im Gleichgewicht halten können, wenn andere führende Staatsmänner der Welt zu der Erkenntnis kämen, dass der Planet vor einer möglichen Bedrohung stand, die mächtiger war als jemals zuvor? Und wenn die Außerirdischen feindselig wären, würden unsere bewaffneten Streitkräfte uns überhaupt angemessen verteidigen können? Würde man die Truppen, die sich jetzt auf fremdem Gebiet befanden, zurückholen müssen, um die öffentliche Ordnung zu wahren? Würde dafür genug Zeit sein? Dann wurden mehrere psychosoziale Auswirkungen angesprochen, unter anderem die Erkenntnis, dass der Mensch nicht die Krone der Schöpfung ist, sondern unterlegen und weniger mächtig, als man bis dahin gedacht hatte – dies würde tief greifende und komplexe intellektuelle und emotionale Verwicklungen auslösen. Roberts stellte auch andere Fragen in den Raum: »Könnte man den Geltungsbereich aktueller Verträge und Gesetze auf den Weltraum ausdehnen?« – »Was würde geschehen, wenn die Menschheit entdeckte, dass sie von einer höheren Rasse versklavt werden soll?« Dann gab es da noch die erwarteten religiösen Verwerfungen, die niemand, so hatte die CIA herausgefunden, genau abschätzen konnte; die Trennung in Doktrin und Dogma bei den Glaubensrichtungen der ganzen Welt trug nur zur Unklarheit hinsichtlich der fundamentalen Fragen bei. Entweder war der Mensch die Krone der Schöpfung oder nicht. Menschen, die selbst Gott spielten, könnten keine überlegenen Wesen jeglicher Art im Weltraum akzeptieren. Und schließlich war da noch die Hauptsache: Die potenziellen politischen Nebenwirkungen eines Kontaktes mit Außerirdischen. Wie würde sich ein derartiger Vorfall auf die Chancen für eine Wiederwahl des Präsidenten auswirken?

Zwar hatte die National Academy of Sciences der Vereinigten Staaten öffentlich festgehalten, dass die Suche nach außerirdischem Leben höchste Priorität innerhalb unseres Weltraumprogramms erhalten sollte – doch sollte dies angemessen defensiv vonstatten gehen. Ja, sogar unter diesem grandiosen Statement lag der naive Glaube verborgen, dass die außerirdischen Intelligenzen den Erdlingen wohlwollend oder zumindest neutral gegenüber stehen würden. Der Präsident wusste ganz genau, dass die USA bereits durch das Programm Search for Extraterrestrial Intelligence (S.E.T.I.) nach außerirdischen Intelligenzen Ausschau zu halten begonnen hatten – einem Programm, das in Bereichen zwischen 1,42 und 1,67 Ghz nach sich wiederholenden Signalen und Radiofrequenzsignalen aus dem All horchte, die möglicherweise »intelligenten Ursprungs« waren (Cocconi und Morrison, 1959). Bereits ein Jahrhundert lang hatten die Menschen unwissend

Fernseh-, Mikrowellen-, Radio- und andere elektromagnetische Strahlung in alle Richtungen des Alls ausgesandt! Diese ausgestrahlte Energie entpuppte sich als ungeplanter, vielleicht sogar mit einem unbewussten Motiv versehener Bestandteil unserer Suche nach anderen Lebensformen. Die wesentliche Frage? Gab es intelligente, technologisch fortgeschrittene Lebensformen im All, die die Strahlung unseres Planeten nicht nur empfangen und entschlüsseln konnten, sondern auch ausreichend motiviert waren, ihre Quelle zu identifizieren und dann nach uns Ausschau zu halten (Bracewell, 1975)? Es war auch argumentiert worden, dass diese ferne Zivilisation über ein ausreichend großes Wirtschaftskapital verfügen müsste, um sich eine derartige Expedition leisten zu können.

Auf Grund seiner äußerst starken Arbeitsbelastung hatte sich der Präsident nie genug Zeit genommen, diese Probleme angemessen zu betrachten. Heute hatte er schließlich die Gelegenheit dazu, und ihm wurde buchstäblich schwarz vor Augen angesichts dessen, was er gehört hatte.

Eine endlose Liste von Fragen durchflutete das Gehirn des Präsidenten, während jeder Berater mit seinem Teil der Besprechung fortfuhr. Wäre es einfacher für das amerikanische Volk, die Existenz von außerirdischen Intelligenzen zu akzeptieren, wenn die Beweise sanft und sorgfältig kontrolliert übermittelt würden? Aber was geschähe, wenn sie plötzlich in großer Zahl über New York City auftauchten? Würde man Nuklearwaffen einsetzen müssen, um die USA zu schützen, und würden alle Stabschefs dieser Entscheidung zustimmen? Was, wenn außerirdische Intelligenzen eine völlig andere Sprache benutzten, so dass selbst unsere leistungsstärksten Computer und fähigsten Linguisten nicht effektiv dolmetschen könnten? Wie würden wir kommunizieren? Was müsste geschehen, wenn wir herausfänden, dass ihre Absichten nicht freundlicher Natur sind, sondern eher in Richtung einer feindlichen Übernahme gehen? Was, wenn die Amerikaner durch den direkten Kontakt von Angesicht zu Angesicht dadurch erfuhren und nicht über die öffentlichen Medien? Und wie würde dieses folgenschwere Ereignis sich auf unsere internationalen Beziehungen auswirken? Müssten die USA den Rest der Welt informieren, dass sie in Wirklichkeit über außerirdisches Leben Bescheid wissen? Oder sollten die USA riskieren, das Vertrauen der anderen Staaten zu verlieren, falls diese schließlich herausfänden, dass die USA es tatsächlich vorher gewusst, es ihnen aber nicht rechtzeitig gesagt hatten, so dass sie sich nicht hatten vorbereiten können? Könnte das Erscheinen von außerirdischen Intelligenzen möglicherweise einen Atomkrieg auslösen, weil sie als Flugkörper aus der Richtung einer feindlichen Nation fehlinterpretiert werden könnten? Es wurde dem Präsidenten schnell klar, dass sich die Menschen nicht angemessen vorbereiten konnten, bevor nicht mehr Informationen sowohl über die menschliche als auch über die Natur von Außerirdischen vorlägen. Strategisch ausgedrückt: Jetzt waren die Außerirdischen sprichwörtlich am Ball. Doch schon in diesem Moment hatte der Präsident eine Vorstellung davon, wie die USA sich zumindest in gewissem Maße auf die Ankunft der Außerirdischen vorbereiten könnten. Doch diese Programme mussten sorgfältig geplant werden, so dass der Kongress und das Volk sie akzeptieren würden.

Die Stimme eines der CIA-Analysten unterbrach die Gedanken des Präsidenten. »Mr. President, falls Sie es noch nicht gehört haben: Es wurden jahrelang nationale öffentliche Meinungsumfragen durchgeführt, ob die Menschen an UFOs glauben, und ob sie glauben, dass auf anderen Planeten menschenähnliche Kreaturen leben. Gut die Hälfte der Bevölkerung akzeptiert nun beide Möglichkeiten, trotz der Tatsache, dass die Vertreter der Militär- und Zivilbehörden diese Fragen entweder komplett ignorieren oder öffentlich zu Protokoll gegeben haben, man sollte diese Möglichkeit nicht ernst nehmen. Mr. President, diese Diskrepanz zwischen der öffentlichen Wahrnehmung und der offiziellen Politik hinsichtlich der UFO-Frage wird Jahr für Jahr größer. Daraus entwickelt sich eine Glaubwürdigkeits-Lücke, die das Weiße Haus und unsere gesamte Nation langfristig nur schwächen kann.«

Er fuhr fort: »Unsere eigenen Studien über unbekannte Phänomene im Luftraum, so genannte *UFOs*, laufen nun seit mehreren Jahrzehnten. Zumeist über unveröffentlichte interne White Papers mit beschränktem Zugriff. Wir sind zu mehreren ziemlich sicheren Schlussfolgerungen gelangt, von denen ich Ihnen berichten möchte. Die erste ist vermutlich die beunruhigendste. Wir sind zu dem Glauben gelangt, dass die große Mehrheit der Leiter unserer wissenschaftlichen, akademischen und militärischen Institutionen die Realität von UFOs leugnet. Sie übersehen ganz klar und einfach die Menge an vorhandenen Beweisen. Ihre Argumentation ist simpel: Da ihrer Meinung nach UFOs nicht existieren können, existieren sie auch nicht. Und darüber hinaus verlangen skeptische Wissenschaftler von denjenigen, die sich mit dem Phänomen UFO ernsthaft beschäftigen, weit stichhaltigere Beweise, als sie selbst haben. Natürlich ist keiner dieser Standpunkte logisch oder vertretbar. Wir haben das Gefühl, dass diese Haltung weniger einen Mangel an Neugier seitens der Wissenschaft offenbart, sondern das Resultat eines Stigmas ist, das wir selbst über die Jahre hinweg aufgebaut haben. Wir sind der Auffassung, dass das unserer Nation tatsächlich schaden könnte.«

Plötzlich fiel der andere CIA-Agent ein. »Sir, die einzigen ernsthaften Studien über UFOs und die Möglichkeit der Existenz außerirdischer Lebensformen werden jetzt von einer sehr kleinen Gruppe innerhalb der French Space Agency, vom AstroBiology Institute der NASA und einer kleinen Zahl von Privatleuten in der ganzen Welt, die sich zumeist selbst finanzieren, durchgeführt. Die Franzosen haben bereits einige sehr provokative außergewöhnliche Beweise gefunden, die stark auf die physische Realität von UFOs hinweisen.«

Der ranghöchste CIA-Analyst ergriff wieder das Wort, um seine Präsentation ausführlich fortzuführen. Er begann: »Das zweite große Ergebnis unserer internen Forschung lautet: UFOs, was auch immer sie sein mögen, scheinen keine militärische oder physische Bedrohung für die Sicherheit unserer Nation darzustellen. Das Projekt Blue Book der U.S. Airforce kam 1969 zum selben Schluss. Glücklicherweise hat sich seitdem nichts geändert. Weder unsere Raketenabwehr noch unsere Abfangjäger haben jemals ein solches Flugobjekt abschießen können, und Gott weiß, wir haben es versucht! Im Gegenteil, diese UFOs überlisten während der Begegnungen immer wieder unsere Flugzeuge oder verursachen Systemausfälle an Bord. Unsere Kommandeure halten UFOs nicht für eine Bedrohung, und das nur, weil sie normalerweise nicht zurückschießen, wenn man sie angreift. Die Toleranz der Außerirdischen scheint sehr ausgeprägt zu sein, zumindest bis jetzt.«

Bei diesen Worten blickte der Präsident auf und sagte: »Gentlemen, einiges, was Sie mir erzählt haben, bestätigt das, was ich von anderen Quellen gehört habe; und es ist beunruhigend, sehr beunruhigend. Ich habe das Gefühl, dass wir auf einer tickenden Zeitbombe sitzen – einer Bombe, die entweder nur zischt und nichts als eine Menge Rauch verbreitet, oder aber einer Bombe, die die menschliche Zivilisation, wie wir sie kennen, zerstören könnte. Zum jetzigen Zeitpunkt muss all dies vertraulich bleiben. Ich möchte nicht als erster Präsident in die Geschichte eingehen, der der Welt die Existenz von UFOs bekannt gibt, zumindest nicht, bis ich absolut sicher bin, dass uns die Außerirdischen freundlich gesonnen sind. Aber wir müssen auch die Entwicklung eines integrierten Programms vorantreiben und uns mit allen nationalen und internationalen Konsequenzen einer möglichen Gegenwart von Außerirdischen auseinander setzen. Ich werde in nächster Zukunft eine diesbezügliche Anweisung erlassen. Vielen Dank für eine in höchstem Maße spannende Besprechung, Gentlemen. Auf Wiedersehen.«

Ein großes Wertpapierhaus auf der Wall Street

Nate, einer der drei jungen Vizepräsidenten der Firma, hielt sein wöchentliches Mitarbeiter-Briefing in einem Raum voller strahlender Angestellter, die zumeist der Generation X angehörten. Er stand neben – nicht hinter – dem Rednerpult. Sein Gesicht zeigte ein entspanntes und zuversichtliches Lächeln, weil er diese Aufgabe durch und durch beherrschte, weil der Dow Jones Industrial und der NASDAQ beide in den letzten einunddreißig Wochen stetig nach oben gegangen waren und weil sie ihn bald zum Senior-Vizepräsidenten ernennen würden, wenn er seine Karten richtig ausspielte.

Der nieselige graue Winterregen vor den Fenstern dämpfte die euphorische Stimmung der jungen Männer und Frauen nicht. Schließlich verdoppelte sich der Wert ihrer eigenen Depots ungefähr alle fünf Monate. Mehr als die Hälfte von ihnen besaß bereits einen neuen BMW, Lexus oder Porsche. Es herrschte eine Aura der Zuversicht und Ruhe trotz des beständigen leisen Summens hunderter Computerlüftungen, Drucker und anderer Hightech-Geräte. Auf riesigen Displays an den Wänden blinkten Informationen über einzelne Aktien, Termingeschäfte, Rohstoffe, Edelmetalle und sämtliche anderen Formen von »Geld« irgendwo auf der Welt. In gewissem Sinne war dieser Befehls- und Kontrollraum mit dem Zentrum eines riesigen Nervensystems vergleichbar, in dem menschliche Entscheidungen mit Lichtgeschwindigkeit in Aktionen mündeten, die stündlich zehn-, wenn nicht hunderttausende von Menschen betrafen. Nichts lag den Anwesenden ferner als das Thema UFO und Leben im All.

Der Redner beendete seinen vierzigminütigen Überblick über die Dynamik der asiatischen Märkte und war im Begriff, das Pult zu verlassen. Dann hielt er inne, wandte sich wieder um und sagte: »Meine Damen und Herren. Beinahe hätte ich es vergessen. Ich freue mich, Ihnen sagen zu können, dass wir für mindestens ein Vierteljahr lang keine Veränderung der Politik der Fed [US-amerikanische Zentralbank; Anm. d. Ü.] erwarten, die Inflation lag im vergangenen Monat bei 0,5 Prozent, und, was am wichtigsten ist, Ihre 401K-Konten hat die Firma wieder ein Prozent über Vertrag angepasst. Muss ich noch mehr sagen?« Daraufhin lachten alle, lächelten, manche applaudierten sogar. Er fuhr fort: »... und so können wir alle wieder entspannt an die Arbeit gehen.«

Einige Minuten später trafen sich zwei junge Finanzanalysten auf dem Flur, um zu plaudern. »Diese interne Analyse über asiatische Gold-Termingeschäfte war durchaus überzeugend«, bemerkte der erste zu seinem Freund. »Ja, du hast Recht«, entgegnete dieser. »Außer, dass er nichts anderes berücksichtigt hat als die Dynamik der Kurse in London, Südafrika und New York sowie eine angenommene Inflationsrate.« Sein Gegenüber entgegnete: »Was hätte er denn sonst noch berücksichtigen sollen?«

»Zum Beispiel, was in Südostasien in Zeiten massiver öffentlicher Panik und gesellschaftlicher Unruhen passieren könnte. Zum Beispiel, was als Folge terroristischer Angriffe auf ihr Finanzministerium geschehen könnte. Zum Beispiel eine Ankündigung, dass in einigen Monaten ein Komet in der Region einschlagen könnte. Zum Beispiel ...« Der eifrige junge Mann wurde von seinem Freund unterbrochen.

»Okay, okay. Ich hab's verstanden. Und nun meldest du dich also, um den ganzen Bericht neu zu schreiben?«, fragte er. Der andere sah seinen Freund mit einem schiefen Lächeln an und sagte: »Auf keinen Fall! Ich habe noch nicht mal Zeit, meine Analyse der Soja- und Getreide-Termingeschäfte für den Halbjahresbericht unserer Aktionäre fertig zu stellen. Wo soll ich dann die Zeit hernehmen, neue Modelle für die Voraussage von Gold-Termingeschäften zu entwickeln? Außerdem glaube ich nicht, dass in Asien innerhalb der nächsten sechs Monate irgendwas anderes als kleinere terroristische Akte und etwas Inflation unsere Projektion beeinflusst. Und falls doch, wird der ganze Weltmarkt echt verrückt spielen. Man kann wirklich nicht vorhersagen, ob Gold oder irgendein anderer Rohstoff weltweit Sicherheit bieten wird.«

Damit drehten die beiden jungen Männer sich um und gingen zurück in ihre Büros, die sich weit oben, fast an der Spitze des Gebäudes befanden. Keiner von beiden ahnte, wie nah an der Wirklichkeit ihre Diskussion einmal sein würde.

Eine Straße in San José/Kalifornien

Die nordkalifornische Sommersonne brannte schon heiß, und die Teenager trugen zumeist sackartige schwarze Klamotten, in denen ihnen noch heißer war. Aber die Mode ist ja meist stärker als die Bequemlichkeit. Im Umkreis von fünf Meilen um die Innenstadt von San José, einer Stadt, die schnell zu einem Sammelbecken von Weltkulturen, Sprachen und Religionen geworden war, wohnten zumindest neun verschiedene ethnische Gruppen. Eine kleine Gruppe Latino-Teenager lief über die Santa Clara Avenue und hoffte, Freunde im Auto vorbeifahren zu sehen. Mehrere Weiße standen rauchend in einer nahe gelegenen Ecke und hatten keine richtige Lust, die Straße zu überqueren. Sie wollten eigentlich gar nichts machen, weil es so heiß war. Zehntausende von Menschen waren kürzlich aus Vietnam, Kambodscha, Korea, China, Thailand, Mexiko, Zentralamerika, Südamerika und sogar Russland und anderen Staaten der früheren Sowjetunion hierher gekommen. Sie alle waren im Begriff zu lernen, wie man in der zukunftsorientierten hochleistungsfähigen Umgebung, bekannt als Silicon Valley, überlebt.

Eine weitere Gruppe weißer älterer High-School-Schüler saß in einem kleinen Park auf der Wiese und unterhielt sich. Sie deckten schnell die üblichen Themen ab: der verhassteste Lehrer der Schule, Lieblingsfilme, bevorzugte Treffs, Musik und Snacks, Pläne fürs Wochenende und natürlich Freunde und Freundinnen.

Tim, ein großer, schlaksiger Siebzehnjähriger, sagte: »Und, hast du gestern Abend das Fernseh-Special über UFOs mitgekriegt? War schon genial, aber ich hab vorher schon eine Menge darüber gesehen.« Sein Freund wandte sich um und antwortete: »Ja, aber UFOs sind nur so ein Hollywood-Hype. Es gibt sie nicht wirklich.« Ein Dritter mischte sich ein: »Klar doch, an so was glaub ich erst, wenn ich es selbst gesehen hab.« Ein anderer junger Mann fiel ein: »Hey, du Schlauschwätzer ... Ich hab mal eins gesehen.«

Bei dieser überraschenden Bemerkung drehten die anderen drei sich um, fingen an zu lachen und machten sich über ihn lustig – »Sternenkind«, »Saat des Außerirdischen«, »Weltraum-Snob«. Doch in ihrer Stimme lag auch ein Anflug von Neugier und sogar Respekt, denn keiner der anderen hatte bis jetzt so etwas erlebt; die meisten wünschten es sich insgeheim. In den USA kann man sich unter Gleichaltrigen stets wirksam Respekt verschaffen, wenn man mit einer total neuen Erfahrung prahlt. Dieser Trend hatte viele verschiedene Stadien durchlaufen: vom Weglaufen von Zuhause über Pot-Rauchen, Kaufhausdiebstahl und Bungee-Jumping bis hin zur Behauptung, von Außerirdischen entführt worden zu sein. Wer weiß, welcher Spleen als Nächstes kommen würde. Je grotesker und bizarrer eine Behauptung, desto besser. Die Gleichaltrigen glaubten und bezweifelten diese Behauptungen zugleich, aber sie hinterfragten diese Widersprüchlichkeit niemals!

Als seine Kumpel ihn fragten, was er gesehen hätte, entgegnete der junge Mann: »Es war wirklich merkwürdig ... dieses riesige, runde, glatte, silbrige Ding ... es war absolut ruhig ... eines Nachts schwebte es einfach ganz lange über dem Haus unseres Nachbarn gegenüber. Es hat überhaupt kein Geräusch gemacht, das war ja so merkwürdig. Danach habe ich mich gründlich mit dem ganzen Thema beschäftigt. Ich habe alles gelesen, was mir in die Hände fiel.«

Einer, der in der Nähe saß, spottete: »Wahrscheinlich sind sie genau so hässlich wie du. Haben sie dich an Bord geholt und dir in den Hintern geguckt?« – »Haben sie dich auf einen Trip zur Venus mitgenommen?«, stichelte ein anderer hämisch.

»Okay, okay. Mehr sage ich nicht dazu. Vergiss es!«, antwortete der Junge, als er sich abwandte. Die anderen ließen das Thema schließlich fallen und gingen weiter auf die Mall zu. Einige von ihnen warfen schnell einen Blick hoch in den blauen Himmel, nur für den Fall, dass dort etwas wäre.

Nach einem verifizierten Kontakt mit außerirdischen Intelligenzen

PRESSEMITTEILUNG. Sperrfrist: Keine. Sofortige Veröffentlichung.

Weißes Haus, Washington, D.C. Das Luftverteidigungskommando der USA in Colorado gab bekannt, dass heute Morgen am 20. Juni um 1.45 Uhr östlicher Sommerzeit von sieben verschiedenen Air

Force-, Marine- und Zivileinrichtungen innerhalb eines fünfzig Meilen-Radius' um das Kapitol gleichzeitig vielfache Radarechos unbekannter Objekte aufgefangen wurden. Dank des klaren Wetters wurden die meisten Quellen dieser Radarsignale laut Angaben auch von Militär- und Handelspiloten, Meteorologen und zwei Astronomen im U.S.-Marine-Observatorium sowie von Hunderten Bürgern im District of Columbia, in Nord-Virginia und Maryland gesichtet. Augenzeugen berichteten, dass sie am Himmel sehr große metallische Objekte mit blitzenden bunten Lichtern und scheinbar glatt polierter Oberfläche gesehen haben. Einige der Objekte schwebten ruhig dahin, während andere mit hoher Geschwindigkeit hin und her zu schießen schienen, nur um dann auf ihre ursprüngliche Position zurückzukehren, bevor sie in präziser Formation nach Osten abdrehten und verschwanden. Während nicht näher benannte Einheiten innerhalb des Verteidigungsministeriums, der National Oceanographic and Atmospheric Administration und der Space Agency weitere Bestätigungen und Analysen durchführen, gab der Präsident eine Erklärung ab, in der er jeden Amerikaner aufforderte, die Wahrscheinlichkeit zu akzeptieren, dass intelligente außerirdische Lebensformen existieren und sich gegenwärtig in der Nähe unseres Planeten aufhalten. In seiner Erklärung sagte der Präsident: »Es gibt keinen Anlass zur Panik. Wir haben keinen Grund zu der Annahme, dass wir von diesen Objekten Gefahr zu erwarten haben. Wir haben mehrere Regierungsprogramme entwickelt, um mit einem solchen möglichen Fall umzugehen. Ich fordere Sie noch einmal auf, nicht in Panik zu geraten oder selbst das Gesetz in die Hand zu nehmen, wenn Sie eines dieser fliegenden Objekte in ihrer Region sehen. Wir sind ein starkes Volk, das schon früher mit schwierigen Situationen konfrontiert wurde, und wir haben immer gesiegt. Lassen Sie uns gemeinsam für das Wohl der Nation arbeiten.«

PRESSEMITTEILUNG – WEISSES HAUS

Der Präsident las den Entwurf für die Pressemitteilung noch einmal durch und ließ ihn dann auf seinen Schreibtisch fallen. Unruhe breitete sich auf seinem Gesicht aus. Nahezu tonlos murmelte er: »Wie können wir das herausgeben? Das widerspricht beinahe allem, was wir dem amerikanischen Volk in den letzten vierzig Jahren erzählt haben. Jetzt wissen sie genau, dass wir sie angelogen haben, und sie werden wissen wollen, warum. Da werden Köpfe rollen.« Dann wandte er sich den Mitarbeitern zu, die immer noch in wachsender Zahl in sein Büro drängten. Alle wirkten aufgeregter und nervöser als sonst, doch es war erst 3.20 Uhr morgens.

»Mr. President«, begann eine junge Frau in einem dunkelblauen Geschäftskostüm, deren blondes Haar zu einem hastigen Knoten aufgesteckt war, »wir haben jetzt wirklich keine Wahl. Ich meine, was die Außerirdischen angeht. Die Nachricht ist schon über verschiedene große Sender hinausgegangen und verbreitet sich wie ein Lauffeuer. Es gibt sogar relativ gutes Videomaterial über die Objekte. Wir müssen uns sofort darum kümmern.«

Während er zu der frischen, aber naiven jungen Frau hinüberschaute, schüttelte der Präsident seinen Kopf einfach hin und her, als ob er nicht zugehört hätte. Zahllose Gedanken schossen zu dieser fürchterlich frühen Morgenstunde durch sein müdes Hirn. »Vielleicht könnten wir die Geschichten, die bereits nach außen gedrungen sind, unter den Tisch kehren … im Interesse des öffentlichen Wohlergehens? Aber das würde mit Sicherheit keine langfristige Lösung sein, besonders heutzutage, wo Journalismus eher eine Angelegenheit des Geldes und der Jagd nach Sensationen und Quoten ist und weniger von der Suche nach Wahrheit bestimmt wird.« Lange starrte er schweigend auf die Assistenten und Armeeoffiziere, das Nachrichtendienstpersonal und seine Familie, die ebenfalls gerade eingetroffen war. Dann wandte er ihnen den Rücken zu und blickte in die kalte Dunkelheit der Pennsylvania Avenue hinaus. Eine furchtbare, absolute Stille füllte den Raum.

Schließlich begann der Präsident zu sprechen, zunächst langsam und leise, doch bald schon sprudelten die Worte laut und vernehmlich aus ihm heraus, und aus dem Stegreif formulierte er ein Aktionsprogramm – darin war er wirklich gut. »Ladies und Gentlemen. Wir wissen alle, womit wir es hier zu tun haben. Wir müssen wirklich nicht viel mehr über diese Besucher wissen, als es zum gegenwärtigen Zeitpunkt der Fall ist. Wir wissen, dass sie über ungeheure technologische Fähigkeiten verfügen müssen, um das zu schaffen, was sie geschafft haben: Einfach hierher zu kommen. Ich kann Ihnen mitteilen, dass die meisten unserer Abfangjäger keinen Schaden erlitten haben, doch in jedem einzelnen Fall hatten unsere Flugzeuge Probleme mit der Elektronik, die das Leben der Crews gefährdet haben. Glücklicherweise sind beinahe alle Flugzeuge sicher heimgekehrt. Mehr als das kann ich Ihnen nicht sagen.«

Angesichts dieser erschreckenden Nachricht sahen sich die Anwesenden schweigend an, die Angst stand ihnen ins Gesicht geschrieben. Der Präsident fuhr fort: »Natürlich lautet die Frage, auf die wir bis jetzt noch keine Antwort haben: Warum sind sie hier? Unabhängig von der Antwort auf diese Frage scheint klar zu sein, dass der gesamte Planet mit einer Krise von gigantischen Ausmaßen konfrontiert ist. Egal, ob sie nun freundlich oder feindselig sind, jede Gesellschaft auf dem Planeten muss sich mit der Tatsache auseinander setzen, dass wir nicht allein im Universum sind. Wir können nicht länger in unserem selbst auferlegten, selbstgerechten, ignoranten Kokon weiterspinnen wie bisher. Und wie die Menschheit mit dieser Tatsache klarkommt, mag darüber Auskunft geben, ob wir als Spezies überleben oder nicht. Doch es ist auch wahr, dass wir vielleicht einem Zusammenbruch unseres Lebensstils entgegensehen. Nicht dadurch, dass sie uns etwas antun, sondern dadurch, dass wir uns selbst etwas antun. Wenn wir das Problem nicht richtig angehen, könnte allein ihre Gegenwart die Menschheit vernichten. Aber«, er hielt kurz inne, um seine Worte wirken zu lassen, »wenn wir an die Stärken und den grundlegenden Glauben des amerikanischen Volks appellieren, denke ich, dass wir ihre Ankunft überleben können. Ich bin davon überzeugt, dass die Menschen verantwortlich handeln werden.«

Ein hochgestellter Assistent räusperte sich und murmelte: »Wenn ein Drittel aller amerikanischen Haushalte geladene Waffen zu Hause hat? Keine Chance!«

Der Präsident drehte sich wieder zu seinem Schreibtisch und sagte: »Ich werde diese Pressemitteilung sofort veröffentlichen lassen. Wir können es uns nicht leisten, das amerikanische Volk im Dunkeln zu lassen. Sie haben jedes Recht, das zu wissen, was wir wissen.« Er hielt erneut inne und dachte sich im Stillen: *Wir können ohnehin nichts tun, um sie zu schützen. Selbst wenn wir unser Kernwaffenarsenal einsetzen würden, der atomare Fallout könnte genau hier niederregnen und dabei mehr Schaden anrichten als Nutzen bringen.* Dann fuhr er fort: »Die Stabschefs haben sich bereits auf diesen Kurs geeinigt ... Wir müssen dem amerikanischen Volk irgendeinen Grund zur Hoffnung bieten. Ich werde drei Institutionen nennen, die wir eingerichtet haben, um die Bevölkerung in Zeiten wie diesen zu informieren. Ich werde sie in einer Pressekonferenz, die im Fernsehen übertragen wird und für heute Morgen acht Uhr östlicher Zeit angesetzt ist, vorstellen, doch ich möchte sie Ihnen jetzt kurz beschreiben.«

Erneut begann der Präsident langsam – der Stress der frühen Morgenstunde und die Last seines Amtes begannen Wirkung zu zeigen. »Vor einigen Jahren gründete Präsident Carter die Federal Emergency Management Agency, F.E.M.A., wie sie von einigen genannt wird. Wie Sie wissen, besteht ihr Mandat darin, während Naturkatastrophen aller Art öffentlichen Beistand zu leisten. Ich denke, hierzu zählt auch die Ankunft dieser Besucher aus dem All, oder?«

Einige Anwesende nickten zustimmend, während andere einfach geschockt auf den Präsidenten oder den Boden starrten. Er fuhr fort. »Die F.E.M.A. hat eine Reihe nützlicher Vorräte in vielen großen Warenhäusern überall in den USA eingelagert.«

Ein junger Berater hob schüchtern die Hand und unterbrach: »Aber Sir – wollen Sie damit sagen, dass die Außerirdischen unsere Lebensmittelversorgung irgendwie stoppen oder gar verseuchen wollen?«

Der Präsident schwieg einen Moment, während er über die Frage nachdachte. Schließlich antwortete er: »Nein, natürlich sage ich das nicht. Wir wissen wirklich nicht, ob oder wann sie reagieren werden. Wir haben es noch nie mit einer derartigen Sache zu tun gehabt. Es ist zu früh, um etwas dazu zu sagen, aber ich glaube, dass die Zeit für uns spielt. Wir können die Menschen dazu anhalten, sofort mit ihren Vorbereitungen zu beginnen ... jedoch ohne anzudeuten, dass das Schlimmste passieren könnte.« Er fuhr fort: »Der Koordinator hat mir versichert, dass die F.E.M.A. im Stande ist, bei Bedarf alternativ Schutzbunker, Lebensmittel und Arzneimittel zur Verfügung zu stellen.«

Bei dieser Aussage erbleichten viele der Anwesenden, Furcht breitete sich auf ihren Gesichtern aus. Immer noch sagte niemand ein Wort.

Der Präsident fuhr fort: »Und vielleicht überrascht es einige von Ihnen zu erfahren, dass die zweite Institution, die wir zu unserem Nutzen einsetzen können, unsere Suche nach außerirdischen Intelligenzen ist. Wir nennen sie S.E.T.I. Zu Anfang wurde sie von der NASA geleitet, aber jetzt ist sie in privaten Händen. Ihr Direktor hat mir versichert, dass ihre immensen wissenschaftlichen Fähigkeiten, falls erforderlich, zur Kommunikation mit Außerirdischen eingesetzt werden könnten. Öffentlich operieren die nur in einem passiven Empfangsmodus, aber das ist nicht ihr einziges ...«

Das Klingeln seines Telefons unterbrach den Präsidenten. Als er den Hörer abnahm, wandte er sich ab. Niemand sah, wie sein Gesicht kreidebleich wurde. Er sagte fast nichts und bemühte sich, seine Bestürzung angesichts der Nachricht, die er erhielt, nicht zu deutlich zu zeigen. Dann legte er den Hörer auf und wandte sich langsam und kontrolliert wieder den Menschen in seinem Büro zu.

»Ladies und Gentlemen. Ich muss Ihnen bekannt geben, dass die Zeit für uns abgelaufen scheint. Unsere öffentliche Erklärung über die Ankunft der Außerirdischen wird jetzt vermutlich sehr wenig positive Wirkung haben. Es ist nun bestätigt, dass über Montreal, Atlanta und einigen anderen Städten große, schwebende Objekte gesichtet wurden.« Viele im Raum stöhnten hörbar auf. Dann begann eine kleine Gruppe Frauen lautlos zu weinen. Einige Männer tuschelten miteinander und stimmten überein, dass sie an diese Außerirdischen erst glauben würden, wenn sie sie mit eigenen Augen gesehen hätten – ein Kontakt über Radar-Sichtung reiche einfach nicht aus.

Der Präsident war aufrichtig bestrebt, den Anwesenden unter diesen schrecklichen Umständen Hoffnung zu machen. Daher erhob er seine Stimme, die nun fest und entschlossen klang: »Meine Freunde, erlauben Sie mir auch, Ihnen mitzuteilen, dass unser S.D.I.-Programm, das amerikanische Raketenabwehrprogramm der siebziger und achtziger Jahre, nicht wirklich gestorben ist. Es wurde während des Kalten Krieges entwickelt, und um die Öffentlichkeit zu beruhigen, haben wir einen Großteil des Programms eingestellt. Aber entscheidende Teile wurden in Gestalt des Projekts *Shield* wiederbelebt. Die meisten von Ihnen haben wahrscheinlich noch nie davon gehört ... Es war sehr schwierig, den Kongress von der Notwendigkeit dieser Maßnahme zu überzeugen. Aber Sie und ich finden nun ein wenig Zuversicht in der Tatsache, dass wir schon lange an einem Schutzschild gegen Kometen und Asteroiden, die eines Tages die Erde treffen könnten, arbeiten. Die Air Force, die NASA und einige unserer führenden Universitäten haben hinter den Kulissen daran gearbeitet, viele mit Nuklearbomben ausgerüstete Raketensatelliten erdnah im Orbit zu stationieren. Wenn ein Komet oder ein anderes Objekt aus dem All unseren Planeten bedroht, wird die Rakete zunächst abgefeuert und dann gezündet, um das Objekt entweder zu zerstören oder umzuleiten. Natürlich können in Notzeiten die gleichen Systeme zu Verteidigungszwecken genutzt werden.« Der Präsident behielt die im Oval Office stehenden Mitarbeiter genau im Auge. Sie würden die Antwort der amerikanischen Öffentlichkeit vorwegnehmen. Er testete seine Ideen praktisch zuerst an ihnen. Doch als er nach Reaktionen auf seine Neuigkeiten suchte, fand er nur zögerliche Anzeichen von Erleichterung. Ein General, der hinten im Raum stand, murmelte beinah tonlos: »Oh, mein Gott, defensiv – gegen diese Dinger?«

Als aus der Gruppe keine nennenswerte Antwort erfolgte, setzte der Präsident seinen Vortrag fort: »Wir wissen noch nicht, ob wir sie brauchen, um uns vor den Aliens zu schützen. Ich hoffe bei Gott, dass wir darauf verzichten können. Aber wir müssen es tun, wenn die Dinge eskalieren. Es tut mir Leid, aber das ist alles, was ich Ihnen zu diesem Zeitpunkt sagen kann. Meine Freunde, ziehen Sie Trost aus der Tatsache, dass wir genug Voraussicht besaßen, diese drei Programme vor langer Zeit aufzulegen. Beten Sie nun, dass wir keines davon brauchen werden. Guten Abend – oder sollte ich guten Morgen sagen?«

Als der Präsident in Begleitung von zwei Agenten des Secret Service den Raum verließ, dachte er im Stillen: *Ich muss mich mit Dr. Teller in Verbindung setzen, um mich über den aktuellen Stand des Projekts Shield zu informieren. Aber das kann warten. Jetzt muss ich mich auf meine Pressekonferenz vorbereiten.*

Im Wertpapierhaus an der Wall Street

Larry, der Firmenvorstand, arbeitete häufig bis spät nachts und hielt anschließend in einem kleinen, ruhigen Vorraum seines Hauptbüros ein Nickerchen. Auf seinem Fernseher lief vierundzwanzig Stunden am Tag CNN, nur für den Fall, dass irgendein Nachrichtenschnipsel sich als wichtig erweisen könnte. Die erste Fernsehwarnung über die Gegenwart der Außerirdischen wurde mit Erlaubnis des Weißen Hauses kurz nach vier Uhr morgens ausgestrahlt, und die Worte drangen an sein Ohr, als er gerade zwischen leichtem Schlaf und Beinahe-Bewusstsein dahintrieb. Sofort schoss er von der Couch hoch zum Bildschirm, völlig von der Nachricht gefangen genommen. Innerhalb von fünfzehn Minuten hatte er seine zwei Partner und verschiedene Stellvertreter zu Hause angerufen und alle aus ihrem tiefen, seligen Schlaf gerissen. Um 6.15 Uhr waren sie alle in seinem Büro versammelt. Keiner von ihnen hatte Nachrichten gehört, aber sie wussten, dass etwas sehr Wichtiges geschehen sein musste. Der Firmenvorstand schaltete einen leinwandgroßen Fernseher mit hoher Auflösung ein und zappte auf der Suche nach weiteren Nachrichten über das historische Ereignis durch die Kanäle. Bis jetzt hatten erst drei Kanäle von der Neuigkeit Wind bekommen.

»Nun, Gentlemen«, begann der Vorstand, »wie Sie wahrscheinlich bereits begriffen haben, ist gerade etwas Weltbewegendes geschehen. Genau gesagt, es wurden innerhalb der letzten Stunden über mehreren Städten an der Ostküste sehr große UFOs gesichtet. Vielleicht gibt es auch noch weitere dieser Flugobjekte, aber das wissen wir noch nicht. Ihre Anwesenheit wurde jedenfalls bestätigt!«

Diese Nachricht zauberte zunächst Erstaunen auf die Gesichter und anschließend Heiterkeit. Einige der jüngeren Männer schauten sich mit einem leichten Grinsen an, das jedoch schnell verflog. Einer der Partner sagte: »Larry, wenn ich nicht gerade im Fernsehen einen Bericht über dieses Thema sehen würde, müsste ich annehmen, dass du den Verstand verloren hast. Ist das wieder so ein *Krieg der Welten*-Scherz? Ich kann einfach nicht glauben, dass das wahr ist!«

»Frank, es ist mein voller Ernst. Ich würde euch nicht zum Scherz um diese Uhrzeit anrufen. Die Zukunft dieser Firma kann davon abhängen, was wir erfahren und was wir in den nächsten ein, maximal zwei Stunden machen«, fuhr der Vorstand fort. »Das Weiße Haus wird um acht Uhr eine offizielle Warnung aussprechen. Vermutlich werden sie dabei das Ereignis bestätigen. Ich hoffe natürlich, dass uns der Präsident etwas Positives zu berichten hat.«

Matthew, einer seiner Partner antwortete: »Larry, unsere Büros in Singapur und Tokio sind noch nicht einmal geöffnet. Wir müssen uns sofort mit ihnen in Verbindung setzen.« Langsam begriff jeder der Männer den Ernst der Lage. Jeder hatte eine vage Befürchtung gehegt, aber keiner hatte je daran gedacht, dass so etwas tatsächlich eintreten könnte. Das Schlimmste daran war der Mangel an brauchbaren Informationen. Unsicherheit war für die Finanzmärkte schon immer ein ernsthaftes Ärgernis gewesen. Waren die UFOs feindselig? Und wenn ja: Gab es schon Tote? Wurden die U.S.-Streitkräfte mobilisiert? Fand irgendeine Art von Kommunikation mit den Außerirdischen statt? Und wenn ja: Wer vertrat die Erde und worüber wurde verhandelt? Doch in diesem Moment dachte jeder der Männer insgeheim mehr an sein eigenes persönliches und wirtschaftliches Überleben als an das der Firma. Sie machten sich Gedanken über ihre Familien, Eltern und andere Verwandte, die allesamt noch tief und fest schliefen. Der Mangel an Nachrichten zu dieser frühen Stunde trug nur zu ihrer eigenen wachsenden Furcht bei.

Nach einer Stunde intensiver Diskussion kamen die Männer zu dem Schluss, dass eine direkte Aktion der Firma unklug wäre, bevor nicht weitere Sachinformationen vorlägen. Sie wussten, dass jedes Großunternehmen, jedes Wertpapierhaus, jeder Teil der Regierung, jede private Institution auf dasselbe wartete. Und dass es vor acht Uhr keine Neuigkeiten geben würde. Diese Art von zentralisierter Medienkontrolle glich das Spiel schon irgendwie aus. Zumindest würde keiner der anderen Broker ihnen voraus sein können!

Anderthalb Stunden später kehrten der Firmenvorstand und sein Managerstab aus dem großen Hörsaal zurück, wo sie und alle anderen Angehörigen der Firma die Pressekonferenz des Präsidenten mitverfolgt hatten. Alle waren deutlich beunruhigt, ja fast geschockt, weil sie spürten, was auf ihre gleichzeitig geliebte und gehasste Wall Street und all die anderen Börsen der Welt zukam. Sie wussten, dass die finanziellen Auswirkungen dieser Nachricht bereits auf den Börsenparketts in Paris und London verdaut wurden, während Hongkong, Singapur und andere Handelszentren im Westen noch gar nicht eröffnet hatten. Sie wussten alle, dass nichts wieder so sein würde wie zuvor.

Der dienstälteste Stellvertreter sprach als Erster. »Okay, Larry, das Kind ist in den Brunnen gefallen. Können wir die Firma retten?« Sein Boss sprach stockend, immer noch unter Schock stehend.

»Jim, du und ich sind lange genug im Geschäft, um zu wissen, dass alles, was sinkt, früher oder später auch wieder steigt. Aber der Knackpunkt an dieser Sache ist, dass die Ankunft der Aliens etwas ganz und gar Unvorhergesehenes ist. Soweit ich weiß, ist das ein völlig neues Ereignis in der Geschichte der Menschheit. Und ich denke, dass diese Tatsache unseren üblichen Optimismus Lügen strafen kann. Was sinkt – und du siehst hier auf den Bildschirmen von Ost- und Westeuropa, dass die Kurse ins Bodenlose sinken – steigt vielleicht niemals wieder, oder zumindest für eine sehr lange Zeit nicht.« Mit einem erschöpften Gesichtsausdruck hielt er einen Moment inne und fuhr dann fort: »Ich fürchte, dass sich unser Leben heute grundlegend ändert. Nur, warum hat uns die Politik nicht gewarnt? Dann hätten wir zumindest teilweise die Verluste absichern können.«

Der Kontakt mit Außerirdischen – vorher und nachher

Jim beugte sich tiefer über einen der fünf Flachbildschirme. Er bemerkte, dass alle außer zwei Indizes sehr steil nach unten fielen. Sehr merkwürdig. Obwohl die großen und mittelgroßen Kapitalwachstumswerte zumindest nach amerikanischen Maßstäben auf den europäischen Märkten unterrepräsentiert waren, stürzten alle Werte wie Felsbrocken in die Tiefe. Ausländische Aktienfonds begannen ebenfalls Zeichen großer Nervosität zu zeigen, genau wie ausländische Regierungsanleihen. Interessanterweise veränderten sich zwei Indizes überhaupt nicht: Edelmetalle und pflanzliche Rohstoffe (Nahrungsmittel). Etwas sehr Merkwürdiges geschah gerade an den europäischen Börsen! Die Zinserträge der U.S.-Schatzanleihen machten einen Riesensatz nach oben. *Als sei das der einzige sichere Ort*, dachte er im Stillen zynisch, *als seien Schatzanleihen mehr als das Versprechen, dass die Druckerei der U.S.-Regierung unter den gegebenen Umständen schnell mit Tinte beschriebenes wertloses Papier auf den Markt werfen kann. Warum steigen Gold und Silber nicht? Die waren bisher immer der letzte sichere Hafen – und das bei jedem Sturm, der über die Weltwirtschaft hinweggezogen ist. Hier läuft etwas völlig falsch!*

Dann wandte er sich an seinen Boss und sagte: »Larry, du hast es wahrscheinlich schon bemerkt, aber sieh dir mal diese Nischenunternehmen im Sektor Industrie und Militär an, die Hochenergie-Laser herstellen.« Er wies mit seinem langen, knochigen Zeigefinger auf einen Punkt am Bildschirm. »Wir haben diese fünf Firmen die letzten sechs Jahre lang verfolgt, und ich habe dieses Muster nie zuvor gesehen.«

Die Vorstandsmitglieder näherten sich dem Computer-Bildschirm und studierten schweigend die kurzen Tabellen und die farblich abgesetzte graphische Darstellung der Durchschnittswerte für Investitionserträge. Eine Kurve zur Linken wies den bereits vertrauten, regelmäßigen wellenartigen zyklischen Verlauf auf. Das Intervall zwischen den Spitzen schien mit den Zeiträumen zusammenzufallen, in denen die Demokraten in den USA den Präsidenten stellten. Aber die Kurve mit dem »Zwei-Minuten-Durchschnittswert«, die jetzt diese Segmente des europäischen Marktes wiedergab, zeigte senkrecht nach oben. »Irgendjemand da drüben weiß offensichtlich über diese UFO-Nachrichten Bescheid«, sagte Nate. »Wo gibt es da einen Zusammenhang?«

Frank antwortete: »Naja, sicher bin ich mir nicht, aber ich denke, dass das die Firmen sind, die entweder diese Hochenergie-Laserprodukte für den Gebrauch in ihren eigenen Systemen kaufen oder uns

233

mit einigen ihrer wichtigsten Komponenten versorgen. Es ist beinahe so, als hätten sie darauf gewartet, dass man die Ankunft der Außerirdischen bekannt gibt. Ihre Antwort ist zu schnell und zu koordiniert, um nicht geplant zu sein! Die Marsmenschen machen diese Leute sehr reich«, witzelte er.

Darauf schürzte Nate die Lippen und murmelte: »Und eine ganze Menge anderer Anleger arm, sehr arm! Ich bete nur, dass wir nicht dazugehören.«

»Aber könnten wir nicht auch davon profitieren?«, unterbrach der Vorsitzende und betonte das Wort »wir«. Dann, ohne auf eine Antwort zu warten, sagte er: »Ruf sofort unser Asien-Team zusammen und schaff den Vize-Präsidenten für Public Relations her. Wir haben es mit einem globalen Crash zu tun! Vielleicht haben wir unseren Vorteil in Europa verloren, aber in Asien passiert uns das nicht!« Die Männer in ihren dreiteiligen Anzügen, die sich um die Computer-Bildschirme drängelten, konnten die Straße tief unter sich nicht sehen, auf der die Menschen bereits auf die noch geschlossenen Banken zurannten, um ihre Konten zu plündern.

Die Straße in San José/Kalifornien

Es war ein typischer Frühlingsmorgen, und in der kühlen Luft hing das Versprechen, dass auf den Morgennebel und die niedrigen Wolken strahlender Sonnenschein für den Rest des Tages folgen würde. Eine Gruppe Latinos unterhielt sich über die Schlagzeile AUSSERIRDISCHE SIND HIER!, die die Frühausgabe der *San José Mercury News* beherrschte. Sie zeigten sich bemerkenswert unbeeindruckt von dieser Neuigkeit, versuchten vielleicht, ihr Macho-Image aufrechtzuerhalten, aber tief im Innern waren die meisten von ihnen sehr beunruhigt. José, einer der ältesten in der Gruppe, sprach als Erstes.

»Hey Jungs. Hört mal zu. Ich wusste immer schon, dass wir sie irgendwann mal von Angesicht zu Angesicht treffen würden. Jetzt ist der Beweis da!« Er hielt die Zeitung hoch und stieß beim Sprechen mit dem Finger gegen die Schlagzeile. Es schien, als sei er derjenige gewesen, der der gesamten Welt die Nachricht von ihrer Ankunft überbracht hatte. Als er vor seinen Freunden auf und ab stolzierte, suchten diese ständig den Himmel ab. Ein anderer junger Mann sagte: »Hey

Der Kontakt mit Außerirdischen – vorher und nachher

Mann ... ich glaube, ich sehe sie da kommen ... da drüben.« Er wies auf die Berge im Westen, die nur 25 Meilen entfernt waren und das Santa Clara Valley vom Pazifik trennten. Alle drehten sich schnell um, um hinzuschauen, sahen jedoch nichts außer dem weißen Kondensstreifen eines in großer Höhe nach Süden fliegenden Jets. Der junge Mann lachte und sagte: »Ihr seid genau solche Narren wie der Rest. Die Zeitungen verarschen uns. Da ist nichts aus dem All. Irgendjemand macht eine Menge Geld mit diesem Scheiß. Es kann ja auch keine Außerirdischen geben ... Sogar mein Physiklehrer hat das gesagt. Die Entfernungen sind viel zu groß, Mann.«

Er wurde von einem dritten Jugendlichen unterbrochen, der viel älter als siebzehn aussah. Er trug ein großes silbernes Kreuz an seiner Halskette: »Pater Alfonso hat gesagt, dass Gott alles und jeden erschaffen kann, wenn er will, so dass es in anderen Galaxien auch Leben geben könnte. Und außerdem, warum sollte die Zeitung eine Klage riskieren und so einen Mist drucken? Das macht doch keinen Sinn.«

Ein anderer fiel ein: »Er hat Recht – es gibt sie wirklich. Mein Stiefvater hat erzählt, dass er als Kind in Mexiko einen gesehen hat und eine Mordsangst hatte. Er hat es nie vergessen. Er hat uns in den letzten zwölf Jahren mindestens einmal im Monat davon erzählt! Also, was an dieser Schlagzeile ist so schwer zu glauben? Hauptsache ist doch, dass sie uns in Ruhe lassen. Vielleicht haben sie sich hier gezeigt, um uns Entwicklungshilfe zu leisten!«

Jetzt näherten sich einige Weiße den Latinos, die sie kannten, weil sie dieselbe High-School besuchten. Sie hatten die Schlagzeilen noch nicht gelesen und nur gehört, wie sich die anderen über die Außerirdischen unterhielten. Einer von ihnen fragte: »Hi. Habt ihr irgendwas von UFOs gesagt, die hier landen?«

»Hast du noch nicht Zeitung gelesen?«, entgegnete ein Chicano mit einem Anflug von Überlegenheit in der Stimme. Der Weiße sagte: »Nein. Was ist los?«

»Nun, um acht Uhr heute Morgen hat der Präsident bestätigt, dass UFOs über ein paar Großstädte drüben im Osten und in Kanada geflogen sind und dass wir uns alle vorbereiten sollen, auf was auch immer. Nur hat er uns nicht gesagt, was wir machen sollen«, entgegnete der Jugendliche. Dann fügte er hinzu: »Toller Ratschlag!«

Nun rissen die Weißen den Latinos die Zeitung aus der Hand und lasen den ganzen Artikel. Sie lasen sehr schnell und erfuhren erstens, dass die Air Force vergeblich versucht hatte, etwas gegen die Unbekannten Flugobjekte zu unternehmen, zweitens, dass das amerikanische Volk mit allem fertig werden würde, was sich aus ihrer Ankunft ergab, drittens, dass es keinen Grund gab, Angst vor den Besuchern zu haben, da sie nichts Feindseliges unternommen hatten, und viertens, dass die USA alles überstehen würden, wenn ihre Bürger gemeinsam für das Wohl der Nation arbeiteten.

Einer der Weißen hörte auf zu lesen und sagte: »Scheiße, Mann. Jetzt haben wir echt ein Problem. Wenn Washington uns so einen Bullshit verkauft, haben sie echt Angst. Sie wissen nicht, was sie tun sollen, daher verbreiten sie diesen Unfug.« Er durchstieß die Cover-Seite mit dem Finger und schüttelte den Kopf. Dann fuhr er fort: »Sie lassen uns mal wieder im Stich. Mann, holt die Waffen raus und macht euch bereit. Denn wenn sie hier auftauchen, ist das unser einziger Schutz.«

Ein neben ihm stehender Weißer sagte: »Hey, glaubst du, sie sind im Stande, durchs All zu fliegen und hierher zu kommen, ohne Waffen zu haben, mit denen sie uns auf zehn Meilen das Gehirn aus dem Schädel blasen können? Vergiss die Gewehre. Wir sollten uns gar nicht erst auf einen Kampf mit ihnen einlassen.«

»Das seh ich auch so«, begann ein Latino. »Die bestimmen, wie's läuft. Wir haben überhaupt keine Chance. Wenn sie was anfangen wollen, werden sie's beenden. So einfach ist das.«

Es wurde klar, dass sich unter diesen Teenagern zwei entgegengesetzte Gruppierungen bildeten. Die einen bereiteten sich darauf vor, sich und ihren Lebensstil auf jede mögliche Art zu verteidigen; und die anderen waren der Ansicht, dass sie passiv und neutral bleiben sollten und hinsichtlich ihrer Zukunft auf die guten Absichten der Besucher vertrauen müssten. Keine der Gruppen war überzeugt, Recht zu haben. Dennoch hatte jede Gründe genug, ihr Verhalten zu rechtfertigen.

Epilog

Es ist eine Binsenweisheit, dass in einer außergewöhnlichen Situation, die einmalig in der ganzen Geschichte ist, niemals auf Erfahrung zurückgegriffen werden kann. In dieser kurzen Erzählung wurde die Gesellschaft größtenteils auf individualistische Reaktionen reduziert. Abgesehen von ein paar hypothetischen Regierungsprogrammen zur Bewältigung des Auftauchens von Außerirdischen stand instinktiver

Einfallsreichtum auf der Tagesordnung. Eigeninitiative war in der Tat das bevorzugte Mittel, um die Ankunft von Aliens auf der Erde zu bewältigen. Anstatt gegen einen Dinosaurier um das eigene Leben zu kämpfen, bereitete die Menschheit sich jetzt darauf vor, sich gegen etwas weit Beängstigenderes, unendlich Mächtigeres und dennoch relativ Unbekanntes zu wehren.

Glücklicherweise gibt es eine kleine, doch stetig wachsende Anzahl ernsthafter Forscher auf der Welt, die sich bemühen, dem Phänomen UFO auf den Grund zu gehen und sich mit verwandten Themen hinsichtlich außerirdischer Intelligenzen zu beschäftigen. Die Werke von Hynek (1972), Rutledge (1981), Sturrock (1998), Vallee (1975) und anderen sind bekannt für ihren fundierten Ansatz und die Kühnheit, Wege zu beschreiten, vor denen andere zurückschrecken. Allen Tough schlug diesbezüglich 1986 in seinem Artikel *What role will extraterrestrials plan in humanity's future?* (Welche Rolle werden Außerirdische in der Zukunft der Menschheit spielen?) drei Maßnahmen vor, die wir sofort umsetzen könnten: die Ausweitung unserer gegenwärtigen Suche nach möglichen Lebensformen im All durch unbemannte Raumsonden; die Erforschung der wahrscheinlichen Fähigkeiten und Ziele von Außerirdischen und die Beschäftigung mit den Aussagen von Menschen, die behaupten, von Außerirdischen entführt worden zu sein. Glücklicherweise wurden alle drei Vorschläge in den Jahren nach der Veröffentlichung dieses Artikels befolgt. Natürlich muss man abwarten, ob diese Aktivitäten Früchte tragen, die von einer extrem voreingenommenen wissenschaftlichen Gemeinde akzeptiert werden.

Letztendlich können wir lang und breit über die wahrscheinlichen Antworten von Einzelpersonen, Gruppen und Institutionen auf das plötzliche Auftauchen von Außerirdischen spekulieren. Doch die meisten dieser Spekulationen würden vermutlich nicht ins Schwarze treffen. Der moderne wissenschaftliche Mensch ist darauf konditioniert, nichts zu glauben, was er nicht verstehen kann. Und der Mann von der Straße scheint heute so beschäftigt mit seinen irdischen Sorgen zu sein, dass außerirdische Intelligenzen für ihn einfach nicht existieren. In der Tat hält die Tendenz zum Anthropomorphismus die Menschheit davon ab, die Probleme zu erkennen. Doch wir sollten uns zum Wohl der Menschheit auf diese schreckliche Eventualität vorbereiten. Wenn wir es nicht tun, kann es gut sein, dass uns die Geschichte streng bestraft.

Quellenverzeichnis

Bracewell, R.N.: Communications from Superior Galactic Communities. Nature, Ausgabe 186/1960, Nr. 4726, S. 670-671

Bracewell, R.N.: The Galactic Club: Intelligent Life in Outer Space. W. H. Freeman and Co., San Francisco, Kalifornien, 1975

Cocconi, G. und *P. Morrison*: Searching for Interstellar Communications. Nature, Ausgabe 184/1959, Nr. 4690, S. 844-846

Freitas, R.A.: The Case for Interstellar Probes. J. Brit. Interpl. Soc., Ausgabe 36/1983, S. 490-495

Haines, R.F.: Close Encounters of the Fifth Kind. Sourcebooks, Inc., Naperville, Illinois, 1999

Hynek, J.A.: The UFO Experience – A Scientific Inquiry. Ballentine Books, New York, 1972

Rutledge, H. D.: Project Identification – The First Scientific Field Study of UFO Phenomena. Prentice-Hall, Inc., Englewood Cliffs, New Jersey, 1981

Sagan, C.E. und *I.S. Shklovsky*: Intelligent Life in the Universe. Holden-Day Inc., San Francisco, Kalifornien, 1966

Stride, S.L.: SETV – The search for extraterrestrial visitation. Introduction to a heterotic strategy in the search for ETI. 11 ff., unveröffentlichtes Manuskript, 1999

Sturrock, P.A.: Physical evidence related to UFO reports: The proceedings of a workshop held at the Pocantico Conference Center, Tarrytown, New York, 29. September – 4. Oktober 1997; J. Sci. Exploration, Ausgabe 12/1998, S. 179-229

Tough, A.: What role will extraterrestrials play in humanity's future? J. Brit. Interpl. Soc., Ausgabe 39/1986, S. 491-498

Vallee, J.: The Invisible College – What a group of scientists has discovered about UFO influences on the human race. E.P. Dutton & Co., Inc, New York, 1975

100 Jahre nach dem Erstkontakt

Allen Tough

Ein erfreuliches Szenario

Begleiten Sie mich einen Moment lang bei einem Gedankenspiel. Wir befinden uns in der fernen Zukunft und blicken hundert Jahre zurück auf den Tag, als der Kontakt mit einer außerirdischen Intelligenz bestätigt wurde.

Was war das für ein historischer Tag! Endlich hatte die Menschheit einen klaren Beweis für die Existenz einer außerirdischen Intelligenz. Besser noch, diese außerirdische Intelligenz führte einen Dialog mit den Menschen, so dass wir etwas über ihre Kultur und ihren Wissenstand erfahren konnten. Außerdem machte sie uns mit einigen Technologien bekannt, die wir zum Wohle der Menschheit nutzen konnten – und nicht für Waffen und Kriegführung.

Bei unserer Rückschau auf diese hundert Jahre fallen uns sofort zwei unterschiedliche Zeitabschnitte auf. Der erste war so turbulent und verwirrend, dass er von vielen Historikern immer noch als »Höllen und Chaos«-Periode bezeichnet wird. Glücklicherweise hielt dieser Zustand weniger als zwei Jahre an, doch im ersten Jahr war es äußerst schwierig vorherzusagen, wie die Sache ausgehen würde.

Dass die Medien wie wild auf der Jagd nach neuen Aufreißern waren, erwies sich dabei noch als die geringste Sorge. Mindestens vier rivalisierende nationale Regierungen versuchten (gemeinsam mit ihren Sicherheitsbeauftragten, ihren Nachrichtendiensten und dem Militär) den Dialog zwischen der außerirdischen Intelligenz und der Menschheit zu kontrollieren. Zwei der größten Religionen versuchten, die Botschaften in ihrem Sinne zu interpretieren, und verschiedene andere Religionen taten die Ankömmlinge einfach als böse ab. Einige radikale, anti-autoritäre Gruppen sowie die Verfechter einer Gegenkultur verfolgten ihre eigenen merkwürdigen Strategien und versuchten, das neue Wissen und die neuen Erkenntnisse zu verdrehen oder einfach abzutun. All diese verschiedenen Kräfte spielten ihre selbst gewählten Rollen auf der Weltbühne und bedienten sich dabei einer Kombination aus Diplomatie, ideologischer Propaganda (teils lautstark, teils subtil), Boykottaufrufen und gelegentlich auch blutiger Gewalt.

Erst nach ungefähr zwölf Monaten wurde klar, dass der Dialog zwischen den außerirdischen Intelligenzen und der Menschheit unabhängig vom Verhalten einer Nation, Religion oder Bewegung fortgeführt werden würde. Auf der ganzen Welt waren die Menschen so begeistert von dem neuen Wissen und den Ideen und Möglichkeiten einer anderen Zivilisation, dass sie es nicht duldeten, wenn irgendein Herrscher oder eine Regierung oder Religionsführer sich einmischen wollte.

Der Rest dieser hundert Jahre verlief dann für die Menschheit sehr positiv.

Dieses erfreuliche einleitende Szenario hat unsere Vorstellungskraft geweckt. Lassen Sie uns nun unsere Aufmerksamkeit auf einige geistige Grundlagen lenken, die uns die Untersuchung der langfristigen Auswirkungen dieses Kontakts erleichtern.

Der Wert intelligenten Lebens im Universum

Es ist sehr wichtig, dass wir die physikalischen Zusammenhänge des Universums begreifen. Gleichzeitig erkennen viele Leute, die die kosmische Evolution und Kosmologie studieren, dass Kenntnisse über die Evolution des Lebens und der Intelligenz in diesem Universum zumindest genauso wichtig ist.

Das ist natürlich keine neue Idee. Die Debatte über außerirdisches Leben beispielsweise zieht sich bereits über die letzten 2 400 Jahre hin. Mein eigenes Interesse wurde vor 36 Jahren geweckt, als ich eine Vorlesung des Pioniers Harlow Shapley hörte und sein Buch *The View from a Distant Star* las.

Viele Astronomen, Biologen, Philosophen und andere glauben mittlerweile, dass die Existenz vielfältigen Lebens überall im Universum einen absoluten Wert darstellt. Das heißt, nichts im gesamten Universum ist von höherem Wert, von höherer Wichtigkeit oder Bedeutung als fortgeschrittene Zivilisationen und intelligente Spezies, natürlich einschließlich unserer eigenen. Auf die Frage: »Welche Sache oder welche Vorstellung ist wichtiger oder wertvoller als vielfältiges Leben überall im Universum, einschließlich der menschlichen Zivilisation?« würden viele Menschen antworten: »Nichts; menschliches und anderes intelligentes Leben ist das Wichtigste im Universum.«

Vielleicht werden menschliche Wesen in hundert oder tausend Jahren eine ähnliche Antwort geben, insbesondere, wenn bis dahin ein Austausch mit hoch entwickelten Außerirdischen stattgefunden hat. Hoch entwickelte Außerirdische würden wohl in ähnlicher Weise antworten.

Es ist wichtig, anzumerken, dass es keinen Zielkonflikt gibt zwischen dem Glauben an einen erhabenen oder über den Naturgesetzen stehenden Gott und dem Glauben, hoch entwickeltes Leben sei das Wichtigste im Universum. Gott kann sehr wohl vielfältiges Leben überall im Universum erschaffen und genährt haben. Es kann in der Tat auch sehr wohl möglich sein, dass für Gott selbst diese Vielfalt an blühendem Leben das höchste Gut darstellt.

Ich möchte betonen, dass die menschliche Zivilisation jetzt und in Zukunft ein bedeutender Bestandteil allen Lebens im Universum ist. Für uns ist ein langes menschliches Leben von höchstem Wert und äußerster Wichtigkeit. Weil wir, soweit wir wissen, noch keinen Kontakt zu außerirdischem Leben haben, müssen all unsere Anstrengungen im Moment unserer eigenen Zivilisation gelten. Gleichzeitig sollten wir jedoch mit unseren aktuellen Bemühungen fortfahren und sie ausweiten, um den Kontakt mit intelligenten Lebensformen aus einem anderen Teil dieser Galaxis herstellen zu können.

Vielleicht läuft gerade irgendwo ein großartiges Projekt mit dem Ziel, überall im Universum positives Leben von höchster Qualität (das sich durch Liebe, Mitleid, Zusammenarbeit und Weisheit, Intelligenz, Wissen, Harmonie und Effektivität auszeichnet) zu verbreiten. Wir können gegenwärtig nicht viel zum Gedeihen außerirdischer Spezies beitragen, doch wir können der Entscheidung für eine blühende Zukunft unserer eigenen menschlichen Spezies absoluten Vorrang einräumen. Wie Carl Sagan in seiner TV-Reihe *Unser Kosmos* folgerte, sind wir »die Verpflichtung zum Überleben und einer gedeihlichen Entwicklung nicht nur uns selbst schuldig, sondern auch jenem uralten und weiten Kosmos, dem wir entstammen«.

Hilfsbereit, gnädig oder feindselig?

Wenn zumindest eine Form fortgeschrittenen Lebens irgendwo im Universum sich unserer bewusst ist, welche Ziele hat sie, und wie wird sie sich uns gegenüber verhalten? Ist sie hilfsbereit, gütig oder feindselig?

Ich habe vier Methoden miteinander kombiniert, um mich mit dieser Frage auseinander zu setzen.
1. Eine Methode bestand darin, ausgiebig nach potenziell relevanter Literatur zu suchen, die ich mit Hilfe von Zusammenfassungen aus drei Disziplinen (Astronomie und Astrophysik, Raumfahrt und Physik) und neun anderen bibliographischen Hilfsmitteln fand.
2. Wie jeder Schriftsteller, so verbrachte auch ich viele Tage damit, über die unterschiedlichen Probleme und Möglichkeiten nachzudenken.
3. Als ich allein zu Hause war, simulierte ich zwei lange Treffen und nahm das Ganze auf Tonband auf. Dabei erläuterten einige fortgeschrittene Außerirdische ihre Ansichten, wie sie sich gegenüber einer vergleichsweise jungen Zivilisation, insbesondere der Menschheit, verhalten sollten. Der Zweck dieser beiden mentalen Übungen bestand darin, eine von Empathie geprägte Vorstellung über außerirdische Ziele und Verhaltensweisen zu erzeugen. Obwohl ich die verschiedenen Aussagen und Ansichten selbst spontan in einem »normalen« Bewusstseinszustand geschaffen hatte, ergab sich bezüglich einiger Fragen eine erstaunliche Meinungsvielfalt, weil jede Ansicht weitere neue Auffassungen hervorbrachte. In aller Kürze wiederholte ich diese Übung zweimal.
4. Während zweier Kurse an der University of Toronto zeichnete ich ein simuliertes Treffen auf, bei dem sämtliche Anwesenden die Rolle fortgeschrittener Außerirdischer spielten. Eine ausgedruckte Tagesordnung sorgte dafür, dass sich die Diskussion auf die Hauptfrage konzentrierte, wie man der menschlichen Zivilisation, die gerade flügge geworden ist, helfen könne.

Ich folgerte, dass die meisten oder auch alle fortgeschrittenen Zivilisationen im Universum schädliche junge Zivilisationen meiden. Das Grundprinzip, das das Verhalten gegenüber allen anderen Zivilisationen bestimmt, lautet wahrscheinlich: Vermeide unnötigen Schaden und unnötige Störung. Füge keiner anderen Zivilisation Schmerz zu, und behindere ihre Entwicklung nicht. Wenn eine andere Zivilisation ganz eindeutig im Begriff ist, diese Grundregel zu verletzen (beispielsweise durch einen Großangriff oder die Verbreitung einer Seuche), und wenn dies eine definitive und unmittelbare Bedrohung einer fortgeschrittenen Spezies darstellt, dann ist es erlaubt, mit

Nachdruck und sogar zerstörerisch einzuschreiten, um dies zu verhindern. Wahrscheinlich wird eine hoch entwickelte Zivilisation jedoch unter anderen Umständen keinesfalls schädigend in die Entwicklung einer anderen Zivilisation eingreifen. Es gibt Gründe für die Schlussfolgerung, dass hoch entwickelte Wesen hilfsbereit oder zumindest gnädig sind. Auch ist es unwahrscheinlich, dass sie einer Zivilisation wie der unseren, die noch grün hinter den Ohren ist, Schaden zufügen werden. Und zwar aus folgenden Gründen:

- Sie erinnern sich noch an ihre eigene Frühgeschichte, einschließlich der primitiven Stadien, der dunklen Zeitalter und ihrer Narreteien; daher verspüren sie vielleicht Mitleid mit unseren Schwächen.

- Jeder, der darauf aus ist, unseren Planeten zu erobern, hätte dies lange, bevor wir die Erde dermaßen geplündert haben, getan.

- Jede feindselige Zivilisation mit fortgeschrittener Technologie hätte ihre sich selbst reproduzierenden Robotsonden so programmiert, dass sie jede mögliche Zivilisation eliminiert hätten, lange bevor diese das Stadium eines Aggressors erreicht hätte.

- Fortgeschrittene Zivilisationen erlauben uns wahrscheinlich eine freie Entwicklung ohne einzugreifen, um so viele Informationen über uns wie nur möglich zu erhalten. Sobald sie eingriffen und uns kontrollierten, würden sie weniger lernen. Der größte Nutzen, den sie aus uns ziehen könnten, wären soziologische und anthropologische Erkenntnisse über unsere Kultur und Zivilisation. Intelligente Lebensformen, die zerstörerisch aggressiv und verantwortungslos sind, eliminieren sich normalerweise selbst oder fallen auf eine primitive Stufe zurück, bevor sie es schaffen, interstellar zu kommunizieren oder zu reisen. Sollte eine rücksichtslose und feindselige Spezies es dennoch schaffen, die üblichen Folgen der natürlichen Selektion zu vermeiden und sich dann auf interstellare Kommunikation oder Reisen vorbereiten, kann es gut sein, dass ihre Existenz von fortgeschritteneren Wesen in der Galaxis »beendet« wird.

Wie viel Hilfestellung werden sie uns geben? Werden sie sich beispielsweise die Mühe machen, uns eine Radionachricht in Form einer Enzyklopädie zu schicken oder uns mit Hilfe eines von Computern und Robotern oder lebenden Wesen kontrollierten Raumschiffs detaillierte Informationen zu übermitteln?

Einige fortgeschrittene Zivilisationen entscheiden sich möglicherweise dafür, uns überhaupt keine Hilfe oder Informationen zu schicken, andere wählen vielleicht einen Low-Budget-Ansatz. Besonders großzügige und altruistische Zivilisationen mögen eine Menge dafür tun, um eine reiche Vielfalt an guten, weisen, intelligenten, mitfühlenden, harmonischen Lebensformen in ihrer Region des Universums zu fördern. Doch selbst die großzügigsten Zivilisationen werden dieses Ziel dem eigenen Überleben und der Entwicklung ihrer eigenen Kultur unterordnen. In der Tat wird keine andere Zivilisation in Tränen ausbrechen oder es als die schlimmste aller Tragödien betrachten, wenn die Menschheit grobe Fehler begehen, sich selbst dezimieren oder sogar aussterben würde. Bestenfalls würden sie diesem Ereignis so viel Betroffenheit entgegenbringen wie die Menschheit dem Aussterben der Wale oder einem Erdbeben, das Toronto auf den Grund des Ontario-Sees versenkt.

Die langfristigen Folgen des Kontakts

Eine Radionachricht in Form einer Enzyklopädie, einer Interaktion mit einem intelligenten Computer in einer automatisierten Sonde oder eine andere Form des Kontakts mit einer anderen Zivilisation könnte ein ungeheuer wichtiges Ereignis in unserer Zukunft darstellen. Es hätte wahrscheinlich außerordentliche grundlegende Folgen für die weitere Entwicklung der Menschheit. Egal, ob diese Folgen nächstes Jahr oder erst in mehreren Jahrhunderten eintreten, sie werden unsere Zivilisation zu jenem Zeitpunkt und vermutlich für mehrere anschließende Jahrhunderte stark beeinflussen. In der Tat erkennen wir, wenn wir einen Ausblick in die langfristige Zukunft der menschlichen Zivilisation wagen, dass der Kontakt mit einer anderen Zivilisation wahrscheinlich eines der Ereignisse mit den größten Auswirkungen aller Zeiten sein wird.

Wie sehen die Folgen einer außerirdischen Nachricht, Interaktion oder Intervention in den hundert Jahren nach dem ersten Kontakt aus?

Bei der Untersuchung dieser Frage gehen wir einmal davon aus, dass unser erster Kontakt mit einer außerirdischen Zivilisation einen irgendwie gearteten lebhaften Dialog beinhaltet. Dies könnte beispielsweise ein sehr schneller Informationsaustausch mit einer sehr sachkundigen, super-cleveren Sonde sein, die unseren Planeten erreicht hat. Oder es könnte mit einer detaillierten Enzyklopädie aus weniger als vierzig Lichtjahren Entfernung beginnen: Nachdem wir mit unseren Radiote-

leskopen oder optischen Teleskopen ihre Nachricht entdeckt haben, entschlüsseln wir sie schließlich und sorgen für eine weite Verbreitung. Sehr wahrscheinlich werden sich vier Arten von langfristigen Folgen ergeben:
1. praktische Informationen;
2. neue Einsichten bezüglich bestimmter Leitfragen;
3. eine Veränderung unserer Ansichten über uns selbst und unseren Platz im Universum;
4. die Teilnahme an einem gemeinsamen galaktischen Projekt.

Lassen Sie uns diese vier Punkte im Detail betrachten:

1. Es kann gut sein, dass wir praktische Informationen und Ratschläge erhalten, die unserer Zivilisation beim Überleben und der weiteren Entwicklung behilflich sind. Mögliche Beispiele betreffen unter anderem die Bereiche Technologie, Transport, neue Energieformen, neue Verfahren der Lebensmittelproduktion oder neue Ernährungsweisen, die Bedeutung eines gebremsten Bevölkerungswachstums, effektivere Formen der Regierungs- und Gesellschaftsorganisation, neue Ansichten über Wertmaßstäbe und Ethik sowie den Anstoß zu einem drastischen Kurswechsel, um eine einigermaßen positive Zukunft herbeizuführen. Vielleicht schafft es die Botschaft auch, den Menschen nahe zu bringen, wie wichtig es ist, Kriege zu verhüten oder zumindest Waffen mit extremer Vernichtungskraft abzuschaffen. Uns von einer außerirdischen Perspektive aus zu betrachten, könnte sich als nützlich erweisen, wenn wir die Unterschiede und Unstimmigkeiten zwischen den Menschen weniger betonen und uns stattdessen als »eine Welt« begreifen.

Derart tief greifende Veränderungen werden zweifellos einen enormen Bruch darstellen, zumindest über einen kurzen Zeitraum. Wir könnten einen massiven Kulturschock erleiden und uns vorübergehend unterlegen fühlen, oder wir verlieren unser Vertrauen in die eigene Zivilisation. Dieser Bruch könnte auch im Bereich der Wissenschaften, in der Wirtschaft und in der Industrie auftreten, wenn wir von neuen Verfahren und Produkten Kenntnis erhalten; im Rechtssystem, wenn wir uns auf kosmische Gesetze oder Universalgesetze zubewegen; und bei den bewaffneten Streitkräften und ihren Ausrüstern, wenn wir die Bedrohung in Form von Krieg abschaffen. Ein solcher Bruch wird vermutlich erträglich und kurzlebig sein. Am besten betrachten wir ihn einfach als den höchsten Preis, den wir für die Umsetzung neuen Wissens und neuer Chancen bezahlen müssen.

2. Wir könnten neue Einsichten, Verständnis und Wissen bezüglich wichtiger Fragen gewinnen, die weit über die üblichen praktischen und alltäglichen Probleme hinausgehen. Zu den Themen einer enzyklopädischen Botschaft könnten Astrophysik, der Ursprung und die Evolution des Universums, religiöse Fragen, die Bedeutung und der Sinn des Lebens zählen. Die Botschaft könnte detaillierte Informationen über die aussendende Zivilisation, die uns völlig fremd sein könnte, und über deren Philosophie und Glauben enthalten. Es könnten auch ähnliche Informationen über andere Zivilisationen in unserer Galaxis geliefert werden. Wir könnten sogar einen ganzen Wissensschatz erhalten, der sich in den letzten Milliarden Jahren durch Beiträge von Dutzenden außerirdischer Zivilisationen in der ganzen Galaxis angesammelt hat.

Welche Konsequenzen hat der Kontakt hinsichtlich unserer religiösen Vorstellungen und Institutionen? Manche Religionen könnte der Kontakt abgrundtief erschüttern, oder sie müssten zumindest ihre Glaubensgrundsätze neu untersuchen. Doch ganz offensichtlich blühen die Religionen der Menschheit trotz einer Vielzahl fundamentaler wissenschaftlicher Entdeckungen bereits seit vielen Jahrhunderten. Zudem haben verschiedene Religionen die Vorstellung außerirdischen Lebens bereits in ihre Lehre einbezogen. Auch wenn einige Prediger einen außerirdischen Dialog als Werk des Teufels oder des Antichristen verdammen mögen, werden andere ihn sicherlich als weiteren Beweis für Gottes unendliche Größe willkommen heißen. Sowohl die Religion als auch die Philosophie könnten vom Dialog mit einer fortgeschrittenen Zivilisation profitieren.

3. Eine detaillierte Botschaft einer außerirdischen Zivilisation könnte unsere Ansichten über uns selbst und unseren Platz im Universum verändern; ja, sogar unser letztendliches Ziel. Wir könnten ein viel tieferes Gespür für uns selbst als Bestandteil des intelligenten Lebens und einer sich entwickelnden Kultur im ganzen Universum gewinnen.

Wie Michael Michaud betont hat (1977, S. 20), könnte der Kontakt unseren Horizont immens erweitern und dafür sorgen, dass unser Denken weniger provinziell ist. Es wäre ein Quantensprung für unsere Wahrnehmung der Dinge außerhalb unseres Selbst. Unsere Kriterien für das, was wichtig ist, würden sich verändern. Wir müssten in interstellaren und sogar galaktischen Bezugsystemen denken ... Wir würden die Ära der Erdgeschichte verlassen und in eine Ära kosmischer Geschichte eintreten.

4. Wir könnten uns schließlich an einem gemeinsamen galaktischen Projekt auf dem Gebiet der Kunst, Wissenschaft, Philosophie oder Philanthropie beteiligen. Ein solches Projekt könnte darauf abzielen, grundlegende Geheimnisse des Universums zu entschlüsseln, anderen Zivilisationen bei der Entwicklung zu helfen oder harmonisches intelligentes Leben in der ganzen Galaxis zu verbreiten. Joseph Angelo (1985, S. 23) merkte an, dass Kontakt »zur Entwicklung von kunst- und naturwissenschaftlichen Zweigen führen könnte, die von einer einzigen planetarischen Zivilisation einfach nicht beackert werden können, sondern die Beteiligung vieler Zivilisationen über interstellare Distanzen erfordern ... Vielleicht hängen Überleben und Rettung der Menschheit davon ab, dass wir uns in einer größeren kosmischen Rolle wiederfinden, einer Rolle, deren Bedeutung weit größer ist, als irgendein Mensch es sich momentan vorstellen kann«.

Es ist auch möglich, dass unsere Kultur von einer fortgeschrittenen außerirdischen Kultur überwältigt wird. Die meisten irdischen Beispiele für einen Kontakt zwischen zwei Kulturen fanden jedoch durch einen tatsächlichen physischen Kontakt statt und nicht in Form von Radiobotschaften. Irdischer Kontakt hat normalerweise die territoriale Expansion der stärkeren Kultur zur Folge.»Wenn Kontakt ohne Aggression stattfand, hat die niedrigere Kultur häufig überlebt und konnte sich sogar weiterentwickeln.« (Angelo, 1985, S. 27) Es kann auch gut sein, dass wir Teile der außerirdischen Kultur übernehmen, ohne uns jedoch von ihr vollständig vereinnahmen zu lassen.

Quellenverzeichnis

Joseph A. Angelo Jr.: The extraterrestrial encyclopedia: Our search for life in outer space. New York: Facts on File, 1985

Michael A. G. Michaud: The consequences of contact. AIAA Student Journal, Winter 1977-1978, S. 18-23

Wo sind sie?

Wenn man das Unmögliche ausgeschlossen hat,
muss, was bleibt, die Wahrheit sein,
wie unwahrscheinlich auch immer es sein mag.

Sherlock Holmes
in Arthur Conan Doyles »Das Zeichen der Vier«

Außerirdische Variationen

F. David Peat

Außerirdische? Kommen Sie mir nicht mit Außerirdischen. Davon habe ich genug. Ich ziehe es vor, hier zu sitzen und in der Sonne Karten zu spielen. Außerirdische? Das ist was für junge Leute. Für die Jugend mit den kurzen Haaren, ihren Chören, ihrem Delphintauchen und all den ganzen Aufgeregtheiten. Wie auch immer, Sie wissen doch alles. Warum also reden Sie mit mir?

Natürlich, ich war dabei, als das alles losging. Das weiß ich. Aber irgendwie ist das alles an mir vorübergegangen. Ich war zu alt, um mich zu ändern. Ich werde niemals mit euch singen.

Verstehen Sie mich? Sie behaupten, ich sei verbittert. Deswegen sitze ich jeden Tag mit meinen Freunden im Hof. Wir sind alle zu alt. Vergessen Sie nicht, wir befinden uns an einem Ort, der einst das »Zentrum der Welt« genannt wurde. Zumindest ein paar Wochen lang. Erinnern Sie sich daran? Pari, ein kleines Dorf auf dem Hügel: das Zentrum der Welt.

Nein, verschwenden Sie nicht Ihre Zeit, um mit mir zu reden. Schauen Sie uns an, wie wir hier sitzen, weißhaarig: Wir sind das Ende. Wir sind die letzte Generation. Nach uns kommt nichts. Nicht einmal die Sintflut. Und wenn ich »nichts« sage, meine ich »nichts, das man als Zivilisation bezeichnen könnte«. Keine Bücher, keine Bibliotheken. Keine Präsidenten oder Premierminister. Keine Armeen und keine riesigen Unternehmen. Und keine Kunst und keine Galerien. Überhaupt nichts.

Na ja, nicht ganz »nichts«. Etwas wird von unserer Zivilisation übrig bleiben. Die ganzen Moscheen und Kathedralen! Das sind doch tolle Orte zum Singen, oder? Und Bach. Ja, jede Menge Bach. Sie haben endlich entdeckt, worum es bei ihm ging. Aber kein Beethoven oder Wagner. Nur Bach und Plainchant und ein paar von den Modernen.

Aber das wissen Sie doch alles. Warum erzähle ich es Ihnen überhaupt?

Um mal richtig klar Schiff zu machen? Oh, sicher könnte ich das. Ich habe die ganze Zeit gesagt, dass ihr den falschen Baum anbellt. Außerirdische! Aber wer hört schon zu? Nur ein paar alte Männer, die letzten der menschlichen Spezies.

Die Geschichte für zukünftige Generationen erzählen? Bringen Sie mich nicht zum Lachen! Glauben Sie, dass sie zuhören werden?

Ein Glas Wein? Ja, gute Idee. Dagegen habe ich keine Einwände. Das zumindest ist immer noch eine Möglichkeit, mein Bewusstsein zu verändern. Vielen Dank.

Ich schätze, Sie gehen nicht so einfach wieder, oder? Nein? Okay, ich fange an. Aber lassen Sie mich zunächst eine Frage stellen: Wann hat das alles begonnen? Wann sind die Außerirdischen angekommen?

Der Virus, sagen Sie? Lassen Sie uns noch weiter zurückgehen. Ich bin alt genug, mich an die Zeit zu erinnern, als alle nach Außerirdischen suchten. Aber niemand hat vermutet, dass sie per E-Mail kommen würden. Es gab die fliegenden Untertassen Mitte des zwanzigsten Jahrhunderts. Dann bauten Wissenschaftler die ersten Radioteleskope und begannen, nach intelligenten Signalen aus dem Weltraum Ausschau zu halten. Jahrzehntelang. Doch nach dem Millenium spitzten die Dinge sich wirklich zu.

Sie sind zu jung, um sich zu erinnern, doch die Menschen hatten wirklich das Gefühl, dass man sie im Stich gelassen hatte. Es hatte sich eine enorme Energiemenge aufgebaut, und dann war nichts Außergewöhnliches passiert. Die Menschen suchten nach einem neuen Zeitalter, doch die ersten Jahre des neuen Milleniums verliefen genauso wie die Jahre zuvor: Bürgerkriege, Gewalt in den Städten, politische Morde, Hungersnöte, Erdbeben, Korruption, wenige Menschen wurden reich, und der Rest der Welt wurde immer ärmer.

Nichts hatte sich verändert. Doch es lag eine enorme Energie in der Luft. Das Ergebnis war vorhersehbar. Alle fingen an, in den Himmel zu schauen. Sie hofften, dass etwas sie retten würde. Sie wollten Außerirdische. Und die Regierungen spielten mit. Es war ein Weg, die Menschen zum Schweigen zu bringen. Sie schossen Radioteleskope in den Orbit, bauten Laserdetektoren und suchten um die Sterne herum nach Gravitationsanomalien; sie unternahmen alles, was Sie sich nur vorstellen können. Jeden Moment würden Außerirdische bei uns landen. Sie würden uns alle mit ihrer Weisheit und Supertechnologie retten.

Außerirdische Variationen

Und dann die Ironie des Ganzen: Sie kamen per E-Mail! Keine Flotte fliegender Untertassen. Keine kleinen grünen Männer, die zur Erde herunterflogen. Keine Funksignale, die die Ziffernfolge von Pi übertrugen. Kein Himmel, der sich öffnete. Nur der Hinweis: »Sie haben Post.«

Ja, alles hat mit dem Virus angefangen. Oder? War der Virus der erste Schritt? Oder gab es noch etwas anderes? Jetzt bin ich bei meinem Steckenpferd angelangt. Gehen wir ein paar Jahre zurück und erinnern uns an Fools Eagle, den ersten amerikanischen Ureinwohner, der je den Nobelpreis für Physik erhalten hat. Erinnern Sie sich daran, wie er mit seinem Schwarzfußindianer-Pass am Flughafen von Stockholm auftauchte. Man konnte ihn ja schlecht wegschicken, oder? So erkannte die Welt offiziell »Schwarzfußindianer« als Nationalität an, und viele andere folgten nach.

Doch ich schweife vom Thema ab. Fools Eagle und sein organischer Supraleiter. Ein ganzes Jahrhundert lang hatte man von Supraleitfähigkeit bei Raumtemperatur geträumt. Eine Substanz, die Energie ohne jeden Verlust leitet. Wissenschaftler hatten es versucht, doch ihr größter Erfolg war die Herstellung von Supraleitern, die wenige Grade über dem absoluten Nullpunkt funktionierten. Aber ein Supraleiter, der bei Raumtemperatur funktionierte; einer, der kein Abkühlen und keine Wärmeisolierung benötigte! Das stand schon auf einem ganz anderen Blatt. Theoretisch unmöglich, sagten sie.

Und dann entwickelte Fools Eagle einen. Als ihm der Nobelpreis überreicht wurde, entschuldigte er sich und sagte: »Ich habe nichts entdeckt. Der Geist sprach zu mir und sagte mir, was ich zu tun habe.«

In der Rückschau macht das alles Sinn. Die Menschen hatten angenommen, dass nur das Gehirn auf diese Weise arbeite und die globale Vernetztheit ausschließlich ein Charakteristikum irdischen Lebens sei. Und dann lieferte Fools Eagle eine lebende Substanz mit Supraleitfähigkeit. Man musste nur Nährstoffe hinzufügen, dem Ganzen einen elementaren genetischen Code zuweisen, und es wuchsen lange Kabel, alles schaltete sich zusammen, verzweigte sich ... das volle Programm.

Die Unternehmen stürzten sich förmlich auf die Entdeckung. Und wie haben sie gelacht, als Fools Eagle sich weigerte, Tantiemen anzunehmen! Die Staaten machten sich daran, supraleitende Stromnetze aufzubauen. Doch die erste wirkliche Anwendung war das SuperNet, ein globales Netzwerk supraleitender Computer, die alle mittels supraleitender Verbindungen zusammengeschaltet waren. Und so kamen die Außerirdischen herein.

Irgendwie war das eine besondere Form von Hybris. Regierungen prahlten, wie sie mit dieser ganzen neuen Technologie die Welt verändern würden. Sie würde allen Menschen Energie bringen. Doch den einfachen Menschen fiel durchaus auf, was für ein Chaos wir alle in der Vergangenheit auf der Welt angerichtet hatten. Und dann fror eines Morgens alles ein.

Ebenso wie alle anderen fand ich als erstes Indiz auf meinem Bildschirm eine Nachricht: »Sie haben Post.« Ich machte ein paar Mausclicks, aber nichts geschah; ich betätigte die Tastatur, keine Antwort. Mein Computer war abgestürzt. Zugriff verweigert. Ich brauchte nicht lange, um herauszufinden, was geschehen war. Alle Daten auf meiner Festplatte waren verfälscht, das dachte ich zumindest zu diesem Zeitpunkt. Alles war überschrieben: Dokumente, Manuskripte, E-Mails, Systemdateien, das ganze Zeug.

Zufällig tagte die *Academy* in dieser Woche. Sie haben doch sicher von uns gehört? Jedes Jahr traf sich in Pari eine Gruppe Künstler, Wissenschaftler und Musiker zu einem Brainstorming. Jedenfalls waren wir zu jenem Zeitpunkt alle da und fanden schnell heraus, dass wir alle im selben Boot saßen. Schließlich waren wir alle über ein Ethernet verbunden, also musste irgendein dämlicher Idiot ein Programm heruntergeladen haben, ohne es zunächst auf Viren zu überprüfen.

Wir nahmen an, dass es nur ein lokales Problem war, bis wir bemerkten, dass die Telefone nicht funktionierten. Darüber hinaus gab es kein Radio und kein Fernsehen. Die *Academy* hatte aus Sicherheitsgründen eine eigene Stromversorgung, aber als ich zur Bar ging, entdeckte ich, dass sogar der Strom ausgefallen war.

Zum Glück hatte Gino ein Kurzwellenradio, und wir wussten bald, dass die ganze Welt betroffen war. Alles war paralysiert: Banken, Regierungen, die gesamte Kommunikation. Jedes Computersystem hatte sich exakt zum selben Zeitpunkt aufgehängt!

Zunächst glaubten alle, die Störung sei das Werk von Terroristen. Aber wer würde es auf alle Staaten der Erde gleichzeitig abgesehen haben? Es musste eine der neuen Religionen sein, die nach dem Millenium aufgekommen waren, oder vielleicht die *Merry Men* oder eine der extremistischen Umweltbewegungen? Wir konnten wirklich nur raten.

Außerirdische Variationen

Zumindest eine Sache war klar. Angesichts des massiven Zusammenbruchs der Kommunikation und des Flugverkehrs hatte die *Academy* keine Alternative, als in Pari zu bleiben. Und wenn wir schon alle über die nächsten paar Wochen zusammenleben mussten, warum sollten wir dann unser gemeinsames Denkvermögen nicht gemeinsam nutzen? Wir verfügten über eine unabhängige Stromquelle, ein unglaubliches Potenzial an Rechnerleistung, ein uraltes Telefonsystem, das immer noch unabhängig vom SuperNet an ein herkömmliches Netz angeschlossen war, ein Kurwellenradio und einige der besten Köpfe der ganzen Welt.

Und während der Rest der Welt nun versuchte, zum Alltag zurückzukehren, fingen wir an, uns mit dem Virus zu beschäftigen. Wir wollten herausfinden, wie er funktionierte und wie er es geschafft hatte, sich so einfach an den vielen Anti-Virenprogrammen vorbeizumogeln. Bald war ziemlich klar, dass er keine der Eigenschaften uns bekannter Viren besaß. Alles, was er tat, war, die Daten auf den Computern der Welt zu verfälschen. Und so begannen wir, die Daten selbst zu analysieren, um zu sehen, ob die Veränderungen einfach willkürlich oder nach einem bestimmten Muster vorgenommen worden waren.

Wir begannen auch über das SuperNet zu spekulieren. Schließlich hatte der Virus relativ schnell, nachdem das Net wirklich globale Ausmaße erreicht hatte, zugeschlagen. Auf Grund der Vielzahl seiner Verbindungen war das Net unglaublich komplex. War es irgendwie instabil geworden? Nicht lineare Systeme bergen immer die Gefahr, dass intern Chaos entsteht. War das hier passiert? War der Virus nichts anderes als eine kollektive Äußerung des supraleitenden Netzes selbst?

Nachdem ich mich eine Woche mit diesen Fragen herumgeschlagen hatte, erkannte ich, dass ich mit dem Kopf gegen eine Wand lief, und so drückte ich mich vor der Arbeit und unternahm einen langen Spaziergang in den Bergen. Irgendetwas beschäftigte mich, doch es war nicht greifbar. Dann, nach zwei Stunden, wusste ich es. Ich kehrte zur *Academy* zurück, zog mir einen Stuhl heran und flüsterte in Marcels Ohr: »Außerirdische.«

Hier gerät die Geschichte ein wenig durcheinander, daher müssen Sie Geduld mit mir haben. Marcel behauptet, dass ich »Gremlins« gesagt habe. Carol betont scherzhaft, dass sie es als Erste ausgesprochen habe, und zwar mit den Worten: »Unabhängige Agenten.« Und

Schrum sagte, es handele sich um eine »kollektive Schwingung«. Ich jedenfalls halte mich an meine Version. »Außerirdische.«

Als sie mir ihre Aufmerksamkeit zuwandten, begann ich zu erklären.

»Was ist ein Supraleiter? Ein kohärenter Zustand, stimmt's? Vielleicht ist er nur ein paar Meter lang, oder er umspannt den ganzen Globus wie das SupraNet, aber das ganze Ding ist ein einziger kohärenter Quantenzustand. Okay? Wir sind uns alle einig über die physikalischen Grundlagen. Jetzt stellt euch vor, dass ihr draußen im Weltraum seid und auf die Erde schaut. Was seht ihr? Eine einzige Wellenfunktion von planetarischen Ausmaßen. So muss das SuperNet aussehen.«

Mittlerweile hatte ich ihre volle Aufmerksamkeit.

»Nun, erinnert sich jemand an Bells Theorem? John Bell hat sich ein Paradoxon erneut vorgenommen, das Albert Einstein als Erster vorgelegt hat. Er hat bewiesen, dass zwei Quantensysteme miteinander verbunden bleiben, egal, wie weit sie voneinander entfernt sind. Die Entfernung spielt in diesem Fall keine Rolle. Sie ist nicht relevant, weil die zwei Systeme unmittelbar miteinander verbunden sind. Es ist eine Verbindung, die über die Begrenzung von Zeit und Raum hinausgeht. Versteht ihr, worauf ich hinaus will?«

Hier mischte Bruce sich ein: »Du meinst, wenn irgendwo da draußen im Universum noch ein SuperNet existiert und …?«

»Ja. Genau. Was auch immer in dem einen Netz passiert, es wird gleichzeitig auch in dem anderen geschehen. Natürlich gibt es bei der ganzen Sache noch einen theoretischen Haken – wie kommt es, dass sie überhaupt miteinander verbunden sind? Doch angenommen, ich habe Recht – einfach nur mal angenommen –, dann ist das, was wir als Virus oder vom SuperNet erzeugte Datenkorruption gesehen haben, in Wirklichkeit der Output einer anderen Zivilisation auf einem anderen Planeten.«

Carol nickte. »Wie du schon sagtest: Außerirdische.«

»Nehmen wir das mal einen Moment lang als Arbeitshypothese. Vielleicht ist es eine verrückte Idee, aber manchmal beginnen die besten wissenschaftlichen Ergebnisse mit einer verrückten Idee. Angenommen, es sind die Daten einer außerirdischen Zivilisation: Gibt es dann irgendeine Möglichkeit, den Code zu knacken? Wir müssen ja nicht an Außerirdische glauben. Wenn man so will, ist es nur ein praktisches Problem, wie man den Code knackt.«

Außerirdische Variationen

An diesem Punkt wurde Carol sehr ernst. Schließlich hatte sie ihr Studium mit dem Schreiben von Science-Fiction-Geschichten finanziert. »Ich denke, wir sollten keine Witze darüber machen. Wenn das stimmt, sollten wir uns ganz still verhalten. Denkt nur mal an die Kraft, mit der sich hoch stehende Kulturen im Verlauf der Menschheitsgeschichte gegenseitig vernichtet haben. Wir haben keine Ahnung, worauf wir uns einlassen. Wir müssen eine Übereinkunft zur Bewahrung unseres Geheimnisses schließen.« Carol blickte sich nach Zustimmung heischend im Raum um.

»Zunächst brauchen wir eine viel umfangreichere Ausrüstung«, bemerkte Bruce.

»Na gut, okay«, stimmte Carol zu. »Aber wir können behaupten, wir hätten einen Durchbruch erzielt, weil wir entdeckt haben, dass das SuperNet instabil ist und deshalb eine Menge technischer Unterstützung benötigen. Wir setzen uns alle mit unseren jeweiligen Regierungen in Verbindung und teilen die Wunschzettel ein bisschen auf, so dass keiner darauf kommen kann, was wir wirklich vorhaben.«

Wir stimmten alle zu und machten uns an die Arbeit. Mittlerweile hatten sich die meisten Unternehmen aus dem SuperNet ausgeklinkt und vertrauten ihre Internetverbindungen wieder den älteren Telefonsystemen an. Einige Regierungen und Fluglinien hatten den Betrieb wieder aufgenommen, sie benutzten dabei Bomber aus dem Zweiten Weltkrieg und Flugzeuge ohne aufwändige elektronische Unterstützung. Es gab noch nicht einmal ein Kontrollsystem für den Flugverkehr, daher navigierten die Piloten nach den Gestirnen.

Im ungefähr 40 Kilometer entfernten Grosseto gab es einen Militärflugplatz, und schon bald trafen Lastwagen mit den angeforderten Geräten in Pari ein. Da ich zwei linke Hände habe, hielt ich mich zurück und überließ den anderen die Aufgabe, alles betriebsbereit aufzubauen. Ich wies mir selbst die Rolle des Kochs zu und verbrachte die nächsten zwei Wochen in der Küche, während die anderen in 24-Stunden-Schichten arbeiteten.

Das Kochen hat mir wirklich geholfen. Ich hatte schon immer meinen Tagträumen nachgehangen, wenn ich am Herd stand; und eines Tages ging ich ganz darin auf, während ich eine Soße aus süßem Paprika und Tomaten zubereitete. Ich wollte gerade den Mascarpone einrühren, als mich eine Erkenntnis überfiel: Wenn ein ganzer Planet zu einem riesigen Quantenzustand, zu einer pulsierenden Wellenfunktion wird, käme das einem riesigen Gehirn gleich. Anstatt zu versuchen, einen linearen Code zu finden, sollten wir besser fragen: »Was denkt es? Was fühlen die Außerirdischen?«

Stellen Sie sich vor, dass Sie im Wald auf ein Tier treffen. Sie versuchen sich ruhig zu verhalten und ihm zuzuschauen. Sie beobachten es. Sie verlieren sich in seinen Bewegungen und beginnen allmählich, sich in das Tier einzufühlen. Statt uns zu bemühen, den Code zu knacken, sollten wir uns einfach ruhig verhalten und versuchen, darauf zu lauschen, was uns das alles sagt.

Als Bruce zum Abendessen kam, präsentierte ich ihm die Idee. Bruce war ein Künstler, der sich mit den Aktivitäten von Geist und Körper beschäftigt hatte, indem er den Output direkt in Geräusche, Videos, Lightshows und Hologramme umgesetzt hatte.

»Bruce, kannst du das auch umgekehrt?«, fragte ich ihn. »Gibt es eine Möglichkeit, dass du jemanden mit dem Virus zusammenschalten kannst, so dass diese Person als eine Art Empfänger dient?«

Bruce dachte einen Moment lang nach, nickte dann, nahm sich eine Extraportion Nudeln und ging zurück in sein Labor. Er benötigte drei Tage ohne Schlaf, um den Aufbau richtig hinzukriegen. Mittlerweile waren wir auch in der Lage, den Ausbruch des Virus vorherzusagen. Bis jetzt hatte es vier getrennte Angriffe gegeben, und die Intervalle dazwischen waren alle bis auf die Mikrosekunde gleich lang. Diese Aktivitätsausbrüche dauerten nur ungefähr dreißig Sekunden, aber sie reichten, um das SuperNet zu blockieren, das mittlerweile nur noch von jenen aktiv aufrechterhalten wurde, die sich mit dem Virus beschäftigten.

Der nächste Angriff würde planmäßig Sonntagnacht stattfinden, und Bruce versprach, den Empfänger bis dahin fertig zu haben. Er würde direkt ins SuperNet gestöpselt werden, und Bruce hatte eine Reihe üblicher Filter und Bandpassfilter eingebaut, so dass seine Apparatur weiterlaufen konnte, während das Signal kam.

Wir zogen Strohhalme, um den ersten Freiwilligen zu bestimmen. Bruce fiel aus, da er die Feinabstimmung seiner *Little Blue Box* in Echtzeit vornehmen musste. Natürlich zog ich den kürzesten Strohhalm, sonst würde ich Ihnen diese Geschichte jetzt nicht erzählen. Erst später entdeckte ich, dass die anderen das Ganze von Anfang an so ausgeheckt hatten. Vielleicht war das ein klarer Fall von »Macht den Koch kalt«!

Die Virusattacke sollte planmäßig um 23.13 Uhr erfolgen. Bruce meinte, es würde am besten funktionieren, wenn ich völlig entspannt wäre, also machten wir eine Pause und fuhren ans Meer. An jenem Abend haben wir im Siros zu Abend gegessen. Emelia hat uns wirklich sehr gut bekocht, und als ich eine Flasche Brunello und ein Glas Grappa intus hatte, wurde ich ziemlich schläfrig. Bruce schickte mich erst einmal unter die Dusche, bevor ich mich umzog und anschließend meinen Kopf verdrahten, den Helm befestigen und meinen Arm an einen Tropf anschließen ließ. Dann hob man mich in den Hängekäfig, in dem ich mich um 360 Grad drehen und wenden konnte. Ich war jetzt isoliert, ohne jeglichen sensorischen Stimulus. Ich wartete auf die Stunde Null. 23.13 Uhr.

Und was geschah dann? Nun, für euch jungen Leute war es vermutlich nicht anderes als das, was ihr jeden Tag erlebt. Für mich aber war es wie ... wie kann ich das erklären? Wenn ich mich mit einem besonders schwierigen mathematischen Problem beschäftige, bin ich nicht mehr ich selbst. Es ist, als ob ich, besser gesagt: das *Ich* in mir, verschwunden wäre und die Mathematik sich selbst ausdrückt und frei durch mich hindurchfließt. So fing es an. Als etwas außergewöhnlich Schönes. Es schien absolut perfekt zu sein. Es war, als könnte es nur so und nicht anders sein. Es schien aus einer fehlerlosen Logik geboren. Doch es war keine strenge und zwanghafte Logik, sondern etwas ganz anderes, etwas Helles und Freudiges, beinahe Spielerisches, als ob es die Grenzen des Denkens erforsche.

Nein, ich schaffe es nicht, Ihnen das zu vergegenwärtigen. Ich rede von Denken und Logik, aber es war überhaupt nicht wie Denken. Wenn man am kreativsten ist, fühlt man das eigene Denken nicht einmal mehr. Es geschieht einfach. Es ereignet sich, ohne dass die Gedanken wandern.

Und dann realisierte ich noch etwas. Mein ganzer Körper war zum Leben erwacht. Mein Herzschlag veränderte sich ständig, und in meiner Brust und meinem Magen spielten sich die unglaublichsten Gefühle ab. Einmal bemerkte ich, dass meine Wangen feucht von Tränen waren. Doch gleichzeitig wusste ich, dass ich laut lachte.

Es nahm kein Ende. Ich war von einer unglaublichen Sehnsucht erfüllt, einem Gefühl tiefer Trauer. Dann umhüllte mich totaler Frieden, gefolgt von dem Verlangen, meinen Körper hin- und herzuschwingen, wie ein Verrückter zu tanzen und zu singen. Manchmal war ich da und beobachtete, was mit mir geschah. Dann wieder war ich völlig verloren; ich war nicht mehr als ein Spielball.

Die Empfindungen dauerten stundenlang an. Dann, in einem plötzlichen wachen Moment, wusste ich, dass ich diese Empfindungen nicht eine nach der anderen erlebte, nicht vom Lachen zum Weinen überging. Es war eher so, dass diese Gefühle alle gleichzeitig präsent waren. Sie tanzten über meinen Körper. Und es gab auch noch andere Empfindungen. Nein, wie soll ich sagen? Gefühle? Das stimmt auch nicht. Das sind alles Worte, Konzepte und Kategorien. Da waren »Dinge«, Dinge, für die es keinen Namen gab, Dinge, die man nicht erkennen oder einordnen konnte. Dinge, die ich nicht fassen oder mir vorstellen konnte. Mein Körper und mein Verstand nahmen an Ereignissen teil, für die mir jegliche Fähigkeit fehlte, um sie tatsächlich »erfahren« zu können. Sie schienen nicht zum Leben auf der Erde zu gehören. Sie lagen außerhalb all dessen, was Bewusstsein und körperliches Empfinden sich je vorstellen oder intuitiv erfassen können.

Dann war ich plötzlich im Dunkeln. Totale Stille. Absolute Ruhe. Ich realisierte, dass Bruce mich abschaltete. Ich konnte nicht sprechen oder mich bewegen, und daher brachten sie mich zu Bett, wo ich blieb, bis die Morgensonne auf mein Gesicht fiel und mich die ganze Schönheit des Himmels und der Berge umgab, als ich die Augen aufschlug.

Bruce und die anderen saßen um das Bett herum. Carol grinste mich an. »Und? Willst du es uns nicht erzählen? Wie war es? Was ist denn nun mit dem Virus?«

Ich konnte nur sagen: »Was für ein Tag ist heute? Wie lange hat es gedauert? Was ist passiert? Mir ist, als sei ein ganzes Leben vergangen.«

»Das Übliche«, entgegnete Bruce. »Dreißig Sekunden. Dieses Mal habe ich eine komplette Aufzeichnung hingekriegt. Wir können es jederzeit in Echtzeit abspielen.«

»Was ist es also?«, fragte Carol. »Was für einen Code verwendet der Virus?«

Erst als sie fragte, fiel es mir wie Schuppen von den Augen. »Musik. Es ist nur Musik. Nichts sonst. Ein singender Planet.«

Diese Gefühle, diese Empfindungen, die meinen Körper überwältigt hatten, diese Logik, diese Freude, diese Helligkeit. Es war pure Musik. Keine Musik, die auf einer Geige oder einem Klavier gespielt wurde, sondern die Musik des menschlichen Körpers und Verstandes. Es war, als sei die Musik von meinem ganzen Wesen gespielt worden.

Außerirdische Variationen

Die anderen waren aufgeregt, und der nächste Schritt war klar. Wir mussten versuchen, all diese Musik auf konventionellere Art auszudrücken, als reinen Klang. Und so ließen wir innerhalb der nächsten Tage Therese, Emma, Ansuman, Steve und eine Reihe anderer Musiker zum Brainstorming einfliegen.

In der ersten Woche endeten ihre Versuchsreihen enttäuschend. Bruce hatte die letzte Übertragung digitalisiert, aber es schien keine offensichtliche Möglichkeit zu geben, die Daten in Musik umzuwandeln. Wie vorher bestand ein Teil des Problems darin, dass es einfach zu viele Daten gab. Und der Download erfolgte auch nicht in einer offensichtlichen Folge.

Am Ende fand Therese die Lösung. Wenn ein menschliches Wesen die Musik als Empfindung erleben konnte, warum sollte man dann nicht den Körper als eine Art lebenden Transistor benutzen? Man müsste den Körper mit den Virusdaten füttern und dann den gesamten Körper-Output kontrollieren. Bruce könnte dann diesen Output verwenden, um die Musik zu synthetisieren.

Bruce baute eine Reihe Kontrollstationen auf und wandelte seine *Little Blue Box* um, um den Output des Körpers in Geräusche umzuwandeln. Fünf der Komponisten erklärten sich freiwillig bereit, bei der nächsten Übertragung als menschliches Instrument zu fungieren, und Bruce verband das Ganze zu einer Folge von Hochgeschwindigkeits-Aufnahmegeräten.

So hörten wir zum ersten Mal außerirdische Musik – beziehungsweise A-Musik, denn unter diesem Namen wurde sie bekannt. Ich schätze, wir hätten wissen müssen, dass man sie nicht lange geheim halten konnte. Hacker aus Deutschland bekamen die Musikdateien in die Hände, und als Nächstes wurde die A-Musik gesampled und sogar in Musikvideos aufgepeppt.

Und die Musik selbst? Für mich war sie ein wenig enttäuschend. Sie schien so ganz anders als das, was ich in meinem Körper erlebt hatte. Da gab es nichts Greifbares; nichts, an dem man sich festhalten konnte, keine Melodie, keine erkennbare harmonische Progression, und wenn sie überhaupt einen Rhythmus hatte, dann veränderte er sich zu schnell, um als solcher erkannt zu werden. Um ganz ehrlich zu sein, es gab sogar Zeiten, in denen ich mich fragte, ob es überhaupt Musik war. Konnte ich mich geirrt haben? Waren es nur willkürliche Geräusche mit ein paar Wiederholungen, die von einer Endlosschleife im

SuperNet erzeugt wurden? War es ein rein natürliches Phänomen, das von einem supraleitenden Netzwerk produziert wurde? Hatte ich die ganze Zeit meine eigenen Wünsche auf den Code projiziert? Hatte ich einen Akt reinster Selbsttäuschung an die Welt weitergegeben? Und die Welt selbst? Man nannte es die Zeit der großen Ruhe. Der Virus tauchte nicht mehr auf, oder zumindest ruhten seine Aktivitäten für mehr als ein Jahr. Vielleicht waren die Außerirdischen alle zu Bett gegangen, witzelte Bruce. Langsam kehrte der Alltag wieder ein. Die Regierungen funktionierten wieder – mehr oder weniger. Die Seifenopern liefen weiter, als wäre nichts geschehen.

Doch als das Ausmaß des wirtschaftlichen Zusammenbruchs und der Hungersnot in der Dritten Welt offensichtlich wurde, erkannten alle, wie unsicher unsere globalen wirtschaftlichen Systeme und multinationalen Unternehmen waren. Vor so etwas hatten uns die Chaoswissenschaftler jahrzehntelang gewarnt – ein komplexes, nicht lineares System muss irgendwann ins Chaos münden. Jetzt schien es, als seien die Welt und ihre Führer bereit, die Sache ernst zu nehmen und zuzuhören. Doch nur für kurze Zeit. Es gab ein paar Bürgerkriege, in Südostasien brach eine Seuche aus, in Afrika eine Revolution, es kam zu einem Massenselbstmord in Kanada, und im Atlantik lief eine große Menge Öl aus.

Wie ich schon sagte: Alles war wieder normal. Doch es gab eine Veränderung, und die hatte bei den Jugendlichen eingesetzt. Sie kleideten sich jetzt anders. Alle trugen kurze Haare. Delphintauchen wurde zum neuesten Trend – ein Unter-Wasser-Rockkonzert mit immensen Unter-Wasser-Soundsystemen und Teenager, die mit den Delphinen herumschwammen. Es war die Zeit von A-Musik, Virus House und Konzerten, die wochenlang andauerten.

A-Musik war überall, und die Polizei war völlig verwirrt. Sie hatten Informanten, aber die Informanten hatten nichts zu berichten – keine Drogen, keine Gewalt, kein Diebstahl, keine radikalen Bewegungen. Nur eine Menge Kinder, die gemeinsam tanzten und sangen. Eine Menge Regierungen waren wirklich beunruhigt. Ein Treffen der Staatsoberhäupter wurde einberufen, und es wurde der Vorschlag gemacht, A-Musik zu verbieten und bei Großveranstaltungen eine Sperrstunde einzuführen. Ein findiger Politiker heuerte sogar als Polizisten verkleidete Agitatoren an, die ihre Schlagstöcke einsetzen sollten, um auf diese Weise einen Gegenschlag zu provozieren, doch als

diese Agitatoren die Arena betraten, fielen sie ganz einfach in das allgemeine Singen mit ein.
Und was war mit uns? Die *Academy* brach mehr oder weniger auseinander. Es war wie nach einer riesigen Party. Wir waren desorientiert und enttäuscht. Diese ganzen konzentrierten Anstrengungen, die ganze gedankliche Anspannung. Und was blieb von all dem? Eine Welt im Chaos – wie schon zuvor. Das einzige positive Ergebnis war eine Generation singender Teenager.
Fast wäre das das Ende der Geschichte gewesen, doch es gab ja noch James und eine Hand voll anderer. James ist mein Enkel. Er war fünf, als mit dem Komponieren begann. Er hatte schon immer gern vor dem CD-Player und zur nächtlichen Musik auf dem Hof getanzt. Er liebte es auch, uns alle bei der Arbeit in der *Academy* zu beobachten. Er saß einfach mit großen Augen still in der Ecke – und dann, wenn wir es nicht merkten, ging er zu einem der Computer hinüber und spielte mit der Tastatur und der Maus.
Eines Morgens rief Bruce mich zu sich und wies auf den Bildschirm. Irgendwie hatte James sich Zugang zu COMPOSERPRO verschafft und Musik auf dem Bildschirm geschrieben. Nachdem er ins Bett gegangen war, öffnete ich die Musikdatei. Es entsprach einem durchschnittlichen A-Musikstück, aber für so ein kleines Kind war es eine echte Meisterleistung. Ich erwähnte das Emma gegenüber, einer befreundeten Musikwissenschaftlerin, die gerade an einer Tagung in Siena teilnahm. »Er versucht außerirdische Musik zu machen«, witzelte ich. »Die Kinder hören das heutzutage überall. Ich schätze, wir sind schuld daran.«
»Ich weiß«, sagte Emma. »Ich bin gerade aus Südamerika zurück, wo ein paar kleine Kinder angefangen haben, Musik zu schreiben. Ist es okay, wenn ich mir das mal näher anschaue?«
Sie blieb eine Weile am Computer sitzen. Dann druckte sie das Ergebnis aus. »Ich würde das gern morgen mit zu meiner Tagung nehmen. Natürlich nur, wenn es euch nichts ausmacht. Ich möchte die Noten vergleichen.«
»Da musst du James fragen«, scherzte ich. »Schließlich ist es seine Komposition.«
Zwei Tage später kam sie mit drei Kollegen zurück: einem Komponisten aus Japan und seinem vier Jahre alten Sohn, einem Anthropologen aus Lappland, der seinen Kassettenrekorder dabei hatte, und einem Tontechniker aus Österreich.

»David«, sagte Emma. »Bruce ist immer noch hier, und wir brauchen seine Hilfe. Ich habe vier Kompositionen. Wir müssen sie alle digitalisieren und dann exakt synchronisiert zusammen abspielen. Ihr werdet überrascht sein, was wir zu hören bekommen.«
Emma spielte zunächst alle Stücke der Reihe nach. Sie schienen sich ziemlich zu gleichen. Nichts Besonderes war an ihnen. Nur durchschnittliche A-Musik, nicht mehr und nicht weniger.
»Zunächst stellten wir fest, dass alle Kinder die Vorgaben des Metronoms exakt einhielten, bis auf die Millisekunde genau. Allein, dass ein Kind bei der Komposition solche Vorgaben berücksichtigt, ist an sich schon merkwürdig genug, aber wenn sie derartig genau befolgt werden, ist das absolut seltsam. Mir ist auch aufgefallen, dass die Stücke alle mehr oder weniger gleich lang sind, obwohl sie verschiedene Taktbezeichnungen haben. Jetzt versichert mir Bruce, es sei mehr als bloßer Zufall, dass jedes Stück auf die Tausendstel Sekunde genau gleich lang ist, wenn man die Vorgaben des Metronoms einrechnet. Was sagt euch das?«
Ich schüttelte den Kopf. »Tut mir Leid, ich komme nicht mehr mit. Ich weiß nicht, worauf du hinaus willst.«
»Komm, wir fragen Bruce.« Emma bat Bruce, die Stücke simultan abzuspielen. Bruce drückte auf ein paar Knöpfe und setzte sich die Kopfhörer auf. Plötzlich veränderte sich sein Gesichtsausdruck.
»David, das solltest du dir anhören«, sagte er, als er mir die Kopfhörer reichte.
Was ich hörte, war definitiv keine Kombination der vier Stücke, die ich zuvor gehört hatte. Es klang auch nicht, als spielten vier Menschen im Gleichklang, und es war auch kein Endlosstück à la *Three Blind Mice*. Was aus den Kopfhörern kam, war völlig neu und ursprünglich. Es kam der Erfahrung nahe, die ich gemacht hatte, als ich zum ersten Mal in den Code der Außerirdischen eingeklinkt worden war.
Ich riss mir die Kopfhörer herunter. »Bruce, was hast du getan? Was passiert hier?«
Emma übernahm die Erklärung. »Es ist ein Effekt, den wir seit Jahren kennen. Erinnerst du dich daran, als es noch tragbare Transistorradios gab? Hast du dich jemals gefragt, wie du bei einem tragbaren Radio den Bass hören kannst, obwohl ein so kleiner Lautsprecher nicht in der Lage ist, tiefe Töne hervorzubringen? Das Gehirn macht es für dich! Jeder Ton auf einer Geige, einem Klavier oder in der

menschlichen Stimme besteht aus dem Grundton – dem Basiston, wenn du es so ausdrücken möchtest – und einer Menge Obertönen. Bei einem kleinen Lautsprecher kriegt man nur die Obertöne mit, aber das Gehirn füllt die Lücken, indem es die Basstöne liefert.«

Bruce nickte. »Ich erinnere mich, dass im zwanzigsten Jahrhundert jemand ein Experiment durchgeführt hat, bei dem er nur die Obertöne nahm und sie in einen rechten und einen linken Kanal aufsplittete. Wenn man nur eine Seite hörte, hörte man eine willkürliche Abfolge von Noten, ohne jede Melodie. Wenn man nur die andere hörte, war es immer noch willkürlich. Aber wenn man Kopfhörer aufsetzte und beide Kanäle gleichzeitig hörte, verbanden sich die Obertöne im Gehirn. Man hört alle fehlenden Grundtöne, und der Tonmix wird plötzlich zu einer erkennbaren Melodie.«

Ich schüttelte ungläubig den Kopf. »Willst du damit sagen, so etwas geschieht gerade hier?«

Emma sah zu ihren Kollegen hinüber. Der österreichische Tontechniker nickte entschieden. »Da gibt es keinen Zweifel. Jedes Stück enthält für sich gesehen eine Reihe Obertöne. Wenn man sie simultan abspielt, erzeugen sie im Gehirn Grundtöne. Diese vier Kompositionen stehen nicht für sich, sondern – lassen Sie es mich so ausdrücken – sie sind die Dekomposition eines einzigen Stücks. Dessen bin ich mir sicher. Ich würde meinen Ruf darauf verwetten. Es gibt keine andere Erklärung.«

Die anderen nickten zustimmend. »Wir haben bereits in einer geheimen Sitzung darüber gesprochen«, fügte der japanische Komponist hinzu. »Wir sind uns alle einig. Wir sollten in unsere Heimatländer zurückkehren, uns mit unseren Kollegen beraten und ein gemeinsames Papier veröffentlichen. In der Geschichte der Musik gibt es nichts Vergleichbares. Es ist eine erstaunliche Entdeckung.«

Der Mann aus Lappland drückte einen Knopf auf seinem Kassettenrekorder. »Hier ist eine Aufnahme von ein paar Kindern aus Lappland. Wir glauben, dass dort dasselbe geschieht. In der Tat, es ist überall auf der ganzen Welt zu beobachten.«

Die Bedeutung dessen, was sie sagten, wurde mir erst jetzt bewusst. »Sie behaupten also, dass es sich hier um eine einzige Komposition handelt, die von vier verschiedenen Händen geschrieben wurde. Wollen Sie mir sagen, dass es sich bei den Komponisten *nicht* um vier unterschiedliche Kinder handelt?«

Ich blickte zu James hinüber, der der Unterhaltung zu folgen schien. »Wollen Sie damit sagen, dass es sich hier um die Arbeit eines einzigen Bewusstseins handelt? Wollen Sie mir sagen, dass vier Kinder in unterschiedlichen Teilen der Welt als *eine* einzige Intelligenz gehandelt haben?«

Eine Zeit lang sprach niemand. Dann grinste Bruce mich an. »Du hast schon die ganze Zeit mit so etwas gerechnet, stimmt's, David? Das ganze Gerede über eine einzige Wellenfunktion und denkende Planeten. Das hat doch von Anfang an in deinem Hinterkopf herumgespukt, oder?«

»Okay, vielleicht. Aber wie …?«

Fragend blickte ich in die Runde. Emma setzte zu einer Erklärung an: »Ich glaube, A-Musik ist eine Lernmaschine. Erinnerst du dich an einen Mann namens Marvin Minsky in den Achtzigern? Er war einer der Väter des Projekts *Künstliche Intelligenz*. Er hat immer behauptet, dass wir unseren Kindern etwas vorsingen, um ihr Gehirn zu beeinflussen und ihre Gefühle zu schulen. Für Minsky war Musik ein Weg, Gedanken und Gefühle zu koordinieren. Na ja, wir glauben alle, dass hier dasselbe passiert ist, nur in einem viel größeren Rahmen. Junge Leute auf der ganzen Welt haben A-Musik gehört, und es hat diese Auswirkungen auf ihr Gehirn gehabt.«

»Ja«, fiel der Österreicher ein. »Wir wissen, dass das Gehirn flexibel ist. Es verändert ständig seine Verknüpfungen. Doch hier haben wir es mit einer viel komplexeren Struktur zu tun. Das heißt, dass Gehirne anfangen, kollektiv zu werden, sich zusammenzutun, als Einheit zu denken.«

»Nun«, platzte Emma dazwischen. »Das ähnelt Minskys ursprünglicher Idee von einem geistigen Zusammenschluss. Es gibt keine führende Intelligenz, sondern eine ganze Reihe von Köpfen, die teils unabhängig und teils gemeinsam arbeiten. Und ich denke, das wird künftig mehr und mehr der Fall sein. Die A-Musik war nur der Auslöser. Deswegen hat die Sache Sprengkraft. Und aus diesem Grund müssen wir ganz sicher sein, bevor wir etwas veröffentlichen.«

Bruce stand von seiner *Blue Box* auf und blickte uns in die Augen. »Es tut mir Leid, aber dafür ist es schon zu spät. Die Katze ist aus dem Sack. Es ist bereits im Net. Ich bin euer Maulwurf; schon immer gewesen. Ich denke, dass die Wissenschaft nicht ein paar Akademikern vorbehalten sein sollte, die entscheiden, was die Welt wissen darf. Ich habe von Anfang an Daten an meine Hacker-Freunde übertragen. Während ihr geredet habt, ist diese Musik um die ganze Welt gegangen. Nichts kann sie mehr stoppen.«

Ich glaube, ich habe mich schließlich der Meinung von Bruce angeschlossen. Keiner von uns hat wirklich verstanden, was passierte. Keiner von uns hatte das Recht, irgendetwas zu entscheiden. Wie auch immer. Zu diesem Zeitpunkt warf James ein: »Unsere Musik. Es ist meine Musik. Unsere Musik.«

Von diesem Tag an entwickelten sich die Dinge mit exponenzieller Geschwindigkeit. Emma behielt Recht. Die Musik, die Bruce um die Welt geschickt hatte, funktionierte als Katalysator. Immer mehr Kinder unter zehn begannen zu komponieren. Die Gesangsvereine hatten einen wahnsinnigen Zulauf. Und als sich die neue Musik verbreitete, begannen auch Teenager zu komponieren, später dann auch Leute in den Zwanzigern.

Ich bin nicht sicher, wo die Altersgrenze liegt. Ich nahm an, dass mit fünfundzwanzig bis dreißig Schluss sein müsste, der Verstand scheint dann unbeweglich zu werden. Schließlich haben die Mathematiker immer gesagt, wenn man bis zum Alter von fünfundzwanzig keine große Entdeckung gemacht hat, geschieht gar nichts mehr. Aber jetzt verbringen auch Mittdreißiger ihre Zeit in den Gesangsvereinen. Vielleicht machen sie sich nur etwas vor. Ich weiß es nicht. Eines ist gewiss: Es ist an mir vorübergegangen. Ich gehöre der letzten Generation an.

Und das war's. Den Rest der Geschichte kennen Sie. Erst Tausende, dann Zehntausende, schließlich Millionen junger Leute, die gemeinsam sangen und es bis heute tun. Ein ganzer Planet voller Musik. Das SuperNet war zum Klangkörper für die Musik geworden, und die jungen Leute behaupten jetzt, dass sie ihre Songs ins All schicken. »Ein Universum, verbunden durch Musik.« Ja, ich habe eure T-Shirts gesehen.

Und ja, ihr habt Recht. Die Welt hat sich verändert. Regierungen und Unternehmen haben eine Weile lang versucht, am Ball zu bleiben. Sie haben versucht, die Kontrolle zu behalten. Aber wie konnten sie angesichts einer derart kollektiven Intelligenz weitermachen? Es war, als hätte die gesamte Erde einen kollektiven Willen entwickelt. Wenn Sie es mit einem Klischee ausdrücken wollen: Ein bedeutender Teil der Weltbevölkerung hatte sich entschieden, in völliger Harmonie zusammenzuarbeiten.

Wo sind sie?

Eine offene Feldschlacht gab es nicht. Die Alten haben einfach aufgegeben. Wir haben unsere Macht an euch übergeben. Wir wurden mit dem Unausweichlichen konfrontiert. Der Planet leitete sich ganz einfach selbst. Die Innenstädte waren sichere Orte, an denen man sich nachts aufhalten konnte. Obdachlose bekamen Betten angeboten. Die Bürgerkriege endeten allmählich – es erschien einfach niemand mehr zum Kämpfen. Ohne Aufsehen und ohne große Ankündigungen begannen junge Wissenschaftler in Deutschland, Kammern für die kalte Kernfusion zu bauen. Die Welt besaß nun eine ausreichende Energiequelle. Die Lebensmittel wurden gleichmäßig verteilt. Es schien nichts mehr zu geben, wofür man kämpfen oder streiten konnte.

Aber das wissen Sie alles. Sie gehören dieser Generation ja an. Dies ist Ihre Welt. Warum also erzähle ich Ihnen das? Der Rest von uns, die Alten, die letzte Generation, wir sind nicht flexibel genug. Unsere Köpfe sind blockiert. Wir können uns nicht ändern. Wir sitzen nur da und beobachten, wie sich eure Neue Welt entwickelt und fragen uns, ob sie von Dauer sein wird.

Sie zeichnen meine Worte mit ihrem Rekorder auf? Aber warum? Keiner von euch glaubt, dass ihr wirklich etwas aus der Vergangenheit lernen könnt. Ihr tretet alle kollektiv in die Zukunft ein.

Der menschliche Geist hat die nächste evolutionäre Stufe erreicht. Doch ich kann nicht umhin, mich zu fragen, welche Schattenseite das Ganze hat. Ich meine, ihr seid alle so ... wie soll ich sagen ... so wenig neugierig. Oder? Ihr scheint nie Fragen zu stellen. Vielleicht ist das ständige Fragen eine Art Unordnung, ein Defekt des alten Denkens. Ich weiß es einfach nicht. Es macht mir nur Angst. Es beunruhigt mich. Dieser ganze Glauben. Diese ganze Harmonie. Keine Fragen mehr, keine Neugier. Nur die Musik und das ständige Singen.

Ihr fragt nicht mal nach den Außerirdischen, oder? Ihr glaubt, dass ihr alles kapiert habt, richtig? Da waren Außerirdische, okay? Sie leben auf einem anderen Planeten, ganz weit weg. Ihr Planet wurde irgendwie mit unserem SuperNet verbunden, stimmt's? Zuerst haben wir gedacht, es sei ein Virus. Doch dann stellte sich heraus, dass es Musik war. Und die Musik der Außerirdischen begann das menschliche Gehirn umzuformen. Dann entwickelte das Gehirn neue Eigenschaften. Es ermöglichte euch, gemeinsam zu arbeiten. Ganz harmonisch.

Alles hat seinen Preis. Und wenn ich ein wenig bitter klinge, dann deshalb, weil ich euch das Ganze verkauft habe. Ich habe damals selbst daran geglaubt. Aber keiner von euch stellt das jemals in Frage. Keiner von euch hält je inne, um zu fragen: »Wer sind diese Außerirdischen?« – »Wo sind diese Außerirdischen?«

Nein? Nun gut, ich erzähle es Ihnen. Sie sind genau hier. Ich spreche jetzt mit einem. Mit Ihnen. Sie sind der Außerirdische. Ihr alle. Wir alle. Wir haben den Virus geschaffen. Wir haben die Musik erzeugt. Wir haben geholfen, das menschliche Bewusstsein zu verändern.

Haben Sie angesichts all der Zufälle einmal daran gedacht, dass es zu schön ist, um wahr zu sein? Dieses Verlangen nach Wandel, das nach dem Millenium aufkam. Ein ganzer Planet rief nach Veränderung. Und dann kommt jemand mit einem lebenden Supraleiter, der den ganzen Planeten auf den Kopf stellt. Es war ein Akt der gemeinsamen Bedürfnisbefriedigung. Das, was die Anhänger C. G. Jungs das »kollektive Unbewusste« genannt hätten. Irgendetwas, das tief in unserem Bewusstsein vergraben ist, hat die Musik geschaffen, die in das SuperNet einsickerte. Es war eine Macht, die aus uns selbst kam. Unser verzweifeltes Bedürfnis nach Veränderung machte uns zu Außerirdischen. Die Musik gehörte immer uns.

Nun? Was halten Sie davon? Wird euch das innehalten lassen? Wird es euch veranlassen, jetzt ein paar Fragen zu stellen? Werdet ihr akzeptieren, dass euch, und nur euch allein, die Verantwortung für diesen Planeten obliegt? Es gibt keine altruistischen kleinen grünen Männchen da oben im Himmel, die euch Musik schicken und den Planeten Erde retten.

Sie haben genug, stimmt's? Ihnen gefällt nicht, was ich sage? Ich sehe, Sie packen Ihre Ausrüstung ein.

Na gut. Hauen Sie ab. Lassen Sie mich hier mit meinen Freunden sitzen. Lassen Sie mich hier mit der letzten Generation sitzen.

So, meine Freunde, ist er jetzt weg. Und war das die Antwort? Was ich gerade zu ihm gesagt habe? Der menschliche Geist als der wahre Außerirdische? Die Realität ist nicht so einfach? Ich hab's nur getan, um der Geschichte einen Jung'schen Anstrich zu geben. Die »äußerliche Manifestierung des kollektiven Unbewussten«. Ihr kennt das Gefasel alle; »die Götter sind in uns«. Klingt viel zu sehr nach einem Lehrbuch für Therapeuten, um wahr zu sein. Und ist viel zu wenig, um als Erklärung auszureichen.

Nun gut: Alles, was ich sicher weiß, ist, dass etwas geschehen ist. Das menschliche Bewusstsein hat sich verändert. Vielleicht zum Besseren. Ich weiß es einfach nicht. Übrigens ein ziemlicher Zufall, dass die Mayas für das Jahr 2012 eine Neue Welt vorhergesagt haben. Die Eingeborenen haben von der »Großen Reinigung« gesprochen: eine Epoche, in der die Erde sich selbst erneuern würde. War es so einfach? Ein Planet, der ausgeraubt und verschmutzt wurde, bis er aufgeschrien hat: »Stopp! Es reicht! Genug jetzt!« War der Planet Erde der Außerirdische?

Nein, das ist einfach nur eine weitere Erklärung. Um der Geschichte einen Schimmer Gaia zu verleihen.

Es ist alles zu einfach, oder? Das echte Geheimnis ist die Musik selbst. Es ist ein Geheimnis, das uns durch die ganze Menschheitsgeschichte hindurch begleitet hat. Und sogar noch vorher: Der Fund einer Knochenflöte in einer Höhle der Neandertaler. Woher kommt die Musik? Sie war ein Geschenk an Bach und Mozart. Sie waren die Mittler. Sie nahmen auf, was durch sie hindurchfloss. Dieses Mal durchfloss es die gesamte Menschheit und verwandelte sie. Es bleibt das letzte Geheimnis.

Die Alten glaubten, dass der Kosmos aus Musik geschaffen wurde, dass Musik das Gefüge unseres Universums aufrechterhält. Die ganze Schöpfung ist ein Lied. Ich denke, dass ich damit enden muss. Es ist etwas, das über jedes Konzept hinausgeht – Außerirdische, das kollektive Unbewusste, Gaia. Die Musik ist größer als all das. Sie ist das gesamte Universum, das durch Singen seine Existenz begründet.

Und so hat unsere Spezies ein Geschenk erhalten. Ein paar Stunden lang hat sie Sphärenmusik gehört. Der Rest bleibt ein Geheimnis. Jede Erklärung ist wahr ... und fehlerhaft zugleich. Und so sitze ich hier und beobachte und warte. Was wird die Menschheit aus all dem machen? Es ist unsere zweite Chance. Es ist unsere letzte Chance.

Jetzt werde ich mit meinen Freunden Karten spielen. Gegen zehn gehe ich nach Hause. Ich schalte meinen CD-Player ein. Was lege ich heute Abend auf? Die Messe in B-Moll? Die Kunst der Fuge? Die Goldberg-Variationen? Die Suiten für Violoncello? Und dann verliere ich mich eine Zeit lang. Ich werde zu einem anderen Wesen.

Es ist warm und freundlich hier, ein angenehmes Klima. Das Essen schmeckt gut. Ich habe meine Freunde und meine Musik. Ich beobachte den kleinen James, wie er spät abends allein im Hof tanzt. Was will ich mehr? Warum frage ich überhaupt?

Der bewohnte Ort

Brian W. Aldiss

Zurzeit ist auf die Frage, ob die Menschheit auf unserem Planeten die einzige intelligente Lebensform im Universum ist, keine definitive Antwort möglich. Auch wenn ich in diesem Essay die Theorie verfechte, dass die Menschheit allein ist – wofür es auch eine Vielzahl von Beweisen gibt –, bin ich mir doch der Worte Carl Gustav Jungs bewusst: »Selbst wenn ich es mit empirischen Daten zu tun habe, spreche ich zwangsläufig von mir selbst.«

Unsere intellektuellen Vorlieben werden beinahe zwangsläufig durch unsere Anlagen bestimmt. Ich bin mir einer gewissen Uneinsichtigkeit bewusst, wenn ich sage, dass wir bis jetzt noch von keinem anderen intelligenten Leben wissen, und dass nur eine überdrehte Phantasie etwas anderes glauben kann.

Der Glaube, dass die Menschheit nicht die einzige bewusste und intelligente Lebensform auf dem Planeten ist, ist so alt wie die Menschheit selbst. Wissenschaft hat mit der Sache nichts zu tun. Die Menschen haben immer über die Schulter nach dem Unbekannten Ausschau gehalten. Die fixe Idee, dass es in unserer Welt von Leben – häufig von der bösartigen Sorte und nur ganz knapp außer Sichtweite – nur so wimmelt, hat viele Gegenbeweise überlebt. Der Glaube wird nicht zwangsläufig von Fakten enttrohnt.

Der naive Glaube, dass den meisten natürlichen Dingen wie Bäumen, Brunnen, Flüssen oder sonst was, Bewusstsein und Intention innewohnen, ist keineswegs ausgestorben. Der Animismus bleibt die erste Religion von Kindern. Kinder unterhalten sich mit Hunden und anderen Haustieren, mit Puppen, Teddybären und Supermann-Modellen, als wären diese – wenngleich in anderer Gestalt – ebenfalls menschlich. Und wie der Dichter schon sagt, ist das Kind der Vater des Mannes.

Mag es auch leicht sein, sich über kindliches Geplapper lustig zu machen, so fällt der Spott schon schwerer, hat man einmal bei Einbruch der Nacht allein im dunklen Wald gestanden. Für die Menschheit besitzen Wälder und Wüsten gewiss eine Art lenkenden Geist.

Doch was wir auch entdecken, es ist nur ein Echo unseres begrenzten Gehirns – wie damals, als wir noch Kinder waren und das Meer in einer Strandmuschel rauschen hörten. Unser Bewusstsein ist der einzige bewohnte Ort.

Es ist außergewöhnlich, mit unserem neuen Bewusstsein auf diesem Planeten zu leben. Wir sind die Kreatur, die gerade erst aufgewacht ist. Menschliches Bewusstsein ist im Vergleich zu anderen Bewusstseinstypen, z.B. das Bewusstsein unserer Familienkatze, ein Parabewusstsein. Wir schreiben unserem Bewusstsein eine andere Qualität zu als dem einer Eidechse oder Ratte: Was unser Bewusstsein betrifft – und das gilt nur für diesen einen Fall –, so wissen wir, dass wir existieren; und wir erfreuen uns sowohl an unserer Existenz als auch an unserem Wissen darüber. Wir können dieses Phänomen untersuchen. So sagte es der heilige Augustinus vor vielen Jahrhunderten.

Bezogen auf das Alter der Erde ist dieses Bewusstsein ein neues Spielzeug. Natürlich wissen wir nicht genau, wie wir damit umgehen sollen. Ist es ein Segen oder eine Last? Sein Stiefkind, die Unsicherheit, das »sich seiner selbst bewusst sein«, scheint eine Last zu sein. Betrachten wir uns in unserem Leben wie durch ein Teleskop oder ein Mikroskop? Wir sehen uns um, und wir sind angemessen erstaunt ob der Situation, in der wir uns wiederfinden. Dennoch können wir die alte Idee nicht abschütteln, dass Bewusstsein überall aus dem Boden schießt wie neues Gras im Frühjahr. Es gibt keinen wissenschaftlichen Beweis dafür, dass dies geschieht, genauso wenig, wie es je einen Beweis für den lang vertretenen Glauben an eine spontane Urzeugung gab.

In der Vergangenheit haben wir die Kühnheit besessen, an bewusstes Leben auf dem Mond, dem Mars, der Venus und noch weiter entfernt zu glauben. Der schwedische Astronom Arrhenius, ein Nobelpreisträger, verkündete nach dem Studium der Wolken, die den letztgenannten Planeten bedecken: »Auf der Venus ist alles tropfnass.« Er löste damit eine ganze Reihe phantasievoller Geschichten aus, denen zufolge die Einwohner der Venus in einer Art kohlehaltiger Wasserwelt lebten. Doch nichts, was einem juristischen Beweis gleichkam, konnte diese Behauptung stützen.

Die verlockende Vorstellung einer Vielzahl von Welten hatte zweifellos Einfluss auf die Astronomie. Argumente religiöser Art wurden vorgebracht, um die Annahme zu stützen, dass nicht nur die Erde, sondern auch die anderen Planeten ihres Sonnensystems und die Galaxis von einer Vielzahl von Wesen bevölkert sind. Robert Burton legte 1621 mit seiner *Anatomie der Melancholie* eine wissenschaftliche Abhandlung über das Thema vor. Für Burton besaßen die Entdeckungen von Kopernikus, Galileo und Kepler eine bezwingende innovative Kraft. In einer langen Passage nutzte er diese Entdeckungen, um für den Glauben an ein bewohntes Universum einzutreten: »Wenn die Erde sich bewegt, ist sie ein Planet und scheint auf die Bewohner des Mondes und anderer Planeten, wie es der Mond und diese auch bei der Erde tun. Ist das der Fall, und Galileo, Kepler und andere haben es bewiesen, dann sind demzufolge die anderen Planeten genau wie der Mond auch bewohnt, was Galileo in seiner Abhandlung *Nuncius Sidereus* einräumt: ›... dass *Jupiter und Saturn* bewohnt sind.‹ Und diese unterschiedlichen Planeten haben ihre unterschiedlichen Monde um sich, wie Galileo es bereits mit seinen Fernrohren bewiesen hat.«

Burton fährt fort, indem er Beweise aus der neuen Wissenschaft zitiert und logische Schlüsse daraus zieht, genau wie wir es heute tun, und spricht »von den unendlichen Sternen, die am Firmament zu sehen sind«: »Obwohl sie uns nahe erscheinen, sind sie unendlich fern, und daraus folgt, dass es unendlich viele bewohnbare Welten gibt; was steht dem entgegen? Warum sollte etwas Unendliches (wie Gott) nicht unendliche Wirkungen hervorbringen?«

Das ist die Frage, die viele Menschen heute stellen, wobei sie wissenschaftliche Argumente durch religiöse ersetzen. *Plus ça change, plus c'es la même chose ...*

Spekulation ist die Kunst, um nachprüfbare Fakten herumzuschleichen. So fragt Burton im Hinblick auf die vermuteten Einwohner entfernter Welten: »Sind sie rational denkende Kreaturen, und haben sie Seelen, die es zu retten gilt? Und bewohnen sie einen besseren Teil der Welt als wir? Sind sie die Herren der Welt, oder sind wir es?« (P. 11, Abs. 2)

Wir erkennen in diesen Worten aus dem siebzehnten Jahrhundert auch unsere heutige Zeit wieder. Heute würde die Frage vielleicht etwas anders gestellt: Wissen sie mehr als wir? Wenn wir diese legendären Außerirdischen treffen, wer ist dann der Boss? Wir oder sie? Wer von uns beherrscht in Wahrheit die Welt?

In der Vergangenheit haben sich die Argumente dieser Auseinandersetzung als fehlerhaft erwiesen. Ist das menschliche Bewusstsein

ein zuverlässiges Gebilde? Liefert uns das häufig schlechte Zusammenspiel von Körper und Geist eine wahre Sicht der äußeren Welt? Körper und Geist sind nicht dafür geschaffen, uns an Wahrheiten zu messen, die größer sind als wir selbst.

Als Spezies akzeptieren wir die Wahrheit erschreckend langsam. Jüngste Meinungsumfragen in den USA und Großbritannien haben ergeben, dass in beiden Ländern ungefähr die Hälfte der Befragten glaubt, die Sonne drehe sich um die Erde – wo doch bereits die alten Griechen Jahrhunderte vor Christi Geburt die richtige Antwort kannten. Wusste Jesus, dass die Erde um die Sonne kreist? Falls er es wusste, scheint er es nicht gesagt zu haben.

Wenn wir zu diesen tief schürfenden Fragen kommen, sollten wir uns an ein Zitat aus einem Brief von Charles Darwin erinnern: »Ich sehe mich genötigt, von einem Urgrund zu erwarten, dass er ein intelligentes Bewusstsein hat, das bis zu einem bestimmten Grad analog zu dem der Menschen ist, und ich verdiene es, als Theist bezeichnet zu werden. Doch dann tauchen Zweifel auf: Kann man dem Bewusstsein des Menschen, das sich – wovon ich überzeugt bin – aus einem Bewusstsein entwickelt hat, wie es das niedrigste Tier besitzt, trauen, wenn man eine so weit reichende Schlussfolgerung zieht?«

Wir sind so stolz auf unsere Intelligenz, dass wir glauben, die Welt nach unserem Gutdünken ordnen zu können. Wir schaffen es nicht, die Bevölkerungsexplosion zu kontrollieren. Es gelingt uns nicht, den Krieg mit unseren Nachbarn zu beenden. Wir produzieren zu viele Lebensmittel und versagen bei der Bekämpfung von Hungersnöten. Betrachten wir einmal unsere Hauskatze. Wenn sie sieht, wie wir im Dunkeln gegen Möbel stoßen – Möbel, denen sie ausweicht –, hält sie sich für überlegen.

Eine Frage, die wir ganz gern von Anfang an geklärt hätten, sobald wir irgendeinen Kontakt, und sei er noch so gering, mit dem *Anderen* aufnehmen, lautet: Haben diese Außerirdischen untereinander auch ständig Streit, so wie wir auf der Erde, oder sind sie alle eines Sinnes wie die Wespen in ihrem Nest?

Ich erinnere mich an eine Vorlesung von Carl Sagan über außerirdisches Leben, die er in den Sechzigern vor den Fellows der Royal Society in London hielt.

Der bewohnte Ort

Nachdem er sich mit SETI und der Möglichkeit, dass es anderswo Leben geben könnte, beschäftigt hatte, sagte er: »Und jetzt wende ich mich der Frage zu, was wir tun, wenn Außerirdische versuchen, mit uns in Kontakt zu treten.«

Sofort rief jemand aus dem Publikum: »Nicht ans Telefon gehen!«

Was geschieht, wenn jemand an das Sagan-Telefon geht, ist Thema des Films *Species* (1995). Der auf der Erde ankommende Außerirdische erweist sich als höchst destruktiv. Wir erschaffen uns nicht nur von Gott ein Bildnis.

Außerirdische verkörpern die Furcht vor dem Unbekannten – die Furcht vor Auslöschung; seltener auch das Gegenteil, die Hoffnung, dass sie uns vor uns selbst schützen. Wir fürchten uns; wir wissen, dass wir im Begriff waren, uns auf Grund unserer ideologischen Imperative durch einen Atomkrieg selbst zu vernichten. Wir fürchten Aggression, weil sie in unserem eigenen Bewusstsein ist. Wir beherrschen nicht deshalb die Erde, weil wir Gnade und Mitleid zu unseren höchsten Tugenden erkoren haben.

In den letzten Tagen eines katastrophalen Jahrhunderts zogen die Intellektuellen es vor, in ihren Spekulationen die religiösen Aspekte nicht zu berücksichtigen – anders, als fortschrittliche Menschen wie Robert Burton es in früheren Zeiten taten. Die Spekulationen frühgeschichtlicher Menschen über ihren Platz im Universum waren erfüllt von einem religiösen Sinn des Lebens. Dies gilt immer noch in hohem Maße. Alle großen Dinge werden auf Götter bezogen. Das zeigt sich nicht zuletzt in unserer Sprache, die den Planeten des Sonnensystems immer noch die Namen alter Gottheiten zuweist. Selbst der Begriff »Galaxis«, der in unserem Bewusstsein eine unendliche Weite nachklingen lässt, bewahrt das Bild von sprudelnder Milch aus den Brüsten einer Göttin.

Einst bewohnten Götter und Göttinnen den nächtlichen Himmel – jenen nächtlichen Himmel, der in den Tagen, als nur ein Holzfeuer zwischen unserem neuen Bewusstsein und der riesigen unerklärlichen Welt, in der sich dieses Bewusstsein wiederfand, ein vertrautes Himmelszelt für alle Männer, Frauen und Kinder bildete.

Die Venus, silbern und kaum greifbar, war einer der vier Planeten, die dem frühgeschichtlichen Menschen, dem Wanderer, der sich immer an die Sonne hielt, bekannt waren. Die Venus, die wir kennen, wurde in der Mittelmeerregion getauft. Sie wurde in Rom verehrt, als die Ägypter sich Isis unterwarfen. Die Römer sahen in Venus die Göttin des fruchtbaren Gartens. Für die Griechen war sie als Aphrodite die Göttin für alles Fruchtbare. Ihre Vorgänger waren semitische Avataren, prä-hellenistische Gottheiten, angebetete Mädchen und dunkle Hexen, Ischtar oder Aschtaroth und Astarte. Und wer weiß, was davor lag – etwas Fernes und Weibliches, das man in unruhigen Zeiten anbetete.

Mangels astronomischer Kenntnisse hielten frühe Völker die Venus mit ihren wechselnden Zuständen für zwei Sterne; Hesperus, den Abendstern, und Phosphorus, den Morgenstern. Doch Pythagoras, der Newton der Antike, begriff fünfhundert Jahre vor Christi Geburt, dass die beiden Sterne in Wirklichkeit identisch waren.

Der Römer Cicero griff die schizophrene Vorstellung auf und bezeichnete Hesperus als Vesper und Phosphorus als Luzifer. Und Luzifer, der mit Satan und der Hölle identifiziert wurde, scheint eine angemessene Bezeichnung für unseren überhitzten Nachbarn im All geworden zu sein. Niemand würde diesen Planeten heute noch als mögliche Wohnstätte von Engeln bezeichnen, wie es im neunzehnten Jahrhundert geschehen ist (siehe z.B. John Munros *A Trip to Venus*, 1897 erschienen.)

Die Personalisierung der anderen Planeten – der Kriegsgott Mars usw. – in diesem Zusammenhang zu erwähnen, erübrigt sich. Das ist alles bekannt. Wir wissen, wie die fernen Sterne vereinnahmt wurden, um die Phantasie der Menschen zu bedienen, wie Kastor und Pollux über die Milchstraße laufen, wie Betelgeuse von Orion, dem großen Jäger, weiterstrahlt, wie wir den Polarstern im Sternbild des Kleinen Bären finden. Diese legendären Wesen bleiben. Die meisten von uns orientieren sich immer noch an ihnen und nennen sie bei ihren alten Namen.

Wenn man es logisch betrachtet, ist die ganze Vorstellung ziemlich merkwürdig, oder? Genau wie der Name Mars für einen Schokoriegel.

So voll gestopft der Himmel auch mit allen möglichen imaginären Gottheiten sein mag, Planet Erde selbst bringt noch viel mehr hervor. Die Vorstellungskraft des Menschen, die so viel stärker als die Natur ist, verabscheut das Vakuum.

Wir waten knietief in einem Meer von Kobolden, Elfen, Feen, Zwergen, Trollen, Gnomen, Menschen mit Ziegenfüßen, Werwölfen, Vampiren, Halbdämonen, Dämonen, Teufeln, Engeln, Drachen, Geistern, Elementargeistern, Doppelgängern bis hin zu verrückten Comic-Figuren ... Jede Nation, jeder Stamm kennt die Orte, an denen sie sich zeigen. In den slowenischen Bergen lauert der gefürchtete *Kurent*. Auf Korsika jagen die *Mazzeri* oder Traumjäger ein Tier mit Menschengesicht. Jedes menschliche Wesen hat auch ein geheimes Alter Ego. Die Liste dieser Wesen ist endlos, der Erfindungsreichtum unbegrenzt. Phantasie, ja. Intelligenz, nein. Wir bezeichnen uns stolz als *Homo sapiens*. In Wirklichkeit wird das Gehirn weit häufiger für Phantasievorstellungen als für konstruktives Denken genutzt.

An der Spitze des imaginären Ensembles aus nicht menschlichen Wesen purzeln Götter und Göttinnen auf die Bühne. Was für eine Bande! Geschmückt mit Totenköpfen und Schlangen, bewaffnet mit Blitzstrahlen oder unmöglichen menschlichen Verhaltensweisen, besitzen manche von ihnen Elefantenköpfe, manche tragen lange weiße Bärte, manche sind blau im Gesicht, manche nehmen die Gestalt eines Stieres an, manche werden von Kobras gelenkt, manche umgeben sich mit spärlich bekleideten Hyänen. Mehrere Köpfe, Arme, Brüste sind nicht ungewöhnlich.

Woher kommen all diese Außerirdischen? Woher, wenn nicht aus dem letzten bizarren Beweisstück der Evolution, dem menschlichen Hirn?

Es ist unmöglich, sich einem toten Gott gegenüber blasphemisch zu verhalten. Es macht keinen Spaß. Wir können jetzt leidenschaftslos und spöttisch über Baal, Isis und den großen Gott Pan sprechen. Blasphemie ist nur dann von Bedeutung, wenn sie sich gegen aktuelle Götter richtet, gegen Allah, Jehovah und den christlichen Gottvater. Ihre Anhänger bleiben phantastisch loyal. Und »phantastisch« ist hier das richtige Wort. Denn können wir diese grotesken Leitfiguren ernst nehmen? Ist es nicht offensichtlich, dass sie bloße Erben althergebrachter Phantasien sind, die zu ein, zwei großen Schneebällen zusammengerollt wurden?

Ich wurde strikt im Sinne der christlichen Religion erzogen. Meine gesamte Kindheit hindurch habe ich an den ganzen Zirkus von Himmel und Hölle geglaubt. Jede flammende Grotte des Hades war mir bekannt. Jeden Sonntag wurde Verdammnis von der Kanzel gepredigt, wochentags in den Schulgebeten. Ewige Bestrafung klapperte wie das lose Rollo, das uns nachts stört, in meinem Schädel auf und ab. Eine geschickte Mischung aus Drohungen und Versprechungen der Pfarrer tröstete und verstörte mich abwechselnd.

Wenn wir erwachsen werden, müssen wir törichte Dinge über Bord werfen – müssen gemäß Samuel Johnsons berühmtem Ausspruch den Verstand von leeren Phrasen befreien. Wir müssen diese alten Geschichten über Personen vergessen, die Macht über unser Leben und unseren Tod haben. In seiner Einleitung zur gekürzten Ausgabe seines berühmten Buches *The Golden Bough: A Study in Magic and Religion* sagt J.G. Frazer, er glaube, dass die mächtigste Kraft bei der Erschaffung einer Religion die Furcht vor den Toten sei. Er könnte noch weiter gehen und sagen: die Furcht vor dem Tod. Und tatsächlich haben die meisten der oben aufgezählten okkulten Persönlichkeiten eine gemeinsame Eigenschaft: Sie sterben nicht, es ist zumindest nicht bekannt, dass sie sterben, oder sie haben – wie Vampire – den Tod überlebt. Allgemein gesagt bieten sie uns als Bestechung für unsere Treue das Leben nach dem Tod an.

Jesus Christus kannte genau wie Dracula das ewige Leben. Am dritten Tag, wurde uns beigebracht, ist er auferstanden. Die Legende hat etwas Anziehendes. In der Tat ist die ganze ausgefeilte Struktur von Himmel und Hölle beeindruckend – besonders, wenn sie in die erhabene Poesie von John Miltons *Paradise Lost* und *Paradise Regained* eingehüllt ist. Gott war die größte gemeinsame Einbildung der Menschheit, bis sich die moderne naturwissenschaftliche Sicht des Universums, der Wildnis aus nuklearem Feuer, entfaltete.

Diese nicht besonders beliebte Ansicht wird von einem zurückgezogenen Abt im Tempel des Leuchtenden Drachen, einem buddhistischen Heiligtum in Kyoto in Japan, unterstützt, der das Ganze in knappe Worte fasst: »Gott ist eine Erfindung der Menschen. Daher ist die Natur Gottes nur oberflächlich ein Geheimnis. Das tiefe Geheimnis ist die Natur des Menschen.«

Diese bemerkenswerte Aussage wird von Carl Sagan und Ann Druyan in *Schöpfung auf Raten* (1992) zitiert.

Im neunzehnten Jahrhundert glaubten einige Rationalisten, dass Wissenschaft und wissenschaftliche Erkenntnisse, hervorgebracht durch bessere Bildung, der Religion samt und sonders den Garaus machen würden. Und sicherlich hat die organisierte Religion im Westen einen Knacks bekommen. Mehr als die Aufklärung haben die Weltkriege den himmlischen Thron befleckt. An seine Stelle ergoss sich eine außergewöhnliche Anzahl von Kulten, ein neu aufgefrischter Glaube an Astrologie und eine Hinwendung zu den Religionen des Ostens – unter denen einige, wie der Buddhismus, keinen Gott haben.

Auch wenn wir den Glauben an Außerirdische aus dem Weltall kaum in die gleiche Kategorie einordnen würden wie die Vielzahl durchgeknallter Kulte des zwanzigsten Jahrhunderts, gibt es dennoch eine Verbindung. Erich von Däniken gehört nicht nur unter den Weihnachtsbaum, sondern auch zu unserem Leben. So wie eine Stadt als ein Ort gedacht werden kann, an dem man lustige architektonische Dinge ausprobiert, ist Technologie ein Ort, an dem wir Sauerstoffatmer bunte und gegensätzliche Lebensstile ausprobieren.

Ganz gewiss beruhen die Ziele von *Projekt Ozma*, SETI und anderer Forschung mit Hilfe der Radioastronomie auf ernsthaften Absichten. Unsere heutigen Möglichkeiten sind um so viel weitreichender als das, was sich unsere Väter und Großväter vorgestellt haben, und deshalb ist es legitim, in Zukunft weitere Wunder zu erhoffen und zu erwarten. Seit Grampas Tagen haben wir mit den entferntesten Ethnien auf Erden, den Hottentotten, den Tasmanen, kommuniziert – und sie vermutlich ausgelöscht; was ist natürlicher, als dass wir eine weitere Diskussionsrunde erwarten – über die Grenzen unseres Planeten hinaus?

Nichts weniger als das fordert der Fortschritt. Tshlokovsky wird häufig damit zitiert, dass die Erde die Wiege der Menschheit sei und wir diese Wiege verlassen müssten. Er vergaß hinzuzufügen, dass der Schritt aus der Wiege mit Krabbeln und vollen Windeln verbunden ist. Wir sollten es nicht vor den Augen unserer Nachbarn von Alpha Centauri tun. Lasst uns erst erwachsen werden. Dafür brauchen wir Jahrhunderte.

Doch wir sind ungeduldig. Der Mensch hat nicht lang zu leben – also los! Zeigen die Berechnungen nicht, dass in einer Galaxie aus soundso vielen Sonnen ein soundso hoher Prozentsatz bewohnter Planeten existieren müsste? Und dass ein bestimmter Teil dieser Planeten erdähnlich sein und sich daher auf einem Teil dieser Planeten intelligentes Leben entwickelt haben müsste? Die Schlussfolgerung aus einer solchen Berechnung lautet im Allgemeinen, dass bewohnbare Planeten über die ganze Galaxis verteilt sind wie Rosinen im Rosinenkuchen. Menschen, die derartige Berechnungen anstellen, besitzen ein Temperament, das sie zu solchen Schlussfolgerungen führt.

Nach einer groben Schätzung von Isaac Asimov existieren fünfzig bewohnbare Planeten in einer Entfernung von hundert Lichtjahren außerhalb des Sonnensystems. Diese Schätzung impliziert die Annahme, es müsste auf diesen Planeten Leben und intelligentes Leben geben; und zwar ziemlich genau solches Leben, wie wir es in New York vorfinden. Wir wissen, wonach wir suchen: Nach Planeten einer Sonne der Spektralklassen F2 bis K1. Diese Sonnen müssten für Planeten, die für Menschen bewohnbar sind, eine passende Umgebung bereitstellen. Die Planeten müssten die richtige Masse und den richtigen Abstand zu ihrem Primärgestirn haben. Eine regelmäßige Umlaufbahn und akzeptable Rotationszeiten sind neben Wasservorkommen auf der Oberfläche weitere Voraussetzungen. Und irgendwann müsste sich dieser seltsame Zufall ereignen, bei dem eine Art Spirochäte auf eine prokariotische Zelle trifft, um die eukariotische Zelle zu bilden, aus der die meisten Pflanzen und alle Tiere aufgebaut sind. Wie wahrscheinlich dieser Glücksfall in einer anderen Welt ist, lässt sich nicht berechnen, noch wissen wir, wie die Chancen stehen, dass eine einzelne Zelle sich zu vielzelligem Leben entwickelt.

Das Zahlenspiel macht Spaß. Doch ich habe den Eindruck, dass das Universum, je besser wir es verstehen (was wir hoffen wollen), desto weniger *lebensfreundlich* wird.

Jüngste Berechnungen intelligenter irdischer Lebensformen deuten an, dass die Parameter, innerhalb derer Leben entstehen und fortbestehen kann, alarmierend eng gesteckt sind. In *The Anthropic Cosmological Principle* (1986) lassen sich John D. Barrow und Frank J. Tippler über diese nackten Gleichungen aus und zeigen die Gründe auf, die dafür sprechen, dass wir die einzige kommunizierende Zivilisation in unserer Galaxis sind. Ihre Ergebnisse beruhen auf der Annahme, dass eine intelligente Spezies sich in weniger als fünf Milliarden Jahren, gerechnet von der Entstehung ihres Mutterplaneten, entwickeln wird, und weniger auf biologischen oder soziologischen Argumenten. Diese Annahme geht auch davon aus, dass die Erforschung der Tiefen des Weltraums angesichts der beträchtlichen Überwindung von Zeit und Raum durch eine sich selbst reproduzierende Universalkonstruktion – eine »von Neumann«-Sonde – erfolgen könnte und nicht durch menschliche Crews.

Es gab eine Zeit, bevor die Menschheit alle möglichen Maschinen in die nächstgelegenen Regionen des Weltraums entsandte und diejenigen unter uns, die sich für solche Dinge interessierten (die meisten von uns waren selbstverständlich Anhänger der Evolutionstheorie), an dem Glaubensgrundsatz festhielten, dass andere Sonnen ebenfalls Planeten haben müssten, und dass es auf diesen anderen Planeten intelligente Wesen geben müsse. Ein Großteil der populären Science-Fiction-Literatur der dreißiger und vierziger Jahre beruhte auf dieser Idee. Jetzt sehen wir, wie wagemutig und vorausschauend diese Einstellung war und wie klein die Minderheit, die sie vertreten hat.

Seit den bemerkenswert erfolgreichen Voyager-Reisen in den interplanetarischen Raum hat das Thema eine größere allgemeine Akzeptanz erfahren. Während sich die Bereitschaft zur Akzeptanz entwickelt und unser Wissen wächst, erkennen wir, dass unser früherer Glaube an die Existenz von außerirdischen Intelligenzen nicht mehr als bloßer Glaube war. Wir wussten es nicht. Wir haben vermutet. Und unsere Vermutung ist die Fortsetzung dieser heiligen Einfalt, die solche eingebildeten Phantome hervorbrachte, wie wir sie eingangs betrachtet haben: die schwer Bewaffneten, die Stierkörper, die Ziegenköpfigen oder Ziegenfüßigen.

Wir haben uns selbst in die Irre geführt.

Wir haben an Feen geglaubt. Wir haben vermutet, dass es Feen gab. Genau wie wir vermutet haben, dass es andere Planeten gibt, auf denen uns nicht allzu unähnliche Personen in Maschinen herumfahren, die den unseren nicht allzu sehr überlegen sind.

Eine stoische Haltung ist besser als Stochern im Nebel. Soweit wir wissen, sind wir allein in einem Universum auf einem Planeten mit der interessantesten und komplexesten Sippschaft, die die Evolution hervorgebracht hat. Wenn das »allein sein« heißt, dann sind wir allein.

Doch es mag gut sein, dass es eine Vielzahl von Universen gibt ...

Warum SETI?

Arthur C. Clarke

Bei der Suche nach außerirdischen Intelligenzen sind zwei Aspekte zu beachten: der technologische und der philosophische. Ersterer betrifft die Wissenschaftler und Ingenieure: Wo und wie suchen wir, und welche Technik setzen wir ein? Mit dem zweiten Aspekt hingegen sollten sich alle denkenden Menschen beschäftigen, weil er eine grundlegende Frage unserer Existenz berührt: Welchen Status hat der *Homo sapiens*, der erst kürzlich das Licht der Welt erblickt hat, in der kosmischen Rangordnung?

Das Spektrum möglicher Antworten ist breit gefächert und hat Scharen von Science-Fiction-Autoren Stoff für ihre Geschichten geliefert. Allerdings haben sie sich eher mit einem *Kontakt* als mit einer Entdeckung befasst. Ein auf dem Rasen des Weißen Hauses landendes Raumschiff ist bei weitem aufregender als eine Reihe statischer Zischlaute, die ein Radioteleskop auffängt – obwohl sich im wahrscheinlichsten aller Szenarien wohl alles ums Hören und nicht ums Sehen dreht.

Wie auch immer es geschehen mag: Die Entdeckung intelligenten Lebens außerhalb der Erde würde unsere Auffassung über das Universum für immer verändern. Zumindest würde es beweisen, dass Intelligenz *tatsächlich* einen gewissen Wert für das Überleben besitzt –, auch wenn die Ereignisse, die wir in den Abendnachrichten zu sehen bekommen, einen anderen Eindruck vermitteln.

Das Erste, was uns an außerirdischen Intelligenzen wohl interessiert, ist ihr Aussehen. Diese Neugier könnte schnell gestillt sein, wenn wir Videosignale empfangen würden (es dürfte nicht schwer sein, sie sichtbar zu machen, da die Grundsätze der Bildübertragung universell sind). Mit beinahe absoluter Sicherheit wären wir schockiert: Auch wenn unser Grundmuster, das auf erdähnlichen Planeten möglicherweise häufig vorkommt und auf der Erde zum Erfolgsmodell gereift ist, wird es nirgendwo in der Galaxis Kreaturen geben, die wir mit Menschen verwechseln könnten – es sei denn, es ist stockdunkel.

Wir sind das Endprodukt zahlloser Würfe mit den genetischen Würfeln – unsere genaue evolutionäre Sequenz würde sich im gesamten Raum und in aller Zeit niemals wiederholen. Vom genetischen Standpunkt aus betrachtet, sind zum Beispiel Menschen und Affen praktisch identisch; und doch verwechseln wir sie selten. Selbst humanoide ETs würden deutlich *fremder* wirken als ein Gorilla. Mit Sicherheit sähen sie fremdartiger aus als ein Tintenfisch oder eine Fangheuschrecke oder ein Dinosaurier.

Vielleicht ist das der Grund, warum so viele Leute Einwände gegen SETI erheben. Vielleicht haben sie das Gefühl, dass auf dem Fundament unseres Stolzes und einiger Religionen eine Zeitbombe tickt.

Diejenigen, die die Suche befürworten, versprechen sich großen Nutzen davon. Wenn es da draußen in der Milchstraße andere höher entwickelte Zivilisationen gibt, senden sie vielleicht ständig eine leicht zu entschlüsselnde *Encyclopedia Galactica* aus, die ihren weniger fortgeschrittenen Nachbarn zugute kommt. Vielleicht enthält diese ja die Antworten auf beinahe alle Fragen, die unsere Philosophen und Wissenschaftler seit Jahrhunderten stellen, sowie Lösungen für viele der praktischen Probleme, mit denen sich die Menschheit herumschlägt.

Doch könnten wir eine derartige Informationsflut überhaupt verarbeiten? Würde die bloße Existenz einer solchen Enzyklopädie uns nicht vielleicht einen – unheilbaren – Minderwertigkeitskomplex bescheren? Selbst die mit den besten Absichten geknüpften Kontakte zwischen Kulturen in verschiedenen Entwicklungsstadien können katastrophal enden. Ist es langfristig besser für uns, wenn wir uns unser Wissen selbst aneignen? Ich erinnere mich, wie ein Stammesführer, als man ihn mit den Wundern der westlichen Technik konfrontierte, sagte: »Ihr habt uns unsere Träume gestohlen.« Dennoch glaube ich, dass bei SETI die Verheißungen die Gefahren überwiegen. SETI stellt die höchstmögliche Form der Forschung dar, und wenn wir aufhören zu forschen, hören wir auf, menschlich zu sein. Doch angenommen, die gesamte Argumentation für SETI ist fehlerhaft, und nur auf der Erde ist intelligentes Leben entstanden. Natürlich ist es unmöglich, das zu beweisen – aber wenn wir nach jahrhundertelangem Lauschen und Schauen keine Anzeichen für intelligentes Leben gefunden haben, können wir davon ausgehen, dass wir allein sind.

Und das ist die schrecklichste Möglichkeit von allen. Dann erst beginnen wir die Verantwortung zu begreifen, die wir dem Planeten Erde gegenüber haben: Wenn wir tatsächlich die einzigen Erben der Galaxis sind, haben wir künftig die Pflicht, sie zu bewahren.

Hinter dem Regenbogen
Steve Alten

In nicht allzu ferner Zukunft im Rat der Nationen ...

Die beiden Wissenschaftlerinnen betreten den schwach beleuchteten kargen Versammlungsraum. Die Teamleiterin, größer und kräftiger gebaut als ihre ältere Begleiterin, geht zum Podium und wartet.

Zu gegebener Zeit erscheint der Aufsichtführende. »Man hat mir Ihren Fall zugewiesen. Sind Sie bereit, vor dem Rat zu sprechen?«

Die Teamleiterin bejaht.

»Die Sitzung wird ordnungsgemäß protokolliert. Sie stellen Ihr Anliegen in Form einer kurzen Zusammenfassung vor. Bitte bedenken Sie, dass dem Rat bereits sämtliche relevanten Daten vorliegen. Der Rat der Dreizehn wird sie anschließend sofort befragen. Da für die *wissenschaftliche Forschung* nur ein Viertel der Sitzung zur Verfügung steht, rate ich Ihnen, kurze und prägnante Antworten zu geben. Sobald die Ratspräsidentin die Sitzung schließt, wird ein Urteil gefällt. Haben Sie noch Fragen, bevor wir beginnen?«

»Wie geht es unserer Matriarchin?«

»Sie wird schwächer, aber sie lässt trotzdem nicht mit sich spaßen.«

Der Aufsichtführende gibt ein Zeichen.

Ein Ring in die Decke eingelassener Lampen leuchtet auf. »Im Namen all dessen, was heilig ist, im Namen all dessen, was geheiligt ist, und im Namen der einen vereinigten Gemeinschaft erkläre ich die Sitzung für eröffnet.«

Vor ihnen erscheinen die dreizehn Mitglieder des Rats der Nationen auf einem Bild, das live von den unterschiedlichsten Orten des Globus auf den Bildschirm im Versammlungsraum projiziert wird. Jedes Ratsmitglied thront in seiner Virtual-Reality-Gondel, die je nach Status des Ratsmitglieds mehr oder weniger geschmückt ist.

Zehn der dreizehn Ratsmitglieder sind weiblich, einschließlich der alten, grauen Ratspräsidentin, die wohl nicht mehr lange zu leben hat. *Was unser Gebiet angeht, so werden wir die konservativen Ansichten der Matriarchin nicht vermissen*, sagt die Wissenschaftlerin zu sich selbst.

Die Bilder der übrigen zwölf Ratsmitglieder sind hinter der Präsidentin aufgefächert, sechs auf jeder Seite. Jedes Ratsmitglied bekleidet einen Direktorenposten und repräsentiert einen Vereinigten Globalen Ausschuss. Diese sind nach Themengebieten in Budget, Erziehung, Wissenschaft, Wirtschaft, Energie, Verteidigung, Arbeit, Wohnungsbau, Umwelt, Landwirtschaft, Justiz und Religion aufgeteilt.

Der Aufsichtführende wendet sich an die Ratspräsidentin. »Wenn es der Matriarchin recht ist, steht als Nächstes ein Punkt zum Thema Budget unter der Bezeichnung SR-53648827 auf der Tagesordnung.«

Die Ratspräsidentin gibt nickend ihre Einwilligung.

Die Teamleiterin beginnt: »Sehr geehrte Ratspräsidentin, sehr geehrte Direktoren, der Globale Ausschuss der Wissenschaftler, Untergruppe Radioastronomie, bittet hiermit die Budgetabteilung höflichst um Erlaubnis, auf der abgewandten Seite des Mondes ein Radioteleskop zu errichten. Wie in SR-53648827 umrissen, soll es dem Zweck dienen, bei unserer laufenden Suche nach fremder Intelligenz im bekannten Universum die Übertragungs- und Überwachungsqualität zu verbessern, indem es planetarische Radiointerferenzen ausschaltet. Die stationäre Schüssel des Radioteleskops würde im Mondkrater HE-33423 aufgebaut und ...«

»HE-33423 ist ausschließlich dem Abbau von Helium-3 vorbehalten«, unterbricht die Energiedirektorin.

»Ja, Herr Direktor, doch der Abbau im Krater HE-33423 wird ein volles Jahr vor Beginn der Bauphase abgeschlossen sein«, entgegnet die Teamleiterin.

»Frau Teamleiterin, wie lange suchen Sie schon aktiv im Rahmen dieses Programms nach fremder Intelligenz?«, will die Justizdirektorin wissen.

Die Wissenschaftlerin zögert, weil sie erkennt, dass man ihr eine Falle stellt. »Unsere neuen Technologien haben erst kürzlich ...«

»Wie lange, Frau Teamleiterin?«

»Zweihundertundsieben Jahre.«

»Und in dieser ganzen Zeit haben Sie nichts entdeckt? Nicht einmal ein fremdes Zirpen?«

»Der Kosmos ist ungeheuer groß, Ratsmitglied, und die Anzahl der verfügbaren Radiofrequenzen scheint genauso hoch zu sein wie die Zahl der Sterne.«

»Und doch, in zweihundertundsieben Jahren ...«

»Was bestimmt Ihre Suchstrategie?«, mischt sich der Wirtschaftsdirektor ein.

Die Teamleiterin stürzt sich sofort auf die kleine Abweichung vom Thema. »Es gibt bestimmte Grundstoffe zum Leben, die auch im gesamten bekannten Universum reichlich vorhanden sind. Als wir angefangen haben, den Kosmos abzusuchen, hat unser Gründer die logische Schlussfolgerung gezogen, dass intelligente Lebensformen ihre eigenen ausgewählten Radiofrequenzen höchstwahrscheinlich bestimmten Punkten innerhalb des elektromagnetischen Spektrums zuordnen. So haben wir uns für einen Stoff entschieden, der nicht nur für unsere eigene Physiologie, sondern auch für unseren Planeten lebenswichtig ist.«

»Also«, unterbricht die Justizdirektorin, »war Ihr verstorbener Gründer nicht nur ein Fachmann, was die Physiologie unentdeckter fremder Lebensformen angeht, sondern auch Experte für fremde Logik?«

»Das habe ich nicht gesagt ...«

»Ihr Programm legt den Schluss nahe«, schießt die Justizdirektorin zurück. Angesichts des harschen Tonfalls richten sich die Nackenhaare der Teamleiterin auf.

Die Wissenschaftsdirektorin fährt die nächste Attacke. »Habe ich mich nicht deutlich genug ausgedrückt, Teamleiterin? Wie ich Ihnen seit Ihrem Termin bei mir mehrfach gesagt habe, basiert die gesamte Suchstrategie Ihres Ausschusses auf einer überholten Vorstellung und hat wenig mit echter wissenschaftlicher Forschung zu tun.«

»Bei allem Respekt, Frau Direktorin, es gibt einfach zu viele Radiofrequenzen, die man untersuchen muss. Wir mussten irgendwo anfangen. Die Auswahl eines bestimmten Punkts auf dem elektromagnetischen Spektrum, der mit unserer eigenen Physiologie im Zusammenhang steht, gewährleistet ...«

»Die Annahme Ihres Gründers, ob sie nun logisch ist oder nicht, setzt alles auf eine Karte. Sie hätten schon vor über einem Jahrhundert Veränderungen bezüglich Ihrer Suchstrategie durchführen müssen. Haben Sie ernsthaft erwartet, andere Ergebnisse zu erhalten, ohne die Variablen zu verändern?«

»Wir haben keine Kontrolle über die Variablen einer anderen Zivilisation, Frau Direktorin, nur über unsere eigenen. Mit einem Teleskop auf der abgewandten Seite des Mondes würde sich jedoch die Chance, dass jemand unsere Radioübertragung auffängt, immens erhöhen.«

»Mag sein«, zweifelt der Wohnungsbaudirektor. »Aber rechtfertigt der mögliche Nutzen, selbst wenn er tatsächlich eintritt, denn die extrem hohen Personal- und Materialkosten? Die Erforschung des Weltraums ist ein Luxus, den wir uns im Moment ganz einfach nicht leisten können. Die Wirtschaft erholt sich immer noch von den heftigen Stürmen der letzten Saison, die mit jedem Jahr schlimmer werden. Tausende von Kolonien sind dadurch unbewohnbar, Millionen von Bürgern haben ihren Wohnsitz verloren. Die Lebensmittelvorräte sind zerstört worden. Womit sollte dieser Rat denn die immensen Ausgaben für Ihr Mondteleskop rechtfertigen?«

»Ich fordere ja nicht, dass die Bedürfnisse der Armen und der von den Katastrophen Betroffenen hinter der Wissenschaft zurückstehen sollen«, erklärt die Teamleiterin, »aber die Wissenschaft hat auch ihren Platz im Rahmen unserer globalen Regeneration. Die Wissenschaft hat dafür gesorgt, dass unsere Spezies schließlich ihr gewalttätiges Nomadendasein überwunden hat. Die Wissenschaft hat neue Unterkünfte entwickelt, die den Umweltbelastungen und Energieproblemen, mit denen unser Volk konfrontiert ist, standhalten. Die Wissenschaft hat Mittel gegen Viren entwickelt, die vor nur zwei Jahrzehnten beinahe unsere ganze Spezies ausgelöscht hätten, und auch neue Energiequellen, mit deren Hilfe wir uns möglicherweise aus dem Würgegriff der …«

»Und in welcher Hinsicht«, unterbricht die Energiedirektorin, »würde ihr Mondteleskop unsere Spezies heute voranbringen?«

»Es ist nicht das Teleskop selbst, sondern die weltweiten Folgen, wenn wir tatsächlich ein Radiosignal empfangen.«

»Und was ist, wenn da draußen ganz einfach gar nichts ist?«, merkt die Religionsdirektorin an. »So beunruhigend er auch sein mag, dieser Gedanke muss Ihnen doch auch schon gekommen sein?«

»Es gibt in unserer Galaxis Milliarden von Sternen, Frau Direktorin, und Billionen von Planeten. Selbst als wir für die Berechnung die niedrigsten Werte zugrunde legten, kam unser Gründer bei seiner Schätzung zu dem Ergebnis, dass es da draußen mindestens 10 000 Zivilisationen geben muss.«

»Noch mehr Mutmaßungen«, schmettert die Landwirtschaftsdirektorin sie ab. »Nach mehr als zweihundert Jahren, in denen wir den Kosmos abgesucht haben, haben Sie unserer Bevölkerung einzig und allein eine Sache bewiesen: Unser Schöpfer hat nur einem Planeten Leben eingehaucht … unserem Planeten.«

Wo sind sie?

»Nehmen wir einmal rein theoretisch an, Teamleiterin, dass Ihr Radioteleskop eine andere Intelligenz im Universum entdeckt«, bringt der Wirtschaftsdirektor vor. »Was dann? Wie gedenken Sie denn in diesem Fall mit der fremden Spezies zu kommunizieren?«

»Erstens ist das Wissen, dass wir nicht allein sind, an sich schon wertvoll«, entgegnet die Wissenschaftlerin. »Die Entdeckung würde Auswirkungen auf die Psyche unseres gesamten Planeten haben; sie würde die Ratsdirektive Nr. 1 bestätigen, laut der wir trotz aller Rassenunterschiede *eine* Art sind. Ich glaube, dass unsere Wissenschaftler mit der Zeit eine gemeinsame Sprache finden würden, die die Kommunikation mit unseren fremden Nachbarn ermöglichen könnte. Und sobald das geschieht, würde unsere Welt sich grundlegend ändern. Mir wird ganz schwindelig angesichts der Möglichkeiten, die sich eröffnen. Mit einer fremden Spezies Technologien auszutauschen ...«

»... könnte sehr gut zu unserer eigenen Vernichtung führen«, beendet der Verteidigungsdirektor den Satz. »Was wäre, wenn unsere Radionachricht von einer feindlichen Spezies entdeckt würde, die auf Eroberung aus ist?«

»Ein unwahrscheinliches Szenario«, entgegnet die Wissenschaftlerin. »Wir würden ja in der Sprache der Wissenschaft miteinander kommunizieren – der Sprache des Friedens.«

»Schon wieder eine Annahme?«, fragt die Justizdirektorin. Ihre Stimme trieft vor Sarkasmus.

»Die Massen sind der gleichen Meinung wie der Verteidigungsdirektor«, bestätigt die Religionsdirektorin. »Unser Volk unterstützt dieses Projekt nicht.«

»Es gibt keinen Grund, das Unbekannte zu fürchten«, bringt die Teamleiterin vor.

»Sie fürchten nicht das Unbekannte, sondern die Wissenschaft selbst. Es ist weniger als ein Jahrhundert her, dass die Fanatiker aus dem Osten uns den Krieg erklärt haben. Die, die den nuklearen Holocaust und die folgenden Kreuzzüge überlebt haben, setzen Wissenschaft immer noch mit Tod gleich. Die Unterstützung Ihres Mondprojekts könnte die gesamte Gesellschaftsstruktur untergraben.«

»Ein wichtiger Punkt«, sagt der Verteidigungsdirektor. »Wir wissen, dass über den ganzen Erdball verteilt noch Widerstandsnester in Ihren Höhlen lauern. Was, wenn sie dieses Mondprojekt als Vorwand nutzen und neue Aufstände inszenieren?«

Hinter dem Regenbogen

Die Teamleiterin denkt einen Moment nach, bevor sie antwortet. »Ich verstehe und respektiere alle Ihre Bedenken. Doch wenn wir die Geschichte schon als Lehrmeister betrachten, so sollten wir noch weiter zurück auf eine Zeit blicken, als noch Rasse, Vorurteile und geopolitische Auseinandersetzungen unsere Vorfahren voneinander trennten. Es wurden große Kriege geführt und Armeen dahingeschlachtet. Nur mit Hilfe von Handel, Forschung und Technologietransfer konnte der Frieden bewahrt werden. Gewiss, jeder Baum hat seine Schädlinge, jede Zivilisation hat ihre Fanatiker. Doch bedenken Sie bitte, dass wir in unserer schwersten Stunde aus unserer Asche aufstiegen, um uns zu einem Volk, einer Gemeinschaft, einem Planeten zu vereinigen. Indem wir zusammenarbeiteten, haben wir unserem Schöpfer bewiesen, dass unser gemeinschaftliches Ganzes weit mehr als die Summe unserer Unterschiede war. Bedenken Sie bitte auch, dass Fanatismus sich in Zeiten der Zufriedenheit nicht ausbreitet. Und Zufriedenheit entsteht nur durch wissenschaftliche Fortschritte, die unsere Lebensqualität verbessern. Das auf dem Mond stationierte Teleskop könnte der Menschheit dabei behilflich sein, die Evolutionsleiter zu erklimmen, und damit gewährleisten, dass unsere Zivilisation stark bleibt. Die einzige Frage scheint zu sein, ob es im Kosmos fremde Intelligenzen gibt, mit denen wir kommunizieren könnten. Und darauf, sehr geehrte Matriarchin und Direktoren, antworte ich auch im Namen meiner Wissenschaftlerkollegen mit allem Nachdruck: Wir sind nicht allein!«

»Die Sitzung ist geschlossen«, erklärt die Ratspräsidentin.

Die Deckenbeleuchtung wird schwächer, die Bilder der Ratsmitglieder verschwinden abrupt.

Die Teamleiterin verzieht enttäuscht den Mund. Sie wendet sich an den Aufsichtführenden: »Und Ihre Bewertung?«

»Es ist nicht meine Aufgabe, eine Bewertung vorzunehmen. Sie erfahren vom Schicksal Ihrer Pläne noch früh genug.«

Und vielleicht vom Schicksal unserer Spezies ...

Die Lichter gehen wieder an. Nur das Bild der ergrauenden Ratspräsidentin ist nun zu sehen. Ihre Worte werden schnell und emotionslos übermittelt.

»Der Rat hat sein Urteil bezüglich Antrag Nr. SR-53648827 gefällt. Antrag Nr. SR-53648827 wurde mehrheitlich abgelehnt. Des Weiteren verkündet der Rat mit der Mehrheit von zwei Dritteln seiner Mitglieder, dass es in unserem bekannten Universum kein anderes intelli-

gentes Leben gibt. Daher, und weil unser Volk dringendere Bedürfnisse hat, werden sämtliche Mittelzuweisungen für die weitere Suche nach fremder Intelligenz eingestellt.«
»Einspruchsmöglichkeiten?«, fragt der Aufsichtführende.
»Ein Jahr für die Wiederaufnahme der gestrichenen Zuweisungen, zehn Jahre für SR-53648827.« Das Bild verschwindet.

Vorsichtig auf dem solarbetriebenen Drehgelenk ausbalanciert, steht das Radioteleskop auf dem offenen Feld wie eine riesige Salatschüssel aus geraspeltem Silikon. Da die Schüssel wie ein gekrümmter Spiegel funktioniert, können ankommende Radiosignale von seiner Oberfläche abprallen, um sodann gesammelt und in elektrische Impulse übersetzt zu werden. Die so gewonnenen Daten werden anschließend sorgfältig von Wissenschaftlern ausgewertet.

Eine einsame Gestalt drückt sich gegen die gewölbten Wände ihrer Kontrollgondel, überträgt ihre Infraschall-Nachricht, ruft die Kolonie zusammen.

Ein volles Jahr ist seit dem vergeblichen Versuch der Wissenschaftlerin vergangen, vom Rat finanzielle Unterstützung zu erhalten. Weil die Mittel so unerwartet versiegt waren, war es ein schweres Jahr gewesen. Neue Arbeitsgruppen innerhalb der Kolonie waren gezwungen, den Betrieb des Teleskops aufrechtzuerhalten. Teams aus Wissenschaftlern, die für geistige Tätigkeiten aufgezogen worden waren, arbeiteten gezwungenermaßen Seite an Seite mit der großen Masse und widmeten den Großteil ihrer Zeit dem Wohnungs- und Ackerbau. Ein besonders harter Sommer hatte dafür gesorgt, dass einige Verbände der Kolonie auf der Suche nach neuen Gemeinschaften über die Ebenen ziehen mussten. Doch die Mehrheit war bei der Stange geblieben, und das Teleskop hatte durchgängig funktioniert und seine Friedensbotschaft in den Weltraum ausgesandt.

Die Wissenschaftlerin sieht mit Stolz, wie die verbliebenen Mitglieder ihres Teams den steilen Anstieg zum Teleskop bewältigen. Die Gruppe versammelt sich in einem Kreis um sie und wartet geduldig.

»Ich habe vom Aufsichtführenden gehört«, beginnt sie, »dass unsere Entscheidung, von jenem, von unserem Gründer empfohlenen Punkt des elektromagnetischen Spektrums, der dem Kristallisationspunkt von Silizium entspricht, abzuweichen, beim Rat gut angekommen ist. Auch wenn es Zeitverschwendung gewesen sein mag, Radiosignale auf unterschiedlichen Frequenzen auszusenden, zeigt sich unsere neue Präsidentin ermutigt von unsere Anpassungsbereitschaft und hat zugestimmt, unserem Antrag auf Wiedereinsetzung der vollen Mittel zu entsprechen.«

Stürmisches anerkennendes Klicken.

»Was das Mondteleskop angeht, hat sich bedauerlicherweise nichts geändert. Wir können im Moment noch keinen Einspruch gegen die Entscheidung des Rats einlegen.«

Die Köpfe senken sich, heben sich jedoch alle gleichzeitig wieder, als der Ultraschallalarm losplärrt.

Kandidatensignal entdeckt – Kandidatensignal entdeckt – Kandidatensignal entdeckt

Aufgescheucht versammelt die Gruppe sich auf der Kontrollgondel. Der Puls der Teamleiterin rast, als ihre Hörorgane die tiefen Schallreflexionen der aus den Tiefen des Weltraums stammenden Botschaft auffangen. »Es ist nicht willkürlich, aber es macht keinen Sinn. Die Frequenz ist auf 1,42 Gigahertz eingestellt. Das ist ein Punkt auf dem elektromagnetischen Spektrum, an dem Energie aus Wasserstoff freigesetzt wird. Was für eine fremde Lebensform könnte denn überhaupt in einer derart tödlichen Umgebung existieren?«

Die Mitglieder des Teams blicken auf, als eine dreidimensionale astrographische Karte der Milchstraße über ihren Köpfen erscheint. Milliarden kleiner Sterne glitzern wie Diamantenstaub in der spiralförmigen Galaxis. »Seht, wie ich das Signal aufspüre.« Die Teamleiterin veranlasst, dass ein neonblaues Quadrat aus einem der äußeren Arme der wallenden holographischen Galaxis auftaucht. Das Bild schafft eine millionenfache Vergrößerung und konzentriert sich auf einen einzigen gelben Stern.

Die Wissenschaftlerin passt das Sichtfeld an und macht schon bald neun deutlich sichtbare Planeten aus, die den Stern umkreisen.

Das Quadrat liefert wieder eine Vergrößerung ... und konzentriert sich auf einen kleinen blauen Planeten.

Wissenschaftlerinnen und Arbeiterinnen, Drohnen und unfruchtbare Betreuerinnen starren in stummer Ehrfurcht auf das Bild dieser fremden Meereswelt. Irgendwo auf dieser fernen, tödlichen Welt gibt es intelligentes Leben.

Die Teamleiterin vergeudet keine Zeit. »Auf die Posten! Wir müssen ihnen sagen, dass es uns gibt!«

Wo sind sie?

Die ausschließlich weiblichen Wissenschaftler eilen auf ihre Posten, die dichten Haare auf jedem der vier Paar sichelförmiger Klauen gesträubt, Staubwolken ziehen über die Wüstenebene.

Die Teamleiterin starrt zum sternenübersäten Himmel hoch, überwältigt von der plötzlichen Erkenntnis, dass sich gerade alles verändert hat, dass die Grenzen der Galaxis nun überwunden sind.

»Wir sind nicht allein«, denkt die Königin laut. Ihre Fühler zucken. »Wir sind nicht allein …«

Tief im Wald

Douglas Preston

Das Universum ist zu weit
um frei von intelligentem Leben zu sein.

Ich ging in den tiefen Wäldern von Maine spazieren,
durch dunkle Tannen und Fichtenhaine.
Diese Wälder scheinen ein wahrhaft friedvoller Ort zu sein,
ruhig, leer und beinahe leblos,
doch dort versteckt sich Leben,
Leben gegen Leben, im Kampf verbunden,
Natur mit rotem Schlund und wilden Klauen –
diese Wälder sind nicht friedvoll.
Der Tod ist allgegenwärtig,
er wartet auf die unvorsichtige Maus,
die Schlange, den Käfer, das zitternde Rehkitz.
Diese Wälder sind trügerisch.

Während ich unter schattigen Bäumen wandere,
senkt sich tiefes Schweigen über den Wald.
Die Maus zittert unter dem Laub,
der Salamander buddelt sich im Moder ein,
die Schlange flieht lautlos durch das Gras.
Nur das närrische Rebhuhn
bricht hervor, stört die Ruhe
und fällt, von einer Ladung Schrot getroffen,
gebrochen und blutend zu Boden.

Auch unser Universum scheint ein friedvoller Ort zu sein,
ruhig, leer und beinahe leblos.
Wir lauschen mit SETI, und wir hören nichts.
Ein großes Schweigen liegt über den tiefen Wäldern.
Wir sind das Rebhuhn,
das hervorbricht und die Ruhe stört.

Danksagung

Der Weg zur Veröffentlichung dieser Anthologie war sehr steinig und mit vielen harten Rückschlägen und enttäuschten Hoffnungen verbunden – ohne die großzügige Hilfe vieler Menschen hätte ich es nicht geschafft.

Zahlreiche international bekannte Schriftsteller, Wissenschaftler und Künstler haben die Umsetzung meiner Ideen nach besten Kräften unterstützt, die meisten wurden im Lauf der Jahre zu guten Freunden. Ihnen allen bin ich zu großer Dankbarkeit verpflichtet, insbesondere Brian W. Aldiss und Arthur C. Clarke für ihren Glauben an mein Projekt sowie Stephen Hawking für die phantastische Unterstützung des Projekts mit seinem Essay.

Ferner danke ich herzlich: Steve Alten, Valeria Ascheri und Paolo Musso, John D. Barrow, Greg Bear, Ben Bova, David Brin, Giuseppe Cocconi und Philip Morrison, Robert Dixon und Jerry Ehman, Frank Drake, Ann Druyan, Eugen Drewermann, Rainer Erler, Timothy Ferris, Richard F. Haines, Ulrich Kulke, Albert A. Harrison und Joel T. Johnson, Antony Hewish, Lawrence Krauss, Jon Lomberg, Claudio Maccone, Jack McDevitt, Michael Michaud, Stelio Montebugnoli, Dennis Overbye, F. David Peat, Douglas Preston, Joseph Silk, Allen M. Steele, Jill Tarter, Allen Tough, Carl Friedrich von Weizsäcker, Ulrich Walter, Dan Werthimer und – last but not least – Neil Peart, Alex Lifeson und Geddy Lee für die ständige Inspiration beim Schreiben. Nicht vergessen möchte ich den viel zu früh verstorbenen Carl Sagan, der mir mit seiner TV-Serie *Unser Kosmos* und seinem SETI-Roman *Contact* erst die Augen öffnete.

Besonderer Dank gilt meiner Freundin und meinen Eltern für ihre Geduld und Liebe, meiner Übersetzerin Andrea Schröder für ihre unermüdliche und gewissenhafte Arbeit, Dr. Stefan Thiesen, Joachim von Beust, meinem Lektor Jürgen Bolz, vor allem aber meinem Bruder Erasmus und meinen besten Freunden Gitta und Emile Chmiel für ihre ständige Ermutigung, die mich immer dann aufbaute, wenn die Welt unterzugehen schien.

Tobias Daniel Wabbel

Die Autoren

Brian W. Aldiss

Brian W. Aldiss wurde 1925 in Norfolk, England geboren und arbeitete zunächst als Buchhändler, bevor er sein erzählerisches Talent und seine Liebe zur Science Fiction entdeckte. Zu seinen bekanntesten und erfolgreichsten Werken zählen die Klassiker *Nonstop*, *Die dunklen Lichtjahre*, *Der Helliconia-Zyklus*, *Weißer Mars* (zusammen mit dem Mathematiker Roger Penrose) sowie *Am Vorabend der Ewigkeit*. Seine Kurzgeschichtensammlung *Artificial Intelligence (A.I. – Künstliche Intelligenz)* wurde von Stanley Kubrick als Drehbuchvorlage genutzt und von Steven Spielberg erfolgreich verfilmt. Aldiss wurde unzählige Male mit den bedeutendsten Science-Fiction-Preisen geehrt, seine Bücher erreichen weltweit eine Auflage von über einem Dutzend Millionen. Obwohl Brian W. Aldiss gelegentlich Außerirdische als stilistisches Mittel in seinen Romanen und Kurzgeschichten verwendet, ist er fest davon überzeugt, dass die Menschheit die einzige vernunftbegabte Spezies im Universum ist.

Diese ernüchternde Meinung schlägt sich eindrucksvoll in seinem brillanten Essay *Der bewohnte Ort* nieder, den Brian W. Aldiss exklusiv für dieses Buch verfasste (© Copyright Brian W. Aldiss, © Copyright der deutschsprachigen Ausgabe Tobias Daniel Wabbel).

Steve Alten

Dr. Steve Alten lebt mit seiner Frau und seinen drei Kindern in Florida. Er wurde in Philadelphia geboren, studierte Sportwissenschaften und leitete an der Universität von Delaware lange Jahre ein Basketballteam, bevor er seine Liebe zum Tauchsport und zum Schreiben entdeckte. Nachdem sein Geschäft für Tauchausrüstungen Konkurs anmelden musste, beschloss er, die Geschichte von der Jagd nach einem urzeitlichen Meeresungeheuer niederzuschreiben, die ihn seit Jahren beschäftigt hatte. Sein Techno-Thriller *MEG* wurde auf Anhieb ein Weltbestseller. Es folgten *Schatten der Verdammnis* und dessen Fortsetzung *Goliath*. Steve Alten, seinem ganzen Wesen und Wirken nach voller schöpferischer Energie, ist ein SETI- und Science-Fiction-Fan; die Suche nach außerirdischen Intelligenzen ist seiner Ansicht nach eine unabdingbare Notwendigkeit.

Seine Kurzgeschichte *Hinter dem Regenbogen* schrieb Alten exklusiv für dieses Buch (© Copyright Steve Alten).

Valeria Ascheri und Paolo Musso

Dr. Valeria Ascheri wurde 1976 in Genua/Italien geboren und studierte Anglistik und Philosophie an der dortigen Universität. Sie beschäftigt sich intensiv mit der möglichen semiotischen Beschaffenheit einer außerirdischen Radiobotschaft an die Menschheit und den philosophischen und vor allem theologischen Konsequenzen eines Kontakts mit fremden Intelligenzen.

Dr. Paolo Musso ist Professor für Philosophie an der päpstlichen Universität Rom. Wie seine Kollegin Valeria Ascheri beschäftigt er sich intensiv mit den philosphischen und theologischen Folgen eines Erstkontakts mit außerirdischen Intelligenzen.

Ihren Essay *Kosmische Missionare?* verfassten Valeria Ascheri und Paolo Musso exklusiv für dieses Buch (© Copyright Valeria Ascheri und Paolo Musso, © Copyright der deutschsprachigen Ausgabe Tobias Daniel Wabbel).

John D. Barrow

Prof. John D. Barrow wurde 1952 in London geboren, studierte Mathematik und Astrophysik und ist gegenwärtig Professor für Mathematik am Department for Applied Mathematics and Theoretical Physics der Universität Cambridge, an der auch Stephen W. Hawking lehrt. Bis 1999 war Barrow Direktor des Astronomy Center der Universität Sussex. Er ist Autor von elf erfolgreichen Sachbüchern, die in insgesamt 27 Sprachen übersetzt wurden, darunter die Bestseller *Ein Himmel voller Zahlen, Der Ursprung des Universums, Theorien für alles, Die linke Hand der Schöpfung* (zusammen mit Joseph Silk) und *Die Natur der Natur*. Barrow ist in Großbritannien regelmäßiger Gast in wissenschaftlichen Fernsehshows und hatte bereits das Privileg, die Königin von England, den Papst und den britischen Premierminister in die Geheimnisse des Universums einzuweihen.

Die Autoren

Leben im Universum: groß, klein und komplex verfasste John D. Barrow exklusiv für dieses Buch (© Copyright John D. Barrow, © Copyright der deutschsprachigen Ausgabe Tobias Daniel Wabbel).

Ben Bova

Dr. Ben Bova war lange Zeit Herausgeber der populären amerikanischen Magazine *OMNI* und *Analog*. In seiner über fünfzigjährigen Laufbahn als Science-Fiction-Autor hat er über 100 Romane und Sachbücher veröffentlicht und als wissenschaftlicher Berater mit Woody Allen, George Lucas und Gene Roddenberry an vielen Hollywood-Filmprojekten zusammengearbeitet. Bova sagte in seinen Werken das Rennen der Supermächte um die Eroberung des Weltraums, solargetriebene Satelliten, elektronische Bücher, das Vorhandensein von organischen Molekülen im Weltraum, Videospiele, virtuelle Realitäten, SDI, Sex in der Schwerelosigkeit, die Entdeckung von Leben auf dem Mars und viele andere Dinge voraus. Zusammen mit Arthur C. Clarke, Brian Aldiss und Ray Bradbury ist Ben Bova einer der letzten Dinosaurier der Science-Fiction-Literatur. Zu seinen bekanntesten Werken zählen *Mars, Venus, Jupiter, The Beauty of Light, Moonwar* und *Immortality*.

Für Ben Bova ist die Suche nach Radiosignalen von außerirdischen Intelligenzen das wunderbarste Forschungsprojekt, das die Menschheit jemals unternommen hat und ein Kontakt nur eine Frage der Zeit. Vielleicht könnte es schon morgen geschehen.

Seine Kurzgeschichte »*Antwortet, bitte antwortet!*« war bereits in einigen amerikanischen Magazinen zu lesen (© Copyright Ben Bova, © Copyright der deutschsprachigen Ausgabe Tobias Daniel Wabbel).

Arthur C. Clarke

Arthur C. Clarke wurde 1917 in Minehead, Somerset/England geboren und lebt seit mehr als vierzig Jahren in Colombo/Sri Lanka. Während des zweiten Weltkriegs diente er bei der Royal Air Force als Radartechniker und erwarb 1948 einen akademischen Grad. Erst im Alter von knapp 30 Jahren entdeckte er sein erzählerisches Talent und begann Science-Fiction-Geschichten zu schreiben. Unter anderem auch *The Sentinel of Eternity*, aus dem später der Roman und das Drehbuch für

Die Autoren

Stanley Kubricks *2001 – Odyssee im Weltraum* hervorgingen, ein Meisterwerk, das von Kritikern und Cineasten gleichermaßen als einer der besten Filme aller Zeiten betrachtet wird und das Science-Fiction-Genre revolutionierte. Clarkes Weltauflage liegt bei über 100 Millionen verkauften Romanen, Sachbüchern, Kurzgeschichtensammlungen und Anthologien. Neben *2001 – Odyssee im Weltraum* zählen zu seinen berühmtesten Werken *Im Mondstaub begraben, Die letzte Generation, Rendezvous mit Rama, 2010 – Das Jahr, in dem wir Kontakt aufnehmen, 2061 – Odyssee III* und *3001 – Die letzte Odyssee*. Arthur C. Clarke wurde unlängst von Queen Elizabeth II. zum Ritter geschlagen und für sein Lebenswerk mit einer Ehrendoktorwürde ausgezeichnet. Besessen von SETI und dem Wunsch, den Erstkontakt mit einer außerirdischen Intelligenz zu erleben, ist Arthur C. Clarke Sponsor der größten SETI-Programme *Projekt Phoenix* und *Projekt Serendip*.

Arthur C. Clarkes Essay *Warum SETI?* erschien anlässlich des NASA-SETI-Programms erstmals am 12. Oktober 1992 im legendären LIFE Magazine, New York, und wurde dem Herausgeber für den Abdruck in diesem Buch freundlicherweise zur Verfügung gestellt (© Copyright Arthur C. Clarke).

Timothy Ferris

Prof. Timothy Ferris ist Astrophysiker und lehrt als Emeritus an der Universität Kalifornien in Berkeley Journalismus. Er ist Autor von preisgekrönten, internationalen Sachbuchbestsellern wie *Galaxien, Die rote Grenze* oder *Das intelligente Universum* und zusammen mit Carl Sagan und Frank Drake Autor der goldenen Schallplatten an Bord der Voyager-Raumsonden, die Sprache, Musik und Bilder der Erde als Botschaften an außerirdische Zivilisationen enthalten.

Sein Essay *Interstellare Reisen* ist bereits im *Scientific American* erschienen (© Copyright Timothy Ferris).

Richard F. Haines

Dr. Richard F. Haines wurde in Seattle/Washington geboren und studierte Ingenieurwissenschaften und Psychologie an der Universität Washington in Tacoma. Von 1967 bis 1985 arbeitete er am Ames Research Center in Moffett Field/Kalifornien im Rahmen der Life Sciences Division und trug mit seinen Simulationsprogrammen des High Luminance Vision Laboratory wesentlich zum Erfolg der Gemini-, Apollo-, Skylab und ISS-Missionen bei. Später war er Professor für Psychologie an der San Jose State University. Haines hat sechs Bücher verfasst und mehr als 100 wissenschaftliche Artikel und Aufsätze veröffentlicht.

Kontakt mit Außerirdischen – vorher und nachher schrieb Richard F. Haines eigens für die vorliegende Anthologie (© Copyright Richard F. Haines, © Copyright der deutschsprachigen Ausgabe Tobias Daniel Wabbel).

Albert A. Harrison und Joel T. Johnson

Prof. Albert A. Harrison und Prof. Joel T. Johnson lehren Psychologie an der Universität Kalifornien und befassen sich seit Jahrzehnten mit den psychologischen Aspekten eines Kontakts mit außerirdischen Intelligenzen. Harrisons Sachbuch *After Contact*, in dem er die menschlichen Reaktionen der Menschheit analysiert, schnellte an die Spitze der Bestsellerliste der New York Times.

Zusammen mit seinem Kollegen Joel T. Johnson beschreibt Harrison in *Das Leben mit Außerirdischen*, wie sich die Entdeckung von Radiosignalen außerirdischer Intelligenzen aus psychologischer und soziologischer Perspektive auf die Gemüter der Menschen in den Industrienationen auswirken wird. Dieser Beitrag wurde exklusiv für dieses Buch geschrieben (© Copyright Albert A. Harrison und Joel T. Johnson, © Copyright der deutschsprachigen Ausgabe Tobias Daniel Wabbel).

Stephen W. Hawking

Prof. Stephen William Hawking wurde am 8. Januar 1942, exakt dreihundert Jahre nach dem Tod von Galileo Galilei in Oxford/England geboren. Er studierte Physik am University College in Oxford und Kosmologie an der Universität Cambridge. Hawking ist seit 1979 Inhaber des Lukasischen Lehrstuhls für Mathematik am Department of Applied Mathematics and Theoretical Physics der Universität Cambridge, den schon Isaac Newton innehatte. 1974 entdeckte Hawking, dass schwarze Löcher eine Strahlung aussenden und keineswegs

»schwarz« sind. Er ist Autor der Weltbestseller *Eine kurze Geschichte der Zeit*, *Raum und Zeit* (mit Roger Penrose) und *Das Universum in der Nußschale*. Hawking gilt als bedeutendster Physiker der Gegenwart. Der Vater von drei Kindern ist Commander of the British Empire, Mitglied der Royal Society und Träger unzähliger wissenschaftlicher Auszeichnungen.

Seinen Essay *Leben im Universum* stellte er freundlicherweise für den Abdruck in diesem Buch zur Verfügung (© Copyright Stephen W. Hawking, © Copyright der deutschsprachigen Ausgabe Tobias Daniel Wabbel).

Antony Hewish

Prof. Antony Hewish wurde 1924 in Fowey/Cornwall, geboren, studierte Astronomie an der Universität Cambridge und begann 1946 seine Arbeit als Radioastronom am Cavendish Laboratory. Er entwickelte 1965 am Mullard Radio Astronomy Observatory einen neuen Typ von Radioteleskop, mit dem er in der Lage war, die entferntesten Objekte des Universums, die Quasare, zu untersuchen. Mit diesen Radioteleskopen entdeckten er und seine Studentin Jocelyn Bell-Burnell 1967 die ersten Pulsare. Hewish erhielt für diese Entdeckung 1974 den Nobelpreis für Physik.

Seinen Essay Eine *Begegnung der außerirdischen Art* verfasste Antony Hewish exklusiv für dieses Buch (© Copyright Antony Hewish, © Copyright der deutschsprachigen Ausgabe Tobias Daniel Wabbel).

Lawrence Krauss

Der Physiker Lawrence Krauss ist Professor für Astronomie an der Case Western Reserve University in Ohio/USA und Verfasser der erfolgreichen populärwissenschaftlichen Bücher *Angst vor Physik*, *Die Physik von Star Trek* und *Jenseits von Star Trek*, die in Dutzende Sprachen übersetzt wurden. Seine Arbeit über die Theorie der dunklen Materie im Universum ist bahnbrechend und wegweisend in der Kosmologie. Krauss ist gern gesehener Gast in amerikanischen Fernsehshows, wenn es um die Erklärung von naturwissenschaftlichen Phänomenen geht.

Die Autoren

Lawrence Krauss schrieb *Zahlenspiel mit Außerirdischen* exklusiv für dieses Buch (© Copyright Lawrence Krauss, © Copyright der deutschsprachigen Ausgabe Tobias Daniel Wabbel).

Jack McDevitt

Jack McDevitt war Marineoffzier, Taxi-Fahrer, Kundenberater und Motivationstrainer, bevor er als Science-Fiction-Autor bekannt und erfolgreich wurde. Sein erster Roman, *Erstkontakt*, schildert in unvergleichlicher Dramatik die politischen und religiösen Folgen der Entdeckung einer außerirdischen Radiobotschaft und katapultierte McDevitt an die Spitze der Bestsellerlisten in den USA.

McDevitt wird von Kritikern zu Recht als legitimer Erbe Isaac Asimovs gefeiert. Seine Romane *Die Küsten der Vergangenheit*, *Gottes Maschinen*, *Mondsplitter*, *Die ewige Straße* und *Spuren im Nichts* waren nicht nur internationale Bestseller, sondern vor allem futuristische Meisterwerke über einen Kontakt mit fremden Intelligenzen und die Zukunft der Menschheit.

In seiner phantastischen Geschichte *Kryptisch*, in der er die Entschlüsselung einer Radiobotschaft beschreibt, zeigt sich die Begeisterung McDevitts für die SETI-Programme. *Kryptisch* war bereits im US-Magazin *Standard Candles* zu lesen und wurde vom Autor freundlicherweise für die Veröffentlichung in diesem Buch zur Verfügung gestellt (© Copyright Jack McDevitt).

F. David Peat

F. David Peat ist Physiker und freier Wissenschaftsautor. Er lebt in Pari/Italien. Seine brillanten populärwissenschaftlichen Bücher über Kosmologie, Chaosforschung, die Zukunft der Wissenschaft und künstliche Intelligenz sind internationale Bestseller. Zu seinen bekanntesten Werken zählen *Der Stein der Weisen*, *Die Entdeckung des Chaos*, *Synchronizität* und *Superstrings – Kosmische Fäden*.

Seine Kurzgeschichte *Außerirdische Variationen* schrieb F. David Peat exklusiv für dieses Buch (© Copyright F. David Peat, © Copyright der deutschsprachigen Ausgabe Tobias Daniel Wabbel).

Die Autoren

Douglas Preston

Douglas Preston lebt in Santa Fé in der Einsamkeit der Wüste New Mexicos und bildet zusammen mit Lincoln Child ein überaus erfolgreiches Autorenduo, das mit seinen Techno-Thrillern den Großmeister des Genres, Michael Crichton, nicht nur regelmäßig das Fürchten lehrt, sondern ihm auch Tribut zollt. In ihren Romanen *Riptide, Ice Ship, Mount Dragon, Attic, Thunderhead* und *Das Relikt* haben Preston und Child überaus erfolgreich die schrecklichen Gefahren der modernen Naturwissenschaft beschrieben und damit Welterfolge gelandet. Auf Preston übt SETI eine unheimliche Faszination aus, denn er schätzt die Gefahren eines Kontakts für die Menschheit höher ein als den Nutzen.

Sein Gedicht *Tief im Wald* schrieb er eigens für dieses Buch (© Copyright Douglas Preston).

Joseph Silk

Prof. Joseph Silk lehrt Astronomie am Department of Physics der Universität Oxford und gilt als renommierter Wissenschaftsautor. Zu seinen bekanntesten Werken zählen *Die linke Hand der Schöpfung* (zusammen mit John D. Barrow), *Der Urknall* und *Die Geschichte des Kosmos.*

Den Beitrag *Wie wahrscheinlich ist außerirdisches intelligentes Leben?* hat Joseph Silk für die Veröffentlichung in dieser Anthologie geschrieben (© Copyright Joseph Silk, © Copyright der deutschsprachigen Ausgabe Tobias Daniel Wabbel).

Allen M. Steele

Allen M. Steele lebt zusammen mit seiner Frau und seinen drei Hunden in Whately, Massachusetts. Bevor er sich als Autor von Science-Fiction-Romanen einen Namen machte, arbeitete der studierte Nachrichtentechniker und Journalist als Redakteur für Tages- und Wochenzeitungen in Tennessee, Missouri und Massachusetts. Er war freier Mitarbeiter für Wirtschaftsblätter und Unterhaltungsmagazine und berichtete als Korrespondent in Washington/D.C. über politische Themen. Seine Romane und Anthologien wurden in mehr als ein

Die Autoren

Dutzend Sprachen übersetzt und sind unter anderem auch in Deutschland Bestseller geworden: *Station der letzten Helden, Mondhunde, Labyrinth der Nacht* und *Die letzten Tage von Clarke County*. Steele ist Preisträger der Nebula-, Locus- und Hugo-Awards, der wichtigsten Auszeichnungen, mit denen ein Science-Fiction-Autor geehrt werden kann. Seit seiner Jugend übt SETI eine große Faszination auf ihn aus, was sich auch in seinen Romanen niederschlägt.

Die Geschichte »*Und nun das Thema des Tages*...« schrieb Allen M. Steele eigens für dieses Buch (© Copyright Allen M. Steele, © Copyright der deutschsprachigen Ausgabe Tobias Daniel Wabbel).

Allen Tough

Allen Tough ist Professor emeritus der Universität Toronto, Zukunftsforscher und Verfasser von insgesamt neun populärwissenschaftlichen Büchern. Tough hat die so genannte »Kontakt-Gruppe« gegründet: eine Vereinigung von Wissenschaftlern, Autoren und Künstlern, deren Zweck die Einschätzung der möglichen Folgen eines Kontakts mit außerirdischer Intelligenz ist.

In *Hundert Jahre nach dem Kontakt* zeigt Tough die möglichen negativen und positiven Auswirkungen eines Erstkontaktes auf. Er schrieb diesen Beitrag exklusiv für dieses Buch (© Copyright Allen Tough, © Copyright der deutschsprachigen Ausgabe Tobias Daniel Wabbel).

Tobias Daniel Wabbel

Tobias Daniel Wabbel, Jahrgang 1973, lebt in Essen und arbeitet hauptberuflich als Lektor und Übersetzer. Er ist Mitglied der »Kontakt-Gruppe« des kanadischen Zukunftsforschers Allen Tough und zusammen mit Dr. Stelio Montebugnoli vom Institut für Radioastronomie in Medicina/Italien Organisator des ersten europäischen SETI-Programms. Wabbel ist Mitglied der internationalen SETI League Inc. sowie der Planetary Society des Astronomen Carl Sagan, der bedeutendsten Organisation zur Unterstützung der Suche nach Leben im All. Wabbel initiierte 1998 die so genannte SETI-Petition zur Wiederaufnahme der staatlichen Finanzierung für das NASA-SETI-Programm an US-Präsident Bill Clinton, die von international renommierten Wissenschaftlern und Science-Fiction-Autoren unterzeichnet wurde. In dem Sammelband *Das Science Fiction Jahr 1999*, herausgegeben von Wolfgang Jeschke, ist Tobias Daniel Wabbel mit dem Beitrag *SETI Chroniken 1999* vertreten.

Der Geist des Radios und *Der Tod einer Termite* werden in der vorliegenden Anthologie erstmals veröffentlicht (© Copyright Tobias Daniel Wabbel).

Ulrich Walter

Dr. Ulrich Walter, 1954 in Iserlohn geboren, ist Physiker und seit 1987 Wissenschaftsastronaut. Er nahm 1993 als Nutzlast-Spezialist an Bord des Space Shuttle an der D2-Mission teil. Ulrich Walter ist Träger des Bundesverdienstkreuzes Erster Klasse, der NASA Space Flight Medal, der Wernher-von-Braun-Medaille, Autor der erfolgreichen Sachbücher *In 90 Minuten um die Erde* und *Zivilisationen im All*, der CD-Roms *Mission Weltall* und *Mission Erde* sowie Moderator der populärwissenschaftlichen Fernsehsendung *Max Q* des Bayerischen Rundfunks.

Den Beitrag *Willkommen auf der Erde ...?* schrieb Ulrich Walter exklusiv für dieses Buch (© Copyright Ulrich Walter).

Eltjo Haselhoff

Faszinierende Kornkreise

Wissenschaftliche Forschung und urbane Legendenbildung

Faszinierende Kornkreise behandelt das weltweite Auftreten großer geometrischer Muster auf Getreidefeldern und anderen Flächen, die gemeinhin als »Kornkreise« bezeichnet werden. Die hohe geometrische Komplexität, die faszinierende Symbolkraft und überwältigende visuelle Prägnanz der Kornkreisformationen machen dieses Phänomen zu einem der letzten großen ungelösten Rätsel auf der Erde.

Der international anerkannte Kornkreisforscher Dr. Eltjo Haselhoff präsentiert erstmals in Buchform die neuesten Ergebnisse seiner Untersuchungen. Dabei gelingt es ihm, einen Bogen zu schlagen zwischen der streng wissenschaftlichen Betrachtungsweise und den vielfältigen anderen Interpretationen und Spekulationen, die das Phänomen begleiten.

Zahlreiche übersichtliche Diagramme, Fotografien und Berechnungen ergänzen den Text. Nicht zuletzt tragen jedoch mehr als 50 grandiose Luftaufnahmen dazu bei, dass sicherlich jeder Leser der Schlussfolgerung des Autors zustimmen wird:

»Hier geschehen höchst merkwürdige Dinge – und die Öffentlichkeit hat ein Anrecht darauf, zu erfahren, was hinter dem Phänomen steckt.«

Harald Hoos
Florian Brunner

Kornkreise – Rätsel in mystischer Landschaft

Annäherung an ein Phänomen

Jeden Sommer tauchen unvermittelt rätselhafte Muster in den Getreidefeldern auf, die Anlass für wildeste Spekulationen bieten: Handelt es sich um das Wirken übernatürlicher Kräfte, die geheimnisvolle Botschaften übermitteln? Haben wir es gar mit Hinterlassenschaften von UFOs zu tun? Oder werden sie von gewieften Zeitgenossen in mühevoller Nachtarbeit in die Getreidefelder gedrückt?

Die Autoren nähern sich diesem Phänomen mit einem Augenzwinkern, ohne jedoch dessen geheimnisvolle Aura zu beschädigen. In ihren kurzweiligen und spannenden Reportagen lassen sie unter anderem Wissenschaftler über mögliche physikalische und biologische Erklärungsansätze spekulieren, zeichnen die Entwicklung der Kornkreisszene nach, beschreiben die Marketing-Strategien findiger Landwirte und schildern, wie in einer Nacht- und Nebelaktion ein Kornkreis entsteht. Vor allem aber präsentieren sie Bilder, die die ganze Faszination des Themas einfangen.

Kornkreise, so ihr Resümee, befriedigen die Sehnsucht vieler Menschen nach einer unmittelbar empfundenen Spiritualität, die die Gefährdung unserer natürlichen Lebensräume im Blick hat – ein Thema, das uns alle angeht!